数字视听资料分析检验

刘本永　著

科学出版社
北　京

内容简介

本书对数字视听资料分析检验技术的一般原理和方法进行系统分析和应用探讨，内容包括数字语音分析处理和自动鉴定、数字图像复原、以伪作检测为基础的数字语音和数字图像真实性检验、视频目标行为分析等。

本书作为数字视听资料分析检验领域的应用性专著，可作为高等院校有关视听技术、物证技术、刑事技术等专业的教学参考书，亦可作为公安侦破、司法检验等部门有关工作人员的应用参考资料，还可供从事有关数字视听资料分析检验应用系统开发工作的工程技术人员参考。

图书在版编目(CIP)数据

数字视听资料分析检验/刘本永著.—北京:科学出版社，2022.8

ISBN 978-7-03-072507-3

Ⅰ.①数… Ⅱ.①刘… Ⅲ.①视听资料-司法鉴定 Ⅳ.①D918.9

中国版本图书馆 CIP 数据核字 (2022) 第 102531 号

责任编辑：叶苏苏/ 责任校对：彭 映

责任印制：罗 科/ 封面设计：义和文创

科学出版社出版

北京东黄城根北街16 号

邮政编码：100717

http://www.sciencep.com

四川煤田地质制图印刷厂印刷

科学出版社发行 各地新华书店经销

*

2022 年 8 月第 一 版 开本：B5（720×1000）

2022 年 8 月第一次印刷 印张：16 3/4

字数：347 000

定价：189.00 元

（如有印装质量问题，我社负责调换）

前　言

数字视听资料是指在个人数码设备和监控系统中留下的可为公安司法部门提供线索和证据的数字语音、数字图像、数字视频等物证材料，数字视听资料分析检验就是对这些材料进行去噪、增强、解模糊、鉴定等处理分析，以及对其真实性、原始性、同一性进行检验，以此寻找破案线索和司法证据的过程。本书作为数字视听资料分析检验领域的应用性专著，对数字视听资料分析检验技术的一般原理和方法进行系统分析和应用探讨。

全书共 8 章。

第 1 章简要论述数字视听资料分析检验的技术背景、主要技术内容和理论基础。

第 2 章主要讨论数字语音处理分析的基本问题，包括数字语音表示与增强、数字语音降噪等。

第 3 章主要研究数字语音自动鉴定问题，包括数字语音特征提取、分类及典型应用。

第 4 章主要研究数字语音检验问题，重点探讨数字语音真实性检验技术，包括基于语音背景特征分析的真伪检验、基于音频信号固有特征分析的真伪检验和基于音频伪作特征分析的真伪检验三个方面。

第 5 章主要从去噪和超分辨角度讨论数字图像复原问题，包括基于核回归的图像去噪、基于核非线性回归(kernel nonlinear regression，KNR)的图像放大、基于运动估计的多帧融合超分辨和基于特征点配准的多帧融合超分辨四个方面。

第 6 章从解模糊角度探讨数字图像复原问题，包括模糊核估计和解模糊的一般算法及改进算法。

第 7 章主要研究数字图像检验问题，重点探讨数字图像真实性检验中的伪作检测技术，包括基于重采样特征分析的伪作检测、基于压缩编码特征分析的伪作检测和基于模糊特性分析的伪作检测等三个方面。

第 8 章主要讨论数字视频目标行为分析问题。在对现有典型算法进行简要介绍的基础上重点探讨改进算法，包括基于传统多特征融合的行为识别和基于深度学习的行为识别两个方面。

先进的数字视听分析检验技术成为公安侦破案件、司法取证、防范与快速处置突发性公共事件、维护公共安全和国家安全以及社会稳定的技术基础。历史上我国的这一技术远落后于欧美发达国家，且核心技术受到封锁。“九五”末到“十五”期间，在国家及省部科技计划的支持下，我们与西班牙、俄罗斯等技术领先国家的权威部门开展技术合作，成功地引进和掌握了多项先进的视听资料分析检验技术，为多地公安司法部门解决了多项技术难题。为进一步开展系统性的深度合作与研发，2008 年底科技部国际合作司发布了“公共安全中数字视听资料分析检验关键技术研究及系统开发”专项合作研发计划，由贵州大学、贵州省公安厅物证鉴定中心、俄罗斯内务部刑事鉴定中心、俄罗斯圣彼得堡语音中心等单位共同承担合作研发任务(任务号：2009DFR10530)以及多项省市科技研发配套任务。同一时期，项目组在人工智能领域的机器学习方向承担了国家自然科学基金项目和高等学校博士学科点专项科研基金项目，其成果为数字视听资料分析检验先进技术的开发奠定了必要的理论基础。

本书主要取材于上述项目的理论和技术研发及应用成果。这些成果凝聚了项目组成员的心血，这些成员包括贵州省公安厅物证鉴定中心原主任廖翔和唐畅、徐德志、胡力航、谌华、陈晨、金健、杨斌等警官，贵州大学计算机科学与技术学院徐晶讲师、刘洪副教授，外方有关技术人员，以及作者招收的 2007～2016 级大部分硕士研究生和博士研究生。在此一并表示感谢！

在相关材料的组织中，作者对绝大部分内容已进行反复推敲。但是，由于数字视听资料分析检验技术本身涉及的学科、专业和知识面广，发展也非常迅速，加之时间仓促，书中难免有疏漏之处，衷心希望得到读者的批评指正。

作　者

2022 年 6 月

目　录

第1章 概 论

1.1 数字视听资料分析检验的技术背景

视听资料是指可以听到声音、看到图像的录音、录像，以及电子计算机存储的数据材料[1]，在某些特定的情况下，其可以用于直接证明案件的事实[2]。视听资料又被称为音像资料，是指借助电磁、光电、电子计算机设备等所记载和再现的声音、图像、数据等信息资料[3]。当然，视听资料不能简单地等同于声音和影像资料，也不完全独立于电子物证。对视听资料、音像资料、电子证据、数字证据等证据资料之间的关系与区别，学界有广泛的讨论[4-11]，本书对此不再赘述，只将讨论重点放在狭义的音视频图像资料分析检验问题上。

视听资料在本质上具有直观准确、客观可靠等优点，所以先后被《中华人民共和国民事诉讼法(试行)》(1982)、《中华人民共和国行政诉讼法》(1989)、《中华人民共和国刑事诉讼法(修正案)》(1996)纳为独立证据，并被明确定义为“是以录音、录像、电子计算机或其他高科技设备所存储的信息证明案件真实情况的资料”[4]，而且在各诉讼法的后续修订版中得到保留或加强。此后，视听资料的收集(制作)、整理、分析、检验、运用等相关方面得到公安司法部门和学术界的广泛重视[5,6,12-20]。

早期的视听资料以录音和录像为主[4]，并往往通过磁记录等方式以模拟信号(analogue signal)的形式存储，其制作专业性强、受限制大[5,6,16,21-24]，而其分析检验主要由专业人员通过审听查看或结合特殊手段(如声谱图、痕迹显示)半自动地完成[12-21]，过程复杂、手段单一、周期长。

一方面，随着数字化技术的快速进步和数码产品的日益普及[25]，人们的日常活动在个人数码设备(电脑、照相机、摄像机、手机等)、公共场所及重要部门的监控系统(城市监控系统、机场及海关出入境视频检测系统、银行及金融终端用户视频监控系统等)中留下大量的数字视听痕迹。借助这些设备和系统提供的数字视听资料，公安部门破获了大批案件。但是，由于受设备或系统成本、技术(如海量存储技术和超宽带传输技术)、工作环境等限制，现有的设备和系统往往不能全面提供高分辨率的视听资料，且检索效率和可利用性低，这些都成为提升案件侦破和视听资料法庭可用性水平的制约因素。

另一方面，数字视听资料本身的高科技特性决定了其具有易修改、不容易检验等特点，而这些特点近年来往往被不法分子所利用。国内外涉及视听资料分析技术的大小事件表明，视听资料分析检验技术的准确性、可靠性、及时性均可能关系一个国家的重大决策及政府形象，有时真相是否被揭示还会关系国家命运和前途。所以，先进的数字视听资料分析检验技术成为公安侦破案件、司法取证、防范与快速处置突发性公共事件、维护公共安全和国家安全以及社会稳定的技术基础[4,26-28]。

1.2 数字视听资料分析检验的技术内容

如前所述，日益普及和智能化的数字技术使得数字视听资料的来源非常广泛，而且绝大多数视听资料都来源于自然场景和人们的日常活动，所以普遍存在背景干扰强、噪声复杂、干扰和噪声电平高等问题。另外，受设备或系统成本、技术(如海量存储技术和超宽带传输技术)、工作环境等限制，现有的设备和系统往往不能全面提供高分辨率的数字视听资料，而且检索效率和可利用性(价值密度)低，这些都成为提升案件侦破和视听资料法庭可用性水平的制约因素。另外，数字视听资料本身的高科技特性决定了它具有易修改、不容易检验等特点，而这些特点近年来往往被不法分子所利用。这些特点决定了数字视听资料分析检验涉及若干共性关键技术，包括数字视听资料噪声抑制、模糊图像复原、低分辨图像超分辨重构等复原技术，数字语音端点检测、增强、低分辨率视频目标跟踪、数字图像分割、特征提取、特征描述与识别等理解技术，以及合成图像篡改检测、数字视听资料真实性分析等检验技术。这些技术成为数字视听资料分析检验的一般技术内容，可归纳为复原、理解和检验三个方面。

1.2.1 数字视听资料复原

录音和成像过程实际上是利用传感器(录音成像设备或系统)对场景和对象的机械波或电磁波进行测量、处理，以估计其强度并展示其空间和频率分布的过程。受设备或系统自身技术的限制，场景或景物动态变化的制约，以及设备或系统工作状态、天候、天时等录制或成像条件的影响，录音及成像结果并不是场景或对象的精确再现，其往往存在分辨率过低或不足(如视频画面过小)、噪声干扰强、语音不稳定或图像模糊等现象，这些现象在刑事案件视听资料中较为普遍存在。

数字视听资料复原就是针对上述问题，在不改变设备或系统硬件的情况下，借助恰当的信息处理算法和软件手段，从观测结果中尽可能精确地恢复主体声音和成像场景或景物的过程，其涉及数字语音滤噪、单帧图像超分辨(图像放大)、模糊图像复原、兴趣目标(景物)检测跟踪、运动估计与视频稳定、图像配准与多帧融合图像超分辨重构等关键技术。

数字视听资料复原问题可以用统一的模型表示。以数字视频图像为例，在成像处理系统坐标系中，设场景或景物中空间坐标为(x, y, z)的点对波长为λ的电磁波，在t时刻的散射(含镜面反射、漫反射等)强度为$f_0(x, y, z, \lambda, t)$。通过成像处理系统(用$\mathcal{M}$表示处理过程)的观测处理(投影于像平面，忽略景深z)为

$$f(m,l,\lambda,t)=\mathcal{M}f_0(x,y,z,\lambda,t)+n(m,l,\lambda,t), \tag{1.1}$$

式中，n为背景噪声和干扰的测量处理结果。对于音频信号，式(1.1)中音强f是波长和时间的函数，无空间变量m和l。

考虑单帧图像，对于单色波(固定波长)而言，讨论以下模型的结果可以被推广到彩色图像和视频情况：

$$f(m,l)=\mathcal{M}f_0(x,y,z)+n(m,l). \tag{1.2}$$

对于单帧图像，当场景或景物与成像系统之间存在相对运动，或像平面与焦平面不重合(散焦)时，上述模型可具体化为

$$f(m,l)=\mathcal{DAB}f_0(x,y)+n(m,l), \tag{1.3}$$

式中，$\mathcal{B}$为相对运动或散焦作用过程(模糊核卷积过程)；$\mathcal{A}$为采样；$\mathcal{D}$为降采样。

噪声抑制实质上是设法减少式(1.1)或式(1.3)中n的影响，图像超分辨重构则是估计式(1.3)中$\mathcal{D}$的逆算子并对噪声抑制结果进行处理的过程，模糊图像复原就是估计式(1.3)中模糊核和解卷积(解模糊)的过程——$\mathcal{B}$的逆运算。通常采样$\mathcal{A}$被视为理想采样，其作用顺序可以与$\mathcal{B}$对调(甚至$\mathcal{A}$的作用可以不予考虑)。模糊图像在模拟域的复原是估计$f_0(x, y, z, \lambda, t)$，在数字域的复原是估计$\mathcal{A}f_0(x, y, z, \lambda, t)$。对于音频信号，式(1.1)中$\mathcal{M}-\mathcal{A}$。

1.2.2 数字视听资料理解

数字视听资料理解是视听资料处理分析的高级阶段，旨在对视听资料的内容进行判读和解释，具体包括语音和图像分割(根据强度、统计特性或其他变换特征分割为不同的连通区域)、图像形态学处理(根据特征变化的连续性做区域扩张或搜索处理)、图像区域形状表示与描述、视听资料主体识别(包括说话人识别、声纹鉴定、人像识别等)。

狭义而言，数字视听资料理解就是利用数字视听资料恰当地提取感兴趣目标对象的特征，并依据特征将现场感兴趣目标对象与库存目标对象进行比对，同时按相似度排序(分类)或对其是否为库存目标对象进行鉴定的过程。感兴趣目标特征的提取通常需要对视听信号进行分割、特征表示与描述等预处理，而且要求提取的特征具有足够的代表性和可鉴别性，以便于与同一个体的不同样本进行比较，同时有利于与其他个体区别开来。数字视听资料理解抽象模型可以用图 1.1 描述[29]，图 1.1 中上半部分表示数字视听资料理解的问题域，下半部分表示对问题进行抽象的一

般模型——模式识别系统及其主要环节。

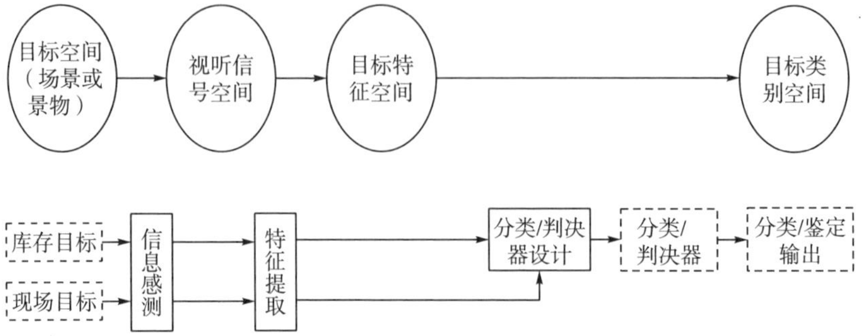

图 1.1 数字视听资料理解抽象模型

注：特征提取模块含分割、特征表示与描述等预处理。

1.2.3 数字视听资料检验

手机、数码相机的日益普及和语音、图像、视频编辑软件的日趋成熟和便捷，使得对数字视听资料的恶意篡改越来越多，伪造的语音、视频图像大量地充斥互联网和各类媒体，严重影响了人们的日常生活。而篡改伪造的视听资料如果被大量地用于正式媒体、科学发现、保险和法庭物证等，则无疑将会对政治和社会稳定产生严重影响。所以，以伪作检测为基础的数字视听资料真伪检验技术成为公安侦破案件和司法取证实战应用中的一项关键技术，是当前研究和开发的热点[30-105]。

1. 数字音频资料检验

早期的音频资料分析检验主要针对模拟语音信号展开，经过几十年的发展，形成了较为成熟的技术。

近年来，数字技术和编辑软件的快速发展和普及，使得音频篡改成为公安侦破刑事案件和司法鉴定取证实战应用面临的一个新挑战。由于以数字水印、数字签名、数字摘要、数字隐写、数字指纹等为基础的主动取证技术难以检测某些专业的局部篡改(不明显地改变嵌入信息)，更难以解决现实应用中大量无主动嵌入信息的数字音频的取证问题，所以以数字音频伪作检测为核心的盲取证技术成为当前研究的焦点[35-46]。

最基本和最初始的数字音频真伪检验是通过反复试听、观察波形和语谱(音频信号的短时功率谱)等的突变，检测初级篡改操作[36]。这种人工检验方法对工作人员的业务水平要求较高且耗时，而结果往往带有一定的主观性。更科学有效的检验方法是根据篡改操作(伪作)特点自动检验。

数字音频伪作方式很多，包括删除、插入(即拼接)、反转、抽取/插值、重压缩编码，等等。每种伪作方式对原始音频信号都会产生独特的影响并遗留特定的痕迹，因而可以通过适当提取自然音频信号或其背景信号的特征参量(音调、相位、功率谱特征、时变功率谱特征、压缩或编码特征等)，分析其变化并设计有效的取证算法进行检测，或进一步进行分类。

1) 音频背景信号特征的利用

首先，基于音频背景噪声时变谱特性检测局部篡改操作对音频背景噪声时变功率谱的影响和遗留的痕迹，可以实现数字音频伪作的自动检测[41]。但该方法对更现实的色噪声背景下的伪作检测性能有待于进一步提高。

其次，利用回音衰减特性可以区分不同录音环境，利用录制设备自身的本底噪声分布特性可以实现对录制器材的识别与分类[42-45]。但受鉴别特征提取、环境或设备类别数目、分类器性能等限制，相关工作有待于进一步深入展开。

另外，电网频率(electric network frequency，ENF)作为音频背景成分，其功率谱、图谱、相位、过零率等特性已被充分有效地用于音频被动取证或真伪检验[46-51]。但是，在远离电网的电池供电录音器材所录制的音频一般没有电网频率及其谐波成分，且电网频率数据库难以搭建，强噪声会干扰电网频率或其谐波成分的提取，音频压缩或编码也会使电网频率及其谐波成分失真，这些因素都会限制基于电网频率及其谐波成分分析的音频伪作检测技术的应用。

2) 自然音频信号本身及压缩编码特征的利用

首先，高阶相关特性已较早地被应用于数字音频的篡改检测　利用自然音频自身的高阶相关性弱，且通常的篡改操作因具有非线性特性而表现出较强的高阶相关性这一特点，实现数字音频伪作的自动检测[52]。但是，由于该方法对压缩、存储、传输等过程中附加的无恶意操作也很敏感，所以检测结果会出现过高的虚警率。

其次，压缩编码特性也被用于数字音频篡改检测，包括利用原始编码附加特性[53,54]、二次编码遗留痕迹(如修正离散余弦变换系数的突变、统计分布)等量化改变带来的音频篡改特点[55-58]，以及利用时域二阶导数周期性、频域子带谱特征等重采样带来的数字音频篡改特点[59,60]，达到伪作检测的目的。而对于一次压缩音频文件，利用语音或音频信号的帧偏移量起伏，可以检测通常情况下难以鉴别的帧边界上的剪切或插入篡改[61]。但相关技术对压缩或编码格式的针对性过强，因而普适性差。

3) 伪作固有特征的利用

每种篡改操作方式都有其固有特征，如果将篡改操作视为感兴趣对象(即前景)，而将自然音频及其背景信号视为背景，则上述伪作检测方法的基本着力点在背景描述上，除基于二次压缩编码量化和重采样特性的伪作检测外，一般方法对伪作自身固有特性的利用都不够充分。针对具体篡改操作提取其固有特征(即前景特征)，可改善伪作检测方法的性能，并进一步实现对篡改操作方式的分类(多目标识别问题)。迄今为止，相关研究工作的报道还很少，因此，这将成为未来工作的一个研究方向。

值得指出的是，与其他数字媒体被动取证技术相比，数字音频被动取证技术的理论研究还处于起步阶段，其应用也处于半人工半自动状态[40]。相比之下，近年来数字图像被动取证技术突飞猛进[30-32,62-65]，其中有诸多的先进思想可资借鉴，可望结合数字音频被动取证自身的特点加以有效利用[59,60]。这也是未来的一个研究方向。

另外，由于数字音频信号中往往包含话音信号，所以结合话音分析理解技术(话者性别识别、说话人识别、话者分离、话音环境识别[66,67])的研究与开发，可望迅速加快数字音频被动取证技术的开发步伐。

此外，在上述已有的被动取证技术中，篡改特征量(如二次编码参数)的估计和判决一般带有主观和经验成分，而客观特征(如电网频率或谐波相位)的利用只针对个别篡改(如剪切)有效，对于方式未知的篡改操作，实际应用中只能通过“试错”逐一检验，其效率较低。而且这些技术对于噪声、压缩损失以及不满足条件的篡改方式等，其稳健性有待提高。

最后，实际应用中的音频篡改往往是局部的，可能包含多种组合方式，或蕴含不同方式的特征，对音频篡改的分析处理其计算量大且特征的时变(空变)性强，无论是特征提取还是取证分类，都需要解决增量(在线)处理问题——特征描述和分类器参数的动态更新问题，以提高取证效率。所以，充分利用信息处理工具以恰当地融合对数字音频伪作敏感的鉴别特征，并结合话音分析理解中涉及的模式识别、机器学习理论研究开发有效的取证(即分类)算法，是现实地突破基于伪作检测的数字音频被动取证核心技术的一个有效途径。

2. 数字图像伪作检测

图像篡改操作有很多方式[30]，其中典型的篡改模式如图 1.2 所示[68]，该篡改模式一般包括如下几个步骤及篡改操作：首先，选用一幅原始图像 T 作为背景，该图像可能是非压缩格式或者压缩格式；其次，从其他原始图像如 S 中裁剪得到需要的区域 R，并将其复制粘贴在背景的合适位置上，同时对其进行放大、缩小或旋转等几何变化操作；再次，对篡改区域的边缘进行模糊操作，使合成的伪造图像具有更好的视觉真实性；最后，对合成图像 F 进行重新保存，可保存为非压缩格式或压缩格式。

图 1.2　图像典型篡改模式示意图

图像重采样检测是数字取证中发现图像是否被篡改的有效途径之一。篡改者在进行篡改操作时通常会将篡改区域进行放大、缩小或者旋转等几何变化操作，其间通常需要运用插值/抽取技术对图像进行重采样以使其位于一个新的采样网格中。现存的重采样检测方法大致可以分为两类，一类基于分析插值/抽取步骤所引起的像素之间的相关性变化[32]，而另一类基于检测插值/抽取信号的二阶导数存在的周期性[69,70]。但这些算法都存在同样的问题，即易受有损压缩影响(因为有损压缩将会导致像素相关性发生变化，使得重采样引起的相关性变化或周期性难以检测)。

JPEG(joint photographic experts group)是目前主流的图像压缩标准。目前，数码相机输出和在互联网上传播的数字图像大多是以 JPEG 格式存储的，伪造图像的造假源往往也是 JPEG 格式的。因此，检测 JPEG 压缩数字图像的真伪具有重要的实用价值。针对 JPEG 压缩特性，研究者提出了许多被动取证方法。文献[71]通过比较 8×8 不重叠分块的块内差和块间差的直方图，判定一个非压缩的位图文件是否由 JPEG 文件转换而来——若图像经过了第二次 JPEG 压缩，其离散余弦变换(discrete cosine transform，DCT)系数的直方图会产生周期性模式。He 等根据此特征有效地检测了 JPEG 图像合成并能够确定篡改区域[72]。Farid 提出在像素域进行 JPEG 合成图像盲检测方案，将待检测的 JPEG 合成图像以不同的质量因子重新压缩，并比较其与待检测图像的差别，从而确定篡改区域[73]。文献[71]、文献[75]则将图像拼接合成过程中存在的质量因子和分块位置不一致的特征作为检测 JPEG 图像合成的证据。文献[72]的方法只针对造假源是 JPEG 格式的图像，没有考虑造假源来自非压缩图像的情况；而当伪造图像以一个小于原始图像的质量因子另存时，文献[73]、文献[75]中的算法效果不明显。

在图像篡改伪造过程中，为了消除合成边缘的明显痕迹，掩盖篡改真相，篡改者通常会对图像进行模糊操作。因此，检测模糊操作痕迹可以为图像检验提供有力的凭据。针对模糊操作，学者提出了多种被动取证的方法，如局部模糊检测算法[76]、基于图像异常色调率的检测算法[77]、基于数学形态学的检测算法[78]。实验证明，以上算法可以实现图像模糊操作检测，但是它们抗 JPEG 压缩能力不强，在压缩情况下误检率较高。

后来有学者提出了基于二次模糊相关性的置换图像盲分离方法[79]，即根据模糊图像二次模糊前后模糊区域的相关性大于背景区域的相关性这一特性进行检测。该方法具有一定的抗 JPEG 压缩能力，但需要逐点分块计算，算法计算复杂度较高。

总之，以图像篡改检测作为切入点的图像证据学正以崭新的面貌出现在图像处理领域和公安司法实战应用中，其所解决的问题日益复杂、现实和深入，相关理论、算法和技术层出不穷，为研发和应用人员展示着美好的前景。

3. 数字视频伪作检测

与数字音频资料分析检验工作类似，以伪作检测为核心内容的数字视频被动取证理论研究还处于起步阶段。同时，由于视频与音频都是时基媒体，其伪作检测方法的着力点也有类似之处，如背景信号特征的利用[80-83]、压缩编码特征的利用[84-88]。但是，视频信号作为典型的高价自然张量，与视频伪作本身相比，视频伪作资料的分析处理和检测工作要复杂得多。从目前已有的工作来看，以下几种途径可望成为未来一段时期内解决数字视频伪作检测理论研究和技术应用问题的重要方向。

首先，借助张量分析工具[89]以及充分挖掘时空特性和压缩变换域特性[90]，可望有效解决典型的视频伪作检测问题。

其次，与上述音频资料伪作检测一样，将视频伪作视为前景而将自然视频及其背景信号视为背景，在充分提取和描述背景自然特性的同时，借助近年来发展非常迅速的视频目标行为分析技术，并针对具体伪作特点提取前景特征，可望提升视频伪作检测性能和实现伪作方式的分类(多目标识别问题)[91-95]。迄今为止，相关研究工作的报道还很少[96,97]，因此，这将成为未来工作的一个研究方向。

最后，实际应用中的视频篡改往往在空间和时间上是局部的，而且包含多种组合方式或蕴含层次不同的特征，视频篡改分析处理的计算量大，且特征的时变性和空变性强，无论是特征提取还是取证分类，都需要解决深度特征提取及描述和分类器参数动态更新等问题，以提高取证效率。所以，结合模式识别和机器学习理论中的增量学习、深度学习、对抗学习等算法恰当地提取、融合对数字视频伪作敏感的鉴别特征，以开发有效的取证(即分类)算法，是现实地突破基于伪作检测的数字视频被动取证核心技术的一个有效途径[98-102]。

1.3 数字视听资料分析检验的理论基础

数字信号处理原理、模式识别理论和机器学习算法是数字视听资料分析检验的基石，而数字化中信号采样、信号变换、信号补偿/信号重构等则是这一基石的基础。信号采样、信号变换、信号重构及以此为基础的模式特征提取、分类器设计、机器学习又可被纳入统一的框架：逆问题求解。本节重点从信号的理想采样与广义采样、信号的基本变换、函数逼近与逆问题求解这三个方面论述数字视听资料分析检验的理论基础。

1.3.1　信号的理想采样与广义采样

如 1.2.1 节所述，视听资料是对电磁波和机械波进行感测的结果。由于宏观物理世界中被感测的场景或景物点的空间坐标是连续的，且时间、电磁波或机械波波长、波场强度也是连续的，而波场强度是空间、时间、波长(频率)等连续变量的连续函数，所以将这类感测结果称为模拟信号，如式(1.1)中的 $f_0(x, y, z, \lambda, t)$。为便于对感测结果进行存储、传输、显示和分析处理，须将这些连续变量离散化。其中，自变量的离散化通过采样完成，而因变量(波场强度)的离散化通过量化实现，采样并量化的结果就是数字信号。

采样是数字化的关键，避免或减少信号所挟带的信息在数字化过程中的损失是信息领域科研开发人员的工作目标，他们在长期努力下积累了丰富的成果[103-118]。采样分为理想采样和广义采样。

1. 理想采样

理想采样是信号采样的理想形式：信号 $f_0(x)$ 是最高角频率 ω_C（带宽为 $2\omega_C$）的信号，采样脉冲宽度可忽略，采样间隔 Δx 足够小（$\Delta x \leqslant \pi/\omega_C$），或采样频率 ω_S 足够高（$\omega_S=2\pi/\Delta x \geqslant 2\omega_C$）。满足这些条件时，对 $f_0(x)$ 在自变量 x 上进行离散化后，就可以用离散化结果[即序列 $f(l)=f_0(x)\big|_{x=l\Delta x}$，$l$ 为整数]精确重构 $f_0(x)$，这就是著名的采样定理[奈奎斯特(Nyquist)采样定理[103]或香农(Shannon)采样定理[104]]，而 $\omega_S=2\omega_C$ 被称为奈奎斯特采样频率。

理想采样与重构示意图如图 1.3 所示，其中 $h(x)$ 为重构滤器的系统函数。

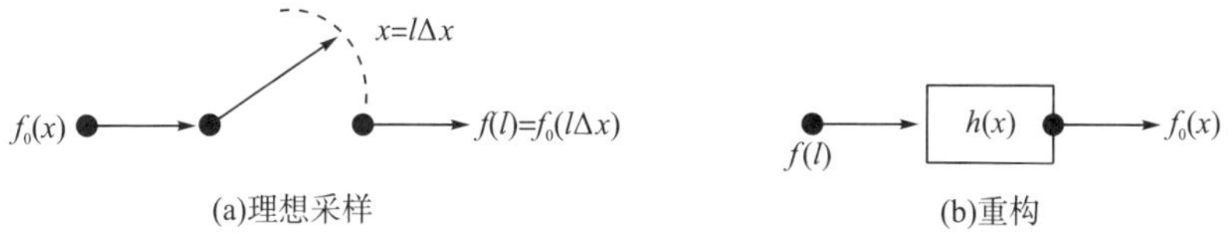

图 1.3　信号的理想采样与重构

数学表达式为

$$f(l)=f_0(x)\delta(x-l\Delta x) \qquad f_0(x)=\sum_{l=-\infty}^{\infty} f(l)h(x-l\Delta x), \tag{1.4}$$

式中，$h(x)$ 为 sinc 函数，而 $\delta(x)$ 为单位冲击函数：

$$h(x)=\mathrm{sinc}(x/\Delta x)=\frac{\sin(\pi x/\Delta x)}{\pi x/\Delta x}, \quad \delta(x)=\begin{cases}1, & x=0,\\ 0, & x\neq 0.\end{cases} \tag{1.5}$$

所以，信号的理想采样实质上就是用 sinc 函数集 $h_l(x)=h(x-l\Delta x)$（l 为整数）

对带宽有限信号(带限信号)进行展开并获取展开系数的过程。

一旦被采样的信号不是带限信号，或其带宽超过奈奎斯特采样频率，则需要先经过理想的低通滤波器进行抗混叠处理，将其变换成带限信号后才能进行采样[115]。所以，理想采样定理很少直接应用于实际问题，而现实中的数字化器件(模数转换器，analog to digital converter，又称 A/D 转换器)只能近似地实现理想采样。

2. 广义采样

信号采样旨在离散化，而实际应用中往往无须精确重构原模拟信号。所以，当被采样的信号不是带限信号或其带宽超过奈奎斯特采样频率时，用由采样结果重构的信号：

$$f(x)=\sum_{l=-\infty}^{\infty} f(l)h_l(x) \tag{1.6}$$

来逼近原始信号 $f_0(x)$ (取 $\Delta x=1$，即单位采样间隔)。容易证明式(1.6)中：

$$\left\{h_l(x)=\frac{\sin\pi(x-l)}{\pi(x-l)}\right\}_{l=-\infty}^{\infty}, \tag{1.7}$$

是能量有限信号空间 $L^2(R)$ (R 表示信号的定义域，一般是实数域)的标准信号集，所以式(1.6)中的 $f(l)$ 满足

$$f(l)=<f(x),h_l(x)>,\quad l\in\mathbf{Z}, \tag{1.8}$$

式中，$\mathbf{Z}$ 为整数集；$<\cdot,\cdot>$为 $L^2(R)$ 空间中定义的内积，即

$$<f(x),g(x)>=\int_{-\infty}^{\infty} f(x)\overline{g(x)}\mathrm{d}t,\quad \forall f(x),g(x)\in L^2(R), \tag{1.9}$$

式中，$\overline{g(x)}$ 为复函数 $g(x)$ 的复共轭。式(1.8)就是利用式(1.7)中的函数 $h_l(x)$ 对模拟信号 $f(x)$ 进行的采样：被采样的信号与采样函数的内积。由式(1.4)可知，$f(l)$ 也是同样对 $f_0(x)$ 进行采样的结果。所以，重构信号 $f(x)$ 只是原信号 $f_0(x)$ 的近似，但二者有相同的采样结果，即采样的一致性(对应的采样称为一致性采样)，如图 1.4 所示。

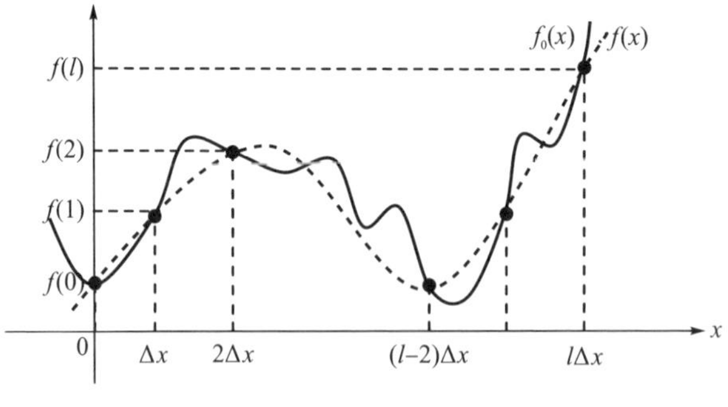

图 1.4 信号采样与重构：一致性采样

显然，理想采样的采样函数集与重构函数集是相同的标准函数集：式(1.7)中的 sinc 函数集。若采用其他标准函数集，如再生核希尔伯特空间(reproducing kernel Hilbert spaces，RKHS)中的一般标准函数集，则式(1.8)定义的采样被称为广义采样[105-108]。

后来，广义采样被纳入函数逼近和机器学习问题进行研究，并被进一步拓展到基于双正交函数集乃至框架与对偶框架的信号分析和综合之中，成为信号处理、模式识别、机器学习等领域中非常经典而又充满生命力的研究课题之一[109-118]。

1.3.2　信号的基本变换

信号分析旨在分析、提取信号在时域、空域、频域或联合域的特征，其基本手段是信号变换：将信号从一种形式转换成另一种形式。信号变换的基本形式有离散傅里叶变换(discrete Fourier transform，DFT)、拉普拉斯变换、Z 变换、短时傅里叶变换(short time Fourier transform，STFT)、离散余弦变换(DCT)、卡-洛变换(Karhunen-Loeve transform)、小波变换(wavelet transform，WT)等，而在数字视听资料分析检验中最常用的变换是 DFT、STFT、DCT 等。

1. 频域分析与 DFT

通常情况下，感测信号的原始域(定义域)为时域(如音频信号)、空域(如图像信号)或时空域(如视频信号)，统称为原域，而经过信号变换后的定义域统称为变换域。数字信号的频域分析是信号通过 DFT 转换到频域(对应的频率称为傅里叶频率或数字频率，以区别声波、电磁波等对应的自然频率)后，分析信号的能量谱或功率谱特征。对于时域离散信号 $f(l)$，若其能量有限(平方可求和)，则其 N 点 DFT(将周期为 2π 的角频率均匀地离散化为 N 份)的定义(此处取对称形式)为

$$F(m)=\frac{1}{\sqrt{N}}\sum_{l=0}^{N-1}f(l)\mathrm{e}^{-j\frac{2\pi ml}{N}}\quad(m=0,1,\cdots,N-1),\tag{1.10}$$

而$|F(m)|^2$表示信号 $f(l)$ 的能量依据频率(第 m 个频率为 $2\pi m/N$)分布的规律，即信号 $f(l)$ 的能量谱。同时，由 $F(m)$ 重构的 $f(l)$ 的反演离散傅里叶变换公式(inverse DFT，IDFT)为

$$f(l)=\frac{1}{\sqrt{N}}\sum_{m=0}^{N-1}F(m)\mathrm{e}^{j\frac{2\pi ml}{N}}\quad(l=0,1,\cdots,N-1),\tag{1.11}$$

当信号 $f(l)$ 是功率有限的平稳随机信号(均值函数为常数且相关函数只与相关步距有关的随机信号)时，只需将其相关函数序列代入式(1.10)中计算，即可得到 $f(l)$ 的功率谱密度(功率随频率的分布规律，简称功率谱)。

由于式(1.10)定义的 DFT 可以通过快速傅里叶变换(fast Fourier transform,

FFT)完成，所以成为信号频域分析(能量谱分析和功率谱分析)的最基本工具。

需要说明的是，通过上述 DFT 构造信号的能量谱/幅度谱或功率谱，是信号频域分析的基本内容——谱分析中的解析理论部分。对于现实中的平稳随机信号，每次观测只能获取一个样本的有限个样点，其相关函数或功率谱只能利用观测数据并通过适当的方法进行估计，这是信号频域分析的现实内容——谱分析中的谱估计部分。介绍和讨论相关方法的著作很多(如文献[119])，在此不再赘述。

2. 时频联合分析与 STFT

现实中获取的信号(如音频信号)一般都是非平稳信号(具有时变能量谱的确定性信号或具有时变功率谱的随机信号)，而通过分析其时变特征、构造合适的时频分布并进行恰当处理以达到不同的信号分析目的，就是时频联合分析，具体包括构造信号时频分布和估计信号时变谱等内容[120-123]。

在构造信号的时频分布时，由 STFT 建立起来的频谱图(spectrogram)是最简单、最直观的一种时频分布图，也是数字视听资料(尤其是音频资料)分析检验的最基本工具。而分数傅里叶变换作为傅里叶变换的直接推广，以及一种特殊的时频分布，对于分析目前使用较广泛的线性调频信号是十分有效的。另外，维格纳(Wigner)分布是一种具有优良性能的时频分布，通过它可以准确估计信号的瞬时频率、瞬时带宽等时频参数。而由科思(Cohen)在总结多种时频分布的基础上提出的广义双线性时频分布(简称科思类时频分布)，将各种时频分布纳入统一的框架内，同时又可以派生出具有所希望的性质的多种具体的时频分布。WT 是一种特殊的时频分布，通过它对信号进行多分辨分析，可得到不同尺度(对应于不同分辨率或频率)的整体特征和细节信息，其在图像压缩、突变检测等操作中得到广泛应用。介绍和讨论这些方法的著作也较多(如文献[120]和文献[123])，在此仅对 STFT 进行简述。

1) STFT 的定义

STFT 是在傅里叶变换的框架内将非平稳信号视为由一系列短时平稳信号构成，其短时性通过在时域加窗来实现，并通过平移参数来平移覆盖整个时域。也就是说，先将一个窗函数与待分析信号相乘，以实现在窗口中心附近的开窗和平移，再进行傅里叶变换。所以，STFT 为又称加窗傅里叶变换(windowed Fourier transform，WFT)。将短时傅里叶变换的模平方作为一种时频分布，即为频谱图或语谱图，它的时间分量对应于窗口在平移过程中其中心所处的位置。

一般地，对于给定的序列 $f(l)$ 和窗函数 $h(l)$，N 点的 STFT 定义为[121,122]

$$F_l(m)=\sum_{\tau=-\infty}^{\infty} f(\tau)h(l-\tau)\mathrm{e}^{-j\frac{2\pi m\tau}{N}} \qquad (m=0,1,\cdots,N-1), \tag{1.12}$$

而$|F_l(m)|^2$表示信号 $f(l)$ 在 l 时刻的能量依据频率(第 m 个频率为 $2\pi m/N$)分布的规律，即信号 $f(l)$ 的谱图。显然，谱图是一个定义在时间-频率平面内离散网

格上的分布——时频分布(其中 l 和 m 分别代表时间点和频率点)。

2) STFT 的计算——基于 FFT 的方法[124]

该算法直接从定义式(1.12)入手，通过适当的变量替换来定义新序列，并将新序列转化为 DFT 基本形式[式(1.10)]，随后即可借助 FFT 快速地计算。事实上，首先令 $l-\tau=-r$，并将式(1.12)变为

$$F_l(m)=\mathrm{e}^{-j\frac{2\pi ml}{N}}\sum_{r=-\infty}^{\infty}f(l+r)h(-r)\mathrm{e}^{-j\frac{2\pi mr}{N}}\qquad (m=0,1,\cdots,N-1).\tag{1.13}$$

其次，将求和区间划分为长度均等于 N 的多个小区间，得

$$F_l(m)=\mathrm{e}^{-j\frac{2\pi ml}{N}}\sum_{q=-\infty}^{\infty}\sum_{r=qN}^{(qN+N-1)}f(l+r)h(-r)\mathrm{e}^{-j\frac{2\pi mr}{N}}\qquad (m=0,1,\cdots,N-1),\tag{1.14}$$

最后，在式(1.14)中令 $r=i+qN$，并考虑复指数因子的周期性，得

$$F_l(m)=\mathrm{e}^{-j\frac{2\pi ml}{N}}\sum_{i=0}^{N-1}\tilde{f}_l(i)\mathrm{e}^{-j\frac{2\pi mi}{N}}\qquad (m=0,1,\cdots,N-1),\tag{1.15}$$

即原序列 $f(l)$ 的离散 STFT 就是关于 i 的 N 点新序列 $\tilde{f}(l,i)=\tilde{f}_l(i)$ 的 DFT[参见式(1.10)]，再将中心频率平移至频点 $\omega_m=-2\pi m/N$ 的计算结果处，其中

$$\tilde{f}_l(i)=\sum_{q=-\infty}^{\infty}f(l+i+qN)h(-i-qN)\qquad (i=0,1,\cdots,N-1),\tag{1.16}$$

式(1.15)可以借助 FFT 快速地计算。另外，据此也可实现逆 STFT(inverse STFT,ISTFT)变换。

3. 压缩域分析与 DCT

数据压缩是指在不丢失或很少丢失有用信息的前提下，缩减数据量或对数据进行重新组织，以减少存储空间并提高传输和处理效率的一种技术。

数据压缩的基本依据是数据的统计冗余性，其表现为信号的时间相关性或空间相关性。所以，消除或减少相关性是数据压缩算法的基本出发点，而变换域编码是重要的数据压缩方式之一[125]。因此，通过变换将相关信号变换成不相关信号成为一个焦点问题，解决这一问题的基本方法是卡-洛变换，而众多的图像压缩编码标准(如 JPEG 标准)采用的 DCT 是卡-洛变换的近似[124,126]，其在数字视听资料分析检验中也得到重要运用。现对这两种变换进行简述。

1) 随机信号去相关性与卡-洛变换

卡-洛变换由卡尔胡宁(Karhunen)和勒夫(Loeve)分别于 1946 年和 1948 年提出[126]，并在信号分析和模式识别等问题中得到广泛应用[124,126-128]。

卡-洛变换的初衷是将相关的随机信号变换成不相关的随机序列。事实上，设

定义在$(0,T)$上的随机信号为$f_0(x)$，寻找$(0,T)$上的某个标准函数集

$$\{\varphi_i(x)\}_{i=1}^{\infty},\quad \int_0^T \varphi_i(t)\overline{\varphi_j(t)}\mathrm{d}t = \delta_{ij} = \begin{cases} 1, j=i, \\ 0, j \neq i, \end{cases} \tag{1.17}$$

对$f_0(x)$进行如式(1.8)的采样变换，得到随机序列$f(l)$ (l=1, 2,…)。为消除$f(l)$的相关性，要求

$$E\left\{\{f(i)-E[f(i)]\}\overline{\{f(j)-E[f(j)]\}}\right\} = \lambda_i\delta_{ij} \quad (i,j=1,\ 2,\ \cdots), \tag{1.18}$$

即序列在不同时刻的样本是不相关(协方差为 0)的，其中 E 表示求随机变量的数学期望。

同时，要求重构信号[参见式(1.6)]$f(x)$为$f_0(x)$的均方逼近，即

$$\lim_{N\to\infty}\int_0^T [f_0(x)-f(x)]^2\mathrm{d}x = \lim_{N\to\infty}\int_0^T \left[f_0(x)-\sum_{i=1}^{N} f(i)\varphi_i(x)\right]^2 \mathrm{d}x = 0. \tag{1.19}$$

因此得到

$$\int_0^T\int_0^T \varphi_i(x_1)\overline{\varphi_j(x_2)}\mathcal{R}_{f_0}(x_1,x_2)\mathrm{d}x_1\mathrm{d}x_2 = \lambda_i\delta_{ij}, \tag{1.20}$$

式中

$$\mathcal{R}_{f_0}(x_1,x_2) = E\left[f_0(x_1)\overline{f_0(x_2)}\right] - E\left[f_0(x_1)\right]E\left[\overline{f_0(x_2)}\right], \tag{1.21}$$

是$f_0(x)$的协方差函数。由式(1.20)可知，需要寻找的正交函数集就是$f_0(x)$的协方差函数的本征函数集(eigen functions)。用随机信号协方差函数的本征函数集对随机信号本身进行的采样变换，即

$$f(l) = < f_0(x), \varphi_l(x) > \quad (l=1,\ 2,\ \cdots), \tag{1.22}$$

就称为卡-洛变换。

同样地，对于随机序列，用其协方差矩阵的本征向量集(eigen vectors)对其自身进行的采样变换(内积运算)就是离散卡-洛变换。

2) 卡-洛变换的近似与 DCT

由于卡-洛变换可以消除信号相关性，所以其变换结果中有大量(具体数量取决于信号相关性的强弱)数值很小或为 0 的数，只要保留少数数据就能保留信号自身挟带的信息，这对于数据的存储、传输和处理具有重要意义。因此，卡-洛变换是理想的数据压缩方式之一。

但是，在实际应用中卡-洛变换存在以下不足：首先，难以准确得到信号的协方差函数/协方差矩阵；其次，难以快速有效地计算或估计本征函数集/本征向量集；再次，在涉及信号恢复的应用中，除了变换数据本身以外，其对应的本征函数/本征向量(即坐标系数据)也需要存储、传输和处理，而这些坐标系数据依赖原信号本身，无通用性。因此，近似的且可以避开这些不足的替代形式被学者发掘出来，这就是 DCT[129,130]。

对于长度为 N 的序列 $f(l)$ (l=0, 1, …, N−1)，其 DCT 定义为[129]：

$$\begin{aligned} F(0) &= \frac{\sqrt{2}}{N}\sum_{l=0}^{N-1} f(l), \\ F(m) &= \frac{2}{N}\sum_{l=0}^{N-1} f(l)\cos\frac{(2l+1)m\pi}{N} \end{aligned} \quad (m = 1,2,\cdots,\ N-1). \tag{1.23}$$

该定义是卡-洛变换最佳近似(在正态分布情况下二者等价)，且可基于 FFT 实现快速计算[129-131]。其对应的逆 DCT(inverse DCT，IDCT)变换为

$$f(l) = \frac{F(0)}{\sqrt{2}} + \sum_{m=1}^{N-1} F(m)\cos\frac{(2l+1)m\pi}{N} \quad (l = 0,1,\cdots,N-1). \tag{1.24}$$

1.3.3　统一的框架：函数逼近与逆问题求解

上述有关信号的采样、变换、重构是一个经典的模拟信号离散处理系统或数字通信系统的主要环节(图 1.5，数字通信系统中的信号变换还包括数字调制、数字传输等)。

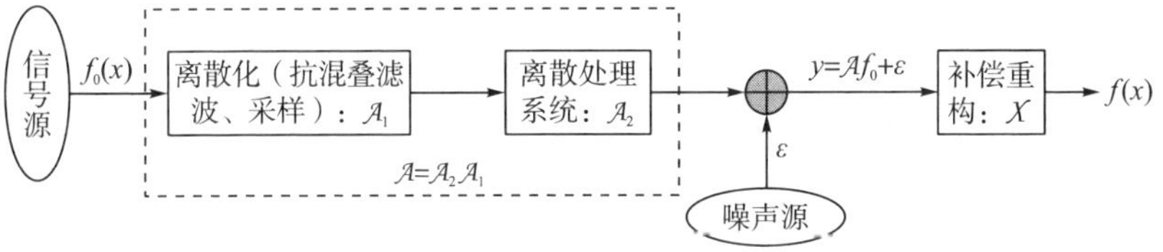

图 1.5　模拟信号离散处理系统：采样、变换与重构

上述环节在一个模式识别系统(图 1.1)中也扮演着重要的角色：离散化是模式信息感测和数字化的基础，离散处理中的信号变换是模式特征提取的基本工具，补偿重构是模式分类器设计的一般过程。模式识别问题的详细内容可参考文献[132]，其中核心是特征提取和分类(图 1.6 中虚线框部分)。

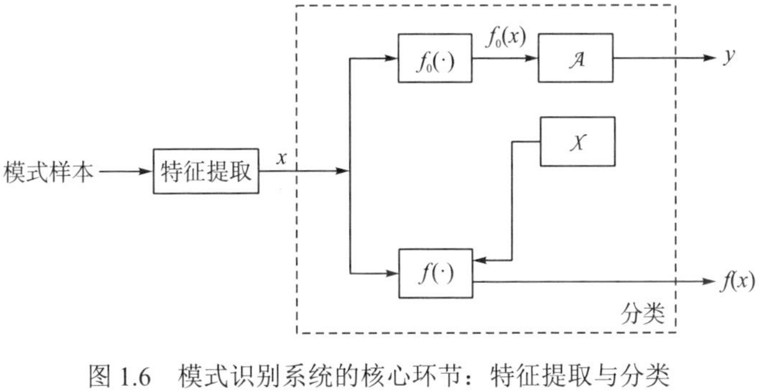

图 1.6　模式识别系统的核心环节：特征提取与分类

另外，机器学习是机器为完成一定任务并从历史经验或教训中积累知识和提升性能的过程(典型的机器学习问题抽象模型如图 1.7 所示)[133]。若对应问题中潜在的知识规则可用信号 $f_0(x)$ 表示，则机器学习中的有师学习(即有监督学习，supervised learning)事实上就是图 1.5 中的补偿重构[估计 $f_0(x)$ 实际得到 $f(x)$]过程。

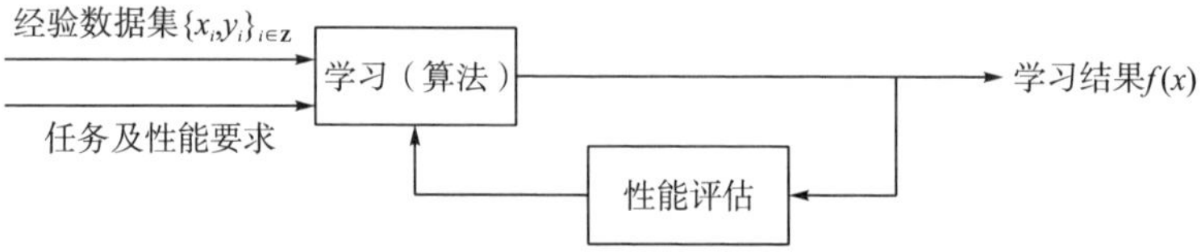

图 1.7　机器学习问题抽象模型[133]

上述数字通信、模式识别和机器学习基本模型可以被纳入统一的框架：函数逼近中的逆问题求解框架，如图 1.8 所示[其中图 1.8(a)是图 1.4 中考虑采样器噪声的情况][134,135]。图 1.8(b)中 H 是原函数空间[即原像空间，可以不是希尔伯特(Hilbert)空间，但在后续分析中假设是 Hilbert 空间]，C^N 是经映射算子 $\mathcal{A}$ 作用后的函数空间(即像空间，可以是无限维空间，但在后续分析中假设是维数 N 有限的离散空间)。

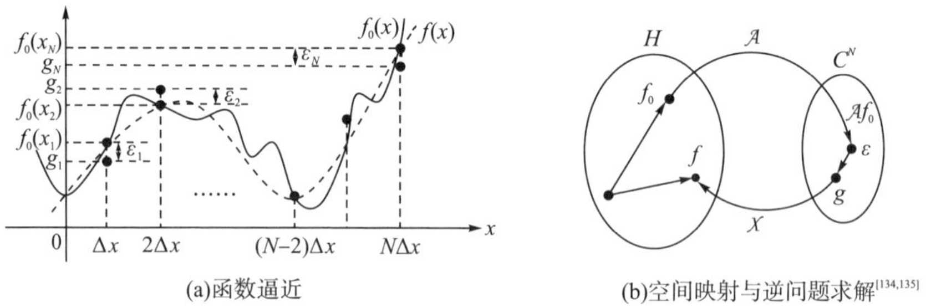

图 1.8　统一的框架

在上述框架中，映射关系为

$$\boldsymbol{g} = \mathcal{A} f_0 + \boldsymbol{\varepsilon}, \tag{1.25}$$

式中，$\boldsymbol{\varepsilon}$ 为噪声(向量)；$\boldsymbol{g}$ 为映射受加性噪声影响的结果。对应的逆映射关系为

$$f = \mathcal{X} \boldsymbol{g}, \tag{1.26}$$

式中，$\mathcal{X}$ 为逆算子。

逆问题是相对于正问题(已知输入或原因寻找输出或结果)而言且根据输出或结果寻求输入或原因的问题，是数学和工程应用中非常典型和普遍且在科技界长期备受关注的问题[136,137]。

逆问题求解就是根据具体应用背景及其抽象模型[如式(1.25)中的映射算子 $\mathcal{A}$]，利用观测结果[如式(1.25)中的向量 $\boldsymbol{g}$]并按照一定的性能要求寻找重构操作和获得重构结果[如式(1.26)中的 $\mathcal{X}$ 和 f]的过程。本节中几种基本映射算子 $\mathcal{A}$、重构算子 $\mathcal{X}$ 的形式和作用如表 1.1 所示，其中 $(\bullet\otimes\bar{\bullet})$ 是诺伊曼-沙滕(Neuman-Schatten)积[138]，其定义如下：

$$(\varphi_i\otimes\overline{\psi i})f=<f,\psi_i>\varphi_i\quad \forall f,\psi_i\in H,\forall\varphi_i\in C^N. \tag{1.27}$$

表 1.1　基本映射算子 $\mathcal{A}$ 和重构算子 $\mathcal{X}$ 的形式和作用

$\mathcal{A}$	$\mathcal{X}$	作用	说明
$\sum_{l=-\infty}^{\infty}[h_l(x)\otimes\overline{h_l(x)}]$	$\sum_{l=-\infty}^{\infty}[h_l(x)\otimes\overline{h_l(x)}]$	理想采样与重构	$h_l(x)$ 如式(1.7)所示
$\sum_{i=0}^{N-1}[w_i(l)\otimes\overline{w_i(l)}]$	$\sum_{i=0}^{N-1}[w_i(l)\otimes\overline{w_i(l)}]$	DFT 变换与逆变换	$w_i(l)=\exp(j2\pi il/N)/\sqrt{N}$
$\sum_{l=1}^{\infty}[\varphi_l(x)\otimes\overline{\varphi_l(x)}]$	$\sum_{l=1}^{\infty}[\varphi_l(x)\otimes\overline{\varphi_l(x)}]$	卡-洛变换与逆变换	$\varphi_l(x)$ 由式(1.20)决定
$\sum_{i=1}^{\infty}[c_i(l)\otimes\overline{c_i(l)}]$	$\sum_{i=1}^{\infty}[c_i(l)\otimes\overline{c_i(l)}]$	DCT 与逆 DCT	$c_0(l)=1/\sqrt{2},\ c_i(l)=\cos[(2l+1)i\pi/N]$

1.4　本　章　小　结

作为后续章节的先导和基础，本章简要介绍了数字视听资料分析检验的技术背景、技术内容和理论基础。

参 考 文 献

[1] 中国大百科全书法学编委会. 中国大百科全书·法学[M]. 北京：中国大百科全书出版社，1984.

[2] 李春霖. 论视听资料[J]. 法学研究，1985(2)：17-23.

[3] 邹瑜，顾明. 法学大辞典[M]. 北京：中国政法大学出版社，1991.

[4] 崔景旭. 论建立视听刑事技术的必要性和现实性[J]. 公安教育，2004(8)：38-41.

[5] 张斌. 论视听资料的法律地位与可采性[D]. 成都：四川大学，2004.

[6] 吴芸. 刑事诉讼中视听资料的收集和审查问题研究[D]. 重庆：西南政法大学，2006.

[7] 王跃. 电子证据及其法庭应用研究[D]. 重庆：西南政法大学，2004.

[8] 廖翔，陈康，黎建彬. 谈视听资料检验与实验室建设[C]//第一届全国声像资料检验鉴定技术交流会论文选(第一部分：学科建设)，北京，2011：21-24.

[9] 陈方. 论电子证据[D]. 合肥：安徽大学，2003.

[10] 蒋平，杨莉莉. 电子证据[M]. 北京：清华大学出版社，中国人民公安大学出版社，2007.

[11] 杨永川，顾益军，张培晶，等. 计算机取证[M]. 北京：高等教育出版社，2008.

[12] 宋晓波. 磁介质视听资料的检验与研究[J]. 刑事技术，1998(6)：12-14.

[13] 文盛堂. 声纹技术及其司法应用[J]. 中国刑事法杂志，1999(6)：63-66.

[14] 刘东宁. 视听资料的范围及其审查鉴定[J]. 检察实践，1999(3)：36-37.

[15] 冯清枝，杨洪臣，单大国. 录音资料及录音设备检验技术的探讨[J]. 警察技术，2001(5)：22-25.

[16] 孟建国. 视听资料检验[M]. 北京：中国人民公安大学出版社，2002.

[17] 孟建国. 视听资料检验技术方法的比较研究[J]. 警察技术，2004(6)：30-31.

[18] 黎建彬，廖翔，陈康. 磁记录信息检验技术的现状与发展[J]. 刑事技术，2005(1)：12-14.

[19] 罗彩荣. 论刑事侦查中伪造视听资料的审查判断[J]. 湖北警官学院学报，2006(1)：60-63.

[20] 廖翔，赵志强，庞业光，等. 声像检验鉴定技术概述[J]. 警察技术，2006(6)：45-46.

[21] 朱宝礼，周云彪. 刑事图像技术[M]. 北京：中国人民公安大学出版社，2002.

[22] 方萍. 视听资料的检验鉴定[J]. 江苏公安专科学校学报，2001，15(2)：158-160.

[23] 杨述新. 私采视听资料的证据效力探讨[J]. 法制与社会，2008(3)：108-109.

[24] 邢苏娴. 刑事侦查中全程录音录像资料的运用探讨[J]. 法制与社会，2013(4)：121-122.

[25] 梁长垠. 数字视听技术[M]. 西安：西安电子科技大学出版社，2009.

[26] 廖翔，黎建彬. 数字图像复原技术的原理及在刑事技术中的应用[J]. 刑事技术，2003(3)：24-27.

[27] 刘本永，廖翔. 公共安全中数字视听资料分析检验关键技术研究及系统开发[J]. 中国科技成果，2013(18)：88-89，91.

[28] 刘琦. 数字视听资料分析及检验技术[M]. 北京：法律出版社，2016.

[29] 刘本永. 子空间法雷达目标一维像识别研究[D]. 成都：电子科技大学，1999.

[30] Farid H. Image forgery detection：A survey [J]. IEEE Signal Processing Magazine，2009，26(2)：16-25.

[31] Luo W Q，Qu Z H，Pan F，et al. A survey of passive technology for digital image forensics[J]. Frontiers of Computer Science，2007，2(1)：166-179.

[32] Popescu A C，Farid H. Exposing digital forgeries by detecting traces of re-sampling[J]. IEEE Transactions on Signal Processing，2005，53(2)：758-767.

[33] Milani S，Fontani M，Bestagini P，et al. An overview on video forensics[J]. APSIPA Transactions on Signal and Information Processing，2012(1)：1229-1233.

[34] Su L C，Li C H，Lai Y C，et al. A fast forgery detection algorithm based on exponential-fourier moments for video region duplication [J]. IEEE Transaction on Multimedia，2018，20(4)：825-840.

[35] Brixen E B. Techniques for authentication of digital audio recordings [C].Proceedings of the 122nd Audio Engineering Society Convention，Vienna，Austria，2007：7014 1-7014.8.

[36] Rumsey F. Forensic audio analysis [J]. Journal of Audio Engineering Society，2008，56(3)：211-217.

[37] Koenif B E，Lacey D S. Forensic authentication of digital audio recordings [J]. Journal of Audio Engineering Society，2009，57(9)：662-695.

[38] Macher R C. Audio forensic examination：Authenticity，enhancement，and interpretation [J]. IEEE Signal Processing Magazine，2009，26(2)：84-94.

[39] Tibbitts J，Yibin L. Forensic applications of signal processing [J]. IEEE Signal Processing Magazine，2009，26(2)：104-111.

[40] Gupta S，Cho A，Kuo C C J. Current development and future trends in audio authentication [J]. IEEE Multimedia，2012，19(1)：50-59.

[41] Ikram S，Malik H. Digital audio forensics using background noise [C].Proceedings of IEEE International Conference on Multimedia and Expo，Singapore，2010：106-110.

[42] Malik H，Farid H. Audio forensics from acoustic reverberation [C].Proceedings of IEEE International Conference on Multimedia and Expo，Singapore，2010:1710-1713.

[43] Kraetzer C，Oermann A，Dittmann J，et al. Digital audio forensics：A first practical evaluation on microphone and environment classification [C]//Proceedings of the 9th ACM Workshop on Multimedia and Security，2007：63-74.

[44] Buchholz R，Kraetzer C，Dittmann J. Microphone classification using Fourier coefficients [C].Lecture Notes in Computer Science，2009，5806：235-246.

[45] 邵松年，黄征，徐彻，等. 数字音频与录制设备的相关性研究[J]. 计算机工程，2009，35(19)：24-226.

[46] Grigoras C. Digital audio recording analysis：The electric network frequency（ENF）criterion [J]. International Journal of Speech，Language and the Law，2005，12(1)：63-76.

[47] Grigoras C. Applications of ENF criterion in forensic audio，video，computer and telecommunication analysis [J]. Forensic Science International，2007，167(2)：136-145.

[48] Nicolalde D P，Apolinario Jr. J A. Evaluating digital audio authenticity with spectral distance and ENF phase change [C] Proceedings of IEEE International Conference on Acoustic，Speech，and Signal Processing，Taipei，China，2009:1417-1420.

[49] Chang F C，Huang H C. Electrical network frequency as a tool for audio concealment process [C].Proceedings of the 6th IEEE International Conference on Intelligent Information Hiding and Multimedia Signal Processing，Darmstadt，Germany，2010：175-178.

[50] Rodriguez D P N，Apolinário Jr. J A，Biscainho L W P. Audio authenticity. Detecting ENF discontinuity with high precision phase analysis [J]. IEEE Transactions on Information Forensics and Security，2010，5(3)：534-543.

[51] Chang F C，Huang H C. A study on ENF discontinuity detection techniques [C].Proceedings of the 7th IEEE International Conference on Intelligent Information Hiding and Multimedia Signal Processing，Dalian，China，2011：9-12.

[52] 高阳，黄征，徐彻，等. 基于高阶频谱分析的音频篡改鉴定[J]. 信息安全与通信保密，2008(2)：94-96.

[53] Yang R，Shi Y Q，Huang J W. Defeating fake-quality MP3 [C].Proceedings of the 11th ACM Workshop Multimedia and Security，Princeton，NJ，USA，2009:117-124.

[54] Cheng E，Burnett I S. On the effect of ARM and ARM-WB GSM compression on overlapped speech for forensic analysis [C].Proceedings of IEEE International Conference on Acoustic，Speech，and Signal Processing，Prague，Gzech Republic，2011：1872-1875.

[55] D'Alessandro B，Shi Y Q. MP3 bit rate quality detection through frequency spectrum analysis [C].Proceedings of the 11th ACM Workshop on Multimedia and Security，Princeton，NJ，USA，2009:57-61.

[56] Liu Q Z，Sung A H，Qiao M Y. Detection of double MP3 compression [J]. Journal of Cognitive Computing，2010，2(4)：291-296.

[57] Yang R，Shi Y Q，Huang J W. Detecting double compression of audio signal [C].Proceedings of SPIE 7541，Media Forensics and Security Ⅱ，San Jose，California，United States，2010.

[58] Qiao M Y，Sung A H，Liu Q Z. Revealing real quality of double compressed MP3 audio [C].Proceedings of ACM International Conference on Multimedia，Firenze，Italy，2010：1011-1014.

[59] 姚秋明，柴佩琪，宣国荣，等. 基于期望最大化算法的音频取证中的篡改检测[J]. 计算机应用，2006，26(11)：2598- 2601.

[60] 丁琦，平西建. 基于子带谱平滑度的音频篡改检测[J]. 应用科学学报，2010，28(2)：142-146.

[61] Yang R，Qu Z H，Huang J W. Detecting digital audio forgeries by checking frame offsets [C].Proceedings of the 10th ACM workshop on Multimedia and Security，Oxford，United Kingdom，2008：21-26.

[62] 吴琼，李国辉，涂丹，等. 面向真实性鉴别的数字图像盲取证技术综述[J]. 自动化学报，2008，34(12)：1458-1466.

[63] 中华人民共和国公安部. 图像真实性鉴别技术规范：图像重采样检测[P]. GA/T 917—2010，2010.

[64] 中华人民共和国公安部. 图像真实性鉴别技术规范：图像 CFA 插值检测[P]. GA/T 918—2010，2010.

[65] 中华人民共和国公安部. 图像真实性鉴别技术规范：图像 JPEG 压缩检测[P]. GA/T 919—2010，2010.

[66] Muhammad G，Alotaibi Y A，Alsulaiman M，et al. Environment recognition using selected MPEG-7 audio features and mel-frequency cepstral coefficients [C].Proceedings of IEEE International Conference on Digital Communication，Athens，Greece，2010：11-16.

[67] Alqahtani M O，Almazyad A S. Accuracy enhancement in environment sound recognition using ZC features and MPEG-7 with modified K-NN classifier feature [C].Proceedings of the 4th IEEE International Conference on Applications of Digital Information and WebTechnologies，Stevens Point，WI，USA，2011:41-44.

[68] 左菊仙，刘本永. 伪造图像典型篡改操作的检测[J]. 中国图象图形学报，2012，17(11)：1367-1375.

[69] Gallagher A C. Detection of linear and cubic interpolation in JPEG compressed images [C].Proceedings of the 2nd Canadian Conference on Computer and Robot Vision，Victoria，BC，Canada，2005：65-72.

[70] Wei W M，Wang S Z，Zhang X P，et al. Estimation of image rotation angle using interpolation-related spectral signatures with application to blind detection of image forgery [J]. IEEE Transactions on Information Forensics and Security，2010，5(3)：507-517.

[71] Fan Z，de Queiroz R. Identification of bitmap compression history：JPEG detection and quantizer estimation [J]. IEEE Transactions on Image Process，2003，12(2)：230-235.

[72] He J，Lin Z，Wang L，et al. Detecting doctored JPEG images via DCT coefficient analysis [C].Computer Vision ECCV 2006，Springer，Berlin，Heidelberg，2006.

[73] Farid H. Exposing digital forgeries from JPEG ghosts [J]. IEEE Transactions on Information Forensics and Security，2009，4(1)：154-160.

[74] Li S，Zhang X P. Detection of compressed images based on JPEG compression properties [J]. Journal of Applied Sciences，2008，26(3)：281-287.

[75] Zheng E G，Ping X J. Passive-blind forensics for a class of JPEG image forgery [J]. Journal of Electronics and Information Technology，2010，32(2)：394-399.

[76] Hsiao D Y. Detecting digital tampering by blur estimation：Systematic approaches to digital forensic engineering [C]. Proceedings of the 1st IEEE International Workshop on Computer Society，Taipei，China，2005：264-278.

[77] 王波，孙璐璐，孔祥维，等. 图像伪造中模糊操作的异常色调率取证技术[J]. 电子学报，2006，34(12A)：2451-2454.

[78] 周琳娜，王东明，郭云彪，等. 基于数字图像边缘特性的形态学滤波取证技术[J]. 电子学报，2008，36(6)：1047-1051.

[79] 王伟，方勇. 基于二次模糊相关性的单通道置换图像盲分离[J]. 应用科学学报，2011，29(2)：169-175.

[80] Hsu C C，Hung T Y，Lin C W，et al. Video forgery detection using correlation of noise residue [C].Proceedings of IEEE International Workshop on Multimedia Signal Processing，Cairns，QLD，Australia，2008：170-174.

[81] Kobayashi M，Okabe T，Sato Y. Detecting forgery from static-scene video based on inconsistency in noise level functions [J]. IEEE Transactions on Information Forensics and Security，2010，5(4)：883-892.

[82] Ravi H，Subramanyam A V，Gupta G，et al. Compression noise based video forgery detection [C].Proceedings of IEEE International Conference on Image Processing，Paris，France，2014：5352-5356.

[83] Vatansever S，Dirik A E，Memon N. Analysis of rolling shutter effect on ENF-based video forensics [J]. IEEE Transactions on Information Forensics and Security，2019，14(9)：2262-2275.

[84] 刘洁. 基于 MPEG-2 运动补偿边缘效应的视频篡改检测研究[D]. 天津：天津大学，2010.

[85] Su Y T，Xu J Y，Dong B. A source video identification algorithm based on motion vectors [C].Proceedings of the 2nd IEEE International Workshop on Computer Science and Engineering，Qingdao，China，2009：312-316.

[86] Wang W H. Digital video forensics [D]//New Hampshire：PhD Dissertation of Dartmouth College，2009.

[87] Varshney N，Kushwaha A K S. Analysis of double compression detection in a video [C].Proceedings of the 4th IEEE International Conference on Information Systems and Computer Networks，Mathura，India，2019：733-737.

[88] Sharma H，Kanwal N，Batth R S. An ontology of digital video forensics：Classification，research gaps & datasets [C]. Proceedings of IEEE International Conference on Computational Intelligence and Knowledge Economy，Dubai，United Arab Emirates，2019：485-491.

[89] Yin L，Bai Z，Yang R. Video forgery detection based on nonnegative tensor factorization [C].Proceedings of the 4th IEEE International Conference on Information Science and Technology，Shenzhen，China，2014：148-151.

[90] Sitara K，Mehtre B M. A comprehensive approach for exposing inter-frame video forgeries [C].Proceedings of the 13th IEEE International Colloquium on Signal Processing and Its Applications，Penang，Malaysia，2017：73-78.

[91] Aggarwal J K，Ryoo M S. Human activity analysis：A review [J]. ACM Computing Surveys，2011，43(3)：16.1-16.43.

[92] Koohzadi M，Charkari N M. Survey on deep learning methods in human action recognition [J]. IET Computer Vision，2017，11(8)：623-632.

[93] Jobanputra C，Bavishi J，Doshi N. Human activity recognition：A Survey [J]. Procedia Computer Science，2019，155：698-703.

[94] Rodríguez-Moreno I，Martínez-Otzeta J M，Sierra B，et al. Video activity recognition：State-of-the-art [J]. Sensors 2019，19： 3160.1-3160.25.

[95] Wang L，Huynh D Q，Koniusz P. A comparative review of recent Kinect-based action recognition algorithms [J]. IEEE Transactions on Image Processing，2020，29:15-28.

[96] Subramanyam A V，Emmanuel S. Video forgery detection using HOG features and compression properties [C]. Proceedings of the 14th IEEE International Workshop on Multimedia Signal Processing，Banff，AB，Canada，2012：89-94.

[97] Su L，Luo H，Wang S. A novel forgery detection algorithm for video foreground removal [J]. IEEE Access，2019(7)：109719-109728.

[98] Aloraini M，Sharifzadeh M，Schonfeld D. Sequential and patch analyses for object removal video forgery detection and localization [J]. IEEE Transactions on Circuits and Systems for Video Technology，2021，31(3)：917-930.

[99] 梁瑞刚，吕培卓，赵月，等. 视听觉深度伪造检测技术研究综述[J]. 信息安全学报，2020，5(2)：1-17.

[100] Chintha A，Thai B，Sohrawardi S J，et al. Recurrent convolutional structures for audio spoof and video deepfake detection [J]. IEEE Journal of Selected Topics in Signal Processing，2020，14(5)：1024-1037.

[101] Younus M A，Hasan T M. Abbreviated view of deepfake videos detection techniques [C].Proceedings of the 6th IEEE International Engineering Conference on Sustainable Technology and Development，Erbil，Iraq，2020：115-120.

[102] Ranjan P，Patil S，Kazi F. Improved generalizability of deep-fakes detection using transfer learning based CNN framework [C]//Proceedings of the 3rd IEEE International Conference on Information and Computer Technologies，2020：86-90.

[103] Nyquist H. Certain topics in telegraph transmission theory [J]. Transactions of AIEE，1928，47(2)：617-644.

[104] Shannon C E. Communication in the presence of noise [J]. Proceedings of the IRE，1949，37(1)：10-21.

[105] Yao K. Applications of reproducing kernel Hilbert spaces-bandlimited signal models [J]. Information and Control，1967，11(4)：429-444.

[106] Takizawa E I，Kobayashi K K，Hwang J L. On the generalized sampling theorem [J]. Chinese Journal of Physics，1968，6(2)：100-115.

[107] Ericson T. A generalized version of the sampling theorem [J]. Proceedings of the IEEE，1972，60(12)：1554-1555.

[108] Hulthen R. Restoring causal signals by analytic continuation：A generalized sampling theorem for causal signals [J]. IEEE Transactions on Acoustics，Speech，and Signal Processing，1983，31(5)：1294-1298.

[109] Ogawa H. A unified approach to generalized sampling theorems [C]. Proceedings of IEEE International Conference on Acoustics，Speech，and Signal Processing，Tokyo，Japan，1986：1657-1660.

[110] Mallat S G. A theory of multiresolution signal decomposition：The wavelet representation [J]. IEEE Transactions on Pattern Analysis and Machine Intelligence，1989，11(7)：674-693.

[111] Nashedt M Z，Walter G G. General sampling theorems for functions in reproducing kernel Hilbert spaces [J]. Mathematics of Control，Signals，and Systems，1991，4：363-390.

[112] Zhu Y M. Generalized sampling theorem [J]. IEEE Transactions on Circuits and Systems Ⅱ：Analog and Digital Signal Processing，1992，39(8)：587-588.

[113] Unser M，Aldroubi A. A general sampling theory for nonideal acquisition devices [J]. IEEE Transactions on Signal

Processing，1994，42(11)：2915-2925.

[114] Djbkovic I，Vaidyanathan P P. Generalized sampling theorems in multiresolution subspaces [J]. IEEE Transactions on Signal Processing，1997，45(3)：583-599.

[115] Unser M. Sampling-50 years after Shannon [J]. Proceedings of the IEEE，2000，88(4)：569-587.

[116] Rakotomamonjy A，Canu S. Frames，reproducing kernels，regularization and learning [J]. Journal of Machine Learning Research，2005，6：1485-1515.

[117] Eldar Y C，Michael T. Beyond bandlimited sampling：A review of nonlinearities，smoothness，and sparsity [J]. IEEE Signal Processing Magazine，2009，26(3)：48-68.

[118] Medina J M，Cernuschi-Frías B. On the Papoulis sampling theorem：Some general conditions [J]. IEEE Transactions on Information Theory，2018，64(10)：6722-6730.

[119] Stoica P，Moses R. Spectral Analysis of Signals [M]. New Jersey：Prentice Hall Press，2005.

[120] 刘本永. 非平稳信号分析导论[M]. 北京：国防工业出版社，2006.

[121] Schafer R W，Rabiner L R. Design and simulation of a speech analysis-synthesis system based on short-time Fourier analysis [J]. IEEE Transactions on Audio and Electroacoustics，1973，21(3)：165-174.

[122] Chiang H C，Liu J C. Fast approximation of time-frequency representation at arbitrary frequencies [J]. Signal Processing，1998，68(3)：225-231.

[123] 王宏禹. 非平稳随机信号分析与处理[M]. 北京：国防工业出版社，1999.

[124] Fukunaga K，Koontz W L G. Application of Karhunen-Loeve expansion to feature selection and ordering [J]. IEEE Transactions on Computers，1970，c-19(4)：311-318.

[125] Wintz P A. Transform picture coding [J]. Proceedings of the IEEE，1972，60(7)：809-820.

[126] Oja E. Subspace Methods of Pattern Recognition [M]. Hertfordshire：Research Studies Press，1983.

[127] Jain A K. A fast Karhunen-Loeve transform for digital restoration of images degraded by white and colored noise [J]. IEEE Transactions on Computers，1977，c-26(6)：560-571.

[128] Daniela Stănescu D，Găină L I，Guşiţă B，et al. Message processing-based steganographic algorithm using Karhunen-Loève transform [C].Proceedings of the 23rd IEEE International Conference on System Theory，Control and Computing，Sinaia，Romania，2019：143-148.

[129] Ahmed N，Natarajan T，Rao K R. Discrete cosine transform [J]. IEEE Transaction on Computers，1974，c-23(1)：90-93.

[130] Clarke R J，Tech B. Relation between the Karhunen-Loeve and cosine transforms [J]. Proceedings of the IEEE，1981，126(6)：359-360.

[131] Makhoul J. A fast cosine transform in one and two dimensions [J]. IEEE Transactions on Acoustics，Speech，and Signal Processing，1980，28(1)：27-34.

[132] Theodoridis S，Koutroumbas K. Pattern Recognition (2nd Ed.) [M]. 北京：机械工业出版社，2003.

[133] Mitchell T M. Machine Learning [M]. New York：McGraw-Hill，1997.

[134] Vijayakumar S，Wu S. A gradient based technique for generating sparse representation in function approximation [C]. Proceedings of the 6th IEEE International Conference on Neural Information Processing，Perth，WA，Australia，

1999:314-319.

[135] Ogawa H，Harabayashi A. Sampling theorem with optimum noise suppression [J]. Sampling Theory in Signal and Image Processing，2007，6(2)：167-184.

[136] Groetsch C W. Inverse Problems：Activities for Undergraduates [M]. Washington DC.：The Mathematical Association of America，1999.

[137] Tarantola A. Inverse Problem Theory and Method for Modern Parameter Estimation [M]. Philadelphia：SIAM Press，2005.

[138] Schatten R. Norm Ideals of Completely Continuous Operators [M]. Berlin：Springer-Verlag Press，1960.

第 2 章　数字语音表示与增强和噪声抑制

2.1　引　　言

音频信号分析处理是多媒体信息处理研究及应用开发中一个长期的基础性课题。在视听资料分析检验的实战应用中遇到的数字语音往往包含复杂的背景噪声和干扰，所以噪声抑制和干扰剔出问题一直是本领域内的一个技术难点。

本章结合应用需要，在对现有语音分析处理应用系统和语音降噪应用系统进行消化和分析的基础上，对数字语音端点检测与增强等技术问题进行深入研究，重点探讨语音特征表示与提取的复 STFT 域字典学习算法和语音端点检测与增强的核非线性回归(KNR)理论，为数字语音自动鉴定和真伪检验工作奠定理论和技术基础。

2.2　数字语音表示与增强

数字语音资料处理分析是信号处理分析的直接应用，其主要目的在于抑制音频信号中的噪声和干扰，提取音频信息或特征，其内容包括音频信号表示及对应的各种变换(包括线性和非线性变换)、分割(检测)、增强、均衡、各种滤波(选频滤波/最优滤波/重采样及多相滤波/逆滤波)、直方图分析、时序建模、谱分析、语谱及共振峰分析等方面。在本书的支撑项目实施中，我们引进的处于国际领先水平的俄罗斯圣彼得堡语音中心(Sound Technology Center，STC)的语音分析处理应用系统(sis7.0 及 OTExpert5.1)和语音降噪应用系统 Sound Cleaner 具备了这些基本功能。而且，作为数字语音真伪检验和自动鉴定专用系统的工作环境，这两个通用系统还包括便于人机交互的多种功能，如数字语音文件的读写、伸缩(动态范围自动调整)、分段、复制、剪切、插入及其结果的正放、反放、快进、快退、慢进、慢退等。

针对实战应用需要和数字语音资料分析处理研究的最新进展，本章对语音特征表示与提取的复 STFT 域字典学习算法和端点检测与增强的 KNR 方法等进行深入研究，以为数字语音自动鉴定和真伪检验工作奠定基础。

2.2.1 基于复 STFT 域字典学习的语音表示和特征提取[1]

常见的语音特征有线性预测编码(linear prediction coding，LPC)[2]、Mel 频率倒谱系数(Mel frequency cepstrum coefficient，MFCC)[3]、感知线性预测(perceptual linear prediction，PLP)[4]等，其提取都是利用正交函数集完成的。借助超完全集(字典)表示信号时，可以利用表示的冗余性抑制信号中的噪声，但冗长的字典对特征提取的计算量有更高的要求。所以，字典的稀疏表示在工程应用中显得十分重要[5-10]。

语音信号的复 STFT 是语谱图的扩展表示，通过复 STFT 域的字典稀疏化方法，可以提取紧凑的语音信号的复时频特征。

1. 信号的表示与基于字典学习的稀疏表示

信号的表示就是将形式未知的感测信号，用一定数量且形式已知的信号(基本信号)表达，其示意图如图 2.1 所示。对于感测信号[图 2.1(a)]，既可以像图 2.1(b)那样用多个余弦信号表示，也可以像图 2.1(c)那样用多个高斯信号表示，还可以用其他形式的基本信号表示。在相同精度下，所用的基本信号个数越少，对应的表示就越稀疏。

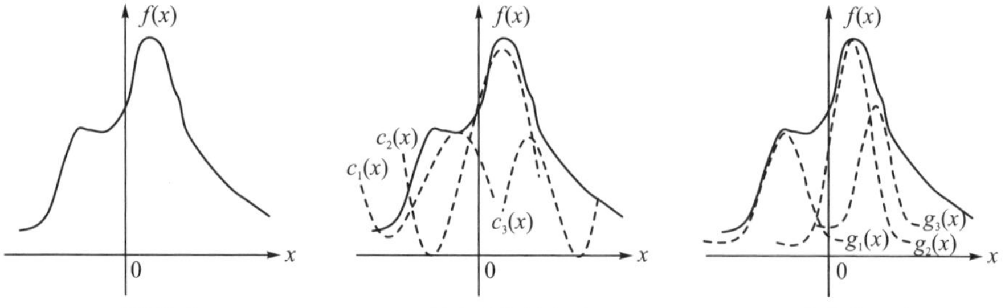

(a)感测信号　(b)用余弦信号表示　(c)用高斯信号表示

图 2.1　信号的表示示意图

信号的稀疏表示是压缩感知的基础[11]，而字典学习算法(dictionary learning algorithm，DLA)是实现稀疏表示的基本手段[6,12]。所谓字典，实际上就是基本信号的集合。

设字典 $\boldsymbol{D}$ 由 K 个 N 维列向量 $\boldsymbol{d}_i$ 构成($K>N$，$i=1,2,\cdots,K$)，一个 N 维信号 $\boldsymbol{f}$ 可用字典 $\boldsymbol{D}$ 近似地表示为

$$\hat{\boldsymbol{f}} = \boldsymbol{D}\boldsymbol{w} = \sum_{i=1}^{K} \boldsymbol{d}_i w(i), \tag{2.1}$$

式中，$\boldsymbol{w}=[w(1), w(2),\cdots, w(K)]^{\mathrm{T}}$ 为系数向量。对于由多个 N 维信号为列构成的

矩阵 $\boldsymbol{F}$，用字典 $\boldsymbol{D}$ 表示为

$$\hat{\boldsymbol{F}} = \boldsymbol{DW}, \tag{2.2}$$

式中，$\boldsymbol{W}$ 为系数矩阵。

稀疏表示的目的在于从 K 个 N 维列向量 $\boldsymbol{d}_i$ $(i=1,2,\cdots,K)$ 中确定 L 个向量(L 个“字”)，使表示的结果的误差

$$\boldsymbol{E} = \boldsymbol{F} - \hat{\boldsymbol{F}} = \boldsymbol{F} - \boldsymbol{DW} \tag{2.3}$$

尽可能小。通常的优化准则为

$$\underset{\boldsymbol{D},\boldsymbol{W}}{\operatorname{argmin}}\|\boldsymbol{E}\|^2 = \underset{\boldsymbol{D},\boldsymbol{W}}{\operatorname{argmin}}\sum_{j=1}^{L}\|\boldsymbol{r}_i\|^2 = \underset{\boldsymbol{D},\boldsymbol{W}}{\operatorname{argmin}}\sum_{j=1}^{L}\left\|\boldsymbol{f}_j - \boldsymbol{D}\boldsymbol{w}_j\right\|^2, \tag{2.4}$$

式中，$\|\bullet\|$为矩阵的费罗贝尼乌斯(Frobenius)范数。

通常采用迭代法求解式(2.4)，求解步骤如下：

①对于给定的信号矩阵 $\boldsymbol{F}$，初始化字典 $\boldsymbol{D}$；

②对于 $\boldsymbol{F}$ 的每一列 $\boldsymbol{f}_i$，固定字典 $\boldsymbol{D}$，并求解对应的系数向量 $\boldsymbol{w}_i$，使 $\boldsymbol{w}_i$ 的非零元素尽可能少(稀疏化)；

③固定稀疏系数矩阵 $\boldsymbol{W}$，并更新字典 $\boldsymbol{D}$，重复上述步骤，直至误差足够小。

在上述稀疏化操作中，常用的实现算法包括匹配追踪[13-15]、递归最小二乘(recursive least square，RLS)[5,16]算法等。

2. 语音信号复 STFT 域的稀疏表示

在复 STFT 域，利用依阶递归匹配追踪(order recursive matching pursuit，ORMP)算法[14]和 RLS 算法[5]实现语音信号字典学习和稀疏化表示，基本思路如图 2.2 所示[1]。

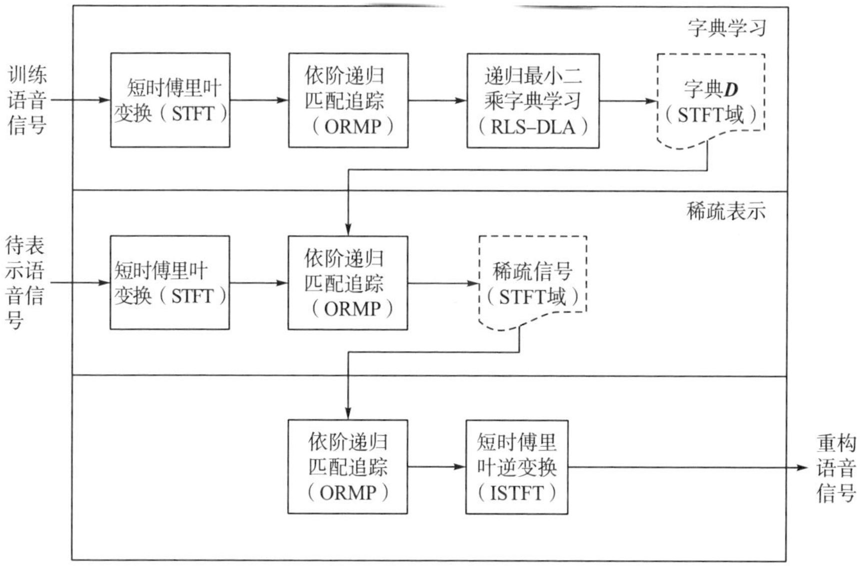

图 2.2　复 STFT 域基于 ORMP 和 RLS 算法的语音信号字典学习和稀疏化表示[1]

将录制的语音信号的 STFT 用汉明窗(Hamming window)加窗，形成长度为 128 的片段，相邻片段重复率为 50%。以 10 个频点为字长，从片段中随机选取 120 个字构成字典。图 2.3(a)为原始语音信号的时域波形，图 2.3(b)为其语谱图，图 2.3(c)和图 2.3(d)分别为 STFT 的实部和虚部语谱图。其中，语谱图为利用上述语音分析处理系统 sis7.0 及 OTExpert5.1 所生成。

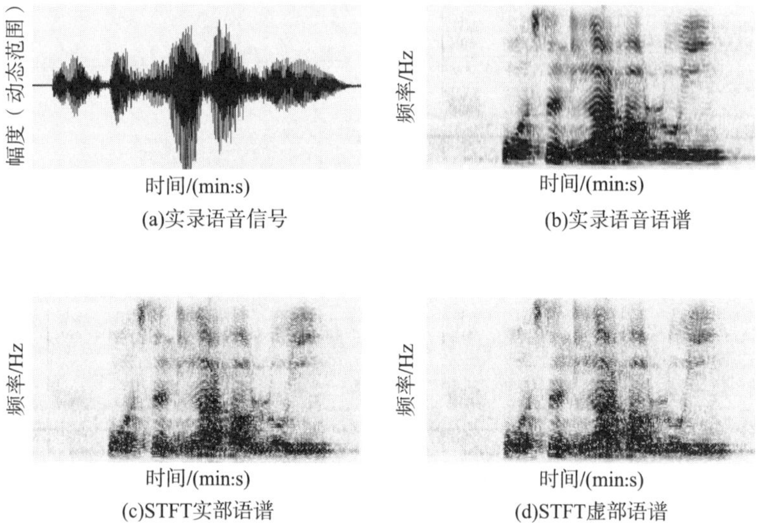

图 2.3　实录语音信号的时域波形(a)、语谱图(b)以及其 STFT 实部语谱图(c)和虚部语谱图(d)

为验证复 STFT 域稀疏表示重构原信号的效果，选取三段语音信号并限定稀疏参数 $L=5$，同时利用 RLS 算法计算在时域和复 STFT 域的稀疏表示结果并利用结果重构原信号。图 2.4(a)和图 2.4(d)为其中一段语音信号及其语谱图，图 2.4(b)和图 2.4(e)为时域稀疏表示重构结果及其语谱图，图 2.4(c)和图 2.4(f)为复 STFT 域稀疏表示重构结果及其语谱图。

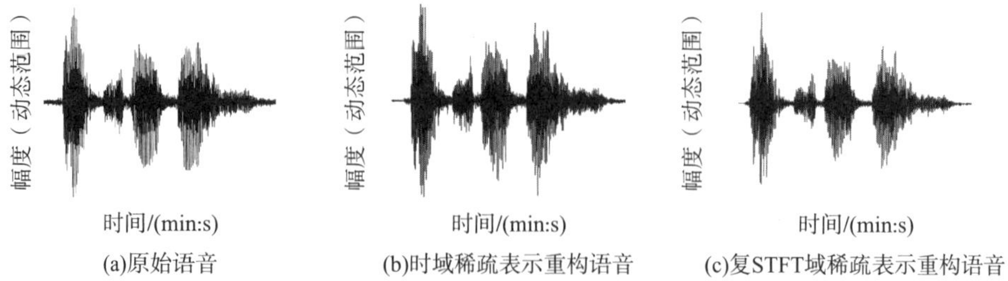

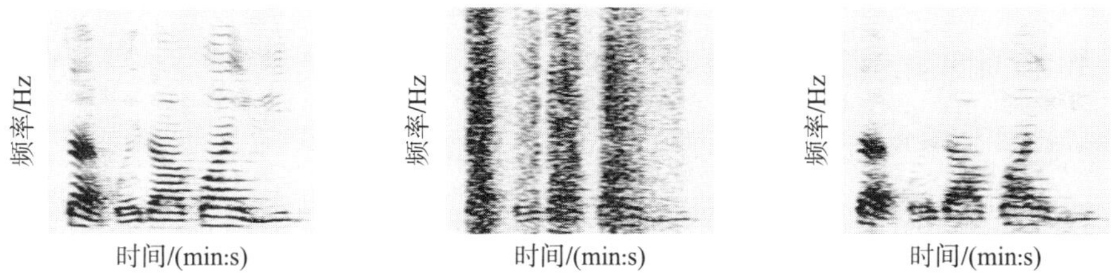

(d)原始语音语谱　(e)时域稀疏表示重构语音语谱　(f)复STFT域稀疏表示重构语音语谱

图 2.4　原始语音信号(a)及其语谱图(d)、时域稀疏表示重构结果(b)及其语谱图(e)、复 STFT 域稀疏表示重构结果(c)及其语谱图(f)

表 2.1 给出了三段语音信号利用稀疏表示结果的重构误差信噪比。显然，在相同稀疏度(L/N)条件下，复 STFT 域比时域有更好的稀疏表示效果和重构精度。

表 2.1　时域和复 STFT 域语音信号稀疏表示结果的重构误差信噪比　(单位：dB)

实验编号	时域	复 STFT 域
1	0.6667	8.1414
2	1.8731	5.4335
3	3.1794	8.6720

为检验稀疏表示与重构的鲁棒性，表 2.2 给出了在不同信噪比(SNR=10dB,20dB,⋯,60dB)的加性高斯噪声条件下，利用复 STFT 域稀疏表示结果的重构误差信噪比。显然，基于复 STFT 域的稀疏表示具有很好的鲁棒性。

表 2.2　不同信噪比下复 STFT 域语音信号稀疏表示结果的重构误差信噪比　(单位：dB)

含噪信号信噪比	10	20	30	40	50	60
重构误差信噪比	7.147	7.790	7.826	7.368	7.828	7.827

2.2.2　基于 KNR 的数字语音端点检测与增强[17]

语音端点检测与增强是语音自动鉴定工作中一个重要的预处理环节[18]。传统方法主要基于语音信号能量[19]或统计特性[20]实现语音端点检测或信号增强。

在我们的研究中，语音端点检测与增强被纳入同一框架——信号检测与重构的函数逼近框架，并根据输出编码或实际输出实现端点检测和增强[17]。

1. 核回归理论及自适应核回归算法

1) 核回归理论

核回归(kernel regression)是近年来机器学习理论及应用研究的一个热点，具有多种不同的优化准则和求解思路[21, 22]。这里的“核”指再生核希尔伯特空间中的再生核，故这里的核回归实际上是再生核回归。

在回归分析中，回归函数被寄望于具有最优泛化能力——能最精确地被推广到观测点以外。我们讨论的最优泛化回归的出发点是第 1 章中的统一框架：函数逼近和逆问题求解框架。假设理想的非线性函数 $f_0(\boldsymbol{x})$ 被定义在一个 M 维向量空间 $\boldsymbol{C}^M$ 上[即 $f_0(\boldsymbol{x})$ 为 M 元函数]，而且是一具有再生核函数 $k(\boldsymbol{x},\boldsymbol{y})$ 的希尔伯特空间 H 上的一个点。通常 f_0 是未知的，但通过对其采样可得到一组输入-输出数据 $\{(\boldsymbol{x}_n,\boldsymbol{y}_n)\}_{n=1}^N$，即有[参见式(1.25)，这里的 f_0 为更一般的多元函数]：

$$\boldsymbol{g}=\mathcal{A}f_0(\boldsymbol{x})+\boldsymbol{\varepsilon}, \tag{2.5}$$

式中，ε 为观测误差或噪声；$\boldsymbol{g}$ 为受加性噪声影响的观测结果，即

$$\boldsymbol{\varepsilon}=[\varepsilon_1,\varepsilon_2,\cdots,\varepsilon_N]^{\mathrm{T}},\boldsymbol{g}=[g_1,g_2,\cdots,g_N]^{\mathrm{T}}. \tag{2.6}$$

如图 1.8(a)所示，通常认为 $\boldsymbol{g}$ 是 N 维空间 $\boldsymbol{C}^N$ 中的元素，而函数逼近的目的是从 $\boldsymbol{g}$ 出发获得 f_0 的近似。

应当指出的是，虽然 $f_0(\boldsymbol{x})$ 是非线性函数，但 $\mathcal{A}$ 是线性算子。显然，式(2.6)是式(1.3)在 $\mathcal{B}=I$ 和 $\mathcal{D}=I$ (I 为单位算子)条件下的抽象结果(由二维空间即平面，抽象为 M 维空间)。

希尔伯特空间 H 的再生核 $k(\boldsymbol{x},\boldsymbol{y})$ 是定义在 $\boldsymbol{C}^M\times\boldsymbol{C}^M$ 上的双变量函数，它满足两个条件[23]：其一，对于任何固定的 $\boldsymbol{C}^M$ 空间中的向量 $\boldsymbol{y}$，$k(\boldsymbol{x},\boldsymbol{y})$ 是 H 中的一个点(即一个函数)——再生性；其二，对于 H 中的任何函数 $f(\boldsymbol{x})$ 和 $\boldsymbol{C}^M$ 空间中的任何向量 $\boldsymbol{y}$，式(2.7)成立：

$$\langle f(\boldsymbol{x}),k(\boldsymbol{x},\boldsymbol{y})\rangle=f(\boldsymbol{y}). \tag{2.7}$$

值得指出的是，一旦再生核存在，它就由该希尔伯特空间唯一确定[24]。

希尔伯特空间中的元素(一个点)就是一个函数。如果存在再生核，则函数值由式(2.7)确定。也就是说，如果定义一个函数：

$$\psi_n(\boldsymbol{x})=k(\boldsymbol{x},\boldsymbol{x}_n), \tag{2.8}$$

则

$$f(\boldsymbol{x}_n)=\langle f(\boldsymbol{x}),\psi_n(\boldsymbol{x})\rangle, \tag{2.9}$$

而式(2.5)中的采样算子 $\mathcal{A}$ 可以表示为

$$\mathcal{A}=\sum_{n=1}^{N}\boldsymbol{e}_n\otimes\overline{\psi_n}, \tag{2.10}$$

其中，$\boldsymbol{e}_{\mathrm{n}}(n=1,2,\cdots,N)$ 是向量空间 $\boldsymbol{C}^N$ 的标准基；$(\bullet\otimes\bar{\bullet})$ 的定义如式(1.27)所示。

从逆问题的角度出发，需要寻找 $\mathcal{A}$ 的一个逆算子 $\mathcal{X}$，使得

$$f = \mathcal{X}\boldsymbol{g} \tag{2.11}$$

是 f_0 的一个最优近似——回归函数。上述问题是一个典型的有师学习问题，其中 $\boldsymbol{g}$ 又称为教师信号。

上述最优逼近因不同的具体要求而有不同的逼近准则，即“最优”的意义不同。在我们的讨论中，希望由式(2.11)得到的结果具有最优泛化能力，同时对噪声有最佳的抑制效果，所以建立如下优化准则[25]：

$$\mathcal{X}_{\text{opt}} = \arg\min_{\mathcal{X}} \left\| f_0(\boldsymbol{x}) - f(\boldsymbol{x}) \right\|^2 = \arg\min_{\mathcal{X}} \left\| f_0 - \mathcal{X}\boldsymbol{g} \right\|^2 \quad \text{s.t.} \quad E\left[\left\| \mathcal{X}\boldsymbol{\varepsilon} \right\|^2 \right] = \min, \tag{2.12}$$

式中，$\|\cdot\|$为希尔伯特空间的范数。上述最优泛化准则的回归思想和几何意义如图 2.5 所示，其中阴影表示 $f_0(\boldsymbol{x})$ 与 $f(\boldsymbol{x})$ 所夹的面积(即$\|f_0(\boldsymbol{x})-f(\boldsymbol{x})\|$)。

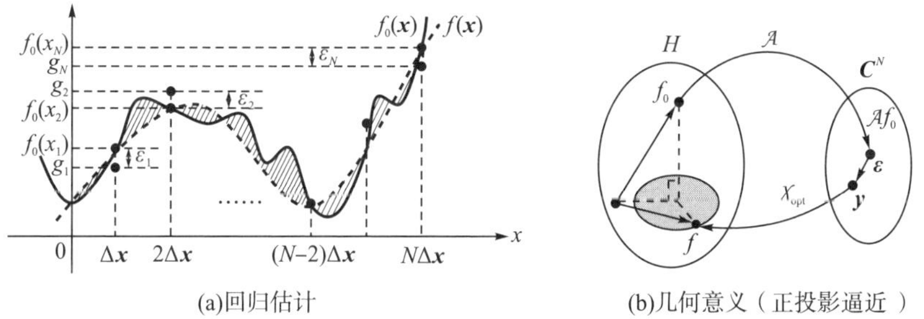

图 2.5　最优泛化回归准则示意图

用参数 $\rho(0<\rho<1)$ 控制上述目标函数(回归逼近项)和约束条件(噪声抑制项)之间的平衡，可以得到[24]

$$\mathcal{X}_{\text{opt}} = \underset{\mathcal{X}}{\operatorname{argmin}} \left\{ (1-\rho)\, tr\left[\left(I - \mathcal{X}\mathcal{A} \right) \left(I - \mathcal{X}\mathcal{A} \right)^* \right] + \rho\, tr\left[\mathcal{X}\boldsymbol{Q}\mathcal{X}^* \right] \right\}, \tag{2.13}$$

式中，$*$为算子的共件；tr 为算子的迹；$\boldsymbol{Q}$ 为观测误差(或噪声)向量 $\boldsymbol{\varepsilon}$ 的相关矩阵。借助文献[25]中的参数化投影准则求解引理可知，当且仅当 $\mathcal{X}_{\text{opt}}$ 满足方程：

$$\mathcal{X}_{\text{opt}}\left[(1-\rho)\mathcal{A}\,\mathcal{A}^* + \rho\boldsymbol{Q} \right] = \mathcal{A}^* \tag{2.14}$$

时，$\mathcal{X}_{\text{opt}}$ 成为式(2.13)的一个解。再利用算子方程求解引理可得其一般解为[26]

$$\mathcal{X}_{\text{opt}} = \mathcal{A}^*\boldsymbol{U}^+ + \mathcal{W}\left[\boldsymbol{I}_N - \boldsymbol{U}\boldsymbol{U}^+ \right], \tag{2.15}$$

式中，$\mathcal{W}$ 为由 $\boldsymbol{C}^N$ 到 H 上的任意算子；$\boldsymbol{I}_N$ 为 $N\times N$ 维单位矩阵；$\boldsymbol{U}$ 的定义为

$$\boldsymbol{U} = (1-\rho)\boldsymbol{K} + \rho\boldsymbol{Q}, \quad (\boldsymbol{K})_{ij} = k(\boldsymbol{x}_j, \boldsymbol{x}_i) \qquad (i, j = 1, 2, \cdots, N), \tag{2.16}$$

式中，$\boldsymbol{U}^+$为 $\boldsymbol{U}$ 的穆尔-彭罗斯(Moore-Penrose)广义逆矩阵。将式(2.11)中的 $\mathcal{X}$ 用式(2.15)中的 $\mathcal{X}_{\text{opt}}$ 代入，得到如下定理。

定理 2.1(KNR)　最优泛化再生核回归(简称核非线性回归)函数为

$$f(\boldsymbol{x})=\sum_{n=1}^{N}a_n k(\boldsymbol{x},\boldsymbol{x}_n)\,, \tag{2.17}$$

式中，回归系数为

$$\boldsymbol{a}=[a_1,a_2,\cdots,a_N]^{\mathrm{T}}=\boldsymbol{U}^{+}\boldsymbol{g}. \tag{2.18}$$

KNR 的基本结构如图 2.6 所示。

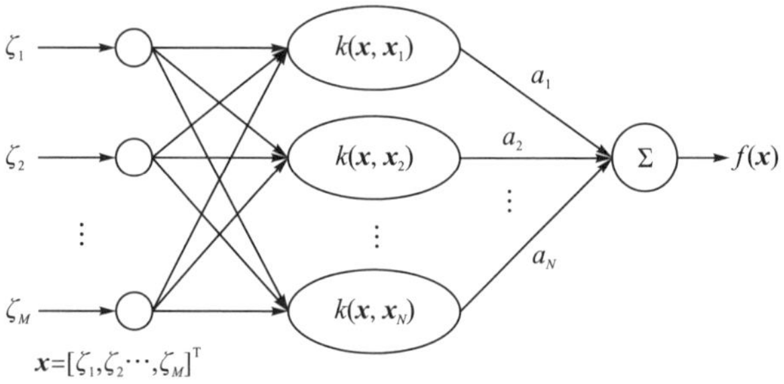

图 2.6　KNR 的基本结构

2）自适应核回归算法

显然，定理 2.1 给出了信号 $f(\boldsymbol{x})$ 的一种特殊的字典表示，其中字典就是由再生核函数和样本点定义的函数集 $\{\psi_n(\boldsymbol{x})=k(\boldsymbol{x},\boldsymbol{x}_n),n=1,2,\cdots,N\}$，如式(2.8)所示。这个字典可以通过自适应算法稀疏化，从而得到信号的稀疏表示。事实上，由于式(2.16)中的矩阵 $\boldsymbol{U}$ 具有对称性，其广义逆矩阵可以递归计算，所以由式(2.18)可以得到回归系数的递归形式，继而得到式(2.17)中回归函数的增量学习形式——自适应再生核回归[27]。事实上，令

$$\boldsymbol{q}_{n+1}=E\left[\boldsymbol{\varepsilon}_n\varepsilon(n+1)\right], \tag{2.19}$$

$$\sigma_{n+1}=E\left[\varepsilon^2(n+1)\right], \tag{2.20}$$

$$\boldsymbol{s}_{n+1}=\left[k(\boldsymbol{x}_1,\boldsymbol{x}_{n+1}),k(\boldsymbol{x}_2,\boldsymbol{x}_{n+1}),\cdots,k(\boldsymbol{x}_n,\boldsymbol{x}_{n+1})\right]^{\mathrm{T}}, \tag{2.21}$$

$$\boldsymbol{t}_{n+1}=(1-\rho)\boldsymbol{s}_{n+1}+\rho\boldsymbol{q}_{n+1}, \tag{2.22}$$

$$\boldsymbol{\tau}_{n+1}=\boldsymbol{U}_n^{+}\boldsymbol{t}_{n+1}, \tag{2.23}$$

$$\alpha_{n+1}-(1-\rho)k(\boldsymbol{x}_{n+1},\boldsymbol{x}_{n+1})+\rho\sigma_{n+1}-<\boldsymbol{\tau}_{n+1},\boldsymbol{t}_{n+1}>, \tag{2.24}$$

$$\beta_{n+1}=1+<\boldsymbol{\tau}_{n+1},\boldsymbol{\tau}_{n+1}>, \tag{2.25}$$

$$\gamma_{n+1}=[g(n+1)-<\boldsymbol{g}_n,\boldsymbol{\tau}_{n+1}>]/\beta_{n+1}\,, \tag{2.26}$$

则有

$$\boldsymbol{t}_{n+1}\in\mathfrak{R}(\boldsymbol{U}_{n+1}),\ \alpha_{n+1}\geqslant 0, \tag{2.27}$$

式中，$\mathfrak{R}$ 为矩阵或算子的值域。而且，当 $\alpha_{n+1}=0$ 时有

$$\boldsymbol{U}_{n+1}^{+}=\begin{bmatrix}\boldsymbol{T}_{n+1}\boldsymbol{U}_{n}^{+}\boldsymbol{T}_{n+1} & \dfrac{\boldsymbol{T}_{n+1}\boldsymbol{U}_{n}^{+}\boldsymbol{\tau}_{n+1}}{\beta_{n+1}}\\ \dfrac{[\boldsymbol{T}_{n+1}\boldsymbol{U}_{n}^{+}\boldsymbol{\tau}_{n+1}]^{\mathrm{T}}}{\beta_{n+1}} & \dfrac{<\boldsymbol{U}_{n}^{+}\boldsymbol{\tau}_{n+1},\boldsymbol{\tau}_{n+1}>}{\beta_{n+1}^{2}}\end{bmatrix}, \tag{2.28}$$

式中

$$\boldsymbol{T}_{n+1}=\boldsymbol{I}_{n}-\frac{\boldsymbol{\tau}_{n+1}\otimes\overline{\boldsymbol{\tau}_{n+1}}}{\beta_{n+1}}. \tag{2.29}$$

当$\alpha_{n+1}>0$时，

$$\boldsymbol{U}_{n+1}^{+}=\begin{bmatrix}\boldsymbol{U}_{n}^{+}+\dfrac{\boldsymbol{\tau}_{n+1}\otimes\overline{\boldsymbol{\tau}_{n+1}}}{\alpha_{n+1}} & -\dfrac{\boldsymbol{\tau}_{n+1}}{\alpha_{n+1}}\\ -\dfrac{\boldsymbol{\tau}_{n+1}^{\mathrm{T}}}{\alpha_{n+1}} & \dfrac{1}{\alpha_{n+1}}\end{bmatrix}. \tag{2.30}$$

由上述结果及式(2.18)可以得到以下定理[28]。

定理 2.2(自适应 KNR)　KNR 的回归系数具有以下自适应(递归/增量)形式：若$\alpha_{n+1}=0$，则

$$\alpha_{n+1}=\begin{bmatrix}\alpha_{n}-\eta_{n+1}\boldsymbol{\tau}_{n+1}+\gamma_{n+1}\boldsymbol{U}_{n}^{+}\boldsymbol{\tau}_{n+1}\\ \eta_{n+1}\end{bmatrix}, \tag{2.31}$$

式中

$$\eta_{n+1}=\frac{\gamma_{n+1}<\boldsymbol{U}_{n}^{+}\boldsymbol{\tau}_{n+1},\boldsymbol{\tau}_{n+1}>+<\boldsymbol{\tau}_{n+1},\alpha_{n}>}{\beta_{n+1}}; \tag{2.32}$$

若$\alpha_{n+1}>0$，则

$$\alpha_{n+1}=\begin{bmatrix}\alpha_{n}-\dfrac{\gamma_{n+1}\beta_{n+1}}{\alpha_{R,\ n+1}}\boldsymbol{\tau}_{n+1}\\ \dfrac{\gamma_{n+1}\beta_{n+1}}{\alpha_{n+1}}\end{bmatrix}. \tag{2.33}$$

定理 2.2 表明，在第$(n+1)$步的增量学习中，无论标量$\alpha_{n+1}>0$是否为 0，新增加的训练样本对原来的系数都将产生影响。

另外，可以采用以下距离测度来衡量第$(n+1)$个样本$\boldsymbol{x}_{n+1}$的作用大小：

$$\delta_{n,\ n+1}=\left|f_{n+1}(\boldsymbol{x}_{n+1})-f_{n}(\boldsymbol{x}_{n+1})\right|. \tag{2.34}$$

若$\delta_{n+1,\ n}$小于预先给定的阈值η，则样本$\boldsymbol{x}_{n+1}$因无明显作用而被剔除。显然，阈值η是根据稀疏度和泛化能力的要求折中选择的结果，其数值由具体应用和试验确定。进一步地，由定理 2.2 和定理 2.1 可得

$$\delta_{n+1,n}=\begin{cases}|\eta_{n+1}|\left|k(\boldsymbol{x}_{n+1},\boldsymbol{x}_{n+1})+\sum_{j=1}^{n}\nu_{n+1}(j)k(\boldsymbol{x}_{n+1},\boldsymbol{x}_j)\right| & (\alpha_{n+1}=0),\\ \left|\dfrac{\gamma_{n+1}\beta_{n+1}}{\alpha_{n+1}}\right|\left|k(\boldsymbol{x}_{n+1},\boldsymbol{x}_{n+1})+\sum_{j=1}^{n}\tau_{n+1}(j)k(\boldsymbol{x}_{n+1},\boldsymbol{x}_j)\right| & (\alpha_{n+1}>0),\end{cases}\tag{2.35}$$

式中，$|\bullet|$ 为数的绝对值；$\nu_{n+1}(j)$ 和 $\tau_{n+1}(j)$ 分别为向量 $\boldsymbol{\nu}_{n+1}$ 和 $\boldsymbol{\tau}_{n+1}$ 的第 j 个元素值，而

$$\boldsymbol{\nu}_{n+1}=\frac{\gamma_{n+1}}{\eta_{n+1}}(\boldsymbol{U}_n^{+}\boldsymbol{\tau}_{n+1}-\boldsymbol{\tau}_{n+1}).\tag{2.36}$$

上述增量学习和稀疏化算法总结如下。

算法 2.1： 最优泛化再生核非线性回归的增量学习(自适应 KNR)与稀疏化

①开始。

②确定再生核 $k(\boldsymbol{x},\boldsymbol{y})$ 及训练样本剔除阈值 η。

③赋初值：n=0，$a_0=0$，$\boldsymbol{U}_0^{+}=0$。

④对于新增观测点 $\boldsymbol{x}_{n+1}$ 和观测值 $g(n+1)$：

a.用 n 替代 N，根据 $\boldsymbol{\alpha}_n$ 和式(2.17)计算测量估计 $\hat{\boldsymbol{g}}_n=[f(\boldsymbol{x}_1),f(\boldsymbol{x}_2),\cdots,f(\boldsymbol{x}_n)]^{\mathrm{T}}$；

b.用式(2.19)、式(2.20)分别计算向量 $\boldsymbol{q}_{n+1}$(噪声当前测量值与此前测量值的相关向量)和标量 σ_{n+1}(噪声当前标准差)；

c.用式(2.21)、式(2.22)分别计算向量 $\boldsymbol{s}_{n+1}$ 和 $\boldsymbol{t}_{n+1}$；

d.用式(2.23)计算向量 $\boldsymbol{\tau}_{n+1}$；

e.用式(2.24)～式(2.26)分别计算标量 α_{n+1}、β_{n+1} 和 γ_{n+1}；

f.用式(2.31)或式(2.33)计算 α_{n+1}；

g.用式(2.35)计算 $\delta_{n+1,n}$，若 $\delta_{n+1,n}$ 小于 η，则删除新增观测点；

h.若还存在新的观测点，则用式(2.28)或式(2.30)计算矩阵 $\boldsymbol{U}_{n+1}^{+}$，并用 n+1 代替 n，然后回到第④步；否则令 N=n+1，然后转到第⑤步。

⑤输出 α_N。

⑥结束。

KNR 和自适应 KNR 是传统最小二乘算法和 RLS 算法的推广形式——推广到基于核的非线性情况，既可以用于函数回归、建模预测、自适应滤波，也可以用于信号的特征检测和分类：在式(2.18)中，当 $\boldsymbol{g}$ 为采样信号时，式(2.17)中的 $f(\boldsymbol{x})$ 为重构信号($\boldsymbol{g}$ 的 KNR 滤波输出)；当 $\boldsymbol{x}$ 为模式特征且 $\boldsymbol{g}$ 为分类器输出编码时，$f(\boldsymbol{x})$ 为 KNR 分类器；当 $\boldsymbol{x}$ 为模式特征且 $\boldsymbol{g}$ 为二元分类器编码时，$f(\boldsymbol{x})$ 为 KNR 特征检测器。

2. 语音端点检测、增强及实验

对于含噪语音帧，利用 KNR 进行波形估计[即利用式(2.17)和式(2.18)进行滤波处理]后，计算帧能量、过零率、功率谱密度，并构造语音特征向量如下：

$$\boldsymbol{x}_l = w^{(l)}\boldsymbol{F}^{(l)}, \tag{2.37}$$

式中，$\boldsymbol{F}^{(l)}$为第 l 帧语音 $f^{(l)}$ 的功率谱密度(参见 1.3.2 节)；增益因子 $w^{(l)}$ 用过零率 $Z_{\text{CR}}^{(l)}$ 表示为

$$w^{(l)} = \frac{1}{Z_{\text{CR}}^{(l)}}\sum_{i=1}^{n}|f^{(l)}(i)|^2, \tag{2.38}$$

$$Z_{\text{CR}}^{(l)} = \frac{1}{n}\sum_{i=1}^{n}|\operatorname{sgn}[f^{(l)}(i+1)] - \operatorname{sgn}[f^{(l)}(i)]|^2, \tag{2.39}$$

式中，sgn 为符号函数。

选取一定数量的非语音帧(明显只包含背景噪声)，并提取特征集训练 KNR 检测器，完成端点检测。在此基础上，对非平稳噪声方差进行更新，即 $\hat{\sigma}_{(l)}^2 = \lambda\hat{\sigma}_{(l-1)}^2 + (1-\lambda)\hat{\sigma}_{(0)}^2$，其中 $\hat{\sigma}_{(0)}^2$ 为训练帧的平均方差，λ 为遗忘因子(对于语音帧，$\lambda = 1$；其他情况下，$0 < \lambda < 1$)。将 $\hat{\sigma}_{(l)}^2$ 作为式(2.13)中控制参数(正则化参数) ρ 的估计值，并用于语音增强。

图 2.7 所示为用于自动鉴定的一段脉冲编码调制(pulse code modulation，PCM)格式的实录语音样本(小磁带单通道录音，16 位量化，采样频率为 8kHz)，在不同信噪比下经布莱克曼窗口(Blackman window)加窗分帧(帧长 16ms，重复率为 25%)、提取倒谱特征及式(2.37)定义特征后，用欧氏距离判据进行端点检测的结果。图 2.7 中第一列自上而下分别为原始语音以及 SNR 分别为 5dB 和 0dB 的含噪语音(加性正态白噪声)。对应于第一列，第二列为各帧特征与训练帧特征平均值的欧式距离，第三列则为语音端点检测输出结果[粗点线为倒谱特征，细实线为式(2.37)定义的特征]。显然，定义的特征有更好的端点检测效果(有更好的鲁棒性)。

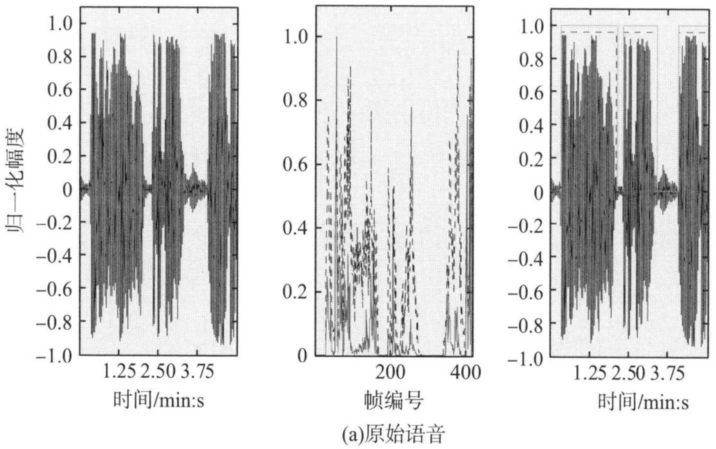

(a)原始语音

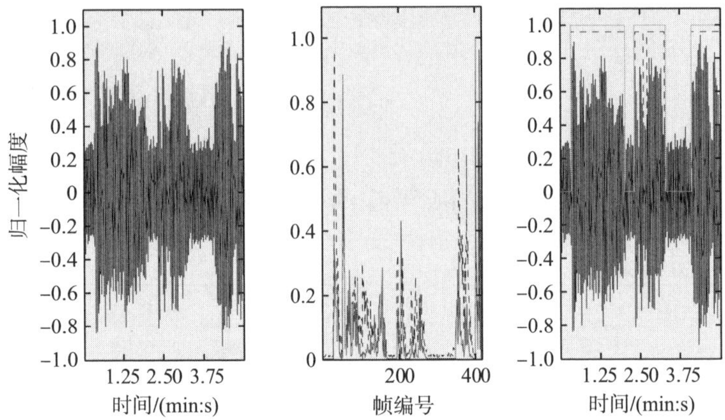

(b)SNR=5dB的含噪语音

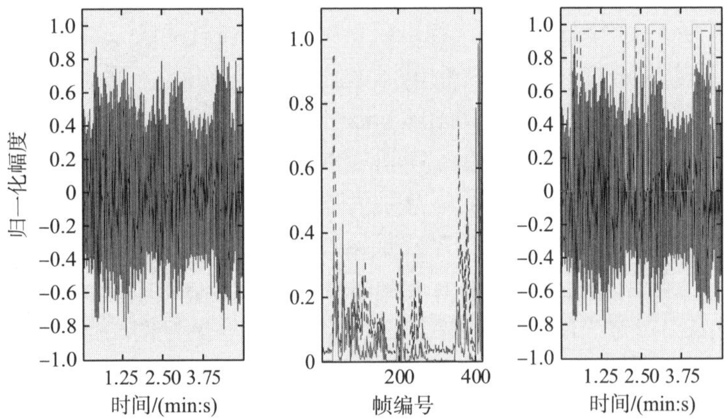

(c)SNR=0dB的含噪语音

图 2.7 原始语音(a)和含噪语音(b)、(c)及其各帧与训练帧的特征的欧式距离(第二列)以及端点检测输出(第三列)

注：粗点线为倒谱特征，细实线为式(2.37)定义的特征。

在端点检测的基础上，基于谱减法和 KNR 滤波的语音增强结果如图 2.8(a)和图 2.8(b)所示。对比原始语音[图 2.8(c)]可以看到，在波形复原方面 KNR 方法优于常用的谱减法。

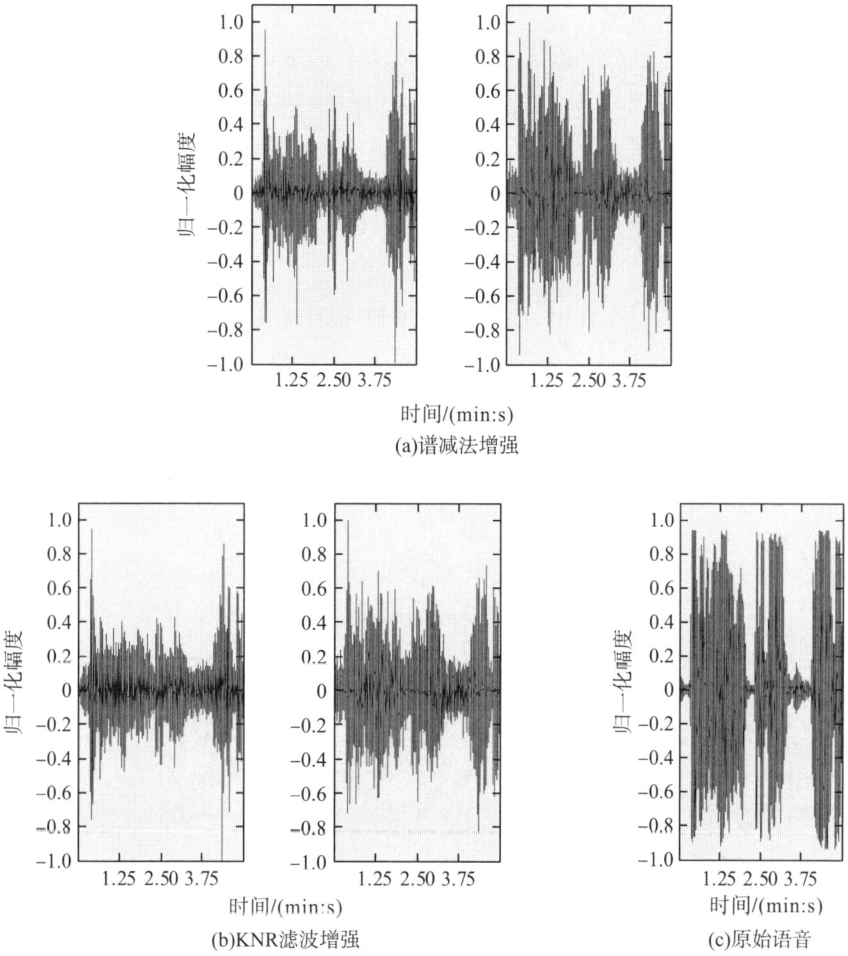

图 2.8　图 2.7 中 SNR 分别为 5dB 和 0dB 的信号增强

2.3　数字语音降噪技术

语音降噪是语音信号分析处理中最原始和最重要的任务。数字语音降噪旨在通过各种数字滤波方法[包括各种选频滤波(低通滤波、带通滤波、带阻滤波等)、最优滤波(维纳滤波、卡尔曼滤波等)、重采样及多相滤波、逆滤波方法等]，减少音频信号中的噪声或干扰。

本节的实验借助 Sound Cleaner 工具完成，它是俄罗斯圣彼得堡语音中心数字语音分析处理系统 sis 的一个插件，在平稳或缓变窄带和宽带加性噪声、缓变幅频干扰(由于语音录制或传输通道的自动频率不一致)、窄脉冲干扰、信号突跳干扰等过滤方面具有独到之处，且技术处于国际领先水平。当采用双通道录音时，该系统可以有效抑制任何噪声和干扰。

Sound Cleaner 具有语音信号的实时分析、降噪和增强等多种功能，其主要技术包括平稳窄带噪声和宽带噪声抑制技术、缓变幅频干扰抑制技术、脉冲干扰抑制技术、信号突变抑制技术、通过双声道语音信号处理对各种加性噪声的抑制技术等。以下根据应用需要，对多种噪声抑制技术的原理及应用效果进行介绍和分析。

2.3.1 固定频率噪声的带阻滤波技术

在真实环境中录制的音频资料，由于环境因素的不确定性，往往会出现具有固定频率的周期性信号，即窄带噪声，如电流声、机械声和引擎声等。对于固定频率噪声，采用带阻滤波器进行降噪处理可取得良好的效果。

1. 带阻滤波增强原理

与带通滤波器相比，带阻滤波器是指能通过大多数频率分量，但会将小范围内的某些频率分量衰减到极低水平的滤波器。其中，陷波滤波器(notch filter)是一种特殊的带阻滤波器，其阻带范围小，品质因子 Q 较高[28]。

利用带阻滤波器进行音频窄带噪声抑制时，首先需要对音频信号进行频谱分析，并根据平均频谱确定噪声所在频段范围；其次需要构造对特定频段有频率响应的带阻滤波器函数。其实现过程是：先将输入电压同时作用于低通滤波器和高通滤波器，再将两个电路的输出电压求和以得到带阻滤波器。其中，低通滤波器的截止频率小于高通滤波器的截止频率[29]。

对于理想带阻滤波器，由于其在阻带内的增益为 0，滤波器中心频率 ν_0 和抑制带宽 σ_{BW} 之比即为品质因子 Q：

$$Q=\frac{\nu_0}{\sigma_{\mathrm{BW}}}=\frac{\nu_0}{\nu_{\mathrm{H}}-\nu_{\mathrm{L}}},\quad \nu_0=\sqrt{\nu_{\mathrm{H}}\nu_{\mathrm{L}}},\tag{2.40}$$

式中，ν_{L} 和 ν_{H} 分别为带阻滤波器的下限和上限频率（$\nu_{\mathrm{H}}>\nu_{\mathrm{L}}$）。带宽（$\sigma_{\mathrm{BW}}$）越窄，品质因子值越大。

2. 固定频率噪声的带阻滤波实验

图 2.9(a)为一段包含固定频率噪声的语音信号的语谱，可见其中包含多个固定频率的噪声，可针对每个固定频率的谐波设置带阻滤波器进行滤波，以便于后续分析。根据语谱设计的带阻滤波器，其幅频响应如图 2.9(b)所示。对于原始语音信号进行带阻滤波操作后，固定频率的周期性噪声明显衰减，其语谱图如图 2.9(c)所示。

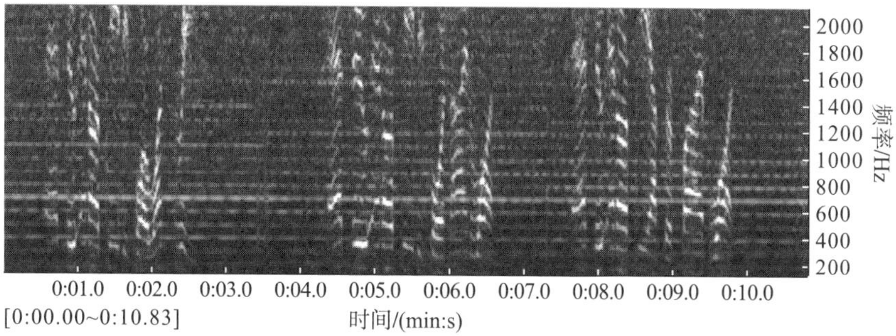

(a)含噪语音语谱

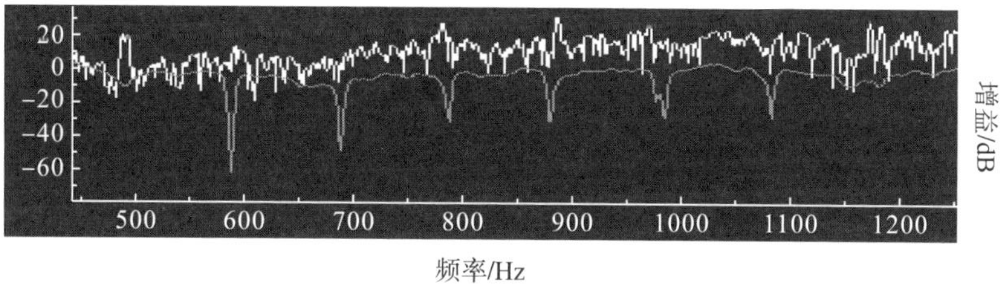

(b)带阻滤波器幅频响应

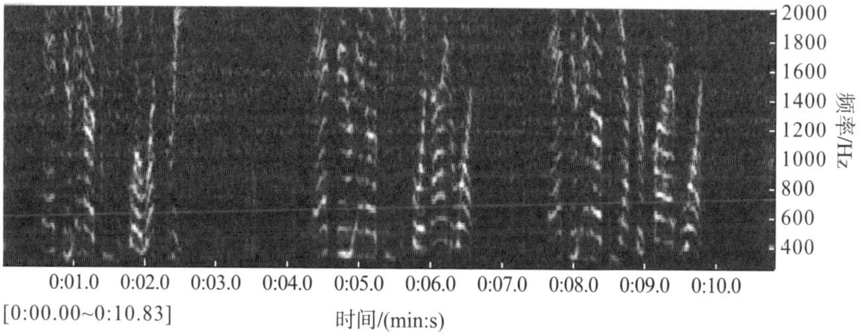

(c)带阻滤波语音语谱

图 2.9　包含多个固定频率噪声的语音语谱(a)、根据语谱设计的带阻滤波器(b)和对语音进行带阻滤波操作后的语谱(c)

2.3.2　自适应宽带滤波技术

在实际应用中，语音信号在声电转换时，在很宽的频带范围内会不可避免地受到拾音器内部噪声和周围环境噪声的影响，形成宽带噪声。自适应滤波是一种能较好地抑制宽带噪声的技术。所谓自适应，是指对环境变化的自动适应性质。

自适应滤波能在输入信号与噪声的统计特性未知或变化的情况下，自动估计出所需的统计特性，并以此为依据自动调整滤波参数，以达到最佳的滤波效果。

自适应滤波算法具有自我训练、自我调整滤波器权系数的功能，可实现对语音信号的实时降噪处理。

在自适应滤波器中，自适应噪声抵消法采用静默帧作为参考噪声进行输入，以获得噪声统计信息，因而能得到较好的降噪效果。特别是在辅助输入噪声与含噪语音中的噪声完全相关的情况下，自适应噪声抵消法能排除噪声的随机性，较好地抵消语音中的噪声成分，提升信噪比和语音内容的可识别度。

自适应宽带滤波器是基于自适应算法实现的，这个算法主要是抑制宽带噪声和周期性噪声，如拾音器的电流突跳或机械振动噪声、室内或街道噪声、通信通道或记录设备干扰噪声(如实际的嗡嗡声、隆隆声、唏唏声、呼啸声)。

在实现自适应滤波器的算法中，RLS 算法[5,16]和基于最小均方误差(least mean square，LMS)准则的自适应 LMS 算法是最成熟的算法[30]。定理 2.2 中的自适应 KNR 算法实质上是传统 RLS 算法的推广形式——推广到任意非线性的情形，这里只需讨论自适应 LMS 算法。

1. 自适应 LMS 算法

LMS 算法以均方误差最小为准则对噪声进行过滤，以达到降噪、提高信噪比、增强语音的目的，所以基于 LMS 算法的滤波器也称为最优波形估计器[31]。

自适应 LMS 算法是 LMS 算法的自适应形式，其实现原理如图 2.10 所示[32]。

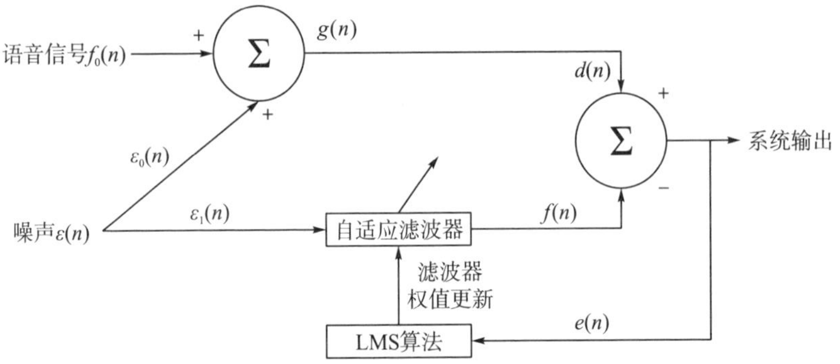

图 2.10 基于 LMS 算法的自适应滤波原理[32]

图 2.10 中 $f_0(n)$ 为原始语音信号，$\varepsilon(n)$ 为与语音信号不相关的噪声，而 $\varepsilon_0(n)$ 与 $\varepsilon_1(n)$ 是两种不相关的噪声，$g(n)$ 为含噪语音信号，$f(n)$ 表示滤波器的输出信号，$e(n)$ 表示误差信号，即

$$e(n)=g(n)-f(n)=f_0(n)+\varepsilon_0(n)-f(n). \tag{2.41}$$

对式(2.41)等号两边平方并求期望(expectation)，得到均方误差：

$$E[e^2(n)]=E[f_0^2(n)]+E[\{\varepsilon_0(n)-f(n)\}^2]+2E[f_0(n)\{\varepsilon_0(n)-f(n)\}]. \tag{2.42}$$

LMS 算法的自适应过程就是通过调节滤波器权值，使得均方差 $E[e^2(n)]$达到最小的过程。由于语音信号 $f_0(n)$与噪声 $\varepsilon_0(n)$不相关，所以要使 $E[e^2(n)]$最小，只需要使 $E\left[\{\varepsilon_0(n)-f(n)\}^2\right]$最小即可。

设 $d(n)$为理想输出信号，利用最陡下降法(最速梯度下降法)求最小 LMS 的迭代公式如下[32]：

$$e(n)=d(n)-g(n)\hat{\omega}(n), \tag{2.43}$$

$$\hat{\omega}(n+1)=\hat{\omega}(n)+2\mu e(n)g(n), \tag{2.44}$$

式中，$\hat{\omega}(n)$为滤波器权系数；μ为步长因子。将式(2.43)代入式(2.44)得

$$\hat{\omega}(n+1)=\hat{\omega}(n)+2\mu[g(n)d(n)-g^2(n)\hat{\omega}(n)]. \tag{2.45}$$

2. 自适应宽带滤波实验

图 2.11(a)是实际案件中的一段带噪语音，通过观察其信号及语谱[图 2.11(b)]可知，该语音被宽频噪声所污染。为增强语音的听觉效果，采用自适应宽带滤波算法进行降噪处理，其处理结果及语谱分别如图 2.11(c)和图 2.11(d)所示。显然，过滤取得了明显的效果。

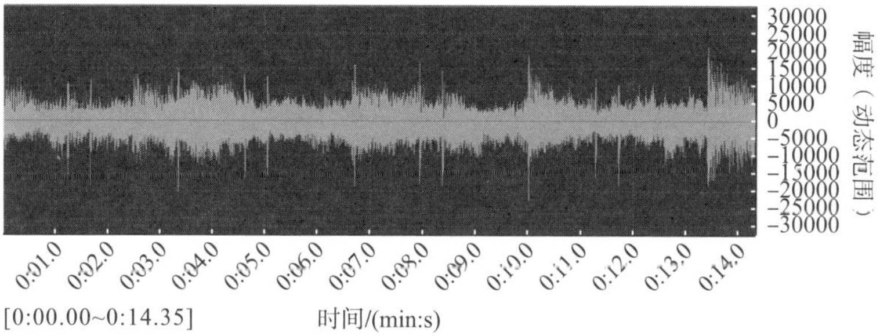

(a)原始语音

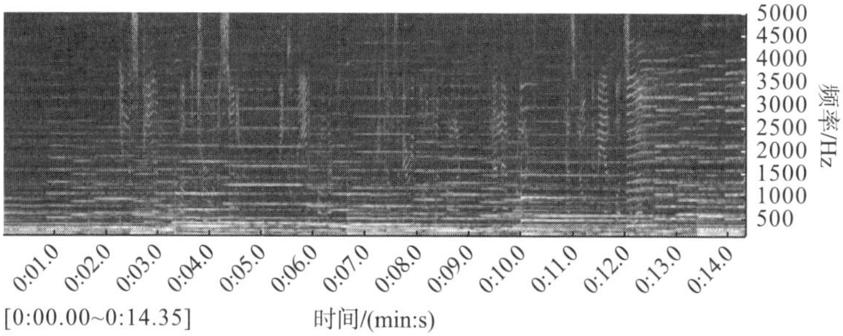

(b)原始语音语谱

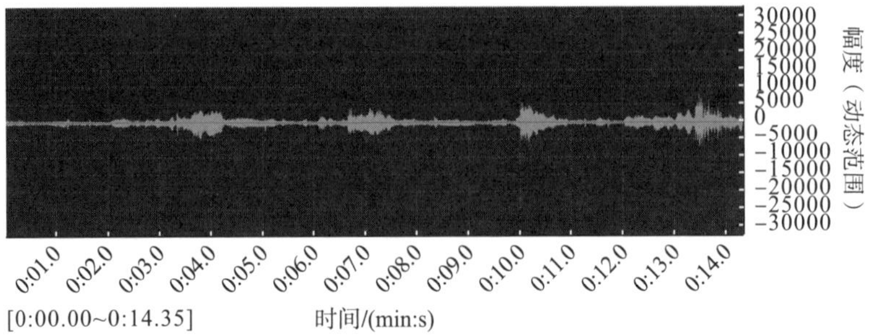

(c)降噪后的语音

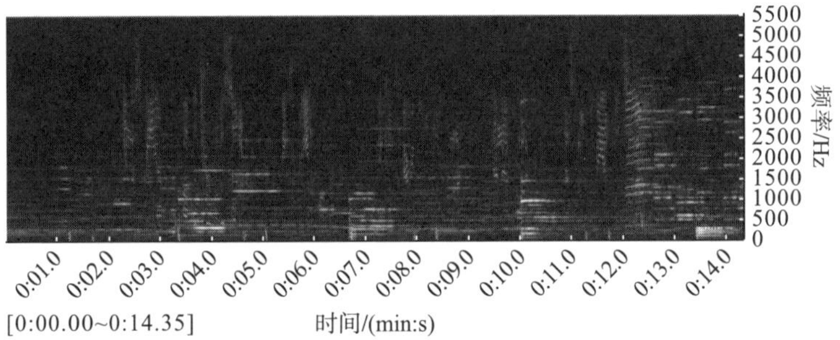

(d)降噪后的语音语谱

图 2.11　原始带噪语音(a)及其语谱(b)，以及经自适应宽带滤波处理后的语音(c)及其语谱(d)

2.3.3　自适应逆滤波技术——μ变换法

声门的气流波形取决于音量速度(volume velocity，又称为体积速度，简称体速)[33]。体速是话音基本模型中的一个重要参数，它将声道颤动及其结果联系在一起。

声门可被视为体速的来源，其阻抗一般远远高于声道，因而在多数情况下声门气流是由声门及次声门的气压控制的，而不是由声道音频控制的。这正是音频逆滤波技术中设计源滤波器模型时的一般依据。

音频逆滤波器可用于估计声门气流波形，一般通过对具有良好低频响应的麦克风录制的音频信号进行逆滤波实现，或通过具有线性响应、话音畸变小、响应时间在 0.5ms 以内的口腔呼吸速度记录器录制的体速进行逆滤波实现。

在实际应用中，逆滤波只适用于非鼻音或轻鼻音元音。当这样的元音波形通过由声门上的声道在同一时刻的传输特性决定的逆滤波器后，其输出即可作为声门气流的估计。对于非鼻音元音，如果高阻抗的气流波形确实源于声门，声道传输函数中频率约在 3kHz 以下的部分会包含一定数量的复极点对——谐振点或共振点，而其逆滤波器将包含同样数量的复零点对，所以逆滤波器又称为抗谐振或抗共振滤波器。

如果输入音频录制于麦克风而不是具圆周发泄掩码(circumferentially vented

mask）之类的设备，则上述逆滤波器还在零频率点存在一个极点，以此抵消气流波形和声压之间的连接效应。圆周发泄掩码信号的逆滤波输出中保留了零频点的气流，而其在麦克风信号的逆滤波输出中则不残留。

逆滤波器取决于源滤波器模型和声道滤波器，但源滤波器与声道滤波器不必是独立的。逆滤波器在放大弱信号的同时抑制了强信号，因而其滤波结果使得平均频谱趋于平坦，其在改善音频信号可识别性的同时，不掩盖话音。在 Sound Cleaner 中，逆滤波器是通过 μ 变换法实现的，其运行速度快。

1. μ 变换增强原理

针对语音信号特点，要增强人的听觉范围内的声音信号，可以采用非线性量化方式使得语音信号具有更好的可懂性。在非线性量化中，可通过 μ 变换法，即

$$r=\frac{\operatorname{sgn}(f)}{\ln(1+\mu)}\ln\left(1+\mu\left|\frac{f}{f_p}\right|\right)\quad \left|\frac{f}{f_p}\right|\leqslant 1, \tag{2.46}$$

将语音信号由原始的 f 空间映射到 r 空间，然后再均匀量化 r 空间的值。式（2.46）中 f_p 为语音信号峰值，f 为当前语音信号值，故 $-1\leqslant f/f_p\leqslant 1$，而一般 $\mu\in[100, 255]$。在 μ 变换中，对于信号幅度较低部分，r 空间中的一个单位尺度对应于 f 空间较大范围；反之，在信号幅度较高部分，f 空间中的一个单位尺度对应于 r 空间较大范围，如图 2.12 所示。这种用于音频的非均匀量化方式称为 μ 变换编码，这一方法可以用于动态语音增强技术。

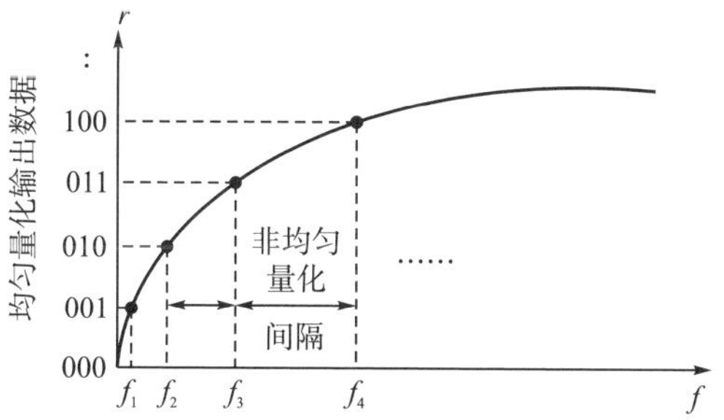

图 2.12　语音信号的 μ 变换增强

2. μ 变换增强实验

图 2.13（a）和图 2.13（b）为实际案件中的一段通话录音及其语谱。由于对话一方说话声音较小，无法获取话语具体内容，通过自适应 μ 变换得到的结果如图 2.13（c）和图 2.13（d）所示。

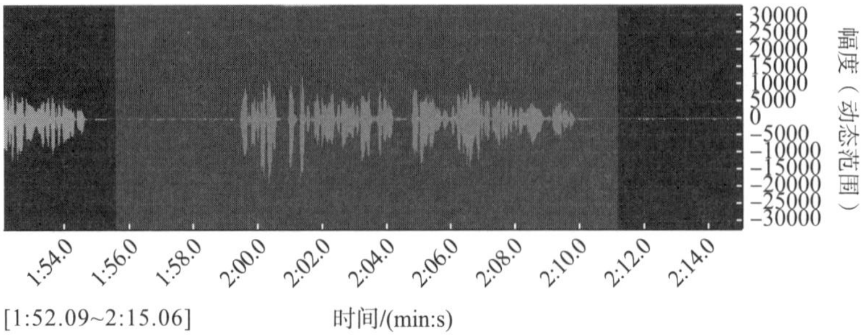

(a)原始语音

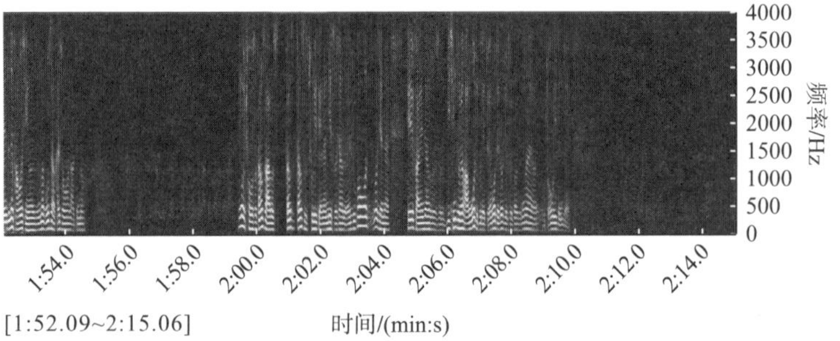

(b)原始语音语谱

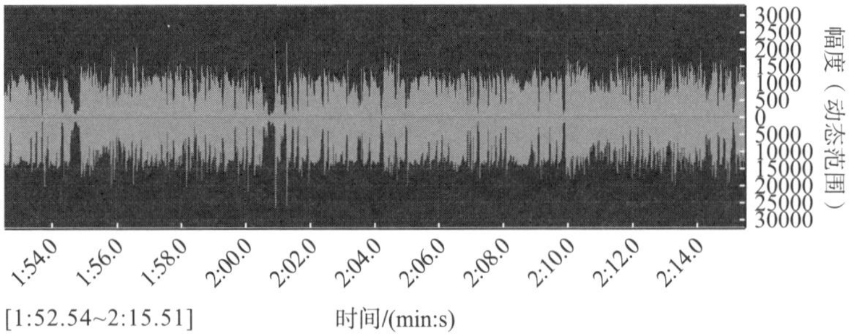

(c)经μ变换增强的语音

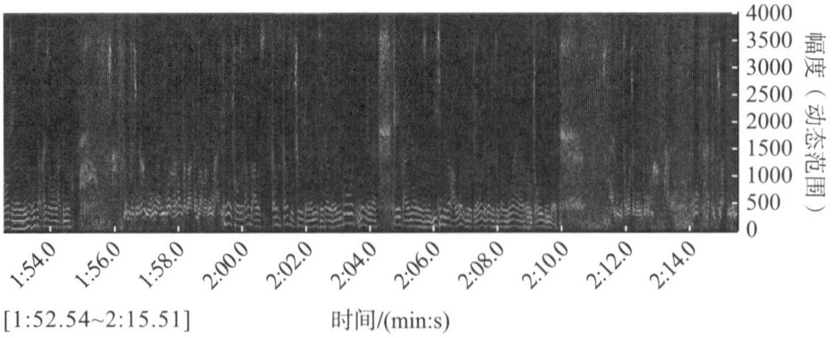

(d)经μ变换增强的语音语谱

图 2.13 原始通话录音片段(a)及其语谱(b)以及经 μ 变换增强的录音片段(c)及其语谱(d)

可见，经过自适应 μ 变换，通话语音中共振峰[图 2.13(d) 中虚线框内]明显得到增强。

2.3.4　频域自适应滤波与频率补偿技术

在音频资料分析检验中，常会遇到突发性强脉冲信号干扰(如啸叫声、敲击声和关门声等)，这时需要抑制强脉冲信号，并保留或恢复被强干扰扭曲和掩盖的语音或者音乐片段，提高语音的可识别性，这就是频率补偿，其通常采用频域自适应滤波方法[如维纳滤波的维德罗(Widrow)算法[32]]完成。

一般情况下，自适应频率补偿算法旨在抑制窄带平稳噪声、振动和电力信号突变等产生的干扰，以及稳定播放的音乐噪声、室内噪声、汽车运行及流水声、回声等。

单通道频域自适应滤波可以使强干扰降低 20～40dB，而且与其他滤波方法相比，其原始话音信号可以同时得到很好的保留(因为强干扰被剔除时未使用零加权方式)。当被剔除的强干扰具有周期性时，可以反复运用频域自适应滤波。

影响噪声或干扰抑制程度的主要补偿参数包括与语音帧长相关的滤波器系数个数和延迟值。增加滤波器系数个数有助于抑制多个干扰，同时可提升滤波器参数的调整效率；而延迟值通常在滤波器系数个数的 50%以下。

1. 频域自适应滤波原理

自适应频域滤波利用权值具有对强信号敏感而对弱信号不敏感的特点，对各个独立的频率分量进行权值的迭代更新。随着迭代次数的增加，强干扰信号的频谱不断迭代抵消，最终受到抑制，而语音信号作为弱信号得以保留。

首先，假设将含噪语音信号表示为

$$g(n)=f_0(n)+\varepsilon(n), \tag{2.47}$$

式中，$g(n)$ 为待降噪语音信号；$f_0(n)$ 为纯净语音信号；$\varepsilon(n)$ 为强干扰噪声[假设与 $f_0(n)$ 相互独立]。对于参考时刻为 m 的一帧语音信号 $\{g_1(m), g_2(m),\cdots,g_N(m)\}$，利用 DFT 转换为频域形式 $\{G_1(m), G_2(m),\cdots,G_N(m)\}$，则频域维德罗算法的权值更新迭代公式为

$$W_l(m+1)=\lambda W_l(m)+2\mu[1-W_l(m)]G_l(m)G_l^*(m)=\lambda W_l(m)+2\mu[1-W_l(m)]\|G_l(m)\|^2, \tag{2.48}$$

式中，$W_l(m+1)$ 和 $W_l(m)$ 分别为第 $m+1$ 次迭代和第 m 次迭代的权值($l=1,2,\cdots,N$)；μ 为权值更新步长；λ 为权值遗忘因子，且 $\lambda\in(0,1)$。第 l 频率分量的信号误差为

$$e_l(m)=G_l(m)-W_l(m)G_l(m)=[1-W_l(m)]G_l(m). \tag{2.49}$$

由式(2.48)可知，权值的增量与输入信号的功率谱 $G_l(m)G_l^*(m)$ 相关，经多次

迭代后，第 l 频率分量的权重 $W_l(m)$ 与幅度谱的平方呈正比。

上述频域权系数自适应更新过程如图 2.14 所示[32]。

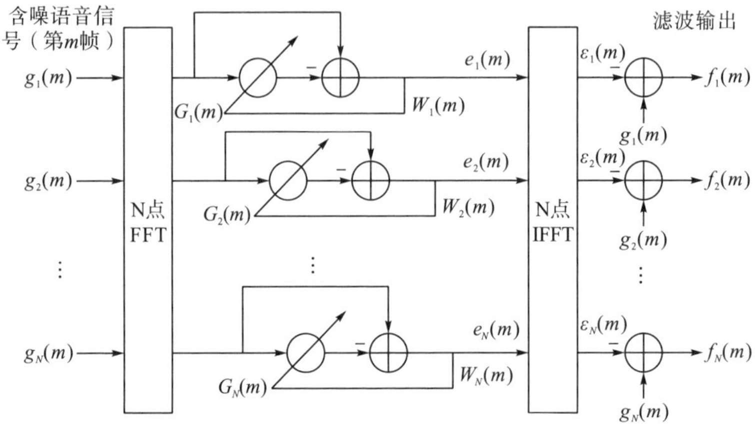

图 2.14　频域自适应滤波[32]

由于强干扰信号在频谱中所占有的频带内，其幅值 $\|G_l(m)\|^2$ 大于没有干扰信号的时间片段幅值，所以通过多次迭代，其频谱权值将收敛于 1，而弱信号的 $\|G_l(m)\|^2$ 较小，其权值将收敛为 0。通过加权因子 $1-W_l(m)$ 与 $G_l(m)$ 相乘，强干扰信号的频谱得以滤除，使得还原信号中的脉冲干扰得到大幅度抑制，而弱语音信号则得以保留。

为了保证迭代收敛效果，要求权值迭代步长满足关系式：

$$\left|\lambda - 2\mu\sigma_l^2\right| < 1, \tag{2.50}$$

式中，σ_l^2 为输入信号功率。另外，由于 $\mu>0$，所以

$$\mu \in \left(0, \frac{1+\lambda}{2\sigma_l^2}\right). \tag{2.51}$$

定义输入功率门限参数 B 为

$$B = \frac{(1-\lambda)}{2\mu}, \tag{2.52}$$

则当 $m\to\infty$ 时，有

$$\lim_{m\to\infty} E\{W_l(m)\} = \frac{2\mu\sigma_l^2}{1-\lambda+2\mu\sigma_l^2} = \frac{\sigma_l^2}{\sigma_l^2+B}. \tag{2.53}$$

当迭代步长 μ 一定时，$W_l(m)$ 的收敛值随着 σ_l^2 的增加而增加，所以强干扰噪声（σ_l^2 值较大）的 $W_l(m)$ 将收敛于 1，而信号输出功率为

$$P_{(\text{out})l}(m) = [1-W_l(m)]^2\sigma_l^2, \tag{2.54}$$

且有

$$\lim_{m\to\infty} P_{(\mathrm{out})l}(m) = B^2\sigma_l^2 \big/ (\sigma_l^2 + B)^2 . \tag{2.55}$$

因此，门限因子 B 决定了被保留或被抑制的输入信号的功率门限，当输入信号功率高于门限时，输出被抑制，否则被保留。所以，可通过合理选择 B 来抑制一定功率的干扰。

2. 频域自适应滤波实验

图 2.15(a) 和图 2.15(b) 分别为一段信噪比较低的含噪语音片段及其语谱，显然语音信号中有宽带噪声，且在 500Hz 附近有多频带的谐波噪声。利用上述频域自适应滤波算法对这一语音片段进行处理，处理结果及其语谱分别如图 2.15(c) 和图 2.15(d) 所示。显然，频域自适应滤波取得了较好的降噪效果，明显提高了语音的可识别程度。

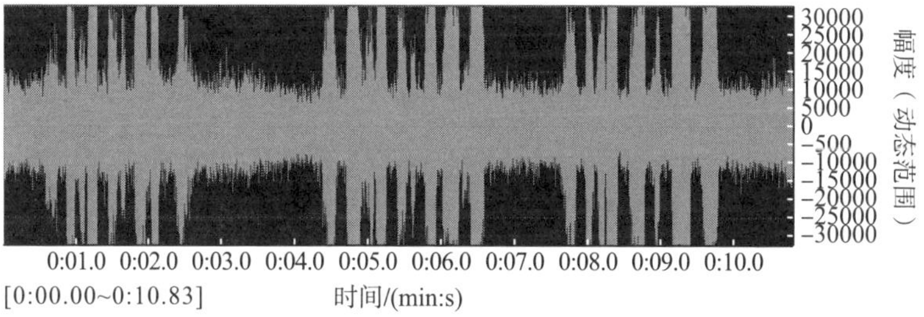

(a)原始语音

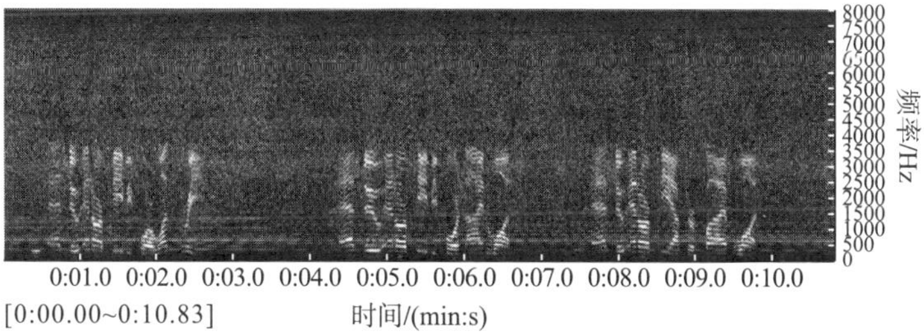

(b)原始语音语谱

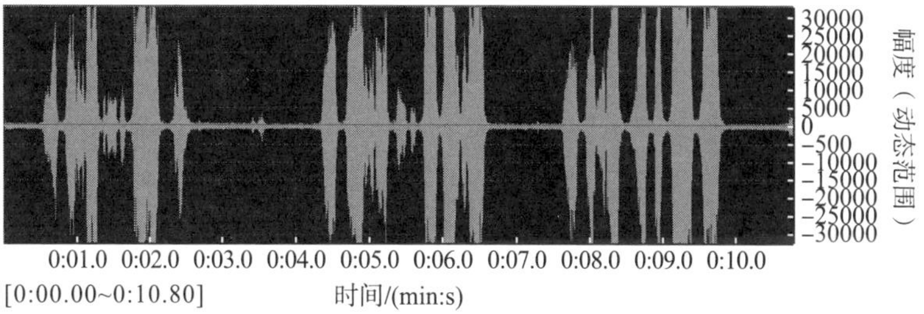

(c)频域自适应滤波语音

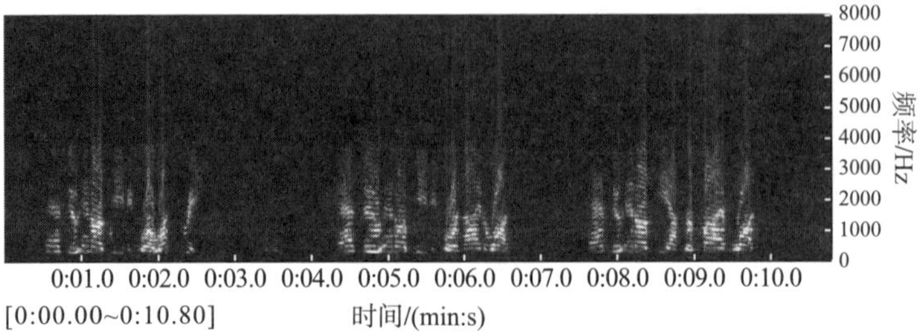

(d)频域自适应滤波语音语谱

图 2.15 原始带噪语音(a)及其语谱(b)，以及频域自适应滤波结果(c)及其语谱(d)

此外，Sound Cleaner 的自适应冲击滤波功能可以自动地抑制及掩盖话音或音乐片段的多种脉冲噪声(如咔哒声、射频噪声、敲击声等)，以提高话音的可懂性。冲击噪声抑制技术的核心是冲击检测，它依赖有用信号与干扰之间的特征差异。

2.4 本章小结

本章讨论了数字语音表示与增强和噪声抑制等问题，重点研究了基于复数域 STFT 字典学习的数字语音表示算法、基于 KNR 回归的数字语音增强算法和典型噪声抑制技术，并进行了应用探讨和应用实验，为后续语音自动鉴定和检验奠定了基础。

参考文献

[1] Xu J，Liu B Y，Liao X. Speech signal representation via dictionary learning in STFT transformed domain[C].Proceedings of IEEE International Conference on Multimedia and Signal Processing，Guilin，China，2011：20-24.

[2] Atal B S，Remde J R. A new model of LPC excitation for producing natural-sounding speech at low bit rates[C].Proceedings of IEEE International Conference on Acoustics，Speech，and Signal Processing，Paris，France，1982：614-617.

[3] Zheng F，Zhang G L，Song Z J. Comparison of different implementations of MFCC [J]. Computer Science and Technology，2001，16(6)：582-589.

[4] Hermansky H. Perceptual linear predictive (PLP) analysis of speech [J]. The Journal of the Acoustical Society of America，1990，87(4)：1738-1752.

[5] Skretting K，Engan K. Recursive least squares dictionary learning algorithm [J]. IEEE Transactions on Signal Processing，2010，58(4)：2121-2130.

[6] Kreutz-Delgado K，Murray J F，Rao B D，et al. Dictionary learning algorithms for spare representation [J]. Neural

Computation，2003，15(2)：349-396.

[7] Aharon M，Elad M，Bruckstein A. K-SVD：An algorithm for designing overcomplete dictionaries for sparse representation [J]. IEEE Transactions on Signal Processing，2006，54(11)：4311-4322.

[8] Mairal J，Bach F，Ponce J，et al. Online dictionary learning for sparse coding[C].Proceedings of the 26th ACM Annual International Conference on Machine Learning，Montreal Quebec，Canada，2009：689-696.

[9] Lewicki M S，Sejnowski T J. Learning overcomplete representations [J]. Neural Computation，2000，12(2)：337-365.

[10] Sigg C D，Dikk T，Buhmann J M. Speech enhancement using generative dictionary learning [J]. IEEE Transactions on Audio，Speech，and Language Processing，2012，20(6)：1698-1712.

[11] Donoko D L. Compressed sensing [J]. IEEE Transactions on Information Theory，2006，52(4)：1289-1306.

[12] Tosic I，Frossard P. Dictionary learning：What is the right representation of my signal? [J]. IEEE Signal Processing Magazine，2011，28(2)：27-38.

[13] Mallat S G，Zhang Z F. Matching pursuits with time-frequency dictionaries [J]. IEEE Transactions on Signal Processing，1993，41(12)：3397-3415.

[14] Pati Y C，Rezaiifar R，Krishnaprasad P S. Orthogonal matching pursuits：Recursive function approximation with applications to wavelet decomposition [C].Proceedings of 27th IEEE Annual Asilomar Conference. Signals，Systems，and Computers，Pacific Grove，CA，USA，1993：40-44.

[15] Gharavi-Alkhansari M，Huang T S. A fast orthogonal matching pursuit algorithm [C].Proceedings of IEEE International Conference on Acoustics，Speech，and Signal Processing，Seattle，WA，USA，1998：1389-1392.

[16] Dove W P，Oppenheim A V. Event location using recursive least squares signal processing [C].Proceedings of IEEE International Conference on Acoustics，Speech，and Signal Processing，Denver，CO，USA，1980：848-850.

[17] Liu B Y，Zhang J，Liao X. Kernel fitting for speech detection and enhancement [C].Proceedings of 10th IEEE International Conference on Signal Processing，Beijing，China，2010：534-537.

[18] Li Q，Zheng J S，Tsai A，et al. Robust endpoint detection and energy normalization for real-time speech and speaker recognition [J]. IEEE Trans. Speech and Audio Processing，2002，10(3)：146-157.

[19] Ephraim Y，Malaha D. Speech enhancement using a minimum mean-square error short-time spectral amplitude estimator [J]. IEEE Transactions on Acoustics，Speech，and Signal Processing，1984，32(6)：1109-1121.

[20] Ramírez J，Segura J C，Górriz J M. Revised contextual LRT for voice activity detection [C].Proceedings of 32nd IEEE International Conference on Acoustics，Speech，and Signal Processing，Honolulu，HI，USA，2007:Ⅳ81-Ⅳ84.

[21] Takeda H，Farsiu S，Milanfar P. Kernel regression for image processing and reconstruction [J]. IEEE Transactions on Image Processing，2007，16(2)：349-366.

[22] Vapnik V. The Nature of Statistical Learning Theory [M]. New York：Springer-Verlag，1995.

[23] Liu B Y，Zhang J. Face recognition applying a kernel-based representative and discriminative nonlinear classifier to eigenspectra [C].Proceedings of IEEE International Conference on Communications，Circuits and Systems，HongKong，China，2005：964-968.

[24] Aronszajn N. Theory of reproducing kernel [J]. Transactions of American Mathematical Society，1950(68)：337-404.

[25] Oja E，Ogawa H. Parametric projection filter for image and signal restoration [J]. IEEE Transactions on Acoustics，Speech，and Signal Processing，1986，34(6)：1643-1653.

[26] Liu B Y，Ogawa H. An equivalent form of S-L projection learning [J]. Journal of Electronic Science and Technology of China，2003，1(1)：6-11.

[27] Liu D，Fei S，Hou Z，et al.Advances in Neural Networks ISNN 2007[C].Berlin：Springer，2007.

[28] Carney R. Design of a digital notch filter with tracking requirements [J]. IEEE Transactions on Space Electronics and Telemetry，1963，9(4)：109-114.

[29] Shi Y J，Li R，Teo K L. Design of a band-stop filter for a space shuttle vehicle [J]. IEEE Transactions on Circuits and Systems Ⅱ：Express Briefs，2015，62(12)：1174-1178.

[30] Ching P C，Goodyear C C. LMS algorithm for sequentially adapting all-zero digital filters in modified cascade form [J]. Electronics Letters，1980，16(7)：270-271.

[31] Gardner W A. The structure of least-mean-square linear estimators for synchronous M-ary signals [J]. IEEE Transactions on Information Theory，1973，19(2)：240-243.

[32] Widrow B，McCool J M，Larimore M G，et al. Stationary and nonstationary learning characteristics of the LMS adaptive filter [J]. Proceedings of IEEE，1976，64(8)：1151-1162.

[33] Berouti M，Childers D，Paige A. Glottal area versus glottal volume-velocity [C].Proceedings of IEEE International Conference on Acoustics，Speech，and Signal Processing，Hartford，CT，USA，1977：33-36.

第3章 数字语音自动鉴定

3.1 引　　言

语音鉴定是利用语音样本对说话人身份进行鉴定，包括按照与语音库样本的相似性进行排序和是否为其中某个体进行明确判断两方面。前者称为说话人识别或话者身份识别(speaker recognition/identification) [1, 2]，其在刑事案件侦破应用中具有重要的价值；后者称为话者身份认定(speaker verification /authentication)或声纹鉴定(对应于指纹鉴定)[3-6]，其是司法和法庭证据检验中的一种重要手段。在语音鉴定的这两个方面，学界都有很长的研究历史，并取得了丰硕的学术成果[1-24]。

语音鉴定问题是一个典型的模式识别问题，它包括数字语音的特征提取和特征分类两个核心环节(图 1.1 和图 1.6)，这两个环节是一个数字语音自动鉴定系统的核心模块。

特征提取的任务是从输入的说话人语音信号中提取能够区分不同说话人个体特征的特征，包括 LPC 及其改进特征[如线性预测倒谱参数(linear predictive cepstrum coefficicent，LPCC)]、MFCC 特征等[7-15]。其中，由于基于普通人耳听觉原理的 MFCC 能够有效地区分不同的说话人，且能在同一说话人的语音发生变化时保持相对稳定，并具有较好的抗噪性能，所以在语音分析和自动鉴定中得到广泛应用。

分类问题就是模式匹配问题。在语音信号分析中应用最为广泛的匹配算法为统计推断法和统计学习法，包括基于隐马尔科夫模型、高斯混合模型(Gaussian mixture model，GMM)的贝叶斯统计推断和似然比(likelihood ratio，LR)检验法、支持向量机(support vector machine，SVM)分类法等[2,16-20]。

值得一提的是，深度学习算法将模式特征提取和分类环节融为一体，其在语音自动鉴定中的运用不断得到重视，将成为今后学术研究的一个热点[21-24]。

本章在对话者身份识别中几种典型特征提取和分类算法进行详细讨论的基础上，结合应用介绍典型的数字语音自动鉴定技术及其应用。

3.2 数字语音特征提取

恰当的特征提取和特征匹配是成功实现数字语音自动鉴定的关键。本节在对自动鉴定中语音预处理一般技术进行简述的基础上，重点对其中常用的特征(LPC、LPCC、MFCC 等)提取算法进行阐述。

3.2.1 数字语音预处理

语音信号是典型的非平稳信号[25]，语音的形成与人的口腔肌肉运动密切相关，这种口腔肌肉运动相对于声音振动来讲，速度要缓慢得多。预处理的主要目的是将非平稳的语音信号变为短时平稳信号，包括预加重、分帧加窗、端点检测等。

1. 预加重

一般人的语音信号频率范围为 300～3400Hz，其中高频部分一般在 800Hz 以上。由于高频成分较少且不易被研究与分析，所以需要对数字语音信号进行高频加重，使得信号的频谱变得平坦，以提升信噪比[26]。在语音自动鉴定中，预加重有利于声道参数提取和频谱分析，且一般通过数字滤波器实现。最简单的一阶数字滤波器系统函数为

$$H(z)=1-az^{-1}, \tag{3.1}$$

式中，a 为预加重系数，一般情况下 $0.9<a<1.0$，常取 $a=0.95$。

2. 分帧加窗

短时平稳分析需要对语音信号进行分帧处理。虽然语音信号具有非平稳性，但是在一个极短时间(通常为 1～30ms)范围内，其特性基本保持不变，因此在这样的范围内常常可假定语音信号具有短时平稳性[27]。

在预处理过程中将语音信号分段，其中每一段称为一帧，帧长一般取 1～30ms(如在采样频率为 8kHz 的情况下，取 256 个样值为一帧就基本符合短时平稳的要求)。同时，为保证帧间连贯性，通常帧与帧之间会有重复(即帧移，如取 128)。分帧后的语音信号需要加窗处理，以抑制高频伪语音。常用的窗函数包括矩形窗、汉明窗、汉宁窗等，其中 N 点矩形窗函数为

$$h(n)=\begin{cases}1, & 0\leqslant n\leqslant N-1,\\ 0, & 其他.\end{cases} \tag{3.2}$$

而 N 点汉明窗函数为

$$h(n)=\begin{cases}0.54-0.46\cos[2\pi n/(N-1)] & (0\leqslant n\leqslant N-1),\\ 0, & 其他.\end{cases} \tag{3.3}$$

比较而言，由于汉明窗具有低通平滑特性(能克服高频泄露)、实现简单等特点，因而在语音分析中得到较为广泛的应用。

3. 端点检测

端点检测就是检测话音活动的起点和终点，其目的是将语音信号同其他信号(如背景噪声)分离开来，因此也称为话音活动检测(voice activity detection, VAD)。它是数字语音信号处理的一个重要方面，也是数字语音识别与鉴定的一个基本环节。

端点检测问题在第 2 章的语音增强中已进行过简单讨论和实验，在此不再赘述。

3.2.2　数字语音典型特征提取

特征提取过程实质上是信号变换过程(参见 1.3.2 节)，其基本任务是用较少的数据描述原始信息，基本要求是可靠、稳定且易提取。在语音自动鉴定中，最常见和最有效的特征包括 LPC、LPCC、MFCC 等[7-15]。

1. LPC 及 LPCC 特征[7-13]

1) LPC 特征

线性预测是语音信号处理的一个基本手段，也是语音分析中各种实用技术的基础。

线性预测分析的基本原理是时间序列建模与预测，即将被分析的语音信号视为某时间序列模型(系统)的输出[28]。图 3.1 是语音信号 $f(n)$ 的建模示意图，其中 $e(n)$ 为模型激励输入，$H(z)$ 表示语音信号 $f(n)$ 的生成模型。通常情况下假设 $e(n)$ 为平稳白噪声，而建模的目的在于利用 $e(n)$ 和 $f(n)$ 的观测数据对 $H(z)$ 进行估计，即模型辨识。

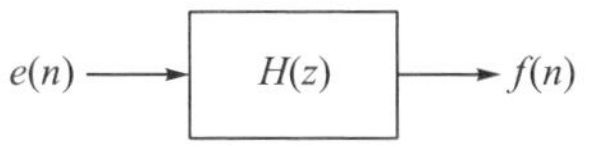

图 3.1　语音信号 $f(n)$ 的建模分析

数字语音的线性预测分析建立在声道的短管级联模型之上，通过对发声过程的研究，得到贴合的全极点数字滤波器系统传递函数：

$$H(z)=\frac{1}{1+\sum_{i=1}^{p}a_i z^{-1}}, \tag{3.4}$$

式中，p 为线性预测阶数；$a_i\,(i=1,2,\cdots,p)$ 为线性预测系数，即 LPC 特征。式(3.4)

对应的模型 $H(z)$ 实际上就是 p 阶自回归(autoregressive)模型 AR(p) [7, 10, 28-31]，所以可以通过AR模型参数估计算法得到LPC特征[28-31]，其中基于LMS准则(参见2.3.3节)估计LPC特征的莱文森-德宾(Levinson-Durbin)算法是最经典的算法[30,31]。

设 $f(n)$ 为一帧语音采样序列，则可根据式(3.4)得到其第 n 个语音样值 $f(n)$ 的 p 阶线性预测值为

$$\hat{f}(n) = -\sum_{i=1}^{p} a_i f(n-i), \tag{3.5}$$

所以预测误差为

$$\varepsilon(n) = f(n) - \hat{f}(n) = f(n) + \sum_{i=1}^{p} a_i f(n-i) = \sum_{i=0}^{p} a_i f(n-i), \tag{3.6}$$

式中，$a_0=1$。在LMS准则下，线性预测系数 a_i 的选择应使预测误差的均方值 $E[\varepsilon^2(n)]$ 最小。为此，令 $\partial E[\varepsilon^2(n)]/\partial a_i = 0\ (i=1,2,\cdots,p)$ 得

$$\sum_{k=1}^{p} a_k R(i-k) = -R(i) \quad (i=1,2,\cdots,p), \tag{3.7}$$

式中，$R(i)$ 为 $f(n)$ 的相关步距为 i 的自相关序列。上述 p 个方程写成矩阵形式为

$$\begin{bmatrix} R(0) & R(1) & \cdots & R(p-1) \\ R(1) & R(0) & \cdots & R(p-2) \\ \vdots & \vdots & & \vdots \\ R(p-1) & R(p-2) & \cdots & R(0) \end{bmatrix} \begin{bmatrix} a_1 \\ a_2 \\ \vdots \\ a_p \end{bmatrix} = \begin{bmatrix} R(1) \\ R(2) \\ \vdots \\ R(p) \end{bmatrix}. \tag{3.8}$$

由于实信号序列的自相关序列是偶对称的，所以式(3.8)中的自相关矩阵是对称且非负定的托普利兹(Toeplitz)矩阵，因此可借助于莱文森-德宾(Levinson-Durbin)递推算法求解，得到LPC特征[30,31]。

作为目前语音特征分析中重要的方法之一，LPC特征通过对共振峰的逼近有效地解决了短时平稳信号的模型化问题[32]。而且，其较为精准地刻画了声道面积函数、基音等特性，同时其提取计算量低。

2)LPCC及其加权、差分特征

在估计出LPC特征 a_i 后，LPCC特征 c_i 可以利用以下递推关系式得到[8]：

$$c_i = \begin{cases} a_1, & i=1, \\ a_i + \sum_{m=1}^{i-1}\left(1-\dfrac{m}{i}\right) c_{i-k} a_m, & 1<i\leqslant p. \end{cases} \tag{3.9}$$

值得一提的是，LPC是基于发音模型建立的反映人声道特性的特征，而LPCC作为一种合成参数特征，并没有充分利用人耳的听觉特性。

另外，LPCC特征通常是在帧内由平稳信号分析工具[如用AR(p)模型建模]提取的静态特征，而跨帧语音信号一般不是平稳的。为进一步描述语音信号的动态特

性，往往须通过加权或加窗平滑多帧特征等方式，得到加权特征或差分特征[33-36]。

加权 LPCC 特征 $w_i c_i$（$1 \leqslant i \leqslant L$）利用如下形式的权函数得到[33, 34]：

$$w_i = \begin{cases} 1+\dfrac{L}{2}\sin\left(\dfrac{\pi i}{L}\right), 1 \leqslant i \leqslant L, \\ 0, \quad \text{其他}, \end{cases} \tag{3.10}$$

式中，L 为不小于 p 的参数。

差分 LPCC 特征是以当前帧为中心，用其前后数帧（如前后各 K 帧）的 LPCC 系数和当前帧 LPCC 系数进行加窗平滑处理，平滑曲线的多阶导数反映了 LPCC 特征变化的快慢。对于当前帧 m 而言，其一阶差分特征为[13,34,35]

$$\Delta c_i^{(m)} = \frac{\sum_{n=-K}^{K} n h(n) c_{i+n}^{(m)}}{\sum_{n=-K}^{K} n^2 h(n)}, \tag{3.11}$$

式中，$h(n)$ 为窗函数[如式(3.2)中的矩形窗或式(3.3)中的汉明窗]。

2. MFCC 及差分特征

1) MFCC 特征

MFCC 是数字语音鉴定中应用最多的语音特征，它与人的听觉系统这一特殊非线性系统的特点——对不同频率的信号有不同的灵敏度（灵敏度与频率基本上呈对数关系）——相吻合，所以能够比较充分地利用人耳的特殊感知特性，且能与语音的产生机制相结合[36]。

心理学实验表明，人耳能在嘈杂的环境中以及各种变异情况下分辨出各种语音，耳蜗的作用是其中的关键因素之一。耳蜗实质上相当于一个滤波器组，其滤波作用是在对数频率尺度（1kHz 以下为线性尺度，而 1kHz 以上为对数尺度）上进行的，这就使得人耳对低频信号比对高频信号更敏感。梅尔频率（Mel-frequency）就是基于人耳对音调的感知度与音调自然频率的对数呈正比这一特点提出的，对应的关系式为[32]

$$\nu_{\text{mel}} = 1000\log_2\left(1+\frac{\nu}{1000}\right), \tag{3.12}$$

式中，ν 为音调的自然频率（称为线性频率，单位为 Hz）；ν_{mel} 为梅尔频率（称为感知频率，单位为 Mel）。可以看出，自然频率低于 1kHz 时梅尔频率和音调频率基本呈线性关系，此时人耳感知比较灵敏。而在大于 1kHz 的高频部分，两者呈对数关系，对于人耳来说，此时感知比较粗糙。

另外，人耳并不能有效地分辨所有频率分量。只有当两个频率分量相差一定带宽时，人耳才能将其区分，这个带宽被称为临界带宽（critical bandwidth），其计

算公式为[37]

$$BW_c = 25 + 75\left[1 + 1.4\left(\nu_c / 1000\right)^2\right]^{0.69}, \tag{3.13}$$

式中，ν_c 为中心频率。

根据上述两点，便可以通过构造临界频带滤波器组来模仿人耳的感知特性。在实际应用中，通常用一组三角形滤波器来逼近临界频带滤波器组，这组三角形滤波器就称为梅尔频率滤波器组，其结构图如图 3.2 所示，其中纵坐标上的幅度表示权重系数[11]。

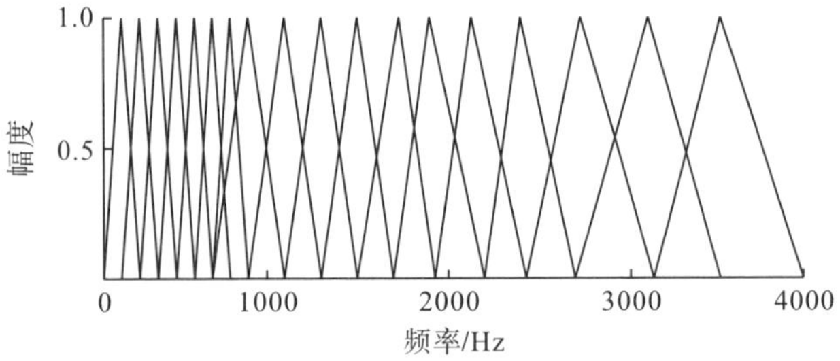

图 3.2　梅尔频率滤波器组结构图[11]

MFCC 特征参数是基于上述梅尔频率滤波器组提取得到的，包括预处理、估计能量谱、分组滤波、取对数和进行 DCT 变换(参见 1.3.2 节)等环节[11]。

首先，设预处理后语音帧 $f(n)$ 经 DFT 变换得到的能量谱为 $F(k)$。$F(k)$ 以 2π 为周期，数字角频率 2π 对应信号的采样频率 ν_s (如 ν_s=8kHz)。由于语音的主要能量集中在低频部分，所以在计算 MFCC 时，计算 0～4kHz 即可(图 3.2)。

其次，将上述能量谱 $F(k)$ 通过梅尔频率滤波器组变成 Mel 频率，取对数后得到对数谱 $E(m)$：

$$E(m) = \ln\left[\sum_{k=0}^{N-1} F(k) H_m(k)\right] \quad (1 \leqslant m \leqslant M), \tag{3.14}$$

式中，M 为梅尔频率滤波器组的个数(通常为 20 个左右[11])；N 为帧长或 DFT 点数；$H_m(k)$ 为第 m 个滤波器的传递函数：

$$H_m(k) = \begin{cases} 0, & k < \nu_c(m-1), \\ \dfrac{k - \nu_c(m-1)}{\nu_c(m) - \nu_c(m-1)}, & \nu_c(m-1) \leqslant k \leqslant \nu_c(m), \\ \dfrac{\nu(m+1) - k}{\nu_c(m+1) - \nu_c(m)}, & \nu_c(m) < k \leqslant \nu_c(m+1), \\ 0, & k > \nu_c(m+1), \end{cases} \tag{3.15}$$

式中，频率 $\nu_c(m)$ 为第 m 个滤波器的中心频率(单位为 Hz，通常取 24 个[37,38])。

最后，将上述对数频谱 $E(m)$ 用 DCT[式(1.22)]变换到倒谱域，即可得到 MFCC 特征参数 $e(n)$：

$$
\begin{aligned}
e(1) &= \frac{\sqrt{2}}{M}\sum_{m=1}^{M}E(m) \\
e(n) &= \frac{2}{M}\sum_{m=1}^{M}E(m)\cos\left[\frac{(2m-1)n\pi}{2M}\right] \quad (n=2,3,\cdots,M).
\end{aligned}
\tag{3.16}
$$

在实际应用中往往不需要全部 MFCC 系数，而只需要最前面若干个或最后若干个构成特征向量，即能区分不同语音。

2)加权和差分 MFCC 特征

语音信号的 MFCC 特征和 LPCC 特征一样，通常是在帧内提取的静态特征，而跨帧语音信号一般不是平稳的。为进一步描述语音信号的动态特性，也可以像获取加权 LPCC 特征和差分 LPCC 特征那样，通过加权或加窗平滑的方式得到加权 MFCC 特征或差分 MFCC 特征。

3.3　数字语音特征分类

在特征提取的基础上，通过特征匹配进行推断，以鉴定个体身份。在语音鉴定中，最基本的匹配方法是统计推断法和统计机器学习算法，统称为分类算法，包括贝叶斯统计推断与似然比检验法、SVM 分类法等[2, 16-20]。本节重点讨论最成熟的贝叶斯统计推断法，由于概率密度函数估计在统计推断和统计机器学习中占有重要地位，而基于 GMM 的概率密度函数估计是其中最为经典和最为有效的方法，因此先做简单介绍。

3.3.1　GMM 方法

GMM 作为一种统计分布模型，能很好地拟合说话人语音特征，且便于利用信号处理器实时实现，因此受到研发人员的广泛关注[2,39-41]。

1. **GMM 的一般形式**

GMM 方法实质上是将分类器对应的函数(图 1.6)用多个参数未知的高斯函数的线性组合表示(图 2.1)，是一种利用形式已知而参数未知的模型来拟合特征的方法(故称为参数模型法)。对于 M 维特征向量 $\boldsymbol{x}$，GMM 的一般表示形式为

$$
f(\boldsymbol{x}) = \sum_{n=1}^{N} w_n N(\boldsymbol{x} \mid \boldsymbol{\mu}_n, \boldsymbol{\Sigma}_n), \tag{3.17}
$$

式中，N 为高斯函数个数；w_n 为组合系数(即混合权系数)，其满足

$$\sum_{n=1}^{N} w_n = 1, \tag{3.18}$$

$N(\boldsymbol{x}|\boldsymbol{\mu}_n,\boldsymbol{\Sigma}_n)$ 为期望向量为 $\boldsymbol{\mu}_n$ 和协方差矩阵为 $\boldsymbol{\Sigma}_n$ 的 M 维高斯函数：

$$N(\boldsymbol{x} \mid \boldsymbol{\mu}_n,\boldsymbol{\Sigma}_n) = \frac{1}{(2\pi)^{L/2}\left|\boldsymbol{\Sigma}_n\right|}\exp\left[-\frac{(\boldsymbol{x}-\boldsymbol{\mu}_n)^{\mathrm{T}}\boldsymbol{\Sigma}_n^{-1}(\boldsymbol{x}-\boldsymbol{\mu}_n)}{2}\right], \tag{3.19}$$

式中，$\left|\boldsymbol{\Sigma}_n\right|$ 为矩阵的行列式值。估计参数组 $\lambda = (w_n, \boldsymbol{\mu}_n, \boldsymbol{\Sigma}_n)$ (其中 n=1,2,⋯,N) 则成为 GMM 方法的核心问题。

对比式(3.17)和式(2.17)可知，GMM 本质上是核函数为高斯函数(但参数未知)的一种特殊的 KNR 分类器，所以一旦估计出参数 $\boldsymbol{\mu}_n$ 和 $\boldsymbol{\Sigma}_n$，权系数 w_n 就很容易得到。因此，这里重点讨论 $\boldsymbol{\mu}_n$ 和 $\boldsymbol{\Sigma}_n$ 的估计。

2. GMM 的参数估计

1)最大似然估计

未知参数的估计方法很多，其中得到广泛应用的一个有效方法是最大似然(maximum likelihood，ML)估计法，其也是 GMM 参数的基本估计方法。

设有 L 个特征向量(即 L 个样本，如 L 帧语音信号的 MFCC 特征)，而这些特征向量来自同一总体(如同一个人的语音)，这个总体服从某种分布，其概率密度函数为 $p(\boldsymbol{x}\mid\alpha)$ (α 为未知参数)。由 L 个简单样本(独立同分布样本)$\boldsymbol{x}_1$, $\boldsymbol{x}_2$,⋯, $\boldsymbol{x}_L$ 得到的关于 α 的似然函数为

$$\mathcal{L}(\alpha) = \prod_{i=1}^{L} p(\boldsymbol{x}_i \mid \alpha). \tag{3.20}$$

最大似然估计就是使该函数取最大值的参数估计。由于对数函数是其宗量的单调函数，且函数取对数后其极值点不变，所以往往采用对数似然函数求解，即 ML 解为

$$\alpha_{\mathrm{ML}} = \underset{\{\alpha\}}{\arg\max}\left\{\mathcal{L}(\alpha)\right\} = \underset{\{\alpha\}}{\arg\max}\left\{\log[\mathcal{L}(\alpha)]\right\} = \underset{\{\alpha\}}{\arg\max}\left\{\sum_{i=1}^{L}\log[p(\boldsymbol{x}_i|\alpha)]\right\}. \tag{3.21}$$

对于 GMM，未知参数的最大似然估计为

$$\lambda_{\mathrm{ML}} = (w_n,\boldsymbol{\mu}_n,\boldsymbol{\Sigma}_n)_{\mathrm{ML}} = \underset{\{(w_n,\boldsymbol{\mu}_n,\boldsymbol{\Sigma}_n)\}}{\arg\max}\left\{\sum_{i=1}^{L}\log\left[\sum_{n=1}^{N} w_n N(\boldsymbol{x}_i|\boldsymbol{\mu}_n,\boldsymbol{\Sigma}_n)\right]\right\}. \tag{3.22}$$

由于式(3.22)无法通过普通函数求极值的方式得到，因此需要寻求特定的求解算法，其中最有效的算法是期望最大化(expectation maximization，EM)算法[42]。

2)ML 估计的实现：EM 算法[2, 42]

EM 算法是一个迭代算法(从参数初值开始通过迭代更新逼近真值的方法)，

其基本思想是保证每次更新的结果既是估计的期望(称为 E 步)，又使似然函数值最大(maximization，称为 M 步)。

具体而言，首先根据 λ 的初值[$\lambda=(w_n,\ \boldsymbol{\mu}_n,\ \boldsymbol{\Sigma}_n)$]估计某个样本 $\boldsymbol{x}_i$ 由 GMM 中第 n 个高斯成分生成的概率：

$$\gamma(i,n)=\frac{w_n N(\boldsymbol{x}_i|\boldsymbol{\mu}_n,\boldsymbol{\Sigma}_n)}{\sum_{j=1}^{N} w_j N(\boldsymbol{x}_i|\boldsymbol{\mu}_j,\boldsymbol{\Sigma}_j)}, \tag{3.23}$$

并以其期望(用均值代替)作为第 n 个成分的权系数的更新值，即

$$\hat{w}_n=\frac{1}{L}\sum_{i=1}^{L}\gamma(i,n). \tag{3.24}$$

然后用 ML 估计得到期望向量和协方差矩阵的更新值：

$$\hat{\boldsymbol{\mu}}_n=\frac{\sum_{i=1}^{L}\gamma(i,n)\boldsymbol{x}_i}{\sum_{i=1}^{L}\gamma(i,n)} \qquad \hat{\boldsymbol{\Sigma}}_n=\frac{\sum_{i=1}^{L}\gamma(i,n)(\boldsymbol{x}_i-\boldsymbol{\mu}_n)(\boldsymbol{x}_i-\boldsymbol{\mu}_n)^{\mathrm{T}}}{\sum_{i=1}^{L}\gamma(i,n)}. \tag{3.25}$$

最后重复迭代，直到收敛至预先指定的门限为止。

3.3.2　贝叶斯统计推断与似然比方法

贝叶斯统计推断理论是统计分类的基础，其对于二分类问题(检测、自动鉴定等)则退化为似然比准则并得到似然比方法。

1. 贝叶斯统计推断理论简述[43-45]

统计推断是指利用观测结果(样本)对一个系统的状态进行的推断，包含统计检验、统计估计等方面的内容，而贝叶斯统计推断是指以风险最小为出发点的推断。本节简要介绍贝叶斯统计推断所涉及的基本概念、原理和结论。

1) 基本概念

(1) 状态空间、输入空间与判决空间。

一个被观测系统(总体)的状态用 $s(t)$ 表示，设共有 M 个状态 s_j(即 M 元假设检验问题；对于参数估计问题，可以是在某区间连续取值的无限多个状态)，系统处于第 j 个状态则称为“假设 H_j”，其中 j=1, 2,⋯, M。

对总体进行 N 次观测，得到 N 个结果(即 N 个样本，可以是 N 个向量) $x_1, x_2, \cdots, x_N$，构成观测向量 $\boldsymbol{x}=[x_1, x_2, \cdots, x_N]^{\mathrm{T}}$，它是一个随机向量。统计推断就是利用观测向量 $\boldsymbol{x}$，并按照一定的判决策略对系统的状态做出判断。判决策略是指依据 $\boldsymbol{x}$ 判断状态 s_i 为真的概率，即 $\pi_i(\boldsymbol{x})$。显然

$$0 \leqslant \pi_i(\boldsymbol{x}) \leqslant 1, \quad \sum_{i=1}^{M} \pi_i(\boldsymbol{x}) = 1. \tag{3.26}$$

即要求取得 $\boldsymbol{x}$ 后一定要做出判决，不能不置可否。

所以，从本质上讲，统计推断过程就是根据观测结果设计或寻找判决策略的过程。

由所有可能的状态构成状态空间，由所有可能的观测结果构成观测空间(输入空间)，由所有可能的判决结果构成判决空间(记为$\mathcal{D}_1, \mathcal{D}_2, \cdots, \mathcal{D}_M$)。事实上，判决空间是依据观测结果和判决策略对状态空间进行的一个划分，如图 3.3[44]所示。

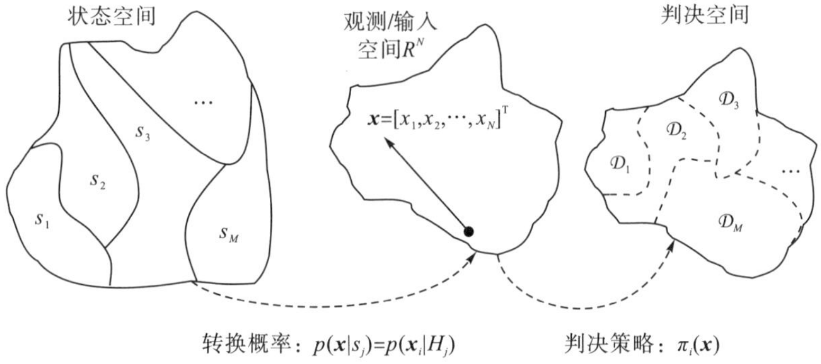

图 3.3 贝叶斯决策的基本空间[44]

(2)条件概率与风险。

首先，贝叶斯统计推断涉及先验概率、条件转移概率和后验概率等基本概念。

先验概率：指在历史条件下得知的系统处于状态s_j的概率，即$P_j=P(s_j)=P(H_j)$。

条件转移概率(转移概率/似然函数)：指在处于状态 s_j 的条件下，观测到 $\boldsymbol{x}$ 的概率密度[$p(\boldsymbol{x}|s_j) = p(\boldsymbol{x}|H_j)$]。显然

$$\sum_{j=1}^{M} P_j = 1, \quad \int_{\mathcal{R}^N} p(\boldsymbol{x}|H_j)\mathrm{d}\boldsymbol{x} = 1. \tag{3.27}$$

转移概率的作用是将系统的状态信息转移到观测结果上；换言之，观测结果所挟带的系统状态信息，是通过转移概率反映出来的。在实际应用中，转移概率往往通过历史观测结果并按一定的方法(如前述 GMM 方法)进行估计得到。

后验概率：就是在观测到 $\boldsymbol{x}$ 的条件下，推测系统处于状态 s_j 的概率密度[$p(s_j|\boldsymbol{x}) = p(H_j|\boldsymbol{x})$]。

另外，贝叶斯统计推断的出发点是贝叶斯风险，涉及代价和风险的概念。

代价(损失)：是指在系统状态为s_j的条件下，由观测数据 $\boldsymbol{x}$ 得到判决结果 $\mathcal{D}_1$ 所带来的成本 c_{ij}。一般地，假设错误判决的代价高于正确判决的代价，即 $0<c_{ii}<$

c_{ij} ($j\neq i$)。实际上，代价是广义的，它不总代表付出；该节省的未能节省，该收获的未能收获，都是代价。

贝叶斯风险(风险)：是指对于所有策略$\{\pi_i(\boldsymbol{x})\}$而言的平均代价。设根据观测结果$\boldsymbol{x}$做出决策$\pi_i(\boldsymbol{x})$，并选择结果$\mathcal{D}_1$(即判定假设$H_i$为真)，而实际情况是$H_i$为真，对应的条件概率为$P(H_i|H_j)$，显然

$$P(H_i|H_j)=\int_{\mathcal{R}^N}\pi_i(\boldsymbol{x})p(\boldsymbol{x}|H_j)\mathrm{d}\boldsymbol{x}. \tag{3.28}$$

风险的表达式为

$$\mathcal{R}_{\text{isk}}=\sum_{i=1}^{M}\sum_{j=1}^{M}c_{ij}P_jP(H_i|H_j)=\sum_{j=1}^{M}\sum_{i=1}^{M}c_{ij}P_j\int_{\mathcal{R}^N}\pi_i(\boldsymbol{x})p(\boldsymbol{x}|H_j)\mathrm{d}\boldsymbol{x}. \tag{3.29}$$

2)基本准则及基本解

贝叶斯统计推断的目的是通过使贝叶斯风险最小来获得判决策略，即

$$\{\pi_{i,\text{opt}}(\boldsymbol{x})\}=\underset{\{\pi_i(\boldsymbol{x})\}}{\arg\min}\{\mathcal{R}_{\text{isk}}[\pi_i(\boldsymbol{x})]\}=\underset{\{\pi_i(\boldsymbol{x})\}}{\arg\min}\left[\sum_{i=1}^{M}\sum_{j=1}^{M}c_{ij}P_j\int_{\mathcal{R}^N}\pi_i(\boldsymbol{x})p(\boldsymbol{x}|H_j)\mathrm{d}\boldsymbol{x}\right]. \tag{3.30}$$

通过求和分离，式(3.30)可简化为

$$\{\pi_{i,\text{opt}}(\boldsymbol{x})\}=\underset{\{\pi_i(\boldsymbol{x})\}}{\arg\min}\left\{\int_{\mathcal{R}^N}\sum_{i=1}^{M}\pi_i(\boldsymbol{x})w_i(\boldsymbol{x})\mathrm{d}\boldsymbol{x}\right\}, \tag{3.31}$$

式中

$$w_i(\boldsymbol{x})=\sum_{j=1}^{M}c_{ij}P_jp(\boldsymbol{x}\,|\,H_j) \tag{3.32}$$

称为警险函数，实际上就是将转移概率加权的条件平均代价。对于式(3.31)的最优化问题，难以简单地求得一般解，但由于其中的被积函数是非负函数，所以只要被积函数(值)最小，贝叶斯风险就能达到最小——解存在的必要条件。所以，满足必要条件的式(3.30)可以简化为

$$\{\pi_{i,\text{opt}}(\boldsymbol{x})\}=\underset{\{\pi_i(\boldsymbol{x})\}}{\arg\min}\left\{\sum_{i=1}^{M}\pi_i(\boldsymbol{x})w_i(\boldsymbol{x})\right\}. \tag{3.33}$$

进一步地，由于非负函数值的和最小的必要条件是被求和的每一项的值都最小，所以判决的基本准则为

$$\text{给定}\boldsymbol{x}\text{，若 } w_j(\boldsymbol{x})\leqslant w_i(\boldsymbol{x})\text{，}\forall i\neq j\text{，则判为}H_j. \tag{3.34}$$

这就是最小警险函数准则。由此得到观测空间的划分准则为

$$\mathcal{D}_j=\left\{\boldsymbol{x}:w_j(\boldsymbol{x})\leqslant w_i(\boldsymbol{x}),\forall i\neq j\right\}\quad\left(i,j=1,2,\cdots,M;\ R^N=\bigcup_{j=1}^{M}\mathcal{D}_j\right). \tag{3.35}$$

进一步地，若令最小警险函数为

$$\gamma(\boldsymbol{x})=\min_{\{i\}}\{w_i(\boldsymbol{x})\}, \tag{3.36}$$

则由式(3.34)得到的最佳判决策略应满足方程组

$$\begin{cases}[w_i(\boldsymbol{x})-\gamma(\boldsymbol{x})]\pi_i(\boldsymbol{x})=0, & (3.37\text{a})\\ w_i(\boldsymbol{x})-\gamma(\boldsymbol{x})\geqslant 0 \quad (i=1,2,\cdots,M). & (3.37\text{b})\end{cases}$$

这时，所付出的最小贝叶斯风险为

$$\mathcal{R}_{\min}=\int_{\mathcal{R}^N}\gamma(\boldsymbol{x})\mathrm{d}\boldsymbol{x}. \tag{3.38}$$

式(3.37)就是最佳策略(使贝叶斯风险最小的判决策略)所需满足的必要条件(基本解)，该条件表明：首先，无论观察到什么样的结果 $\boldsymbol{x}$，都必须做出判决；其次，判决的依据是最小警险函数[式(3.37a)]；最后，当 $w_i(\boldsymbol{x})$ 不是最小警险函数时，对应策略必须为 $\pi_i(\boldsymbol{x})=0$ [式(3.37a)]，即决不判假设 H_i 成立，反之，当 $w_i(\boldsymbol{x})$ 是最小警险函数时，对应策略必须为 $\pi_i(\boldsymbol{x})\neq 0$，这时，若警险函数只有 $w_i(\boldsymbol{x})$ 一个，则 $\pi_i(\boldsymbol{x})=1$，其他判决策略为 0，若警险函数不止一个，则 $\pi_i(\boldsymbol{x})$ 可以被任意规定，只要满足上述归一化条件即可。

2. 导出准则和导出解

根据基本准则(最小警险函数准则)可以导出多种准则，包括最小条件风险准则、最小平均差错概率准则等(及其对应导出解)，以及二元条件下的似然比准则、后验比准则等。

1)最小条件风险准则及其判决策略

根据贝叶斯公式，式(3.32)的警险函数可以表达为

$$w_i(\boldsymbol{x})=\sum_{j=1}^{M}c_{ij}P_j p(\boldsymbol{x}\mid H_j)=p(\boldsymbol{x})\sum_{j=1}^{M}c_{ij}p(H_j\mid\boldsymbol{x}). \tag{3.39}$$

由于观测到 $\boldsymbol{x}$ 以后 $p(\boldsymbol{x})$ 为常数，所以式(3.34)的最小警险函数准则等价于

$$\text{给定 }\boldsymbol{x}\text{，若 } r_j(\boldsymbol{x})\leqslant r_i(\boldsymbol{x}),\ \forall i\neq j\text{，则判为 }H_j, \tag{3.40}$$

其中

$$r_i(\boldsymbol{x})=\sum_{j=1}^{M}c_{ij}p(H_j|\boldsymbol{x}), \tag{3.41}$$

即条件风险或后验警险函数，所以式(3.40)对应的准则称为最小条件风险准则或最小后验警险函数准则。对应地，最佳判决策略应满足方程组：

$$\begin{cases}[w_i(\boldsymbol{x})-\eta(\boldsymbol{x})]\pi_i(\boldsymbol{x})=0,\\ w_i(\boldsymbol{x})-\eta(\boldsymbol{x})\geqslant 0 \qquad (i=1,2,\cdots,M),\end{cases} \tag{3.42}$$

式中

$$\eta(\boldsymbol{x})=\min_{\{i\}}\{r_i(\boldsymbol{x})\}, \tag{3.43}$$

即最小条件风险或最小后验警险函数。

2) 最小平均差错概率准则

在如下特定代价(称为 0—1 代价)：

$$c_{ij}=1-\delta_{ij}=\begin{cases}0, & i=j\\ 1, & i\neq j\end{cases} \quad (i,j=1,2,\cdots,M), \tag{3.44}$$

下，式(3.29)的贝叶斯风险为

$$\mathcal{R}_{\text{isk}}=\sum_{i=1}^{M}\sum_{j=1}^{M}c_{ij}P_jP(H_i|H_j)=\sum_{j=1}^{M}\sum_{i\neq j,\,i=1}^{M}P_jP(H_i|H_j). \tag{3.45}$$

事实上，这正是平均差错概率：

$$P_{\text{error}}=1-\sum_{j=1}^{M}P_jP(H_j|H_j)=1-\sum_{j=1}^{M}P_j\left[1-\sum_{i=1,i\neq j}^{M}P(H_i|H_j)\right]=\sum_{j=1}^{M}\sum_{i\neq j,\,j=1}^{M}P_jP(H_i|H_j). \tag{3.46}$$

所以，这时的最小风险准则成为最小(平均)差错概率准则，即最小差错概率准则是最小贝叶斯风险准则的特例(代价为 0—1 代价)。

3) 似然比准则与最大似然准则

对于二元问题(如身份认证问题)，基本假设为

$$\begin{aligned}H_0&:x(t)=s_0(t)+v(t),\\ H_1&:x(t)=s_1(t)+v(t),\end{aligned} \tag{3.47}$$

即原假设 H_0 认为观测结果包含对象 $s_0(t)$，外加观测误差 $v(t)$；而备择假设 H_1 则认为观测结果包含另外的对象 $s_1(t)$，外加观测误差 $v(t)$。那么由式(3.32)可知，判定 H_0 发生和 H_1 发生的警险函数分别为

$$\begin{aligned}w_0(\boldsymbol{x})&=\sum_{j=0}^{1}c_{0j}p(\boldsymbol{x}|H_j)P_j=c_{00}p(\boldsymbol{x}|H_0)P_0+c_{01}p(\boldsymbol{x}|H_1)P_1,\\ w_1(\boldsymbol{x})&=\sum_{j=0}^{1}c_{1j}p(\boldsymbol{x}|H_j)P_j=c_{10}p(\boldsymbol{x}|H_0)P_0+c_{11}p(\boldsymbol{x}|H_1)P_1.\end{aligned} \tag{3.48}$$

则式(3.34)对应的贝叶斯准则(最小警险函数准则)可简化为如下形式的似然比准则：

$$\lambda(\boldsymbol{x})\underset{H_1}{\overset{H_0}{\gtrless}}\lambda_0, \tag{3.49}$$

其中，似然比 $\lambda(x)$ 和门限 λ_0 分别为

$$\lambda(\boldsymbol{x})=\frac{p(\boldsymbol{x}|H_0)}{p(\boldsymbol{x}|H_1)},\quad \lambda_0=\frac{(c_{01}-c_{11})P_1}{(c_{10}-c_{00})P_0}. \tag{3.50}$$

在实际应用中，似然函数 $p(\boldsymbol{x}|H_0)$ 和 $p(\boldsymbol{x}|H_1)$ 要预先用观测数据估计，并采用不同录制方式录取不同话音，以更好地估计似然函数。而门限 λ_0 由预先设定的代价和先验概率确定，也可以用其他准则[如奈曼-皮尔逊(Neyman-Pearson)准则[46]]确定。

在 0—1 代价下 $\lambda_0=P_1/P_0$，即门限就是先验比(原假设与备择假设的先验概率之比)的倒数；进一步地，在等先验概率条件下门限 $\lambda_0=1$，而似然比准则成为最大似然准则，且可以被推广到多元情况：

$$\text{若}\ p(\boldsymbol{x}|H_j)\equiv\max_{\{i\}}\{p(\boldsymbol{x}|H_i)\},\ \text{则判为}\ H_j. \tag{3.51}$$

所以，最大似然准则是在 0—1 代价和等先验概率条件下的贝叶斯准则。

4)后验比准则与最大后验准则

类似于似然比准则，对于二元问题，式(3.40)的最小后验警险函数准则可简化为如下形式的后验比准则：

$$\kappa(\boldsymbol{x})\underset{H_1}{\overset{H_0}{\gtrless}}\kappa_0, \tag{3.52}$$

其中，后验比 $\kappa(\boldsymbol{x})$ 和门限 κ_0 分别为

$$\kappa(\boldsymbol{x})=\frac{p(H_0|\boldsymbol{x})}{p(H_1|\boldsymbol{x})}\qquad \kappa_0=\frac{c_{01}-c_{11}}{c_{10}-c_{00}}. \tag{3.53}$$

而在 0—1 代价下门限 $\kappa_0=1$，而后验比准则成为最大后验准则，且可以被推广到多元情况：

$$\text{若}\ p(H_j|\boldsymbol{x})\equiv\max_{\{i\}}\{p(H_i|\boldsymbol{x})\},\ \text{则判为}\ H_j. \tag{3.54}$$

所以，最大后验准则是在 0—1 代价下的贝叶斯准则。

3.4 数字语音自动鉴定应用实验

如前所述，说话人识别和声纹鉴定是数字语音鉴定的两个核心内容。本节利用 MFCC，介绍基于 GMM、KNR 分类的说话人识别应用实验和基于 LR 方法的声纹鉴定应用实验。

3.4.1 基于 GMM 和 KNR 分类的说话人识别实验

实验所用的语料库是 40 个人的汉语普通话之正常朗读语音的集合，其中每个

人的发音大约在 4min 左右，采样频率为 8kHz，采用 16bit 量化。录制环境比较安静，信噪比比较高。

考虑到每个人的语速、发音情况不一样，同样长度的语音片段得到的帧数也不一致，我们对语料库做如下处理：对于每一个人的发音片段，使用相同的预处理得到话音帧，并提取 MFCC 特征，形成每个人的特征集。

实验主要考察 GMM 阶数、训练和测试语音时长、MFCC 特征加权等对识别率的影响，并对比 GMM 和 KNR 分类算法的识别性能。

1. GMM 阶数和训练与测试语音时长的影响

首先，GMM 模型阶数会对说话人识别性能产生影响。另外，从概率统计角度来看，训练和测试语音的时长影响 GMM 参数估计，并进一步影响识别性能。这里选取语料库中 40 个人全部的语音作为样本，训练语音分别取 30s(1000 帧)、60s(2000 帧)和 90s(3000 帧)的语音片段，测试语音分别取 5s(170 帧)、10s(330 帧)的多个语音片段，并用正确识别片段数与总片段数的比值作为识别率进行比较。而 GMM 阶数分别取 8 阶、16 阶和 32 阶，MFCC 取 16 维。实验结果如表 3.1 所示。可以看到，训练时长为 90s、测试时长为 10s 且 GMM 阶数为 16 时，得到最佳效果(最大正确识别率)。

表 3.1　GMM 方法在不同阶数以及不同训练和测试语音时长下的识别率

训练语音时长/s	GMM 阶数/阶	不同测试语音时长下的识别率/%	
		5s	10s
30	8	78.5	86.5
	16	87.4	90.9
	32	85.5	88.3
60	8	91.6	97.7
	16	95.5	98.6
	32	95.2	98.3
90	8	95.3	98.5
	16	98.5	99.5
	32	98.7	99.3

2. MFCC 特征加权的影响

考虑到 MFCC 各系数在识别系统中重要性不同，往往采用窗函数对 MFCC 特征进行加权，这里窗函数取如下形式

$$w(n)=\begin{cases}0.3+0.7\cos(n\pi/p), & (n=1,2,\cdots,p)\\ 0, & \text{其他}\end{cases}\tag{3.55}$$

式中，p 为窗宽(即 MFCC 特征维数)。

实验中选取上述语料库中 10 个人的语音样本，训练时长为 90s(3000 帧)，测试时长为 10s(330 帧)。对于每个说话人，选择 10 个 10s 长的语音片段来计算识别率，而 MFCC 取 p=16 维，GMM 阶数取 16 阶，实验结果如表 3.2 所示。可见，加权特征显著提高了识别率。

表 3.2　MFCC 特征加权前后的识别率(%)

说话人编号	MFCC 特征	MFCC 特征加权
1	90	100
2	80	80
3	60	70
4	100	100
5	100	100
6	40	70
7	90	100
8	80	90
9	100	100
10	100	100
平均值	84	91

3. GMM 与 KNR 分类器的性能比较

为了比较 GMM 分类器和 KNR 分类器的性能，本节一共设计了两组实验。第一组实验在训练时间和测试时间都比较充分的情况下进行，选择 40 个人的语音进行识别，训练语音片段为 90s(3000 帧)，测试语音片段为 30s(1000 帧)。通过多次实验取平均值，以对比分类器性能。第二组实验在训练与测试时间均较短的情况下进行，选择 10 个人进行识别，训练语音片段分别为 50s(1500 帧)、30s(1000 帧)和 10s(330 帧)，测试语音片段分别为 30s(1000 帧)、15s(500 帧)和 5s(168 帧)，并分别考察对应训练和测试时间条件下的识别率。

实验中，MFCC 特征取 16 维，GMM 阶数取 16 阶，而式(2.17)中 KNR 分类器的核函数取式(3.19)所示的高斯核函数，其中期望向量和协方差矩阵由训练样本的样本均值和样本协方差代替。两组实验的结果分别如表 3.3 和表 3.4 所示。

表 3.3　大时长(90s)训练语音下，GMM 与 KNR 分类器的识别率

实验算法	GMM	KNR
识别率/%	92.50	90.25

表 3.4　不同的小时长训练语音下，GMM 与 KNR 的识别性能比较

分类器	训练时间/s	不同测试时间的识别率/%		
		5s	15s	30s
GMM	50	42.5	70.0	70.0
	30	30.0	55.0	60.0
	10	20.5	22.5	22.5
KNR	50	70.0	80.0	85.0
	30	67.5	67.5	70.0
	10	62.5	65.0	65.0

可以看出，随着训练与测试时间的减少，GMM 分类器的性能下降得很快，KNR 分类器的性能下降得慢一些，而在训练时长最小(10s)时，KNR 的识别性能要高于 GMM。所以，在语料充足的情况下，GMM 的识别性能要高于 KNR，而 KNR 在获得的语音片段较少且分类人数较少的情况下占据一定优势。

3.4.2　基于 LR 方法的声纹自动鉴定

在实际应用中，传统声纹鉴定主要由专业人员通过对话者语音的声纹(语谱)进行分析半自动地完成。鉴定过程复杂，鉴定结果往往带有专业人员的主观因素，而且要求样本与库内语音样本在话音内容、语言种类等方面严格地保持一致，鉴定周期长。因此，以学界研究成果为基础的声纹自动鉴定系统技术成为公安司法应用的迫切需要。在本书支撑项目的实施中，项目组结合实战应用引进和合作开发的数字语音自动鉴定系统 Batvox2.0 是以 MFCC 特征和似然比方法为核心的技术系统。

本节基于似然比检验方法，对不同录音器材和不同录音环境下采集的语音样本进行分析处理，参考声音模型比对库建库准则进行研究、开发和试验，构建了用于语音自动鉴定的汉语语音参考模型库，并将语音自动鉴定技术初步用到了公安实战中。

1. 声纹自动鉴定中 LR 准则的等价形式

任何证据资料(无论是指纹还是 DNA 或声纹)、检材(嫌疑人的证据资料)和样本(案件现场的证据资料)之间总会存在某种程度的差异，任何法庭物证鉴定都是一个比对过程：比较检材与样本之间的差异性。

传统的检验方法是直接比对检材和样本的物理、化学特征，寻找它们的相同点与不同点。根据检材和样本的相似性，由技术专家做出同一认定，其通常被表述为[47]：“可能是……同源的”“可能是……不同源的”“大概是……不同源的”“不像是……同源的”。不管是“大概(probably)”也好，“可能(possibly)”也好，都是专家根据实践经验所做出的判断，而不是统计推断的结果。

贝叶斯决策理论为法庭证据学中的声纹自动鉴定提供了新思路[18-20]。该理论将

检材与样本之间的异同程度建立在概率统计基础上，它不直接比较检材与样本的相似性，而是考虑检材与样本的同源概率和不同源概率，并以二者的比值来确定所分析的证据对控辩双方的支持强度。所以，“检材与样本同源”作为起诉方(原告)的观点，对应于式(3.47)中的原假设 H_0，表示嫌疑人语音与案件现场取证语音来源于同一个说话人；“检材与样本不同源”作为辩护方(被告)的观点，对应于式(3.47)中的备择假设 H_1，表示嫌疑人语音与案件现场取证语音来源于不同说话人。

在式(3.49)和式(3.50)的似然比检验中，一旦利用合适的方法得到似然函数 $p(\boldsymbol{x}|H_0)$ 和 $p(\boldsymbol{x}|H_1)$，则关于似然比 $\lambda(\boldsymbol{x})$ 的似然函数(特征曲线) $p(\lambda(\boldsymbol{x})|H_0)$ 和 $p(\lambda(\boldsymbol{x})|H_1)$ 便可利用随机变量的函数分布求解方法确定，二者之比也称为似然比，为略加区分，将其称为似然率：

$$\mathrm{LR}=\frac{p(\lambda(\boldsymbol{x})\,|\,H_1)}{p(\lambda(\boldsymbol{x})\,|\,H_0)}, \tag{3.56}$$

而原定义[式(3.50)]中的似然比 $\lambda(\boldsymbol{x})$ 则作为证据 E 的表述形式。对应地，与似然比准则等价的判决准则为

$$\mathrm{LR}\underset{H_1}{\overset{H_0}{\gtrless}}\mathrm{LR}_0, \tag{3.57}$$

其中，门限为

$$\mathrm{LR}_0=\frac{p(\lambda_0\,|\,H_0)}{p(\lambda_0\,|\,H_1)}. \tag{3.58}$$

等价准则如图 3.4 所示。

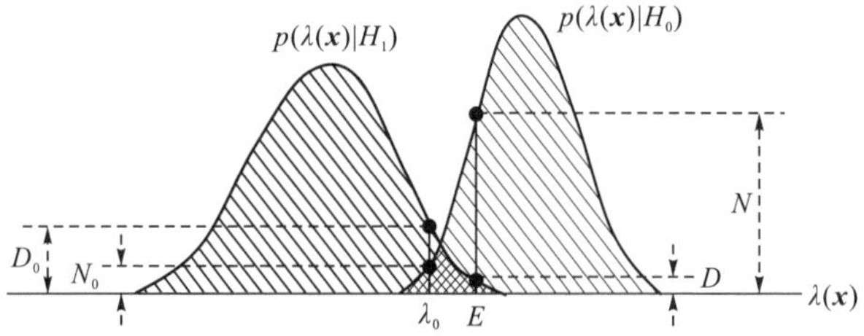

图 3.4 似然比等价准则

注：$\lambda(\boldsymbol{x})$ 为似然比；λ_0 为似然比门限；LR 和 LR_0 分别为等价的似然率和门限。

这一等价准则表明：似然率 LR 是根据证据特征计算得到的支持起诉方的概率与支持辩护方的概率的比值，即相似程度和典型程度的比率。若 LR 值大于门限 LR_0 值[在 0—1 代价下，由基于所有已知案件背景信息估计的支持起诉方的概率与支持辩护方的概率的比值(即先验比)计算得到]，则表明支持起诉假设 H_0(检

材与样本同源)；若 LR 值小于门限 LR_0 值，则表明支持辩护假设(检材与样本非同源)；若 LR 值等于门限 LR_0 值，则表明支持起诉假设和支持辩护假设的程度是相等的，也可以理解为既不支持起诉假设也不支持辩护假设。

2. 基于似然率的声纹自动鉴定流程

一般来说，物证检验技术人员对案情并不全面了解，无法估计先验比和似然率门限，他们能够做的是利用物证特征参数计算似然率，而评估先验比或似然率门限是法官或检察官的责任，因为他们熟知全部案情，掌握案件的来龙去脉。澳大利亚、英国等国家的法庭科学家对如何计算似然比做了许多工作，并且把它应用于涉案的多种证据资料如脱氧核糖核酸、玻璃、油漆等物证资料的处理评估上，取得了较好的结果。相对地，法庭语音似然率估算就更为复杂，因为语音特征参数是充满变化的，且鲁棒性不高，不同说话人之间的差异并不总是大于同一说话人其语音自身的差异。所以，搜集大量数据并建立参考语音模型库，是成功应用贝叶斯理论解决声纹自动鉴定的关键。当参考语音模型库是建立在大量人群的基础上时，库中是否包含嫌疑人的语音对鉴定结论几乎没有影响；反之，当参考语音模型库是建立在少量人群的基础上时，库中是否包含嫌疑人的语音对鉴定结论影响很大，所以这时建库人群应当选取清白人群。

基于似然率的声纹自动鉴定流程如图 3.5 所示。设对嫌疑人语音进行特征提取和建模后，利用现场录音特征和参考语音模型得到证据 E。同时，利用嫌疑人语音特征建模结果得到其特征变化曲线 $p(\lambda(\boldsymbol{x})|H_1)$，利用参考语音特征建模结果得到其特征变化曲线 $p(\lambda(\boldsymbol{x})|H_0)$。证据 E 与曲线 $p(\lambda(\boldsymbol{x})|H_0)$、$p(\lambda(\boldsymbol{x})|H_1)$ 分别相交于 N(话者同源的可能性)和 D(话者不同源的可能性)，则似然率 LR=N/D。

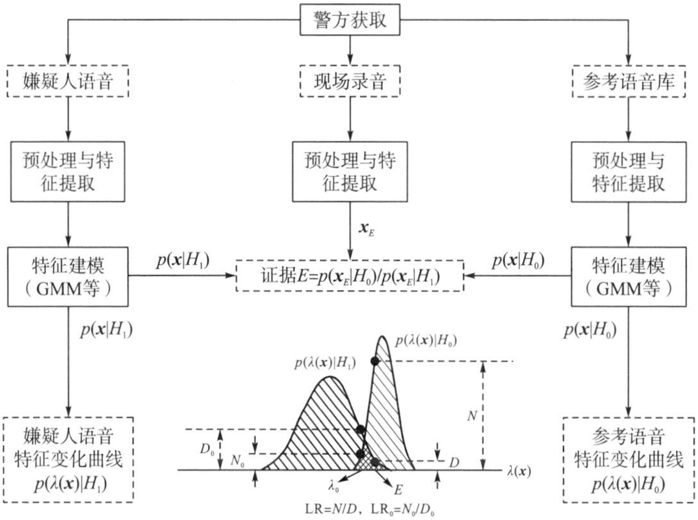

图 3.5　基于似然率的声纹自动鉴定流程

3. 参考语音数据库建设及应用实验

1)参考语音模型库采样标准化

本节借助声纹自动鉴定系统 Batvox2.0，在结果表达上采用似然比方法来评判证据价值和表述检验结论，不仅考虑了检材和样本的相似和差异情况，还参考了检材和样本的特征在背景人群中的概率分布情况。最后计算出二者来源于同一人的可能性大于来源于不同人的可能性的程度，而建立模型库是有效运用该系统的关键。

在进行似然比计算时，参考语音库是关键，为了比较具有不同特征的样本语音和测试语音，需要利用一个参考声音模型库将获得的分值规范化，并将语音的类型对应到每个需要比对的嫌疑人的语音类型上。例如，如果所选的嫌疑人语音样本是一个男人用固定电话通话时的普通话发音，则需要寻找一个完全相同类型的参考声音(男性，普通话，信道为固定电话)。所以，Batvox 系统是将每个声音进行计算，然后对每个声音进行属性确定(按照性别、语言、录音方式)，最后形成特定函数值，选择时就按照属性来选择参考声音。

根据公安实战中常见语音案件录音方式和 Batvox 系统应用的需要，应选择以数字录音器材为主且兼有模拟录音器材的录音设备。其中，有国际上比较先进的由俄罗斯语音中心研制的 G2、GP 型便携式数字录音笔，也有价格便宜但录音质量低的录音笔，或者带有录音功能的手机、MP3 播放器等录音设备。使用录音设备的目的是尽量涵盖案件语音的各种情况，满足实际案件的应用需要。通过对录音设备的波形图、频谱图、长时平均功率谱、宽带语图谱等方面的分析，可研究不同录音设备其录音的声强、本底噪声、频率响应、共振峰情况等特点。最终制定的参考声音模型数据库采样标准如下。

①采样时长：每个声音文件的时长为 120s(个人单独流利地说话)，将其中的语音干扰(如突然有他人说话、脚步声、敲门声等)全部剔除。

②采样要求：信噪比大于 15dB，音强大于 20dB，采样频率为 8kHz，采样为 16 位且无损 wav 格式，单声道(如因录音设备原因而无法取得如此效果时，可通过数字采样或音频转换工具对格式进行转换)。

③采样数日：保证最终选择的类型最少 30 个，建库时录制了 44 人。

④建模特性：必须拥有相同的特性。

⑤同种录音信道，同一种语言。

⑥信道：现场录音机(录音笔直接录音)、固定电话录音、GSM 手机录音、麦克风录音、磁带录音机、视频文件声音提取、电脑声卡直接录音等。

⑦语种类型：普通话、贵州话。

⑧语料类型：普通话固定语料、普通话随机语料、贵州话固定语料。

利用采集的语音样本，结合实验构建参考声音模型库。

2) 声纹自动鉴定流程设计

在特征提取方面，采用前述的 MFCC 提取方法提取特征向量(实验中使用的 Batvox 系统可以对每帧语音信号获取 19 个 MFCC 系数)，并利用加权、差分、筛选等方法进一步剥离出隐藏在语音背后的说话人特征。其中，使用 MFCC 和差分 MFCC 相结合的方法，且语音信号的动态特征(瞬变特征)也加以考虑，从而使动态信息和静态信息形成互补，有效提高系统的性能。实验表明，这种混合特征识别方法能使系统的鉴定出错率明显降低。

在特征匹配方面，利用式(3.56)～式(3.58)的似然比等价准则，其中似然函数的估计通过对提取的 MFCC 特征向量集利用 GMM 方法实现。鉴定流程如图 3.5 所示。

3) 参考语音数据库建库步骤

①语音格式标准化：采样频率为 8kHz，采样位速为 128kbps，量化位数为 16，音频格式为 PCM 编码的 wav 格式。

②语音预处理：利用 2.2.2 节中的 KNR 方法对语音信号进行预处理，且将噪声电平控制在较低的范围内，并进行语音端点检测和增强。

③语音的分析与剪辑：对原始采样语音进行分析，对录音频谱中的低频部分进行分析时需要保证录音器材未经低通滤波器处理，以免影响第一共振峰的频谱。确保数据库语音为同一发音人的独立、流畅语音，去除背景噪声中的突发性噪声，如车辆鸣笛声、脚步声和其他人的说话声等，它们可能会影响自动识别系统的计算。

④语音模型的输入与标注。输入：对语音模型的信道、语言、话语风格、说话人性别、是否为磁带录音等属性进行标注，如图 3.6(a)所示。训练：对输入的每个语音模型进行训练，其中当语音音长、信噪比不符合标准时，系统会自动报警，如图 3.6(b)所示。

⑤建成参考声音模型数据库：使用时可以根据测试语音的需要，选择相应的属性以进行筛选，如图 3.7 所示。

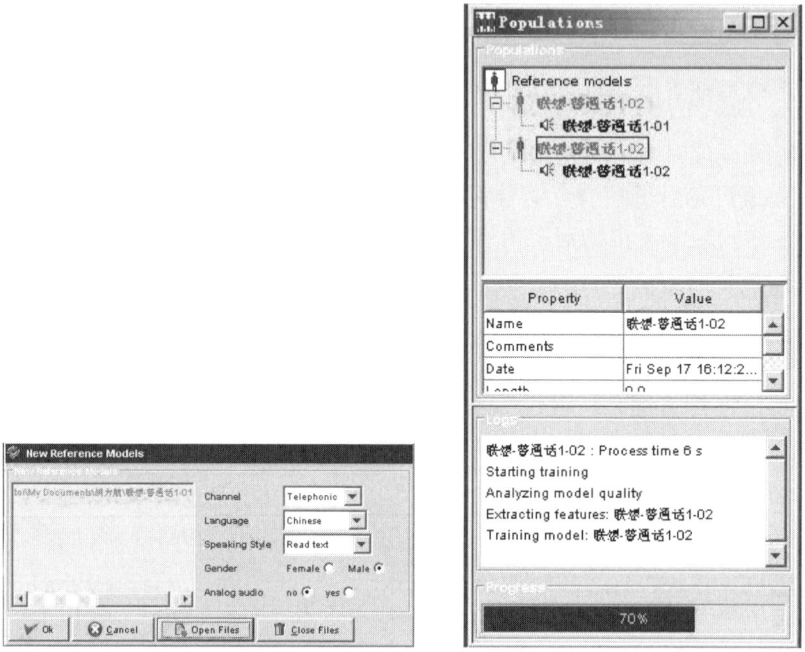

(a)输入过程 (b)训练过程

图 3.6 Batvox2.0 中语音模型建立时的输入过程(a)和训练过程(b)

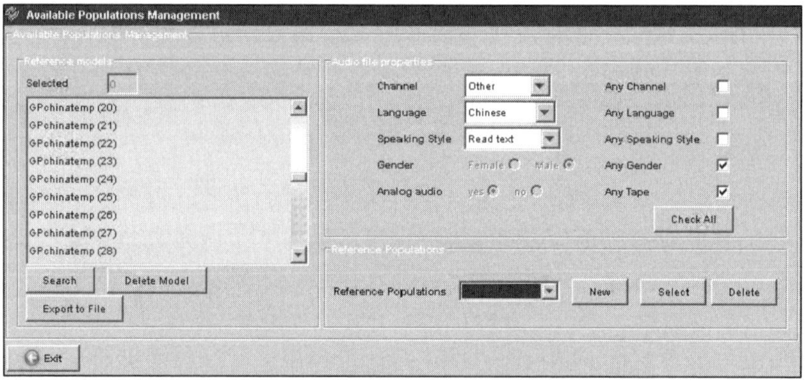

图 3.7 Batvox2.0 中语音模型建立时的语音属性选择

4)应用实验及结果

(1)基于似然率的语音自动参考模型建模。

按照上述似然比原理开展语音参考模型库建库工作，并着重对案件中常见的电话录音的参考声音模型库进行建设。完成不同录音方式(2384 人次)后，建成了参考声音模型数据库。

(2) Batvox2.0 系统语音自动鉴定实验结果。

建库实验结果：表 3.5 为语音自动鉴定参考模型库有关数据，包括实验条件、建库人次、准确率和结论描述等。

表 3.5　语音自动鉴定参考模型库建库实验结果

实验条件	建库人次/人	实验次数/次	准确率/%	结论
不同语言和方言	30	2	语言：100 方言：100	发音人用不同语言或不同方言不影响计算结果
不同情绪状态	30	10	100	LR 值偏低，但不影响准确率
不同背景	44	2	强：0 弱：100	强的音乐干扰(音乐音强大于或等于发音人音强)影响计算结果，无一正确 弱的音乐干扰(音乐音强远小于发音人音强)不影响准确率
不同信道	44	120	75.8	用不同信道的语音进行识别计算，影响计算结果
不同参考声音库	44	120	81.7	不匹配的参考声音库影响计算结果

语音要素对结果的影响：考虑音质、音长、音强、音高四要素的影响，实验结果如表 3.6 所示。

表 3.6　语音四要素对鉴定结果的影响

语音要素	人次/人	实验次数/次	准确率/%	结论
音质(伪装声音)	44	1	100	伪装声音不影响识别计算结果
音长(改变语速)	44	1	95	提高语速会有影响的依据是：发音人在提高语速的同时也不自觉地提高了声音强度及音高
音强(音量过载)	44	1	67	声音过载的情况会对识别计算结果有很大的影响，要将比对录音控制在音强不过载的范围内
音高(提高音调)	44	1	100	提高音高不影响识别计算结果

(3) 声音参考模型库改进后的实验结果。通过对声音参考模型库不断改进，建成了以电话录音为重点的参考声音库，并进行了电话录音参考声音库的识别准确率计算。计算分为 8 组，前 7 组每组 45 人，最后一组 63 人，计算次数为 45×7+63=378 次。实验结果如表 3.7 所示，准确率为 99.74%，错误率为 0.26%。

表 3.7 改进参考库对鉴定结果的影响

结果	次数/次	最小值～最大值(LR 值)	占总数的百分比/%
两者同源正确	62	144621.9505～9999999999.0000	16.40
两者同源错误	1	10.043	0.26
两者不同源正确	315	0.0208～0.6814	83.34
两者不同源错误	0	—	0

对 378 次运算中错误的 1 次运算进行分析，发现测试声音音强过载引起了计算错误。因此，得出结论：在实际案件检验中，不能使用音强过载的语音进行自动鉴定。

3.5 本 章 小 结

本章讨论了数字语音自动鉴定问题，包括说话人识别和声纹鉴定两个方面，重点研究了数字语音特征的提取、建模和分类方法。在此基础上，基于 MFCC 特征和 GMM 建模以及 KNR 分类和似然比检验算法，进行了应用探讨和应用实验。

参 考 文 献

[1] Holmgren G. Speaker recognition, speech characteristics, speech evaluation, and modification of speech signal：a selected bibliography [J]. IEEE Transactions on Audio and Electroacoustics, 1966, 14(1)：32-39.

[2] Reynolds D A，Rose R C. Robust text-independent speaker identification using Gaussian mixture speaker models [J]. IEEE Transactions on Speech and Audio Processing，1995，3(1)：72-83.

[3] Rosenberg A E. Automatic speaker verification：A review [J]. Proceedings of IEEE，1976，64(4)：475-487.

[4] Kersta L G. Voiceprint identification [J]. Nature，1962(196)：1253-1257.

[5] Peck E F，Walters S. Voiceprints，like fingerprints，may be unique and almost unchangeable [J]. Electrical Engineering，1962，81(7)：542.

[6] Liu J H，Zou Y X，Huang Y C. An effective voiceprint based identity authentication system for Mandarin smartphone users [C].Proceedings of the 23th IEEE International Conference on Pattern Recognition，Cancun，Mexico，2016：1077-1082.

[7] Atal B S，Hanauer S L. Speech analysis and synthesis by linear prediction of the speech wave [J]. The Journal of the Acoustical Society of America，1971，50(2)：637-655.

[8] Atal B S. Effectiveness of linear prediction characteristics of the speech wave for automatic speaker identification and verification [J]. The Journal of the Acoustical Society of America，1974，55(6)：1304-1312.

[9] Atal B S. Automatic recognition of speakers from their voices [J]. Proceedings of IEEE，1976，64(4)：460-475.

[10] Sambur M. Speaker recognition using orthogonal linear prediction [J]. IEEE Transactions on Acoustics，Speech，and Signal Processing，1976，24(4)：283-289.

[11] Davis S B，Mermelstein P. Comparison of parametric representations for monosyllabic word recognition in continuously spoken sentences [J]. IEEE Transactions on Acoustics，Speech，and Signal Processing. 1980，28(4)：357-366.

[12] Atal B S，Remde J R. A new model of LPC excitation for producing natural-sounding speech at low bit rates [C]. Proceedings of IEEE International Conference on Acoustics，Speech，and Signal Processing，Paris，France，1982：614-617.

[13] Furui S. Cepstral analysis technique for automatic speaker verification [J]. IEEE Transactions on Acoustics，Speech，and Signal Processing，1981，29(2)：254-272.

[14] O' Shaughnessy D. Speaker recognition [J]. IEEE Acoustics，Speech and Signal Processing Magazine，1986，3(4)：4-17.

[15] Chowdhury A，Ross A. Fusing MFCC and LPC features using 1D triplet CNN for speaker recognition in severely degraded audio signals [J]. IEEE Transactions on Information Forensics and Security，2020，15：1616-1629.

[16] Wan V，Renals S. Speaker verification using sequence discriminant support vector machines [J]. IEEE Transactions on Speech and Audio Processing，2005，13(2)：203-210.

[17] Campbell W M，Campbell J P，Gleason T P，et al. Speaker verification using support vector machines and high-level features [J]. IEEE Transactions on Audio，Speech，and Language Processing，2007，15(7)：2085-2094.

[18] Liu C S，Wang H C，Lee C. Speaker verification using normalized log-likelihood score [J]. IEEE Transactions on Speech and Audio Processing，1996，4(1)：56-60.

[19] Jiang H，Deng L. A Bayesian approach to the verification problem：Applications to speaker verification [J]. IEEE Transactions on Speech and Audio Processing，2001，9(8)：871-884.

[20] Mariethoz J，Bengio S. A unified framework for score normalization techniques applied to text-independent speaker verification [J]. IEEE Signal Processing Letters，2005，12(7)：532-535.

[21] Ghahabi O，Hernando J. Deep learning backend for single and multisession i-vector speaker recognition [J]. IEEE/ACM Transactions on Audio，Speech，and Language Processing，2017，25(4)：807-817.

[22] Liao J，Wang S，Zhang X，et al. 3D convolutional neural networks based speaker identification and authentication [C]. Proceedings of the 25th IEEE International Conference on Image Processing，Athens，Greece，2018，pp：2042-2046.

[23] Wang S，Yang Y，Wu Z，et al. Data augmentation using deep generative models for embedding based speaker recognition [J]. IEEE/ACM Transactions on Audio，Speech，and Language Processing，2020，28：2598-2609.

[24] Jung Y，Choi Y，Lim H，et al. A unified deep learning framework for short-duration speaker verification in adverse environments [J]. IEEE Access，2020，8：175448-175466.

[25] 刘本永. 非平稳信号分析导论[M]. 北京：国防工业出版社，2006.

[26] Akaiwa Y，Okamoto E，Furuya Y. Optimum pre-emphasis for FM transmission with frequency-domain voice scrambling [C].Proceedings of the 39th IEEE Vehicular Technology Conference，San Francisco，CA，USA，1989：206-211.

[27] Ossama A H，Mohamed A，Hui J，et al. Convolutional neural networks for speech recognition [J]. IEEE Transactions on Audio，Speech and Language Processing，2014，22(10)：1533-1545.

[28] 杨位钦，顾岚. 时间序列分析与动态数据建模[M]. 北京：北京工业大学出版社，1986.

[29] Mian G A，Nainer A P. Computation of impulse response autocorrelation sequence of an AR model [J]. Electronics Letters，1981，17(10)：347-348.

[30] Papaodysseus C N，Koukoutsis E B，Triantafyllou C N. Error sources and error propagation in the Levinson-Durbin algorithm [J]. IEEE Transactions on Signal Processing，1993，41(4)：1635-1651.

[31] Lee L M，Wang H C. An extended Levinson-Durbin algorithm for the analysis of noisy autoregressive process [J]. IEEE Signal Processing Letters，1996，3(1)：13-15.

[32] Itahashi S，Yokoyama S. Automatic formant extraction utilizing Mel scale and equal loudness contour [C]. Proceedings of IEEE International Conference on Acoustics，Speech，and Signal Processing，Philadelphia，PA，USA，1976：310-313.

[33] Juang B H，Rabiner L R，Wilpon J. On the use of bandpass liftering in speech recognition [J]. IEEE Transactions on Acoustics，Speech，and Signal Processing，1987，35(7)：947-954.

[34] Rabiner L R. A tutorial on hidden Markov models and selected applications in speech recognition [J]. Proceedings of IEEE，1989，77(2)：257-286.

[35] Soong F K，Rosenburg A E. On the use of instantaneous and transitional spectral information in speaker recognition [J]. IEEE Transactions on Acoustics，Speech，and Signal Processing，1988，36(6)：871-879.

[36] Davis S. Order dependence in templates for monosyllabic word identification [C].Proceedings of IEEE International Conference on Acoustics，Speech，and Signal Processing，Washington DC，USA，1979：570-573.

[37] Fastl H，Zwicker E. Psychoacoustics：Facts and Models [M]. 3rd ed. Berlin：Springer-Verlag，2007.

[38] Smith J O，Abel J S. The Bark and ERB bilinear transforms [J]. IEEE Transactions on Speech and Audio Processing，1999，7(6)：697-708.

[39] Reynolds D A，Rose R C，Smith M J T. PC-based TMS32OC30 implementation of the Gaussian mixture model text-independent speaker recognition system [C]. Proceedings of the International Conference on Signal Processing Application Technology，Boston，Massachusetts，USA，1992：967-973.

[40] Kinnunen T，Karpov E，Franti P. Real-time speaker identification and verification [J]. IEEE Transactions on Audio，Speech，and Language Processing，2006，14(1)：277-288.

[41] Iliev N，Gianelli A，Trivedi A R. Low power speaker identification by integrated clustering and Gaussian mixture model scoring [J]. IEEE Embedded Systems Letters，2020，12(1)：9-12.

[42] Dempster A P，Laird N M，Rubin D B. Maximum likelihood from incomplete data via the EM algorithm [J]. Journal of Royal Statistical Society，Series B (Methodological)，1977，39(1)：1-38.

[43] Ghosh J K，Delampady M，Samanta T. An Introduction to Bayesian Analysis：Theory and Methods [M]. New York：Springer Science + Business Media，2006.

[44] Peterson W，Birdsall T，Fox W. The theory of signal detectability [J]. Transactions of the IRE Professional Group on Information Theory，1954，4(4)：171-212.

[45] 李道本. 信号的统计检测与估计理论[M]. 北京：科学出版社，2004.

[46] Neyman J，Pearson E S. On the problems of the most efficient tests of statistical hypotheses [J]. Philosophical Transactions of Royal Society A，Mathematical Physical and Engineering Sciences，1933，231(694-706)：289-337.

[47] 曹洪林，李敬阳，王英利，等. 论声纹鉴定意见的表述形式[J]. 证据科学，2013，21(5)：605-624.

第 4 章　数字语音真伪检验

4.1　引　　言

语音检验是对语音的原始性、真实性、同一性等做出检测和判断。

原始性是指语音资料本身本源的、本初的、第一手的、没有经过扰动和改变的、非复制和模拟的属性，其属于视听资料的电子数据层面的概念。由于数字语音是经过采样和量化而形成的数字信号，所以为保持其与原模拟信号的本源等价性，对采样和量化必须有严格规定(参见 1.3.1 节)。因此，数字语音资料原始性被破坏既有可能是在 A/D 转换中以低于奈奎斯特采样频率进行采样或量化时精度不够导致的，也有可能是在其传输或存储等过程中遭受人为破坏或设备故障、突然停电、地震、强烈的电磁辐射等外部因素带来的。

真实性是指数字语音与原模拟信号的相似程度，其属于语音资料的计算机文档层面的概念，而原始性是对真实性的保证。

同一性是指检材语音(嫌疑人语音)与样本语音(现场录音)的特征符合情况。

真实性和同一性检验是语音检验中两个重要的且涉及的技术最为丰富的检验[1]。传统的语音检验主要依靠人“听、辨、看(即听觉分析、语义分析与语频谱观察)”完成，其准确性和客观性都不高。同时，随着数字技术的快速进步和编辑软件的迅速发展，数字语音在存储、传播过程中易遭受有意或无意的篡改操作(简称伪作)，这对数字语音的完整性/真实性检验(真伪检验)提出了日益严峻的挑战。因此，数字语音真伪检验成为数字视听资料分析检验中的一个热点课题，其也是本章重点探讨的问题。

数字语音真伪检验是指对数字音频的伪造、篡改和隐秘性进行分析、检验和认证，它可分为主动检验和被动检验(又称为盲取证)两类。主动检验技术主要包括以数字音频水印为代表的防伪/防篡改技术和以数字签名为代表的认证技术[2-5]。这些技术主要是通过添加附加信息来实现对数字音频完整性和真实性的检验。但是，在实际情况下，很多音频资料并不包含数字水印或数字摘要，普通的录音设备也不具备水印嵌入功能。因此，在这些情况下，主动检验技术不能胜任真伪检验的任务。相比之下，盲取证技术直接对待检测资料进行处理，不需要任何附加信息，其实用性更强，而盲取证的技术关键是伪作检测，这正是本章讨论的核心问题。

数字音频伪作方式很多，包括删除、插入/拼接、反转、抽取/插值、重压缩编码等。每种伪作方式对原始音频信号都会产生独特的影响并遗留特定的痕迹，因而可以通过适当提取自然音频信号或其背景信号的特征参量(音调、相位、时变功率谱特征、压缩/编码特征等)，分析其变化并设计有效的取证算法进行检测，或进一步进行分类。

本章结合实验，从音频背景信号特征、数字音频信号固有特征和伪作特征的分析利用三个层面，探讨数字语音真伪检验技术及其应用问题[6]。

4.2　基于语音背景特征分析的真伪检验

语音背景信号包括背景噪声、周期性干扰、电网信号等，充分提取和利用这些信号的特征，有助于提升数字语音真伪检验结果的准确性和可靠性。

4.2.1　基于背景噪声特性分析的真伪检验

在录音过程中，背景噪声往往是非平稳的，具有时间相关性或时变谱特性。但对于同一段录音，因其背景是特定的，且其背景噪声的相关性或时变谱特性是特定的和相对稳定的，任何局部伪作都会因改变这一特定属性而遗留痕迹，所以恰当的背景噪声特性描述和提取可为真伪检验提供必要的手段。

由于语音增强(参见第 2 章)往往是语音检验的基础环节，而通常的语音增强方法会在剔除的噪声中余留一定的语音成分(称为泄漏信号)，所以将语音增强用于进一步的背景噪声检验是不可靠的。因此，学界在基于背景噪声的语音检验方面，集中精力研究准确估计背景噪声的算法[7,8]。

同语音信号相比，噪声信号的不确定性更强。这是由于实际环境中存在着种类繁多且难以确定的噪声源，而录音周围环境的干扰(从说话人到通信路径)无处不在，要想找出背景噪声的统计特性比较困难。因此，利用噪声统计特性进行音频资料的真伪检验仍然是学术研究的难点，其相关应用技术至今还处于摸索阶段。

同时，音频信号及其背景噪声是典型的非平稳信号，而语谱是有效展示和描述非平稳信号的手段。语谱是信号 STFT(参见 1.3.2 节)模的平方，又称为频谱图(spectrogram)[9]，它作为音频信号的一种能量型时-频分布谱特征，采用二维平面表达三维信息，而语谱值的大小通过颜色(亮度)来表示，颜色越深(亮度越高)表示该点的语音能量越强。

一般情况下，语音信号与其背景噪声的相关性较弱，所以直接利用录音信号的语谱(在估计语谱前不附加常用的增强算法)，并通过分析其背景噪声语谱的变化特点，往往可以简单、快速、可靠地检验语音真伪。其一般步骤是：首先，通过音频信号的语谱发现背景及其结构变化；其次，将可疑片段与其他片段的噪声频谱进行对比；最后，根据录音环境情况进行分析，若无法利用合理理由解释背景噪声的变化，则可怀疑此片段遭受过编辑。

图 4.1(a)为一段音频信号的语谱，其背景噪声语谱(如虚线框部分)的结构在点划线框部分有明显变化，这一变化可用频谱(能量谱，参见 1.3.2 节)表示，如图 4.1(b)所示。由于背景噪声频谱有明显的差异，因此可怀疑图 4.1(a)中点划线框部分出现过编辑操作。

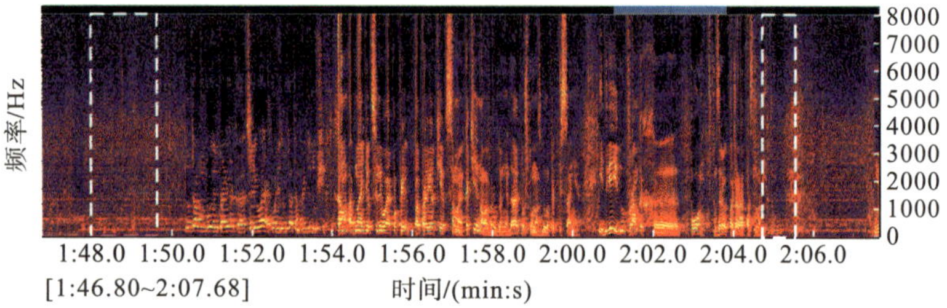

(a)背景噪声及其结构变化

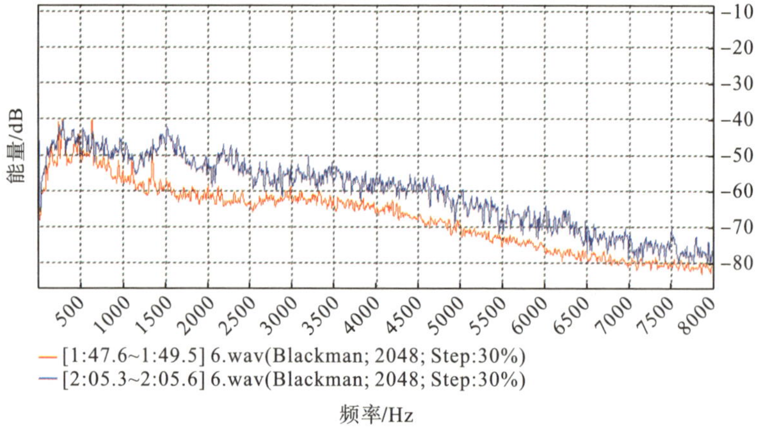

(b)结构变化部分能量谱

图 4.1 音频语谱中背景噪声及其结构变化带来的能量谱变化

利用背景噪声语谱特征结构对比，可以进行音频资料的真伪检验。图 4.2(a)为某案件中音频资料的语谱，其在时间片段[1:01.2～1:01.8]、[1:02.3～1:03.0]和[1:05.0～1:05.5]内均为无语音的静默片段。通过观测发现，背景中的噪声不是随机白噪声，且在 2500～5000Hz 范围内噪声能量较强，可利用此特征进行检验分析。

事实上，将语音时间片段 S1[1:01.9~1:02.2]与静默时间片段 S2[1:01.4~1:01.7]的频谱进行对比可知，两段的频率为 2500～5000Hz。但由语谱分析得到，在此频率范围内的两个小片段[图 4.2(b)中虚线框部分和点划线框部分]内，语音片段 S1 的频率能量低于静默片段 S2 的频率能量，且这个频率区间不是说话人的共振峰以及倍频所在的区间[图 4.2(a)]，因此这两个小片段内的说话人声音的能量应近似为零，这一结论与频谱分析结果矛盾，由此得出语音片段 S1 是由其他文件插入此处所得的结果。

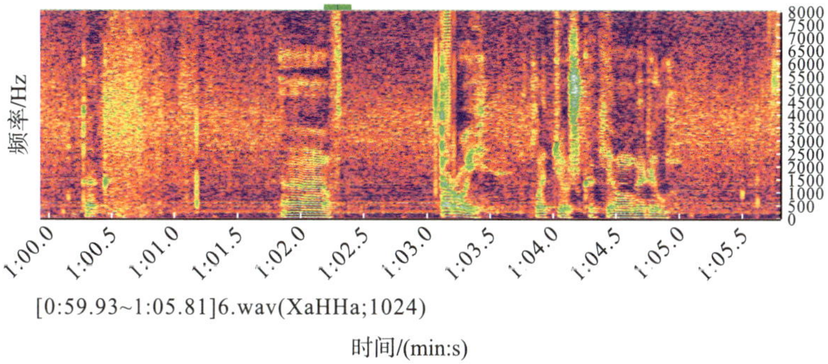

(a)语音语谱

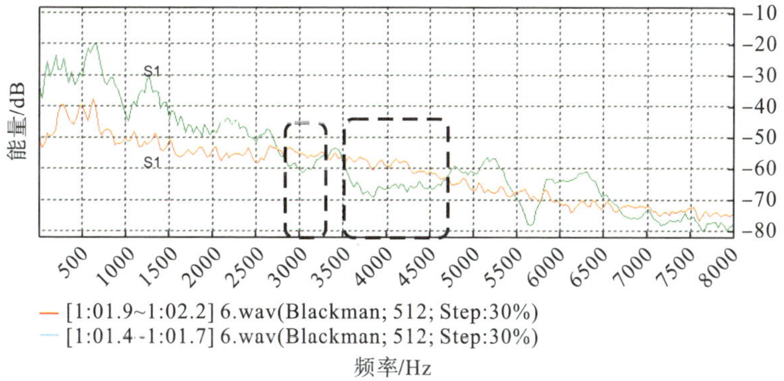

(b)两个时间片段的能量谱

图 4.2　某案件语音的语谱以及其中两个时间片段的能量谱对比

4.2.2　基于背景周期性声响的真伪检验

在实际检验工作中，音频资料中往往会出现周期性声响，其可以是钟表的滴答声、水滴的咚咚声，也可以是周围环境中设备固有的周期性器械声(如自动取款机出钞时的哐哐声、打印机的唧唧声等)。利用这些声响的周期性特征，往往能对音频资料的完整性进行有效的检验。

周期性声响在语谱图中表现为等间隔的深色条纹或亮条纹，其一旦遭受局部破坏，就被认为存在被篡改过的可能；反之亦然。图 4.3 为某案件语音语谱，[15:27.73~15:30.18]时间段的话音内容是嫌疑人涉案的关键信息。检验发现，在该时间片段内出现周期性沙沙声，该周期性声响的时间间隔为 272ms，在这段对话中周期性声响完整，并且说话内容、语气完整，因此可得出这段内容无篡改痕迹的结论。

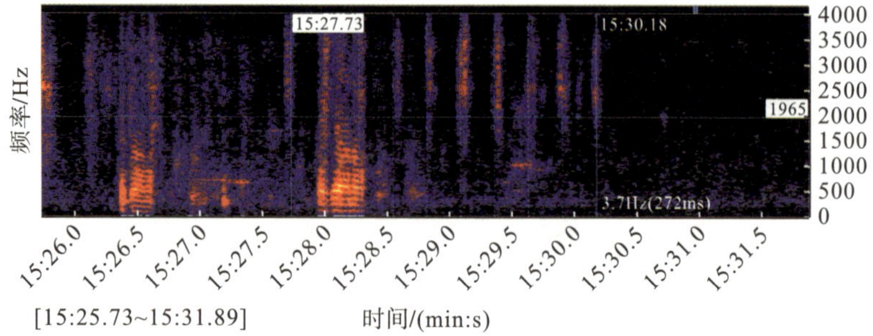

图 4.3 录音背景环境的周期声响检验

4.2.3 基于电网信号特征的真伪检验

录音设备或器材常常需要电网供电，这时录音结果往往挟带电网信号，其可作为背景成分，而利用电网信号固有特征可以检验语音真伪[10-15]。

电网信号的固有典型特征包括频率特征和相位特征，如直流偏移特征和 ENF 信号成分的相位连续性特征。固有特征的改变往往意味着可能存在人为篡改。

1. 直流偏移检验

直流偏移原指在交流电力系统中出现了一个直流电压或电流，使得电流波形的中心位置不在零点。在实际分析的音频资料(如从 VCD 中抓取的音频文件)中也可能出现直流偏移现象，人耳听不出这种波形和正常波形的区别。

采样分布中心随时间的变化可以用直流偏移谱描述，在正常情况下，采样分布中心的变化是一个较为缓慢的过程，其不会无缘无故地突变。直流偏移突变最普遍的原因是记录的信号超载，但也可能是音频资料伪作(如将具有不同直流偏移的录音片段拼接在一起)所造成的。因此，利用不同时刻音频资料的直流偏移特征，可以进行音频资料的真伪检验。

设音频资料记录的信号为

$$g(n)=f(n)+c, \tag{4.1}$$

式中，$f(n)$为音频资料中的语音信号；c为直流偏移分量。在只考虑硬件造成的直流偏移情况下，直流偏移量可以通过对连续 p(通常取 $p=64$)个采样点取平均值来确定，即

$$\frac{1}{p}\sum_{n=1}^{p}g(n)=\frac{1}{p}\sum_{n=1}^{p}f(n)+c. \tag{4.2}$$

由于语音信号在一般情况下是以 0 为均值的随机过程，因此有

$$c\approx\frac{1}{p}\sum_{n=1}^{p}g(n). \tag{4.3}$$

在实际应用中，通过对音频资料的直流偏移谱进行分析可知，若某时间片段

的直流偏移出现突变，则说明该时间片段可能是由其他录音文件得到。图 4.4 为某案件音频资料的采样分布变化图，从时刻 7:30.0 前后可以看到，该音频由几段不同的录音片段拼接而成。

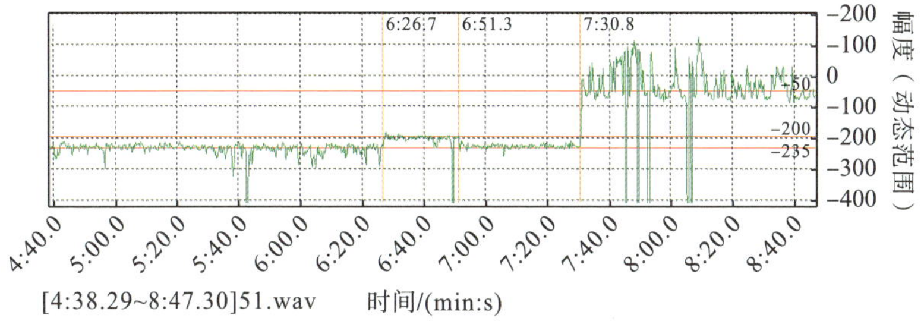

图 4.4　直流偏移突变

2. ENF 检验

ENF 检验是利用 ENF 信号成分的相位连续性特征，检验语音的真实性。

1) 数字录音 ENF 检验原理

我国的 ENF 标准值为 50Hz。日常生活中 ENF 信号无处不在，家用电器及其他各种用电设施都会产生 ENF 信号，当录音设备录音时，这一信号会被记录下来。在数字音频真伪检验中，通过 ENF 信号相位突变可以发现篡改痕迹。

ENF 信号可以被视为具有固定频率的单一正弦波。一个正常运行的电力系统对发电设备 ENF 标准值的要求非常严格，因此 ENF 的波动范围(一般为±0.2Hz)很小，在实际检测过程中，ENF 信号的频率和相位可以被恰当地估计。ENF 信号通常可以被表示为[14]：

$$f(n) = a(n)\cos(\omega_0 n + \varphi_0), \tag{4.4}$$

式中，$\omega_0 = 2\pi v_0 / v_s$ 为信号固有频率；v_0 为 ENF 值；v_s 为采样频率。而 ENF 信号的相位为

$$\varphi(n) = \omega_0 n + \varphi_0, \tag{4.5}$$

式中，φ_0 为 n=0 时的初始相位，且有 $-\pi < \varphi_0 < \pi$。

ENF 信号 $f(n)$ 通常是一个窄带信号——调幅带宽远小于调频带宽的信号[8]，所以其调幅成分 $a(n)$ 是时间的缓变信号，可以用一个常量 a 近似代替。图 4.5(a) 为一段音频资料中 ENF 信号的相位，图 4.5(b) 为将这段音频资料剪切掉一段时剪切处的相位——出现突变。

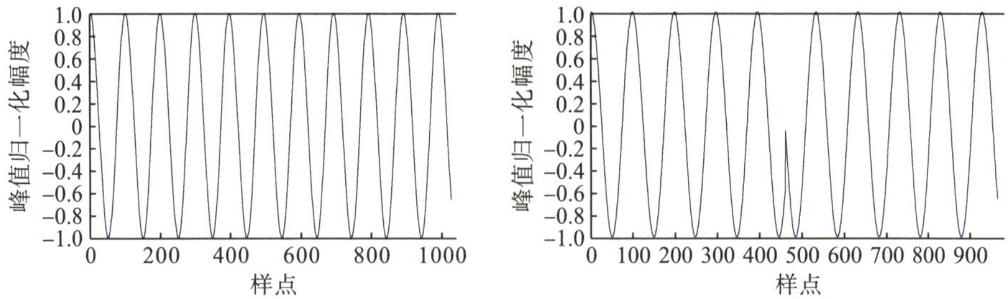

(a)原始音频资料 (b)剪切音频资料

图 4.5 原始音频和剪切音频中的 ENF 信号相位

在实际录音中，录音不仅会将周围环境中的 ENF 信号记录下来，同时也可能记录下周围环境中 ENF 信号的倍频信号。虽然这些倍频信号强度很弱，甚至有些信号人耳无法识别，但是同样可以用于相位连续性分析。检验一段语音的连续性，可以通过检验连续时间片段上 ENF 信号或其倍频信号初始相位的连续性实现。

2) ENF 信号相位检验过程及实验

通过检验 ENF 信号相位的连续性来进行语音真伪检验：首先需要估计出被检语音中的 ENF，然后再进行该频率的相位连续性分析，从而判断一段语音是否经过篡改。

在 ENF 估计中，首先通过对检测语音片段进行降采样，同时观测语谱图以获取 ENF 所在范围的语谱，再对检测语音片段在上述范围内进行窄带扫描，并将波峰位置的频率作为 ENF 值。

在 ENF 相位连续性检测中，利用上述 ENF 值进行相位连续性扫描，并对每帧初始相位连续性曲线进行分析，曲线中的突变位置即为可能的篡改位置。

示例性实验如下。

图 4.6(a)为一段原始语音 A，对 A 进行如下篡改：删除在时间 17.5～27.5s 的语音片段(模拟实际案例中对语音物证的删除)，得到图 4.6(b)所示的篡改语音 B。这一篡改过程会在篡改语音片段 B 上留下一处篡改痕迹，但由于编辑位置处于静默时段，人耳不能听出语音片段异常。

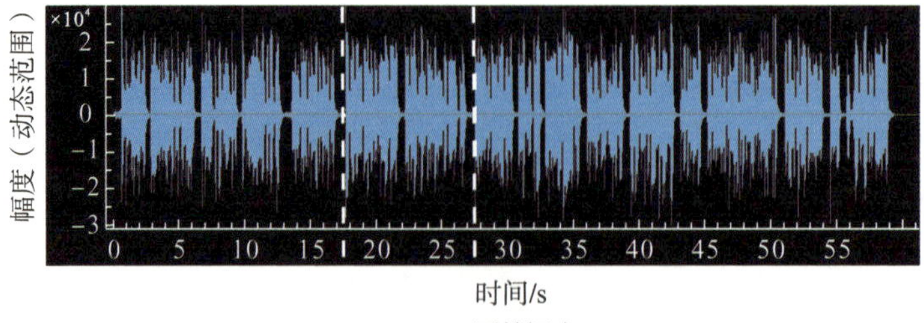

(a)原始语音

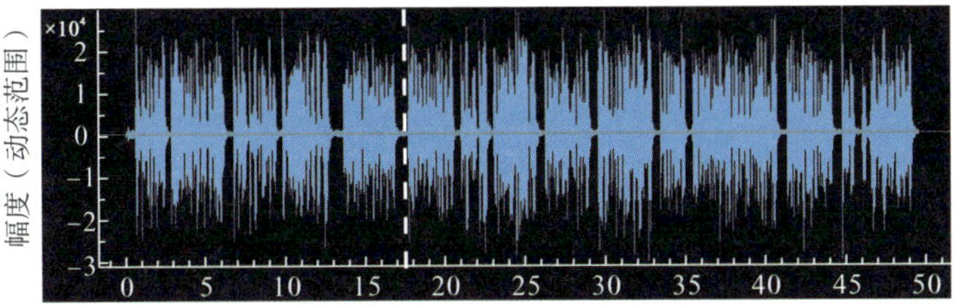

(b)局部删除结果

图 4.6　原始语音及其局部删除结果

首先，对信号进行降采样。由于降低采样频率能够提高频谱的分辨率[8]，所以需要对待检验语音进行降采样，以便于观察语音片段的低频部分。对图 4.6 中的原始语音 A 进行降采样，得到的语音片段 A′ 如图 4.7(a)所示。

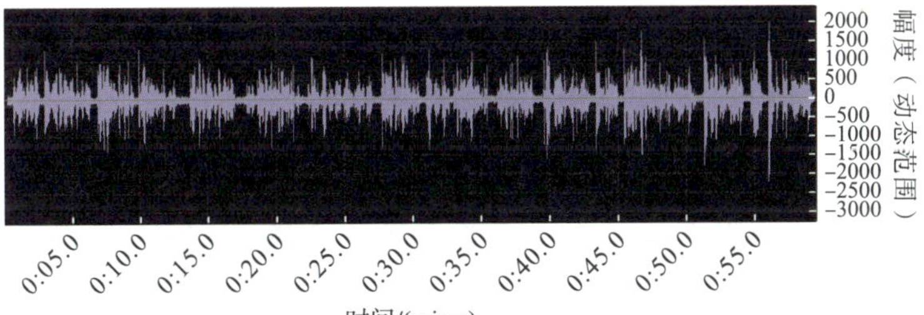

(a) 原始语音降采样结果

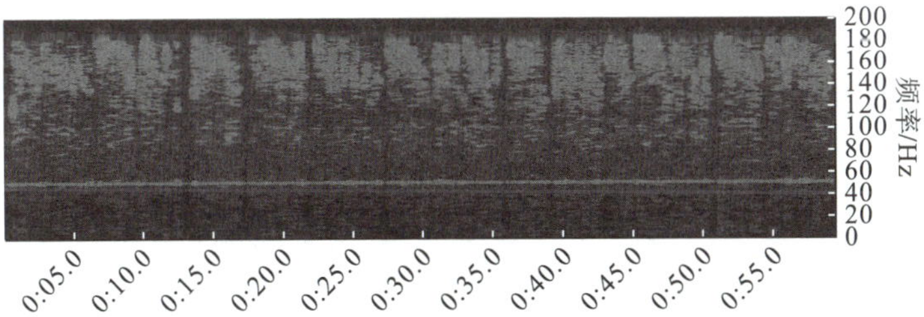

(b)对应语谱

图 4.7　图 4.6(a)中原始语音降采样(采样频率降为 400Hz)结果及其语谱

然后，估计 ENF。对降采样信号利用语谱估计 ENF。降采样 A′ 的语谱如图 4.7(b)所示，在 50Hz 附近有一条固定谐波，即 ENF 值。因此，对原始语音在 49.5～51Hz 的窄带进行频谱分析，如图 4.8 所示。可见，在 49.9913Hz 有峰值，这一频率与我国实际情况是相符的，所以我们认定 49.9913Hz 即为该段语音的 ENF 值(实际检验中还可以使用 49.9913Hz 的倍频成分作为检测相位连续性分析的 ENF 值)。

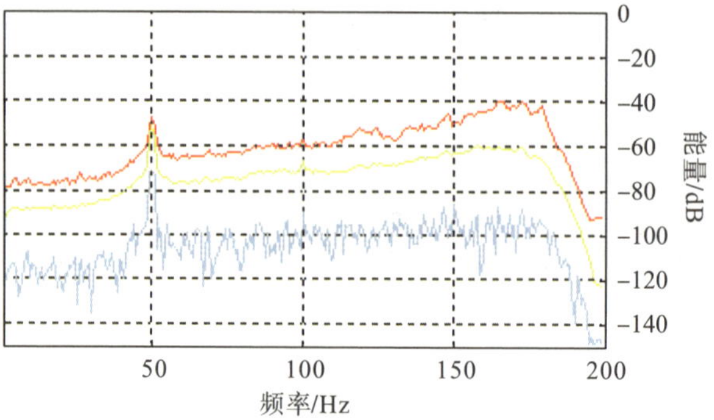

图 4.8 ENF 估计

最后，检测语音中 ENF 相位曲线的连续性。图 4.9(a)为原始语音片段的 ENF 相位连续曲线，该曲线是一条渐变曲线，无明显突变。

按上述步骤同样可得到篡改语音 B 的 ENF 相位连续曲线，如图 4.9(b)所示。可以发现，语音 B 在 17.5s 位置处有明显跳变，因此，认定此处经过了篡改。

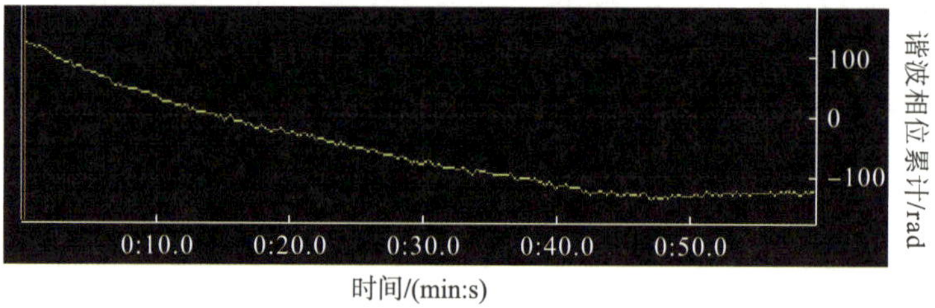

(a)原始语音片段

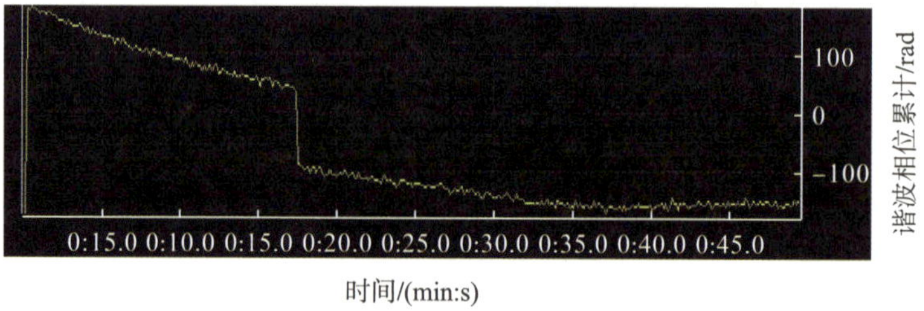

(b)篡改语音片段

图 4.9 语音片段的 ENF 相位扫描

值得注意的是，相位扫描的帧长度取值越小，相位抖动越明显，越有可能造成误判；反之，相位连续曲线越平滑，越有可能漏判。在实际案例中，须结合检材特点适当选取。

事实上，除了上述背景噪声、环境周期性声响、ENF 信号等背景信号外，还有诸如录制环境中的语音回声等其他背景信号的特性也可被充分利用于语音真伪检验，其相关问题备受学界关注，但有关成果的技术应用至今尚未见报道[16-19]。

4.3　基于音频信号固有特征分析的真伪检验

自然音频信号作为典型的非平稳信号，其特征既可以体现在波形上，也可以体现在语谱或能量谱上。利用自然音频信号的这些固有特征可以进行真伪检验。

4.3.1　基于音频信号波形特征分析的真伪检验

对于数字音频信号而言，由于其在获取过程中必须通过录制设备采样、量化和压缩编码，且波形特征也体现在这一过程中，因此可以据此进行真伪检验。

波形是音频信号最直观的表示形式，相对于其他变换域的形式如语谱、倒谱、LPC 系数等而言，其能够最大限度地反映音频资料的本质信息。但由于一般波形数据量大，因此往往通过提取波形的描述特征进行音频资料真伪检验，这些特征包括采样值直方图、采样量化范围、采样量化方式和波形突变等。

1. 采样值直方图分析检验

统计直方图主要用于估计数据的分布——概率密度。对于数字音频资料，可以借助采样值直方图对分布中心、量化范围、量化方式、波形陡变等特征进行分析，以检验音频资料的真伪。

1）基丁分布中心分析的同一性检验

在正常情况下，采样值直方图的分布中心在零点，而分布中心偏离零点往往是由录音设备硬件特性造成的，不同设备的硬件特性不同。因此，将待检音频资料与标称设备录制的音频样本进行采样值直方图对比，并检查两者分布中心的一致性，可以检验录音设备的同一性。

2）基于量化方式分析的真伪检验

量化就是将幅度离散化，即用一组规定的电平把采样值用最接近的电平值表示出来。量化分为均匀量化和非均匀量化两种。

均匀量化器的输入动态范围被均匀地划分为 $2n$ 份，n 为量化位数。图 4.10 为一段 wav 格式的音频文件采用均匀量化后的采样点分布直方图。

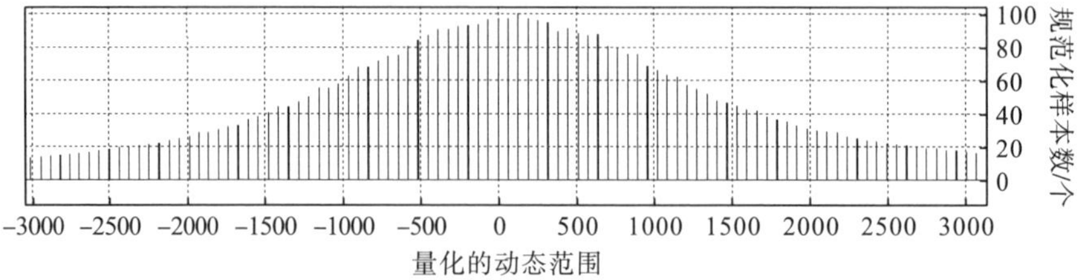

图 4.10 均匀量化直方图

当输入量化器的信号具有非均匀分布的概率密度时，采用非均匀量化，以减少对信号动态范围的限制，改善小信号的量化信噪比。在实际应用中，信号往往不是非均匀分布的，所以采用均匀量化：将采样值压缩，再进行均匀量化。广泛使用的压缩方式是利用对数压缩律(称为 A-law)[20]，即通过如下的压缩关系式完成：

$$\begin{cases} y=\dfrac{Ax}{1+\ln A}, & 0\leqslant x\leqslant \dfrac{1}{A}, \\ y=\dfrac{1+\ln Ax}{1+\ln A}, & \dfrac{1}{A}\leqslant x\leqslant 1, \end{cases} \tag{4.6}$$

式中，A 为压扩因子；x 和 y 分别为编码器的输入和输出电压归一化值：

$$x=\frac{V_{\rm i}}{V_{\rm mi}},\ y=\frac{V_{\rm o}}{V_{\rm mo}}, \tag{4.7}$$

式中，$V_{\rm i}$ 和 $V_{\rm mi}$ 分别为编码器的输入电压和最大输入电压；$V_{\rm o}$ 和 $V_{\rm mo}$ 分别为编码器的输出电压和最大输出电压。

由式(4.6)可知，y 在 $0\leqslant x\leqslant A^{-1}$ 范围内是一条直线，在 $A^{-1}\leqslant x\leqslant 1$ 范围内则是一条对数特性曲线。我国采用 13 折线编码(图 4.11)且 A=87.56，以拟合 A-law 编码[21-23]。

在 13 折线法中，无论输入信号是正还是负，均按 8 段折线(8 个段落)进行编码。用 8 位折叠二进制码来表示输入信号的采样量化电平时，第 1 位表示量化值的符号，其余 7 位则表示量化值的大小。具体做法是：用第 2～4 位(段落码)的 8 种可能状态分别表示 8 个段落的段落电平，其他 4 位码(段内码)的 16 种可能状态分别代表每一段落的 16 个均匀划分的量化间隔。这样处理的结果是，8 个段落被划分成 2^7=128 个量化间隔。可见，上述操作把压缩、量化和编码合为一体。

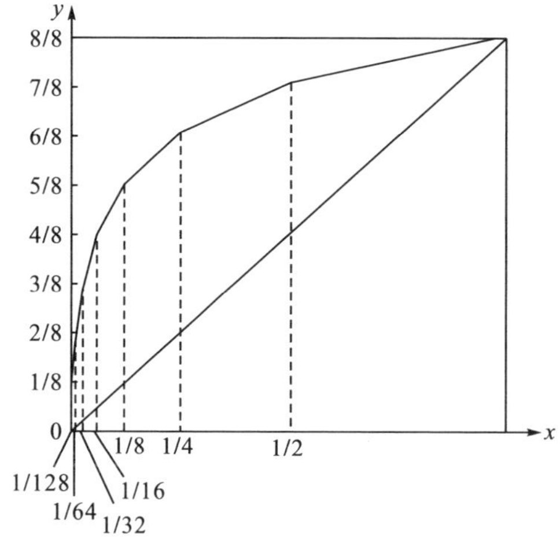

图 4.11　13 折线编码方式的压扩特性

图 4.12 为采用 13 折线编码的音频文件的采样值直方图。

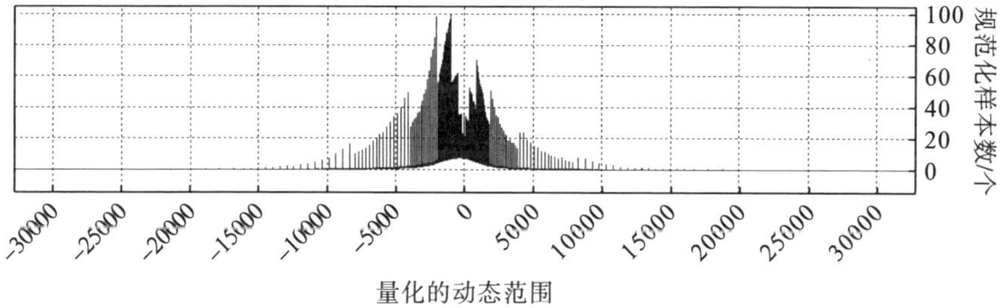

图 4.12　A-law 编码音频文件的采样值直方图

由于篡改可能改变音频量化方式，所以波形采样值直方图还可用于对不同量化方式进行检验：通过检验同一音频资料中不同时间片段的采样值直方图，检验音频资料真伪。

图 4.13(a)为在一段采用 PCM 编码(属于均匀量化[20,24])的音频文件中，在 3:04～3:26 时间段(记为 A)内插入了一段采用 A-law 编码的音频片段。分别在 A 的前后各取一时间段 B 和 C，并对比三段的采样值直方图，结果如图 4.13(b)所示。可以看出，A 段的采样值直方图是 A-law 编码音频文件的非均匀量化采样值直方图，与 B 段和 C 段的采样值直方图显著不同。

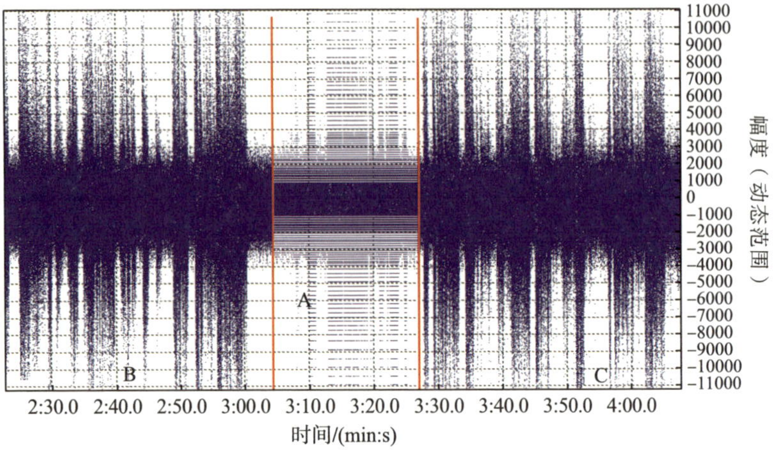

(a)PCM编码音频中插入A-law编码音频

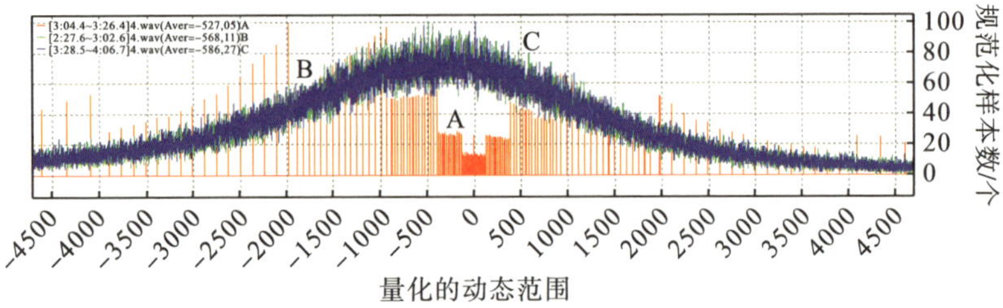

(b)插入音频A及其前后音频B、C的采样值直方图

图 4.13 PCM 编码音频文件中插入一段 A-law 编码音频文件，插入部分与其前后原音频的采样值直方图对比

另外，若音频资料中某些时间片段经过音频编辑软件处理(如声音衰减或增强)，则其量化分布特征均会改变，所以通过分析其采样分布直方图，同样可以进行真伪检验。

此外，样值分布直方图还可以揭示录音设备的特殊性。如有的录音设备获取的音频资料中有许多采样值为 0，有的录音设备获取的音频资料中采样值分布形状尖锐等(图 4.14)，与设备相关联的这些特性一旦在某段录音上发生明显变化，则可以认为这段录音遭受过篡改。

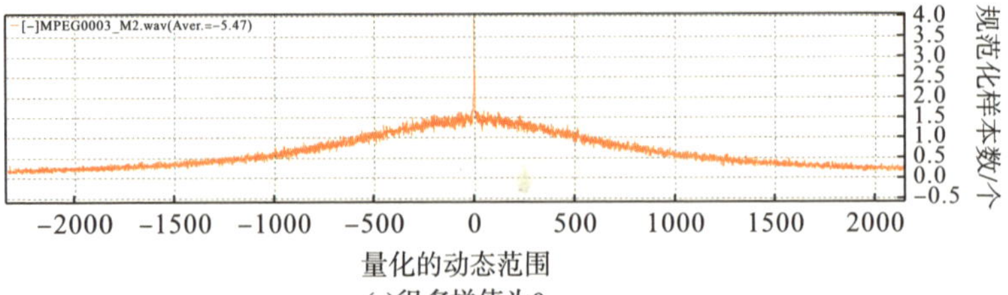

(a)很多样值为0

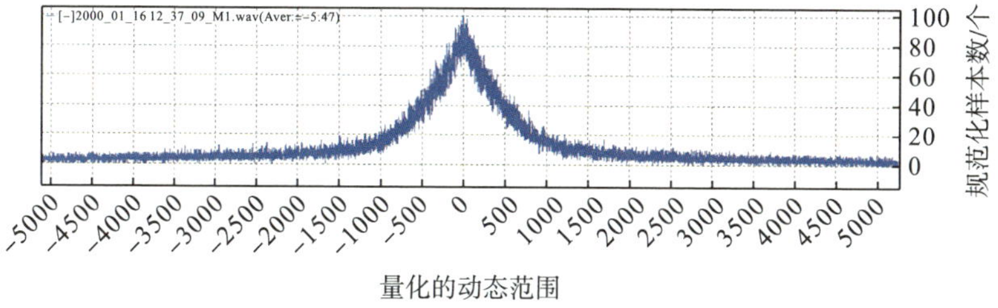

(b)分布尖锐

图 4.14　录音设备典型特性在采样值直方图中的体现

音频资料的波形采样值分布必须与文件格式中所申明的量化方式对应的分布相一致，并通过音频资料的采样值直方图进行检验，若其中出现任何细微不一致的痕迹，都必须对音频资料进行详细检验，寻找不一致的原因。

3）基于量化范围分析的真伪检验

在音频资料的头文件中会指定该文件的量化位数，量化位数是每次对声波采样后存储、记录声音振幅时所用的位数，是指对模拟音频信号的幅度进行数字化所采用的编码位数，它决定了模拟信号数字化以后的动态范围。常见的量化位数有 8 位、16 位和 24 位几种；8 位声卡的声音只有 256 个高低音级别，16 位声卡有 65536 个高低音级别。目前，日常音频资料主要是 16 位的音频资料，即其记录的声波的动态范围为−32768~32767。

在实际音频资料真伪检验中，检验人员需提取录音设备录制的检测样本的动态范围，并以此为基准，对待检验音频资料的动态范围进行检验，若音频资料的动态范围与基准不吻合，则可得出该音频资料可能经过了编辑的结论。这是因为由于录音设备的特殊性，其录制的音频资料量化位数为 16 位，但其动态范围可能不是−32768~32767。

图 4.15（a）为某案件录音设备动态范围的测试结果（−27712~32767），对待检测音频资料的动态范围进行检验时发现，其波形超出了此动态范围[如图 4.15（b）的两个矩形框内]，于是可以认定对应片段来源于其他音频文件。

2. 波形陡变分析检验

声音是通过空气这一弹性介质传播振动能量的纵波（疏密波）：“声源”在空气中振动，压缩空气使其变得“稠密”，空气膨胀后变得“稀疏”，从而形成一系列疏、密变化的波，并将振动能量传送出去，进而形成声波。

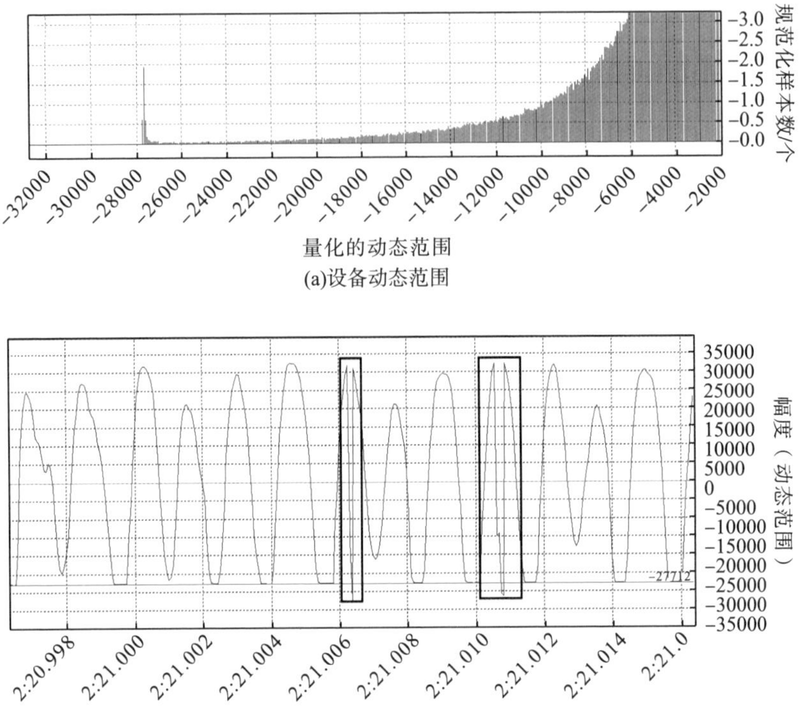

(a)设备动态范围

(b)标称该设备录制的语音

图 4.15 某录音设备动态范围测试结果及其标称录制语音

在录音时，声波使话筒中产生随声音而变化的感应电流——音频电流，音频电流经放大电路放大后，被导入录音设备中，并通过模数转换编码进行存储。因此，音频文件的波形出现陡变应与录制的声音环境有密切关系。说话人突然大声说话、喘气，或突然的碰撞声、关门声等都可能使音频波形陡变。但若在一段无说话声的背景噪声中出现波形陡变[如图 4.16(a)中竖线附近所示]，或在一句话中间和结尾出现波形陡变[如图 4.16(b)中竖线附近所示]，则这些情况可作为该音频文件经过编辑的证据。

4.3.2 基于自然音频信号谱分析的真伪检验

自然音频信号特征可以体现在功率谱或能量谱(统称为频谱)上，利用谱分析可以进行真伪检验。

随机信号的功率谱是其自相关函数的傅里叶变换，它反映了随机信号各频率成分的功率分布情况，可以揭示信号中隐含的周期性等有用特征。

对于随机序列 $f(n)$，其功率谱一般被定义为

$$\hat{P}_{xx}(e^{j\omega}) = \lim_{N\to\infty} E\left[\frac{1}{2N+1}\left|\sum_{n=-N}^{N} f(n)e^{-j\omega n}\right|^2\right]. \tag{4.8}$$

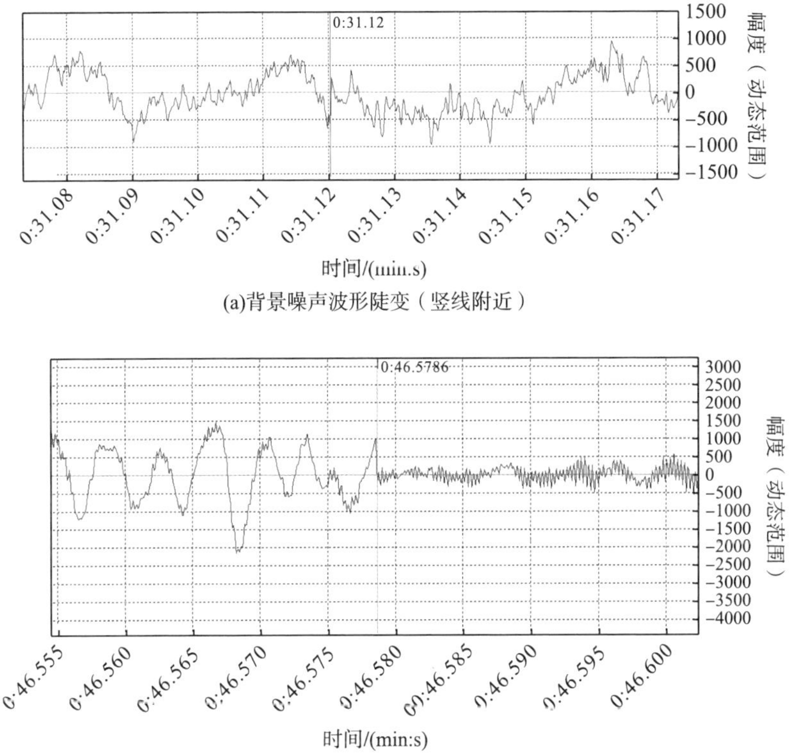

(a)背景噪声波形陡变（竖线附近）

(b)话音波形陡变（竖线附近）

图 4.16　静默期背景噪声的波形陡变和话音的波形陡变

由此，计算随机信号的功率谱需要无限个观测数据，但实际应用中往往只有有限个样本值，因此需要采用恰当的功率谱估计方法进行估计，而周期图法简便、高效[25]，可作为后续音频资料真伪检验中获取功率谱的基本手段。

1. 信道检验

信道原指传送信息的物理通道，音频资料的信道主要指声音的传输通道，如空气、无线电话、扬声器等，所以音频资料包括通过空气录音的交谈、通过手机录音的交谈、通过电话免提录音的交谈等。

研究表明，对于通过空气直接传播到录音设备的音频，其频谱范围应为 0～$v_s/2$（v_s为奈奎斯特采样频率）；对于经过其他信道的音频，由于传输压缩要求，声音信号可能经过一带通滤波器，然后进行编码传输，从而导致记录在录音设备上的音频信号的频谱会出现明显的滤波痕迹。

图 4.17 为某案件音频资料时间片段的功率谱对比，A 为直接对着录音设备说话，B 为用录音设备记录下的移动电话讲话声。可以明显发现，该信号经过了 200～3400Hz 的带通滤波器。因此，频谱检验可用于音频资料录音环境检验，若录音环境与频谱分析得到的结果不一致，则怀疑该音频资料经过了篡改。

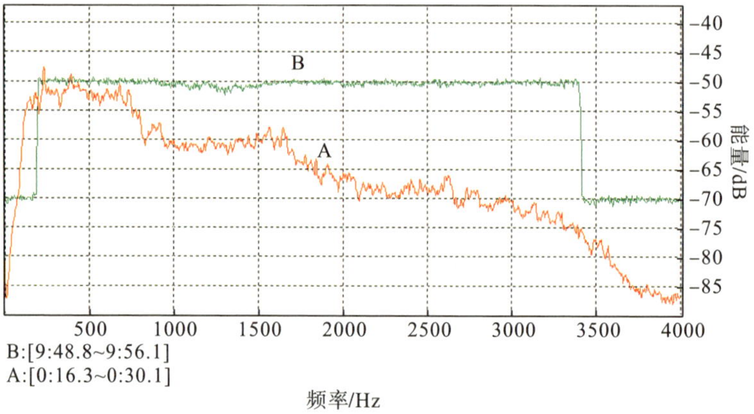

图 4.17 音频文件中通过空气录音的频谱(A)和通过电话录音的频谱(B)

2. 重采样检验

重采样是数字信号处理中常用的操作，也是音频资料真伪检验的一项重要检验内容。重采样可能是由音频软件编辑引起，如将两段不同采样频率的音频拼接成新的音频、改变低质量录音的采样频率以伪造高质量的音频文件等。对于音频文件是否被重采样，人耳是很难分辨出来的，必须借助语音信号分析手段进行检验。

目前，重采样检测方法主要有：基于 EM 算法(参见 3.3.1 节)检测插值信号周期性的方法和基于子带频谱平滑度的检测方法[26,27]。前者只适用于线性插值的情况，且运算较为复杂；后者方法简单、易实现，但对于线性插值和最邻近插值等插值法并不适用。

假设将音频信号 $f(n)$ 的采样频率转变为 P/Q 倍，则重采样通常要经过以下三个步骤。第一步，上采样：在语音序列 $f(n)$ 中，在每相邻两个样本点之间插入 $P-1$ 个 0，形成新的信号序列 $f_u(n)$。第二步，插值：将信号 $f_u(k)$ 进行插值滤波处理，得到插值序列 $f_i(n)$。第三步，下采样：对信号 $f_i(n)$ 进行抽取，得到具有 Q 个样本的新信号 $f_d(n)$。

常见的音频编辑软件具有音频重采样功能，各种重采样算法的区别在于在上述插值步骤中采用的插值滤波方法不同，包括线性插值、双三次插值、样条插值等方法。这里探讨一种简单且可直接地观测重采样痕迹的频谱分析法，该方法无论采用哪种插值算法，均能发现音频文件采样频率被提高的重采样痕迹。

当采用低采样频率录制音频文件时，根据奈奎斯特采样定理，其音频信号的截止频率 ν_1 只有采样频率 ν_s 的 50%。若对该音频文件进行重采样，获得高采样频率音频文件，则此时的截止频率为 ν_2，而音频信号频谱在 ν_1 处会出现明显的衰减痕迹，据此特性可进行重采样检测。

因此，频谱检验可以用于音频文件是否经过重采样的检验，可揭示原始音频数据的重采样处理痕迹。频谱中衰减的截止频率 ν_1 说明该音频信号经过了采样频率为 $2\nu_1$ 的重采样或阈值为 ν_1 的低通滤波器，由此可得出该音频文件的真实性受到破坏的结论。

图 4.18 为一段音频信号在重采样前、后(标注框内的上侧曲线 A)的频谱。

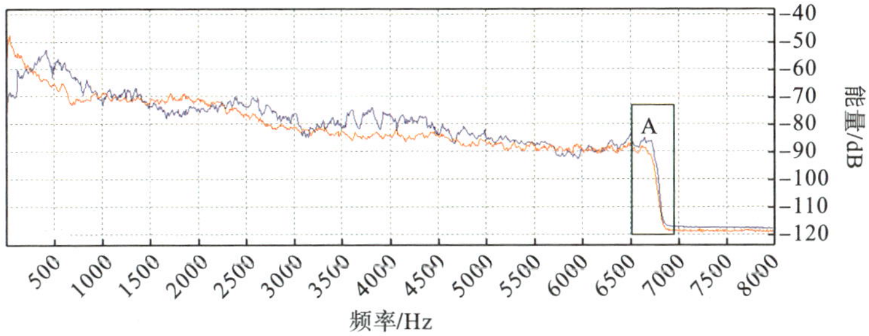

图 4.18　重采样音频文件的频谱(矩形框内上侧曲线 A 对应于重采样后的频谱)

3. 共振峰检验

共振峰是发音声道信息最直接的来源，人在语音感知中是利用共振峰信息区分说话人，因此共振峰在语音识别中作为主要特征，在语音编码传输中作为基本信息被表征。

共振峰信息包含在频谱包络中，因此共振峰的估计都是基于对频谱的包络分析。但共振峰提取存在许多难题，如存在虚假峰值(在正常情况下，频谱包络中的最大值完全是由共振峰引起的，但在线性预测分析等方法中，均存在虚假峰值)、共振峰合并(因相邻共振峰的频率靠得太近而难以分辨)、高音调语音(利用谐波峰值提取时)等。

目前，在精确提取说话人共振峰方面存在各种困难和误差，这降低了利用共振峰对说话人身份进行检验或鉴定的可靠性。这里尝试将在一个完整录音过程中同一说话人的频谱作为基准，并将待检说话内容的频谱与之进行对比，同时避免提取共振峰时可能造成的误差，提高对比准确度。检验过程包括说话内容标注、基于频谱的共振峰标注、频谱比对等。

图 4.19(a)为根据音频内容对某案件音频资料波形所做的标注，图 4.19(b)为待检验说话人语音，图 4.19(c)为待检测说话人关键语音片段频谱(B)与该说话人所有

语音片段频谱(A)的对比结果。结果表明，待检测说话人关键语音片段的共振峰与其所有语音的共振峰一致，可从共振峰一致的角度排除该音频资料存在伪作的可能。

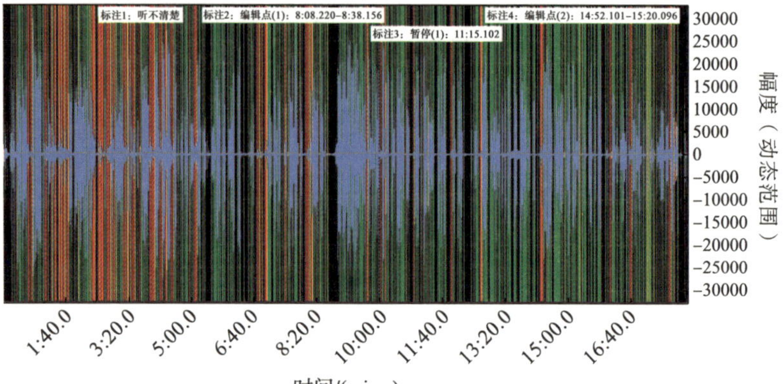

(a)片段标准

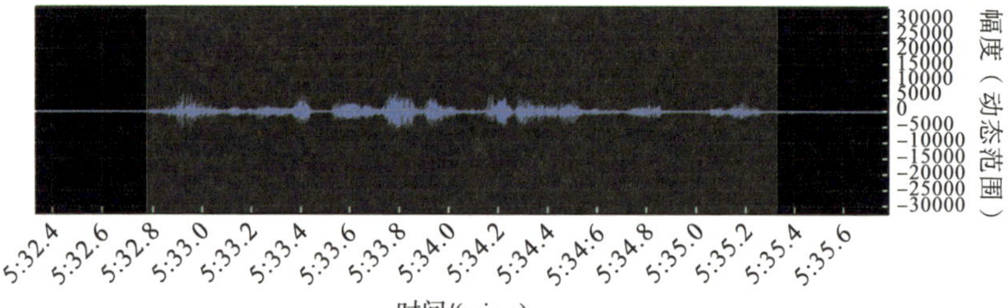

(b)待检说话人语音关键片段

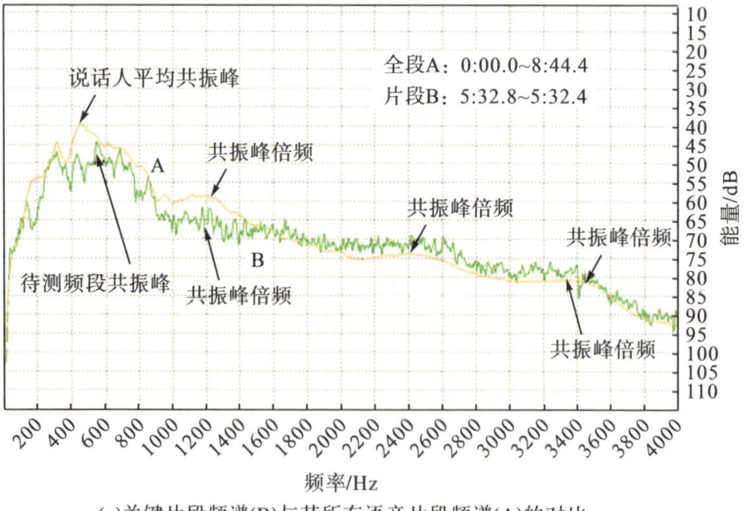

(c)关键片段频谱(B)与其所有语音片段频谱(A)的对比

图 4.19　共振峰检验的基本步骤：片段标注、关键片段选取与频谱对比

4.4　基于音频伪作特征分析的真伪检验

数字音频的伪作方式很多，包括复制粘贴、剪切、插入、拼接、重采样、平滑润饰、二次压缩编码等。对各种伪作特征进行分析并设计相应的真伪检验算法，在语音检验中占有重要的地位，并受到学界日益广泛的关注[19,26-35]。但相关算法尚未形成系统性技术，离司法检验/鉴定的实战应用需要还有一段距离。本节结合实战应用需要，探讨基于典型伪作检测的真伪检验技术。由于重采样检测问题已在 4.3 节中探讨过，所以本节重点对复制粘贴、剪切、插入、拼接和二次压缩编码的检测方法进行探讨。

4.4.1　复制粘贴检测

在数字音频篡改操作中，复制粘贴是最简单也是最常见的音频编辑手段，学界对这种伪作检测提出了多种有效算法[30-32]，但在目前的司法检验中尚未见有关其有效应用的报道。

复制粘贴编辑分为在同一音频文件中和在不同音频文件中进行操作两种。在同一段音频中进行的复制篡改，由于音频的幅度、频率变化不剧烈，复制粘贴后的音频并不会引起听觉不适，而这种伪作可直接通过搜索和模板匹配的方法轻易地检测出来。不过，搜索和匹配过程耗时较长，并且若音频稍做改变(如重新编码、施加噪声影响等)，检测效果会变差。

本节结合实际应用，针对音频编辑中不同音频文件间进行的复制粘贴检测探讨多种简单有效的方法，包括检测拼接点和插入点的脉冲峰检测法、波形突变检测法、波形量化范围检测法、语谱分析法、频谱分析法等。这些方法也可用于检测剪切、插入、拼接等伪作。

1. 拼接点检测

无论是在一段音频片段中插入另一段音频片段，还是从一段音频中删除一些音频信号，都将留下拼接点，拼接点一旦被发现，都可认为该音频经过编辑。因此，拼接点检测具有重要的实践意义，这里探讨脉冲峰检测、波形突变检测、频谱对比检测及其他检测方法。

1) 脉冲峰检测法

在拼接点前后音频信号的过渡有可能发生陡变，此陡变将在语谱中引入与背景声音不同的频率成分，这在语谱中表现为在某一时刻所有频率值出现高能量幅度值，并形成脉冲峰，如图 4.20 所示。

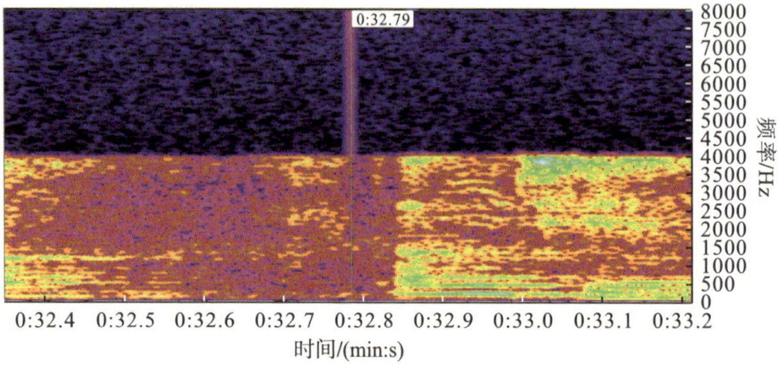

图 4.20　拼接点在语谱中出现脉冲峰

2）波形突变检测法

拼接点前后的音频信号由于直接相连，从而可能造成波形过渡区域出现突变。在通过语谱分析发现脉冲峰后，若该脉冲峰是由编辑造成的，则通常情况下能在波形分析中找出突变位置和突变特征，同时可以将录音环境中由杂音导致的脉冲峰排除掉。图 4.21(a)和图 4.21(b)分别为由拼接和环境杂音导致的突变波形，图 4.21(c)为在由环境杂音导致的语谱图中出现的伪脉冲峰。对比图 4.21(c)和图 4.20 的特点，可以区分拼接点和伪脉冲峰，并将后者剔除掉。

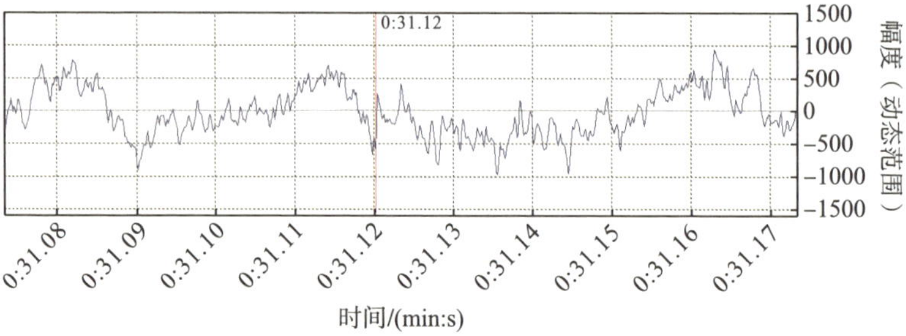

(a)拼接波形突变

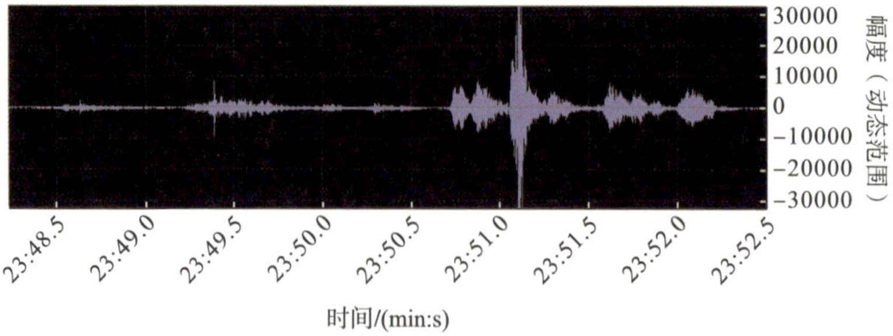

(b) 环境杂音波形突变

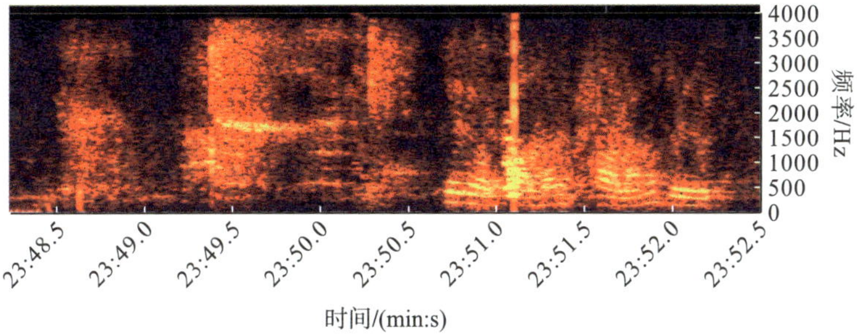

(c)环境杂音导致的伪脉冲峰

图 4.21　波形突变与伪脉冲峰

3) 频谱对比检测法

在实际应用中，往往还可以将脉冲峰附近的频谱与相邻时间片的频谱进行对比，以进一步说明频率成分的突变，如图 4.22 所示：在 1700～4000Hz 频率范围内，脉冲峰能量为-60dB，背景噪声能量约为-90dB。

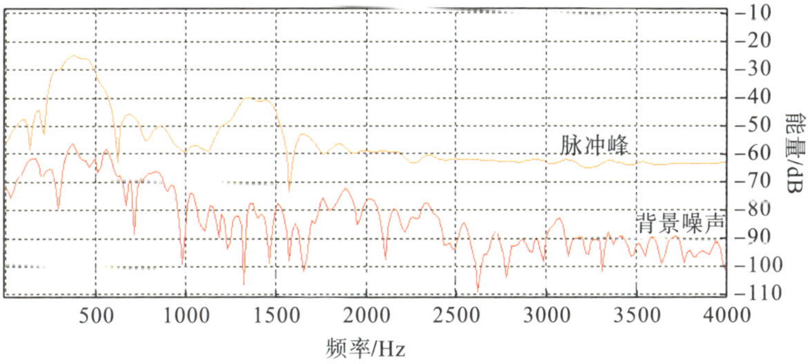

图 4.22　频谱对比检测(局部能量对比)

4) 其他检测法

其他检测法包括前述的基于 ENF 相位连续性的检测方法(若在录制过程中，录音设备将 ENF 信号及谐波记录在音频资料中，则可以通过检验音频资料的 ENF 信号及谐波相位连续性进行拼接点检验)、文件头分析法(包括编辑的软件和时间痕迹)，等等。

2. 插入点检测

将一段音频信号插入到另一段音频信号中，也是常见的编辑操作。这一操作由于添加了新的信息，可能引入与原有音频信号固有特征相矛盾的特征。对此，除了基于拼接点检测的检验方法外，还可以利用前述的基于其他检测的检验方法。

①波形检测。新加入的音频信号可能具有不同的编码量化方式、采样分布特征和动态范围，可采用采样值直方图分析方法进行检验。

②语谱检验。由于录制环境等因素不同，插入的音频信号的采样频率、背景噪声特征与原始音频资料的语谱可能不同，所以利用语谱可检测重采样操作、噪声结构变化等。

③频谱检验。由于新加入的音频信号其录制环境及途径不同，其频谱与原始音频资料不同，因此，可以利用频谱进行信道、滤波等操作的检测。

④直流偏移检验。利用直流偏移对比分析，可区分插入的音频信号和原始音频信号。

上述拼接点和插入点检测方法，既可用于复制粘贴检测，也可用于剪切[33]、插入、拼接等伪作检测。

4.4.2 二次编码检测

无论实施任何篡改操作，其结果往往都需要按照一定的编码格式进行二次编码，以便保存或传输，所以二次编码检测在真伪检验中具有重要的应用价值[34-39]。

音频编码中最常用的技术有 PCM[20,24]和自适应多速率(adaptive multi-rate，AMR)编码[35-39]等。音频 AMR 编码是当前移动通信系统中使用最广泛的编码标准，大部分品牌手机录制的音频均为 AMR 格式。因此，探讨基于音频 AMR 编码特征分析的数字语音真伪检验技术具有重要的实战意义。

1. 音频二次 AMR 编码

AMR 编解码是一种基于代数码激励线性预测(algebraic code excited linear prediction，ACELP)技术的编码模式，它可以对语音信号进行 8 种速率的编解码。编码器的输入为 8kHz、16bit 的均匀量化的线性 PCM 数据流，编码过程中以 20ms 语音为一帧。

AMR 编码过程包括以下 9 个部分[39]：预处理、线性预测分析和量化、开环基音分析、脉冲响应的计算、目标响应的计算、自适应码本搜索和增益控制、代数码本的结构和搜索、自适应码本增益和固定码本增益的量化、修改存储器。

在预处理过程中，为避免后续处理中产生溢出和不必要的低频成分(主要是 50Hz 工频交流噪声)，需将输入的样本点值减半，并通过一个截止频率为 80Hz 的高通滤波器过滤。该高通滤波器的系统函数为[39]：

$$H_1(z)=\frac{0.92727435-1.854494z^{-1}+0.92724435z^{-2}}{1-1.905964z^{-1}+0.9114024z^{-2}}. \tag{4.9}$$

AMR 解码过程包括参数(LP 系数、自适应码本参数和固定码本参数)解码和语音合成，以此可得到重构语音，重构的语音信号要进行自适应后置滤波、高通滤波及比例放大操作。其中，高通滤波器用于消除不必要的低频成分，滤波后的信号增倍后可恢复输入信号的电平。其中，截止频率为 80Hz 的高通滤波器的系统函数为[39]：

$$H_2(z)=\frac{0.939819335-1.87963927z^{-1}+0.939819335z^{-2}}{1-1.933105469z^{-1}+0.35913085z^{-2}}. \tag{4.10}$$

一般地，对音频资料进行二次 AMR 编码的伪作过程如图 4.23 所示。首先打开音频文件(典型方式是使用音频编辑软件打开)，然后进行篡改操作(如剪辑、粘贴)，最后再重新编码及保存。

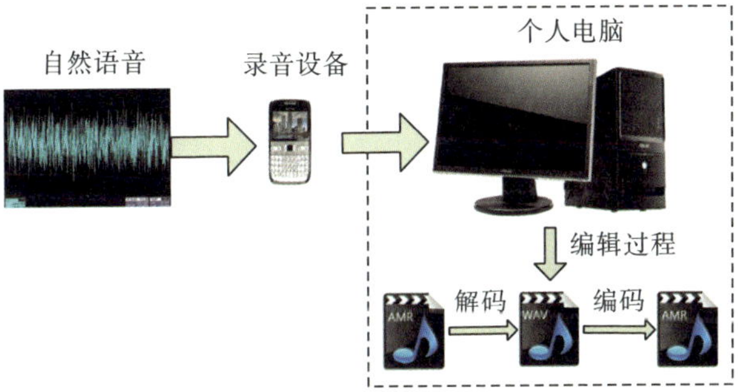

图 4.23 音频二次 ARM 编码的一般过程

若音频是有损压缩格式(包括 AMR、MP3[40-44]等格式)，则上述篡改方式会导致音频资料的二次编码，使得音频资料的录音开始时间以及波形发生变化。因此，可利用录音设备录音开始时间和波形特征的改变来进行音频真伪检验。

2. 典型 AMR 编码设备的音频资料检验

选取具有代表性的录音设备(NOKIA N8、华为 C8650、HTC EVO 4G)录制的 AMR 测试样本(采用手机内置软件进行录音)，在个人电脑上采用 AMR 编/解码软件(如 AMR Player、狸窝转换器)进行二次编码，并进行分析和对比。各种手机录制的 AMR 文件，其录音起始时间均有各自固定的特征，利用此特征可进行音频资料与录音设备的同一性检验。

1) NOKIA N8 手机二次编码检验

NOKIA 品牌的手机均内置了录音机，其录音格式默认为 AMR。由于型号为 N8 的手机其键盘为机械键盘，这里采用录音起始时间进行 AMR 音频文件原始性检验。如图 4.24 所示，NOKIA N8 手机由于设备特性，其录音开始时间均为 0.062s。

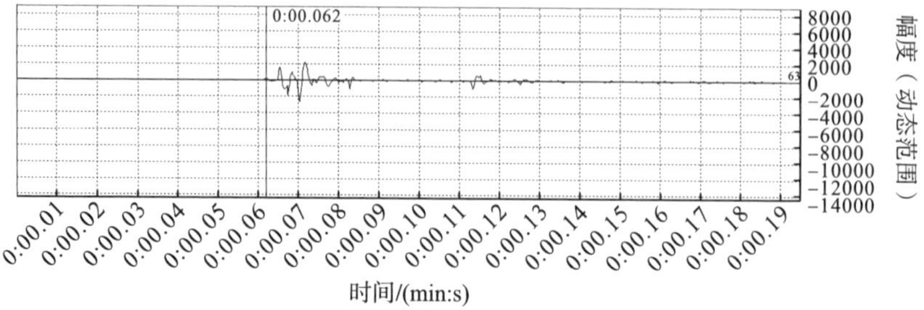

图 4.24 NOKIA N8 手机的 AMR 音频起始时间(0.062s)

先采用 AMR Player 或 ALLOK 软件将此 AMR 文件转换为 WAV 格式文件，再将其转换为 AMR 文件。图 4.25 为经过二次编码的音频文件，其录音开始时间发生延迟，为 0.066s。

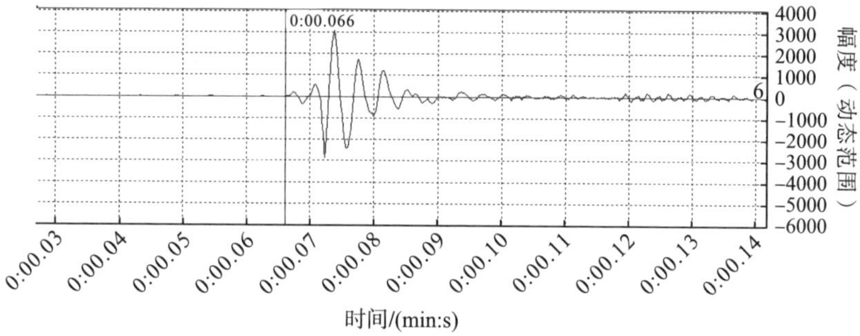

图 4.25 NOKIA N8 手机 AMR 音频转化为 WAV 格式后再转回 AMR 格式时的起始时间(0.066s)

2) 华为手机 C8650 二次编码检验

华为 C8650 手机为一款基于 Android 平台的智能手机，内置了录制 AMR 格式文件的软件，其录制的音频资料具有如下起始特征：14 个脉冲，幅度值为 1，间隔为 20ms，录音起始时间为 0:01.0296，如图 4.26 所示。

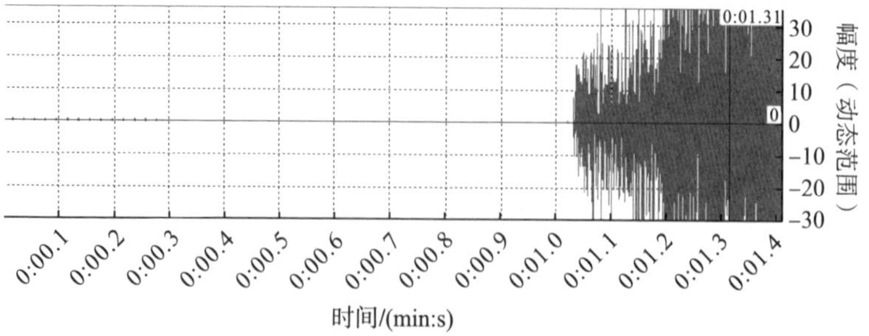

图 4.26 华为手机 C8650 内置软件录制的 AMR 音频文件的起始时间及特征

这里先采用 AMR Player 和 ALLOK 软件将 AMR 文件转换为 WAV 格式文件，再将 WAN 格式文件转换为 AMR 文件(二次编码)。图 4.27 是二次编码音频文件，可见，二次编码使录音开始时间产生了 1.034s 的延迟，且录音起始特征也发生了改变(仅保留了 5 个脉冲，图 4.28)。

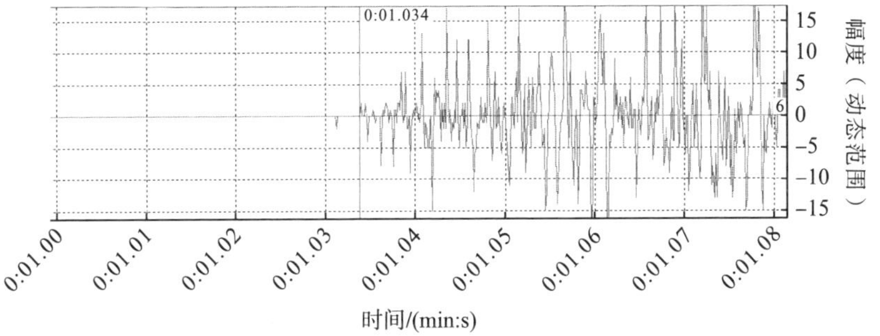

(a)AMR Player软件

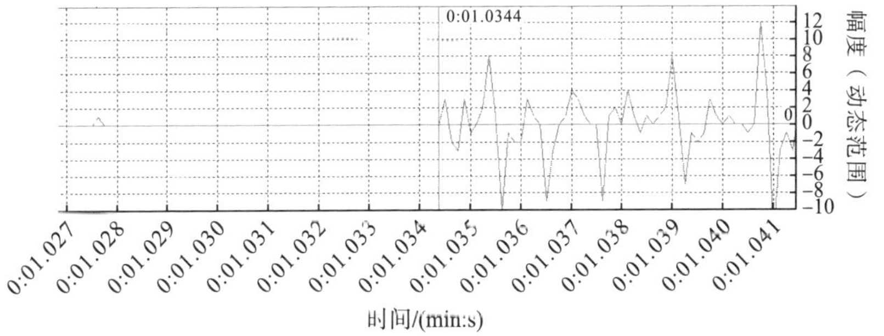

(b)ALLOK软件

图 4.27　华为手机 C8650 内置软件录制的 AMR 文件用不同软件二次编码后的录音起始时间

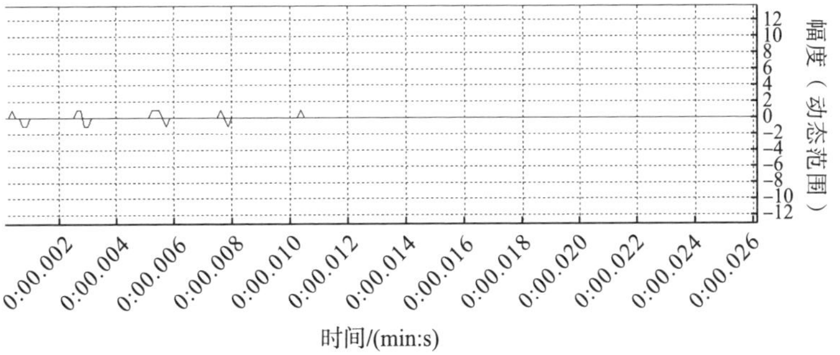

(a)AMR Player软件

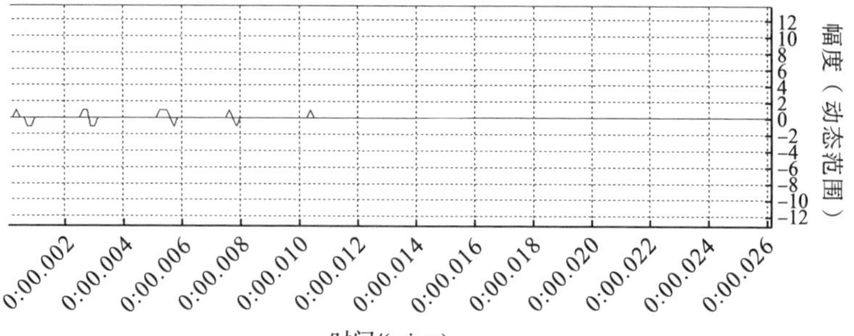

(b)ALLOK软件

图 4.28 华为手机 C8650 内置软件录制的 AMR 文件用不同软件二次编码后的录音起始波形特征

3）中兴手机 HTC EVO 4G 二次编码检验

中兴手机 HTC EVO 4G 为一款基于 Android 平台的智能手机，其内置软件可录制 AMR 格式文件，其录制的音频资料具有如下起始特征：2 个脉冲，幅度值为 1，间隔为 20ms，录音起始时间为 0:01.0286，如图 4.29 所示。

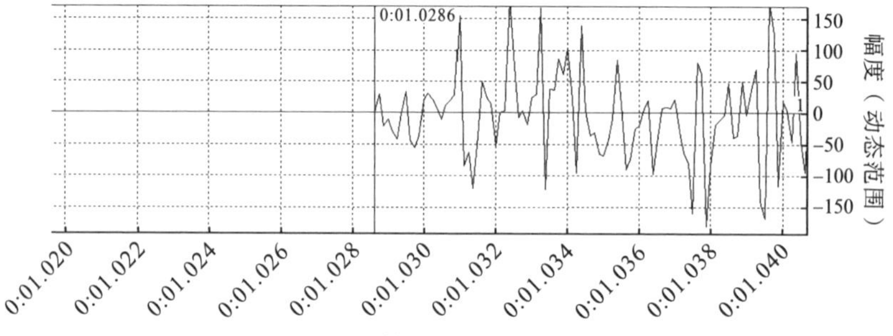

图 4.29 中兴手机 HTC EVO 4G 内置软件录制的 AMR 音频文件的录音起始时间及特征

同样地，先用 AMR Player 和 ALLOK 软件将录制的 AMR 文件转换为 WAV 格式文件，再将 WAV 格式文件转换为 AMR 文件。图 4.30 是二次编码音频文件，录音开始时间发生了延迟，为 1.034s，且二次编码后录音起始特征也会发生改变（出现 5 个脉冲，图 4.31）。

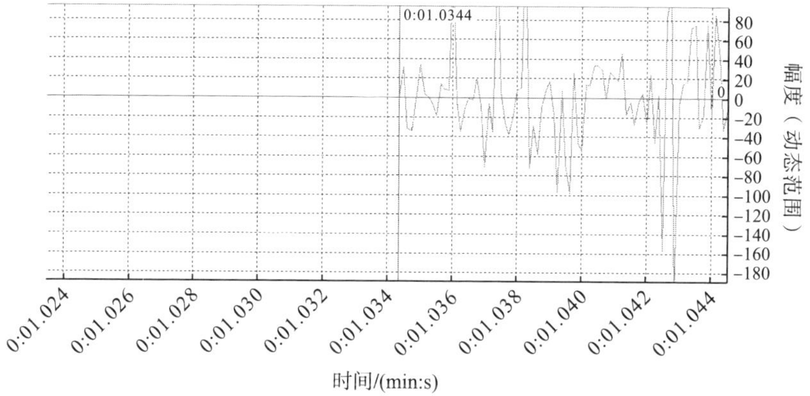

(a)AMR Player软件

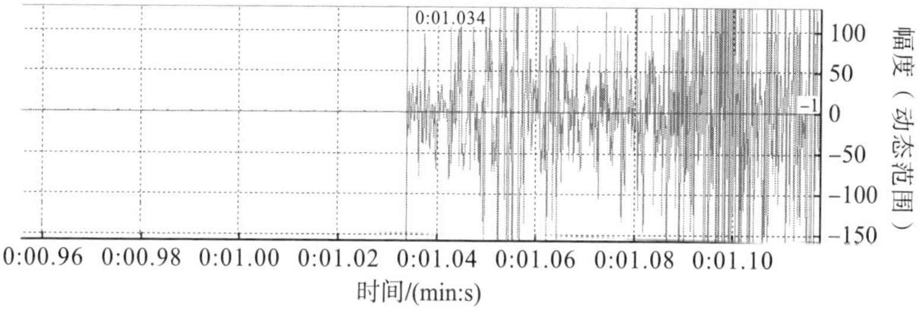

(b)ALLOK软件

图 4.30　中兴手机 HTC EVO 4G 录制的 AMR 文件用不同软件二次编码后的录音起始时间

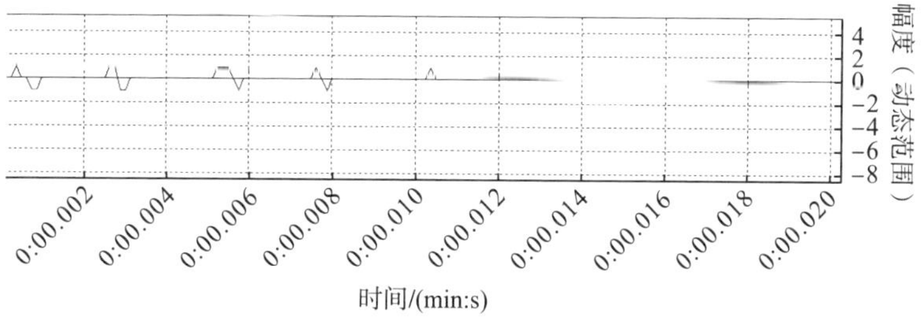

(a)AMR Player软件

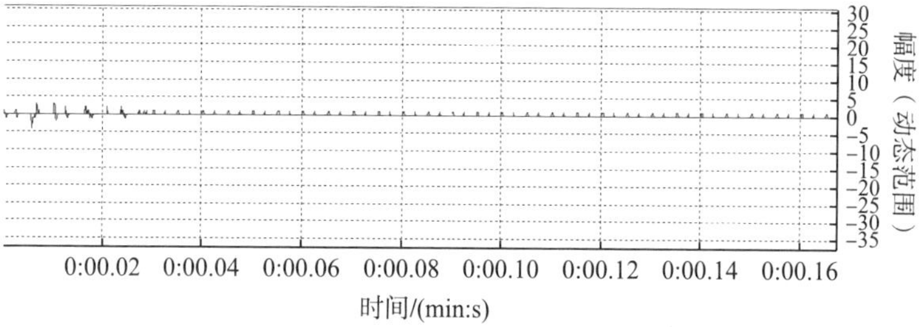

(b)ALLOK软件

图 4.31　中兴 HTC EVO 4G 手机录制的 AMR 文件用不同软件二次编码后的录音起始波形特征

总之，经过台式机软件(AMR Player、ALLOK 等)二次编码的手机 AMR 音频文件，在录音起始位置与原始 AMR 不同(如 NOKIA N8 得到的 AMR 文件起始时间比原来延迟了 40～50ms)。另外，对于触摸屏类型的录音设备，其不需要通过机械动作触发录音操作，但由于启动录音功能需要通过内置芯片控制，因此在录制的 AMR 文件中保存有一些电流脉冲，这些特征可以用于录音设备和音频资料的同一性检验，也可以用于 AMR 文件是否经过二次编码的真伪检验。

当然，音频资料发生二次编码并不能说明该音频一定被编辑过，正常的音频也可能因重新保存而经历二次编码，但二次编码检验可以作为一种有效的辅助方法，与其他检测方法一起进行音频真伪检验。

3. 其他格式的二次编码检测

其他格式的二次编码检测问题，在学界也日益得到重视[40-44]，其相关算法的技术性应用报道不多，但可以结合本节的方法展开应用尝试。

4.5 本 章 小 结

本章讨论了数字语音真伪检验问题，重点研究了基于语音背景信号特征分析、基于数字音频信号特征分析和基于音频伪作特征分析的真伪检验中的多种检验方法，并进行了应用探讨和应用实验。

参 考 文 献

[1] 司法部司法鉴定管理局. 司法鉴定技术规范: 录音资料鉴定规范(SF/Z JD0301001—2010)[S]. 北京：北京大学出版社, 2016：11.

[2] Ramalingam A，Krishnan S. Gaussian mixture modeling of short-time Fourier transform features for audio fingerprinting[J]. IEEE Transactions on Information Forensics and Security，2006，1(4)：457-463.

[3] Balado F，Hurley N J，McCarthy E P，et al. Performance analysis of robust audio hashing [J]. IEEE Transactions on Information Forensics and Security，2002，2(2)：254-266.

[4] Liu Q Z，Sung A H，Qiao M Y. Temporal derivative-based spectrum and mel-cepstrum audio steganalysis [J]. IEEE Transactions on Information Forensics and Security，2009，4(3)：359-368.

[5] Kang X G，Yang R，Huang J W. Geometric invariant audio watermarking based on an LCM feature [J]. IEEE Transaction on Multimedia，2011，13(2)：181-190.

[6] 唐畅，廖翔，徐晶，等. 数字录音资料真实性检验[J]. 警察技术，2012(4)：61-63.

[7] Ikram S，Malik H. Digital audio forensics using background noise [C].Proceedings of IEEE International Conference on Multimedia and Expo，Singapore，2010：106-110.

[8] Yang R. Additive noise detection and its application to audio forensics [C].Signal and Information Processing

Association Annual Summit and Conference，Siem Reap，Cambodia，2014：1-5.

[9] 刘本永. 非平稳信号分析导论[M]. 北京：国防工业出版社，2006.

[10] Grigoras C. Digital audio recording analysis：The electric network frequency（ENF）criterion [J]. International Journal of Speech，Language and the Law，2005，12(1)：63-76.

[11] Grigoras C. Applications of ENF criterion in forensic audio，video，computer and telecommunication analysis [J]. Forensic Science International，2007，167(2)：136-145.

[12] Nicolalde D P，Apolinario Jr. J A. Evaluating digital audio authenticity with spectral distance and ENF phase change [C]. Proceedings of IEEE International Conference on Acoustic，Speech，and Signal Processing，Taipei，China，2009:1417-1420.

[13] Chang F C，Huang H C. Electrical network frequency as a tool for audio concealment process [C].Proceedings of the 6th IEEE International Conference on Intelligent Information Hiding and Multimedia Signal Processing，Darmstadt，Germany，2010：175-178.

[14] Rodríguez D P N，Apolinário Jr. J A，Biscainho L W P. Audio authenticity：Detecting ENF discontinuity with high precision phase analysis [J]. IEEE Transactions on Information Forensics and Security，2010，5(3)：534-543.

[15] Chang F C，Huang H C. A study on ENF discontinuity detection techniques [C].Proceedings of the 7th IEEE International Conferecne on Intelligent Information Hiding and Multimedia Signal Processing，Dalian，China，2011：9-12.

[16] Malik M，Farid H. Audio forensics from acoustic reverberation [C]. Proceedings of IEEE International Conference on Acoustics，Speech and Signal Processing，Dallas，TX，USA，2010：1710-1713.

[17] Ciobanu A，Culda T，Negrescu C，et al. Analysis of reverberation time blind estimation used in audio forensics [C]. Proceedings of 11th International Symposium on Electronics and Telecommunications，Timisoara，Romania，2014：1-4.

[18] Malik H. Acoustic environment identification and its applications to audio forensics [J]. IEEE Transactions on Information Forensics and Security，2013，8(11)：1827-1837.

[19] Zhao H，Chen Y，Wang R，et al. Anti-forensics of environmental-signature-based audio splicing detection and its countermeasure via rich-features classification [J]. IEEE Transactions on Information Forensics and Security，2016，11(7)：1603-1617.

[20] Purton R F. A survey of telephone speech-signal statistics and their significance in the choice of a PCM companding law [J]. Proceeding of IEEE，1962，109(43)：60-66.

[21] Kaneko H. A unified formulation of segment companding laws and synthesis of codecs and digital compandors [J]. The Bell System Technical Journal，1970，49(7)：1555-1588.

[22] Kühn P. Hybrid PCM-encoder with non-uniform quantization [J]. Nachrichten Technische Zeitschrift，1973，26(6)：275-278.

[23] Chiariglione L. Signal processing and standardization [J]. IEEE Signal Processing Magazine，1997，14(4)：33-34.

[24] Black H S，Edson J O. PCM equipment [J]. Electrical Engineering，1947，66(11)：1123-1125.

[25] Stoica P，Moses R. Spectral Analysis of Signals [M]. New Jersey：Prentice Hall，Inc.，2005.

[26] 姚秋明，柴佩琪，宣国荣，等. 基于期望最大化算法的音频取证中的篡改检测[J]. 计算机应用，2006，26(11)：2598- 2601.

[27] Ding Q，Xu W，Ping X J. Audio interpolation and stitching detection based on band-partitioning spectral smoothness [C]. Proceeding of WASE（World Association of Science Engineering）International Conference on Information Engineering，Taiyuan，China，2009：189-192.

[28] Macher R C. Audio forensic examination：Authenticity，enhancement，and interpretation [J]. IEEE Signal Processing Magazine，2009，26(2)：84-94.

[29] Gupta S，Cho A，Kuo C C J. Current development and future trends in audio authentication [J]. IEEE Multimedia，2012，19(1)：50-59.

[30] 朱妹丽. 三种篡改情况下的音频鉴定方法研究[D]. 大连：大连理工大学，2010.

[31] Imran M，Ali Z，Bakhsh S T，et al. Blind detection of copy-move forgery in digital audio forensics [J]. IEEE Access，2017，5：12843-12855.

[32] Yan Q，Yang R，Huang J. Robust copy-move detection of speech recording using similarities of pitch and formant [J]. IEEE Transactions on Information Forensics and Security，2019，14(9)：2331-2341.

[33] Yan Q，Yang R，Huang J. Detection of speech smoothing on very short clips [J]. IEEE Transactions on Information Forensics and Security，2019，14(9)：2341-2453.

[34] Drăghicescu D，Pop G，Burileanu D，et al. GMM-based audio codec detection with application in forensics [C]. Proceedings of the 38th IEEE International Conference on Telecommunications and Signal Processing，Prague，Czech Republic，2015：1-5.

[35] Luo D，Yang R，Li B，et al. Detection of double compressed AMR audio using stacked autoencoder [J]. IEEE Transactions on Information Forensics and Security，2019，14(9)：2341-2453.

[36] Bukiet B，Ragland R J，Damoulakis. Hardware implementation of a multi-rate real-time speech codec [C]. Proceedings of European Conference on Speech Technology，Edinburgh，UK，1987：2033-2036.

[37] Chu W C. Alternative window designs for the ETSI AMR speech coding standard [C].Proceedings of the 37th Asilomar Conference on Signals，Systems and Computers，2003：529-532.

[38] Jiang C，Zhang L，Gu K，et al. Optimization of AMR speech codec on ARMv5E platform [C].Proceedings of IEEE Asia-Pacific Services Computing Conference，2010：Hangzhou，China，615-619.

[39] 王炳锡，王洪. 变速率语音编码[M]. 西安：西安电子科技大学出版社，2004.

[40] Yang R，Shi Y Q，Huang J W，et al. Detecting double compression of audio signal [C]. Proceedings of SPIE Media Forensics and Security II，San Jose，California，USA，2010：74510K.1-74510K.10.

[41] Yang R，Shi Y Q，Huang J W. Defeating fake-quality MP3 [C].Proceedings of the 11th ACM Workshop Multimedia and Security，NewYork，NY，USA，2009：117-124.

[42] D'Alessandro B，Shi Y Q. MP3 bit rate quality detection through frequency spectrum analysis [C].Proceedings of 11th ACM Workshop on Multimedia and Security，NewYork，NY，USA，2009：57-61.

[43] Liu Q Z，Sung A H，Qiao M Y. Detection of double MP3 compression [J]. Journal of Cognitive Computing，2010，2(4)：291-296.

[44] Qiao M Y，Sung A H，Liu Q Z. Revealing real quality of double compressed MP3 audio [C].Proceedings of ACM International Conference on Multimedia，NewYork，NY，USA，2010：1011-1014.

第 5 章　数字图像复原 I：去噪与超分辨

5.1　引　　言

数字图像复原就是通过算法、软件等手段，尽可能地消除成像设备、成像环境、成像条件、存储处理等因素造成的负面(降质)影响，恢复图像场景中真实内容的过程。数字图像复原的范畴很广，在数字视听资料分析检验领域主要包括图像增强与噪声抑制、图像超分辨重构、图像解模糊等内容。

图像增强与噪声抑制旨在降低噪声影响，增强成像场景中的图像内容；图像超分辨重构在本质上属于图像重构和图像修复问题，其重点是解决由于技术成本和成像条件等限制(如相机成本低、性能差、相机距成像目标太远等)而带来的分辨率不足的问题；图像解模糊则重点解决因散焦、相对运动等因素导致的图像模糊不清等问题。这些一般性问题在众多的图像处理著作和文献中均有论述[1-17]，本章重点对图像复原中的去噪和超分辨重构进行简要分析和探讨，具体内容包括基于核回归的图像去噪、基于 KNR 的图像放大和多帧融合超分辨等。

5.2　基于核回归的图像去噪

图像去噪作为图像处理的一个经典课题，已有很多有效的传统处理方法，如均值滤波、中值滤波、维纳滤波、小波变换过滤等滤波算法。这些传统方法大致可以分为空域去噪方法和变换域去噪方法两类。

空域去噪方法一般假设噪声位于图像高频部分，并利用低通滤波的方式在原图像上对像素灰度值进行直接处理。通常情况下，空域去噪方法可以在一定程度上去除图像噪声，但会使图像的原始边缘和细节部分变得较为模糊。例如，均值滤波作为最简单和最常用的空域去噪方法[2]，利用一个像素及其邻域内所有像素灰度值的平均值代替该像素的原有值，该方法能够在一定程度上去除图像噪声，但去噪后的图像往往出现严重模糊问题，为此，许多学者研究了相关改进算法[18]，并取得了较好的去噪效果；中值滤波[19]作为一种非线性滤波，将一个像素及其邻域内像素灰度值的中值代替该像素的原有值，该方法在一定程度上能够保护图像的边缘细节信息，且对脉冲噪声有较好的抑制效果，但对其他噪声的去噪效果较差，为此，学者提出了相关改进算法，且这些算法得到了相应的应用[20-22]；维纳滤波[23,24]作为基于最小均方误差准则的最佳线性滤波，由于去噪效果较好而得到广泛应用(包括用于频域、小波域等变换域)，但用该方法去噪后的图像也出现一定程度的模糊；双边滤波[25,26]同时对邻域内像素的位置和灰度值对中心像素的影响进行加权，并用加权平均值替代中心像素值，以达到去噪的目的等。这些空域去噪方法具有简单、快速、方便等共同特点，但去噪图像边缘都变得很模糊，所以应用限制较大。

基于变换域的图像去噪是解决上述问题的一个有效途径，其中小波变换具有多尺度特性和良好的时频分辨特性，能在提取图像信号基本特征的同时很好地聚焦细节，因此引起了研究人员的广泛关注。研究人员先后提出基于阈值收缩的通用阈值去噪方法[1,27]、基于 Stein 无偏风险准则的最优斯坦无偏风险估计(Stein' s unbiased risk estimate，SURE)阈值方法[28]、基于最小贝叶斯风险准则的贝叶斯阈值方法[29]，等等。这些方法主要是对图像在小波变换后的高频系数进行处理，其算法简单、快速，且小波变换具有多尺度特性，能较好地去除图像的噪声。但是，基于阈值收缩的方法在阈值设计过程中需要估计噪声方差，估计不准确则会影响噪声抑制效果，并造成一定程度的模糊。而且，阈值方法舍弃的小波系数未必是噪声的小波系数或无用的小波系数，而保留的小波系数也未必是真实图像的信息的小波系统或有用的小波系数。另外，上述阈值方法一般假定噪声统计特性已知，所以其应用场景受到一定的限制。

基于核的非线性回归分析随着其理论研究工作的不断深入，在图像处理中的应用也逐渐引起较多学者的重视[14,30,31]。该方法从观测样本数据出发，不受图像和噪声分布特性的限制，因此能够广泛适用于各种噪声下的图像去噪。其中，较好的去噪方法包括基于非参数模型的核回归方法——加权核回归去噪方法[14]，该方法对像素点在其局部邻域内进行泰勒级数展开，并利用邻域像素值重新估计中心像素值，在估计的同时考虑距离和灰度权重对像素的影响，且利用最小二乘法求取最优解，进而利用图像的局部特性改变加权核的大小、方向、形状，使加权核的形状随着图像的细节和边缘改变，在去噪的同时较好地保留了图像原有的细节和边缘信息，因而去噪后图像有较好的视觉效果和应用价值。

本节针对数字视听资料检验中常用图像去噪算法普遍存在的平滑模糊与细节保留相矛盾的问题，结合对现有加权核回归和再生核回归理论及算法的研究，探讨单幅图像去噪技术和多帧融合去噪技术。

5.2.1 基于加权核回归的图像去噪

1. 基本思想——邻域加权最小二乘回归

核回归算法是图像复原中一种有效的去噪算法[14, 32]，其本质是传统 N 阶多项式最小二乘邻域回归的改进形式——邻域加权回归，即对图像中被处理的像素及

其远近不同的 M 个邻近像素进行加权，其权函数称为核函数(与 2.2.2 节中讨论的再生核希尔伯特空间的再生核没有必然联系)，所以这里称其为加权核回归算法。

对于一维信号，加权核回归准则为

$$\boldsymbol{a}_{\text{opt}} = \underset{\boldsymbol{a}=[a_0,a_1,\cdots,a_N]^{\mathrm{T}}}{\arg\min} \left\{ \sum_{i=1}^{M} \left[g(i) - \sum_{j=0}^{N} a_j (x_i - x)^j \right]^2 \frac{1}{\zeta} k\left(\frac{x_i - x}{\zeta} \right) \right\}, \tag{5.1}$$

式中，x 为观测点 x_i 的邻近点；$g(i)=g(x_i)$，为对应点的测量值(如图像灰度值)；k 为权函数，即窗函数(被称为核函数[14,32])；ξ 为窗函数的归一化参数(使各权值之和为 1)；$\boldsymbol{a}$ 为回归系数向量。该准则与传统最小二乘回归准则相比，除了增加权函数和考虑邻域点以外，还保留了传统最小二乘回归限于离散空间这一特点(图 2.5)。权函数用于保证邻域点由近及远的作用强度递减，邻域点保证了回归结果由观测点向附近点的推广能力，所以较传统最小二乘回归而言，其泛化能力得到提高，但准则本身没有最优泛化保障(不像图 2.5 中的那样，使阴影部分面积最小或使连续函数空间 H 中的误差最小，以保证最优泛化能力)。

推广到二维(或高维)情况时，首先由式(2.5)、式(2.9)和式(2.10)可得[32]：

$$g_i = f_0(\boldsymbol{x}_i) + \varepsilon_i,\ \ \boldsymbol{x}_i = [x_{i1}, x_{i2}]^{\mathrm{T}} \quad (i = 1,2,\cdots,M), \tag{5.2}$$

式中，$\boldsymbol{x}_i$ 为 2×1 的坐标向量；x_{i1} 和 x_{i2} 分别为 $\boldsymbol{x}_i$ 点处的横、纵坐标；$f_0(\bullet)$ 为回归函数；ε_i 为零均值加性噪声。

设 $f_0(\boldsymbol{x}_i)$ 是 N 阶局部平滑的，点 $\boldsymbol{x}$ 是 $\boldsymbol{x}_i$ 附近的采样点。则根据泰勒级数展开原理，$f_0(\boldsymbol{x}_i)$ 的 N 阶泰勒级数展开式为

$$\begin{aligned} f_0(\boldsymbol{x}_i) &\approx f_0(\boldsymbol{x}) + \{\nabla f_0(\boldsymbol{x})\}^{\mathrm{T}} (\boldsymbol{x}_i - \boldsymbol{x}) + \frac{1}{2}(\boldsymbol{x}_i - \boldsymbol{x})^{\mathrm{T}} \{\boldsymbol{H}[f_0(\boldsymbol{x})]\} (\boldsymbol{x}_i - \boldsymbol{x}) + \cdots \\ &= f_0(\boldsymbol{x}) + \{\nabla f_0(\boldsymbol{x})\}^{\mathrm{T}} (\boldsymbol{x}_i - \boldsymbol{x}) + \frac{1}{2} \mathrm{vech}^{\mathrm{T}} \{\boldsymbol{H}[f_0(\boldsymbol{x})]\} \mathrm{vech}\left\{(\boldsymbol{x}_i - \boldsymbol{x})(\boldsymbol{x}_i - \boldsymbol{x})^{\mathrm{T}}\right\} + \cdots, \end{aligned} \tag{5.3}$$

式中，∇ 和 $H[\bullet]$分别为(2×1)的梯度算子和(2×2)的 Hessian 算子；vec(•)为向量化算子(它按一定规则将一个矩阵转换为一个向量)。为简便起见，还定义 vech(•)为一个半向量化算子，它可将一个对称矩阵的“下三角部分”转换为一个向量，即[32]：

$$\mathrm{vech}\left(\begin{bmatrix} u & y \\ y & z \end{bmatrix}\right) = [u\ y\ z]^{\mathrm{T}},\quad \mathrm{vech}\left(\begin{bmatrix} j & l & o \\ l & u & y \\ o & y & z \end{bmatrix}\right) = [j\ l\ o\ u\ y\ z]^{\mathrm{T}}. \tag{5.4}$$

根据 Hessian 算子的对称性，式(5.3)可简化为

$$f_0(\boldsymbol{x}_i) = a_0 + \boldsymbol{a}_1^{\mathrm{T}} (\boldsymbol{x}_i - \boldsymbol{x}) + \boldsymbol{a}_2^{\mathrm{T}} \mathrm{vech}\left\{(\boldsymbol{x}_i - \boldsymbol{x})(\boldsymbol{x}_i - \boldsymbol{x})^{\mathrm{T}}\right\} + \cdots. \tag{5.5}$$

比较式(5.3)和式(5.5)可知，$a_0=f_0(\boldsymbol{x})$是待估计像素点的灰度值，而向量 $\boldsymbol{a}_1$ 和向量 $\boldsymbol{a}_2$ 包含了对应的一阶和二阶导数，它们的具体形式为[32]

$$\boldsymbol{a}_1 = \nabla f_0(\boldsymbol{x}) = \left[\frac{\partial f(\boldsymbol{x})}{\partial x_1},\ \frac{\partial f(\boldsymbol{x})}{\partial x_2}\right]^{\mathrm{T}}, \tag{5.6}$$

$$\boldsymbol{a}_2 = \frac{1}{2}\left[\frac{\partial^2 f_0(\boldsymbol{x})}{\partial x_1^2},\ 2\frac{\partial^2 f_0(\boldsymbol{x})}{\partial x_1 \partial x_2},\ \frac{\partial^2 f_0(\boldsymbol{x})}{\partial x_2^2}\right]^{\mathrm{T}}. \tag{5.7}$$

根据式(5.5)的泰勒展开式，利用最小二乘法可将式(5.2)求解 $f_0(\boldsymbol{x}_i)$ 的问题转化为一个加权最小二乘回归参数估计问题，以估计参数向量 $\boldsymbol{a}_n$ $(n=0,1,\cdots,N)$。对应的加权最小二乘回归参数估计可表示为[33]

$$\hat{\boldsymbol{b}} = \arg\min_{\boldsymbol{b}} \sum_{i=1}^{M} \left[g_i - a_0 - \boldsymbol{a}_1^{\mathrm{T}}(\boldsymbol{x}_i - \boldsymbol{x}) - \boldsymbol{a}_2^{\mathrm{T}} \mathrm{vech}\{(\boldsymbol{x}_i - \boldsymbol{x})(\boldsymbol{x}_i - \boldsymbol{x})^{\mathrm{T}}\} - \cdots \right]^2 k_{\boldsymbol{S}}(\boldsymbol{x}_i - \boldsymbol{x}), \tag{5.8}$$

其中

$$\boldsymbol{b} = [a_0, \boldsymbol{a}_1^{\mathrm{T}}, \cdots, \boldsymbol{a}_N^{\mathrm{T}}]^{\mathrm{T}},\ k_{\boldsymbol{S}}(\boldsymbol{x}) = \frac{1}{\det(\boldsymbol{S})} K(\boldsymbol{S}^{-1}\boldsymbol{x}), \tag{5.9}$$

而 K 代表二维核函数(即加权核函数)，$\boldsymbol{S}$ 为 2×2 的平滑矩阵。式(5.8)的矩阵形式为

$$\hat{\boldsymbol{b}} = \arg\min_{\boldsymbol{b}} \|\boldsymbol{g} - \boldsymbol{X}_x \boldsymbol{b}\|_{\boldsymbol{W}}^2 = \arg\min_{\boldsymbol{b}} (\boldsymbol{g} - \boldsymbol{X}_x \boldsymbol{b})^{\mathrm{T}} \boldsymbol{W} (\boldsymbol{g} - \boldsymbol{X}_x \boldsymbol{b}), \tag{5.10}$$

其中，$\boldsymbol{g}$ 如式(2.6)所示，而

$$\boldsymbol{W} = \mathrm{diag}[k_{\boldsymbol{S}}(\boldsymbol{x}_1 - \boldsymbol{x}), k_{\boldsymbol{S}}(\boldsymbol{x}_2 - \boldsymbol{x}), \cdots, k_{\boldsymbol{S}}(\boldsymbol{x}_M - \boldsymbol{x})], \tag{5.11}$$

$$\boldsymbol{X}_x = \begin{bmatrix} 1 & (\boldsymbol{x}_1 - \boldsymbol{x})^{\mathrm{T}} & \mathrm{vech}^{\mathrm{T}}\{(\boldsymbol{x}_1 - \boldsymbol{x})(\boldsymbol{x}_1 - \boldsymbol{x})^{\mathrm{T}}\} & \cdots \\ 1 & (\boldsymbol{x}_2 - \boldsymbol{x})^{\mathrm{T}} & \mathrm{vech}^{\mathrm{T}}\{(\boldsymbol{x}_2 - \boldsymbol{x})(\boldsymbol{x}_2 - \boldsymbol{x})^{\mathrm{T}}\} & \cdots \\ \vdots & \vdots & \vdots & \\ 1 & (\boldsymbol{x}_M - \boldsymbol{x})^{\mathrm{T}} & \mathrm{vech}^{\mathrm{T}}\{(\boldsymbol{x}_M - \boldsymbol{x})(\boldsymbol{x}_M - \boldsymbol{x})^{\mathrm{T}}\} & \cdots \end{bmatrix}. \tag{5.12}$$

在实际应用中，图像的像素值 a_0[即 $f_0(\boldsymbol{x})$]为主要估计对象。在不考虑回归阶数 N 具体取值的情况下，可得到 a_0 的一个通用最小二乘估计结果[32]：

$$f(\boldsymbol{x}) = a_0 = \boldsymbol{e}_1^{\mathrm{T}} (\boldsymbol{X}_x^{\mathrm{T}} \boldsymbol{W} \boldsymbol{X}_x)^{-1} \boldsymbol{X}_x^{\mathrm{T}} \boldsymbol{W} \boldsymbol{g}, \tag{5.13}$$

式中，$\boldsymbol{e}_1$ 为首元素取 1 而其余元素都为 0 的列向量。

2. 保边缘改进——双边加权核回归

上述加权核只考虑采样点间的空间位置关系，与采样点灰度信息无关，这会导致处理后图像的边缘被过度平滑。为解决这一问题，利用采样点的空间距离和灰度距离信息进行同时加权，以得到双边加权核回归。最直接的办法是在原有加权核函数中使用一个距离因子(实质上就是双边滤波器的构造思想[25,26])。这样，原来的最优化问题即式(5.8)变为

$$\min_{\{\boldsymbol{a}_n\}_{n=0}^{N}} \sum_{i=1}^{M} \left[g_i - a_0 - \boldsymbol{a}_1^{\mathrm{T}}(\boldsymbol{x}_i - \boldsymbol{x}) - \boldsymbol{a}_2^{\mathrm{T}} \mathrm{vech}\{(\boldsymbol{x}_i - \boldsymbol{x})(\boldsymbol{x}_i - \boldsymbol{x})^{\mathrm{T}}\} - \cdots \right]^2 k_{\mathrm{B}}(\boldsymbol{x}_i - \boldsymbol{x}, g_i - g). \tag{5.14}$$

双边加权核函数 k_{B} 由采样点空间距离 $(\boldsymbol{x}_i - \boldsymbol{x})$ 和灰度距离 $(g_i - g)$ 的乘积核共同决定：

$$k_{\mathrm{B}}(\boldsymbol{x}_i - \boldsymbol{x}, g_i - g) \equiv k_{\boldsymbol{S}}(\boldsymbol{x}_i - \boldsymbol{x}) k_{\sigma_i}(g_i - g), \tag{5.15}$$

式中，σ_i 为灰度平滑常数。当 N=0 时，若取空间平滑矩阵为 $\boldsymbol{S}=s\boldsymbol{I}$（$S$ 为常数），则对式(5.14)采用 Nadaraya-Watson 估计法可得到[25,26]：

$$f(\boldsymbol{x}) = \frac{\sum_{i=1}^{M} k_{\boldsymbol{S}}(\boldsymbol{x}_i - \boldsymbol{x}) k_{\sigma_i}(g_i - g) g_i}{\sum_{i=1}^{M} k_{\boldsymbol{S}}(\boldsymbol{x}_i - \boldsymbol{x}) k_{\sigma_i}(g_i - g)}, \tag{5.16}$$

即退化为双边滤波器。

3. 动态噪声抑制——自适应加权核回归

双边加权核在图像处理中的表现优于经典加权核。但当图像噪声动态性较强时，若依旧采用式(5.15)中的乘积核函数，则强噪声情况下与灰度距离相关的部分将会受到很大影响。自适应加权核的引入有助于解决该问题。自适应核函数的形式为

$$k_{\mathrm{D}}(\boldsymbol{x}_i - \boldsymbol{x}, g_i - g) \equiv k_{\boldsymbol{S}_{\mathrm{adapt}}^{i}}(\boldsymbol{x}_i - \boldsymbol{x}), \tag{5.17}$$

式中，Sadapt 为操控矩阵，定义为[32]

$$\boldsymbol{S}_{\mathrm{adapt}} = s\sigma_i \boldsymbol{C}_i^{-\frac{1}{2}}, \tag{5.18}$$

式中，s 为常数；$\boldsymbol{C}_i$ 为根据局部灰度值得到的协方差矩阵，其变化直接影响加权双边核函数的取值和形状。为适应局部边缘的方向特征，实际中可以将 $\boldsymbol{C}_i$ 分解为[32,26]：

$$\boldsymbol{C}_i = \lambda_i \boldsymbol{U}_{\varphi_i} \boldsymbol{\Lambda}_i \boldsymbol{U}_{\varphi_i}^{\mathrm{T}}, \tag{5.19}$$

式中，λ_i 为尺度因子。而旋转矩阵和伸缩矩阵的具体形式如下：

$$\boldsymbol{U}_{\varphi_i} = \begin{bmatrix} \cos\varphi_i & \sin\varphi_i \\ -\sin\varphi_i & \cos\varphi_i \end{bmatrix} \quad \boldsymbol{\Lambda}_i = \begin{bmatrix} \rho_i & 0 \\ 0 & \rho_i \end{bmatrix}. \tag{5.20}$$

于是，协方差矩阵由旋转因子 φ_i、伸缩因子 ρ_i 和尺度因子 λ_i 三个参数共同决定，三个参数的作用如图 5.1 所示。其中，四幅图都是核函数的二维幅度图，核函数值由亮色到暗色逐渐降低。

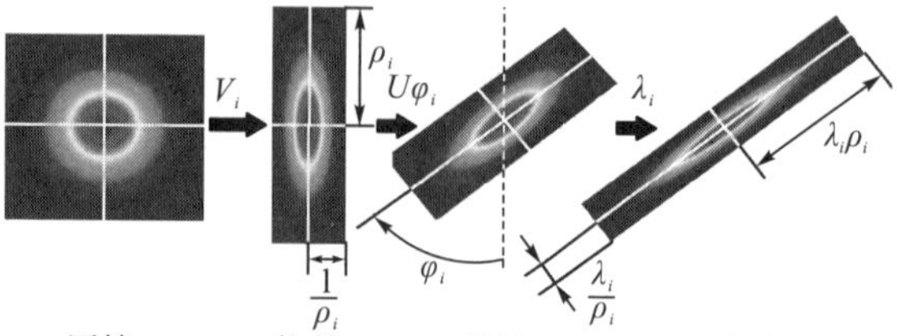

图 5.1 自适应双边加权核函数基本参数对加权核形状的影响

以下分别给出旋转因子 θ_i 、伸缩因子 ρ_i 和尺度因子 λ_i 三个参数的计算方法。

若对图像局部区域梯度矩阵求奇异值，则最小非零奇异值对应的奇异向量代表局部梯度的主方向[34]，而局部区域梯度矩阵被定义为[32]

$$\boldsymbol{G}_i=\begin{bmatrix}\vdots & \vdots \\ f_{x_1}(\boldsymbol{x}_j) & f_{x_2}(\boldsymbol{x}_j) \\ \vdots & \vdots\end{bmatrix}=\boldsymbol{U}_i\boldsymbol{S}_i\boldsymbol{V}_i^{\mathrm{T}} \quad (\boldsymbol{x}_j\in\boldsymbol{D}_i) \tag{5.21}$$

式中，$\boldsymbol{D}_i$ 是以 $\boldsymbol{x}_i$ 为中心的局部区域；$f_{x_1}(g)$ 和 $f_{x_2}(g)$ 分别为 $\boldsymbol{x}_j$ 点处水平和垂直方向上的一阶导数。事实上，式(5.21)是 $\boldsymbol{G}_i$ 的奇异值分解(singular value decomposition，SVD)结果，$\boldsymbol{S}_i$ 为 2×2 的对角矩阵[25,26]。而由式(5.21)中 $V_i=[v_{i1},\ v_{i2}]^{\mathrm{T}}$ 确定的局部梯度主方向角度 φ_i 如下：

$$\varphi_i=\arctan\left(\frac{v_{i1}}{v_{i2}}\right). \tag{5.22}$$

伸缩因子 ρ_i 则根据梯度主方向的能量计算如下[32,35]：

$$\boldsymbol{S}_i=\begin{bmatrix}s_{i1} & 0\\ 0 & s_{i2}\end{bmatrix}\rho_i=\frac{s_{i1}+\eta'}{s_{i2}+\eta'} \quad (\eta'\geqslant 0), \tag{5.23}$$

式中，η' 为核拉伸正规化参数，可抑制图像噪声影响，避免 ρ_i 分母为 0。而 ρ_i 的作用也可以被理解为：在平坦的图像区域($s_{i1}\approx s_{i2}\approx 0$)保持核的形状，而在边缘区域($s_{i1}>>s_{i2}$)对核进行拉伸。

尺度因子 λ_i 的定义为[26]：

$$\lambda_i=\left[\frac{s_{i1}s_{i2}+\eta''}{M}\right]^{\frac{1}{2}}, \tag{5.24}$$

式中，η'' 也为正规化参数(起抑制噪声作用，避免 λ_i 为 0)；M 为局部分析区域中采样点的个数。正则化参数 η' 与 η'' 在实际应用中应尽可能小，以避免核无限延长，如取 $\eta'=1$ 和 $\eta''=0.01$。

经过上面过程得到式(5.19)中的 $\boldsymbol{C}_i$ 后，若选择高斯核函数作为原始核函数(对应平坦区域时)，可得到自适应核的数学表达形式如下[32]：

$$k_{S_{\text{adapt}}^i}(\boldsymbol{x}_i-\boldsymbol{x})=\frac{\sqrt{\det(\boldsymbol{C}_i)}}{2\pi s^2\sigma_i^2}\exp\left\{-\frac{(\boldsymbol{x}_i-\boldsymbol{t})^{\mathrm{T}}\boldsymbol{C}_i(\boldsymbol{x}_i-\boldsymbol{x})}{2s^2\sigma_i^2}\right\}. \tag{5.25}$$

由以上分析可知，自适应加权核函数可以很好地根据图像的纹理、细节特征来改变自身的形状和大小，这对于在处理后的图像中保留边缘和去除噪声意义重大。图 5.2 示意性地说明了自适应核函数在图像不同局域的变化。其中，区域越平坦，核函数的投影就越趋于圆形，投影面积就越大；区域细节越多，投影形状越狭窄，投影面积越小。也就是说，自适应加权核函数是和区域特征密切相关的，它可以根据图像区域的梯度主方向自动地改变形状，以达到对不同区域有区别地加权的目的。

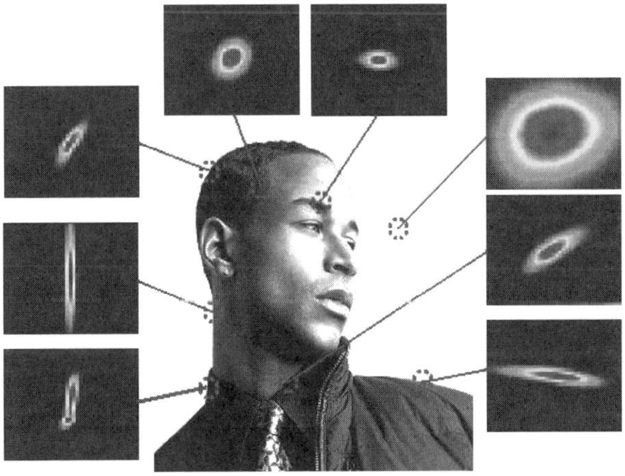

图 5.2　自适应加权核函数在图像不同区域的形状变化情况

图像参考自 http://pic11.photophoto.cn/20090414/0036036785080346_b.jpg

此外，因为自适应加权核函数是由局部区域里很多像素点的梯度信息确定的，而不是由某个单独的像素点决定的，所以在噪声背景下仍然能准确地根据区域特征改变形状。这是自适应加权核函数相对于双边滤波器核函数最大的区别，决定了自适应加权核回归必然有更优秀的去噪能力。

5.2.2　基于改进 SVD 和再生核回归的图像去噪

1. 基于改进 SVD 的图像去噪[31]

通常，数字图像以矩阵的方式表示和存放，所以矩阵分析是图像处理的重要工具，其中 SVD 是最基本的图像处理手段。

这里探讨一种基于改进 SVD 的图像噪声抑制算法[31]。该算法是在改进最小二乘(modified least square，MLS)矩阵 SVD 算法(称为 MLS-SVD[36])的基础上所做的进一步改进，所以称为 MMLS-SVD（modified MLS-SVD）算法。

不失一般性，假设图像为单色图像，因而可以用矩阵描述。设观测图像 $\boldsymbol{F}$ 由理想无噪图像 $\boldsymbol{F}_0$ 和加性独立同分布（independent identical distribution，i.i.d）噪声 $\boldsymbol{N}$ 构成[参见式（1.3）]，即

$$\boldsymbol{F}=\boldsymbol{F}_0+\boldsymbol{N}. \tag{5.26}$$

噪声抑制的目的在于由 $\boldsymbol{F}$ 估计 $\boldsymbol{F}_0$ ——矩阵估计问题。解决该问题最经典的算法是基于 SVD 的估计方法，如 LS 估计[37,38]、MLS 估计[36]、最小方差估计[36,39]、时域约束估计[40,41]等。这里，对 MLS 估计方法进行进一步改进。

假设无噪图像 $\boldsymbol{F}_0$ 与噪声 $\boldsymbol{N}$ 正交，即 $\boldsymbol{F}_0^{\mathrm{T}}\boldsymbol{N}=0$，其中 $\boldsymbol{0}$ 为零向量。由于噪声 $\boldsymbol{N}$ 是 i.i.d 的，由式（5.26）可知，$\boldsymbol{F}$ 的 SVD 可表示为

$$\boldsymbol{F}=\boldsymbol{U\Sigma V}^{\mathrm{T}}=\begin{bmatrix}\boldsymbol{U}_1 & \boldsymbol{U}_2\end{bmatrix}\begin{bmatrix}\boldsymbol{\Sigma}_1 & \boldsymbol{0}\\ \boldsymbol{0} & \sigma\boldsymbol{I}_2\end{bmatrix}\begin{bmatrix}\boldsymbol{V}_1^{\mathrm{T}}\\ \boldsymbol{V}_2^{\mathrm{T}}\end{bmatrix}, \tag{5.27}$$

式中，$\boldsymbol{\Sigma}_1=\mathrm{diag}(\sigma_1,\ \sigma_2,\cdots,\sigma_k)$ $(\sigma_i>0,\ i=1,\ 2,\cdots,r)$，$r$ 为 $\boldsymbol{F}_0$ 的秩；$\boldsymbol{I}_2$ 为具有 $q-r$ 列的类单位阵，q 为 $\boldsymbol{F}$ 的列数；σ 为噪声标准差，即有 $\boldsymbol{N}^{\mathrm{T}}\boldsymbol{N}=\boldsymbol{I}_q$（$\boldsymbol{I}_q$ 为 q 阶单位阵）；$\boldsymbol{U}_1$ 和 $\boldsymbol{V}_1$ 均为 r 阶酉阵。

$\boldsymbol{F}_0$ 的 LS 估计及 MLS 估计分别为[36-38]

$$\hat{\boldsymbol{F}}=\boldsymbol{U}_1\boldsymbol{\Sigma}_1\boldsymbol{V}_1^{\mathrm{T}} \tag{5.28}$$

和

$$\hat{\boldsymbol{F}}=\boldsymbol{U}_1(\boldsymbol{\Sigma}_1-\sigma\boldsymbol{I}_1)\boldsymbol{V}_1^{\mathrm{T}}, \tag{5.29}$$

式中，$\boldsymbol{I}_1$ 为 r 阶单位阵。显然，在 LS 估计中噪声标准差 σ 未从奇异值中被剔出，而 MLS 估计在剔出噪声影响中可能引入了负的奇异值，因而导致去噪结果失真。而且，在实际问题中无噪图像矩阵的秩 r 和噪声标准差 σ 通常是未知的，需要预先估计。

针对上述问题，我们预先设定压缩比 $\eta\in[0,1]$，并将由以下关系式估计的描述长度作为无噪图像矩阵秩 r 的估计：

$$\eta=\frac{\sum_{i=1}^{r}\sigma_i}{\sum_{i=1}^{M}\sigma_i}\qquad M=\max(p,q), \tag{5.30}$$

式中，p 为 $\boldsymbol{F}$ 的行数；$\sigma_1,\sigma_2,\cdots,\sigma_M$ 为 $\boldsymbol{F}$ 按降序排列的奇异值。

估计无噪图像矩阵的秩 r 后，噪声标准差 σ 的估计为

$$\hat{\sigma}=\frac{1}{M-r}\sum_{i=r+1}^{M}\sigma_i. \tag{5.31}$$

因此，对于 i.i.d 噪声，有 $\sigma_{r+1}=\sigma_{r+2}=\cdots=\sigma$ 和 $\hat{\sigma}=\sigma$。

最后，得到 $\boldsymbol{F}_0$ 的 MMLS-SVD 估计结果如下：

$$\hat{\boldsymbol{F}}_{\mathrm{MMLS}}=\boldsymbol{U}_r\hat{\boldsymbol{\Sigma}}\boldsymbol{V}_r^{\mathrm{T}}, \tag{5.32}$$

式中，$\hat{\boldsymbol{\Sigma}} = \mathrm{diag}(\sigma_1 - \hat{\sigma}, \cdots, \sigma_r - \hat{\sigma})$；$\boldsymbol{U}_r$ 和 $\boldsymbol{V}_r$ 分别为由 $\boldsymbol{F}$ 的前 r 个大的奇异值对应的左、右奇异向量为列向量构成的酉阵。

2. 基于再生核回归的图像去噪[31,42]

在 2.2.2 节中我们对再生核回归理论和算法进行了较为深入的讨论，得到了 KNR(定理 2.1)及其自适应形式(定理 2.2)。该算法用于图像去噪，事实上就是解决曲面拟合问题，是 2.2.2 节中基于 KNR 波形估计的含噪语音增强算法推广到二维情形的结果[31]，在此不再赘述。

需要说明的是，上述图像去噪方法可以直接应用于视频去噪。

5.2.3　图像去噪应用实验

将上述加权核回归、改进 SVD 和再生核回归等方法用于图像去噪对比实验，实验分为单帧图像去噪与多帧融合图像去噪两部分[42]。

1. 单帧图像去噪实验

图 5.3 为对实际案例含噪图像进行噪声抑制的对比实验结果。显然，从平滑性(抑制振铃效应)、保边缘性等综合方面看，在被比较的贝叶斯方法、小波域 SURE 方法[28]、双边滤波方法、经典加权核回归方法、自适应双边加权核回归方法、一维再生核回归(KNR)方法、经典小波变换重构(WT)方法和维纳(Weiner)滤波方法中，自适应双边加权核回归方法取得了最好的噪声抑制效果，但整体过于平滑；其次为经典小波变换重构方法，但其中明显残留了部分噪声；一维再生核回归方法具有最好的保边缘性，但产生了一定的周期性条纹。

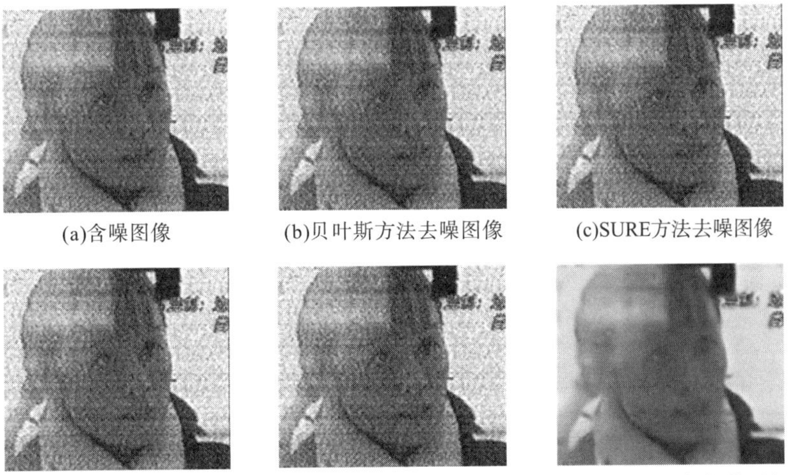

(a)含噪图像　(b)贝叶斯方法去噪图像　(c)SURE方法去噪图像

(d)双边滤波去噪图像　(e)经典加权核回归去噪图像　(f)自适应双边加权核回归去噪图像

(g)一维KNR去噪图像　(h)经典WT去噪图像　(i)Weiner滤波去噪图像

图 5.3　案例含噪图像及不同方法的噪声抑制结果

含噪图像参来自 http://www.eepw.com.cn/article/201710/368521.htm

图 5.4 所示为同一案例图像典型去噪方法的实验对比结果(其中再生核回归参数比图 5.3 适当增大)。可以看到，改进 SVD 方法在保留清晰边缘的同时产生了马赛克效应。

(a)含噪图像　(b)经典WT去噪图像　(c)KNR去噪图像　(d)MMLS-SVD去噪图像

图 5.4　含噪图像及不同方法去噪结果

2. 多帧融合图像去噪实验

加权核回归算法可推广到三维，以用于多帧图像融合去噪。图 5.5 为多帧含噪图像及其二维、三维自适应加权核回归去噪结果。显然，多帧融合处理得到了更好的去噪效果[42]。

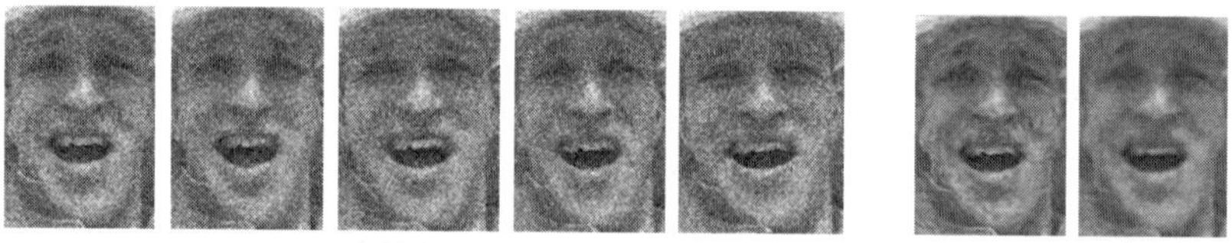

(a)多帧含噪图像　(b)二维和三维自适应加权核回归去噪图像

图 5.5　多帧融合图像去噪结果

含噪图像来自 http://trace.eas.asu.edu/yuv/

5.3　基于 KNR 的图像放大和多帧融合超分辨

超分辨重构是图像复原的一个重要方面，旨在利用算法和软件解决成像设备或成像条件限制下分辨率低的问题[9-13]。其既可以基于单幅图像完成(称为单幅图像超分辨或图像放大)，也可以基于多帧图像融合实现。本节讨论基于插值和 KNR 曲面拟合的图像放大算法，以及基于运动估计和特征配准的多帧图像融合超分辨算法。

5.3.1　基于插值和 KNR 曲面拟合的图像放大

图像放大的根本任务是利用原始图像邻近像素的相关性产生更多像素点，因此，如何填充需要的像素点成为有效放大图像的关键。

常用的填充像素点的方法有插值和拟合两种。

1. 插值放大算法

插值是较为传统、有效的图像放大方法，包括最近邻插值、双线性插值、双三次插值等。

1) 最近邻插值

最近邻插值是最简单的插值算法，新像素点的灰度值为距离最近的像素点的灰度值。示意图如图 5.6 所示，其中原图像共有 4 个像素点(灰度值为 1～4)，经最近邻插值放大 2 倍。

1	2
3	4

→

1	1	2	2
1	1	2	2
3	3	4	4
3	3	4	4

图 5.6　原图像用最近邻插值法放大 2 倍的示意图

最近邻插值放大算法简单、快速，可用于图片浏览等实时性要求较高的场合，但有明显的锯齿效应。当放大倍数较高时，该方法基本失效。

2) 双线性插值

双线性插值使用 4 个像素点的灰度值，先沿水平方向线性插值得到新像素点的灰度值，再由两个新像素点的灰度值沿垂直方向插值得到最终像素点的灰度值，示意图如图 5.7 所示，算法如式(5.33)所示。

$f(b-1,c-1)$	$f(b-1,c)$	$f(b-1,c+1)$
$f(b,c-1)$	$f(b,c)$	$f(b,c+1)$
$f(b+1,c-1)$	$f(b+1,c)$	$f(b+1,c+1)$

图 5.7　双线性插值法图像放大示意图

$$\begin{cases} f(b-1,c)=[f(b-1,c-1)+f(b-1,c+1)]/2, \\ f(b+1,c)=[f(b+1,c-1)+f(b+1,c+1)]/2, \\ f(b,c)=[f(b,c-1)+f(b,c+1)]/2, \end{cases} \tag{5.33}$$

式中，b 和 c 均为像素点对应矩阵的下标（行号和列号）；$f(b,c)$ 为分别用 $f(b-1, c-1)$、$f(b-1, c+1)$、$f(b+1, c-1)$ 和 $f(b+1, c+1)$ 按式(5.33)插值的结果。

双线性插值放大算法与最近邻插值法相比，计算量较大，虽放大后图像锯齿效应减少，但高频分量受损，图像轮廓模糊。

3）双三次插值

双三次插值使用图像中 16 个像素点的灰度值，先沿水平方向对每 4 个像素点用三阶多项式插值得到一个新像素点的灰度值，再沿垂直方向用三阶多项式插值得到最终像素点的灰度值，如图 5.8 所示。

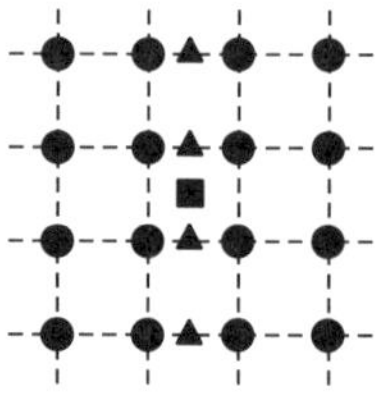

●原像素点；▲水平方向插值点；■垂直方向再插值点

图 5.8　双三次插值法图像放大示意图

相对于最近邻插值和双线性插值，双三次插值图像的锯齿效应和模糊程度均有明显改善。

总的来说，插值方法利用局部邻近像素对图像细节进行估计，忽略了图像全局信息，易带来锯齿效应和细节模糊。

2. 基于 KNR 曲面拟合的图像放大算法及对比实验

曲面拟合算法根据拟合函数和逼近准则并用原图像素点拟合出连续曲面后再重采样，其基本思想是：对信号的采样重构（图 1.4）结果按所需要的分辨率再采样。该类算法可较好地抑制锯齿效应和保留细节部分。

这里针对传统曲线拟合算法在收敛性、泛化能力、效率等方面存在的问题，利用定理 2.1 中的 KNR 算法，探讨对应的图像任意倍数放大算法[31,43,44]。

为验证 KNR 拟合放大算法的有效性，本实验采用主观评价和熵、交叉熵、峰值信噪比（peak signal to noise ratio，PSNR）三种客观评价准则进行对比实验。对如图 5.9(a)所示的小图像（分辨率为 40×40），分别使用上述三种插值方法和 KNR 拟合算法放大 4 倍（即放大后图像分辨率为 160×160），结果如图 5.9(b)～图 5.9(e)

所示(图中按 80%显示)，其客观评价结果如表 5.1 所示。从图 5.9 中可看到，最近邻插值放大图像锯齿效应最明显，双线性插值放大图像最模糊且有锯齿效应，双三次插值放大图像锯齿效应和模糊程度相对于前两种方法均有明显改善，KNR 曲面拟合算法去锯齿效果最明显且其图像细节较清晰。

(a)小图像　(b)最近邻插值放大图像　(c)双线性插值放大图像

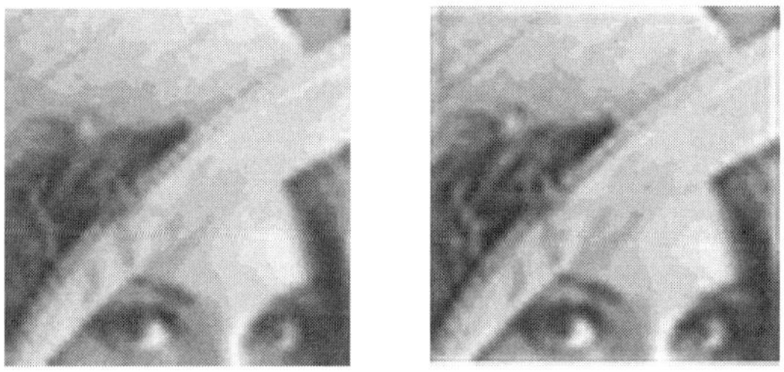

(b)双三次插值放大图像　(b)KNR曲面拟合放大图像

图 5.9　小图像经 4 种不同算法放大 4 倍的结果

小图像来自 https://ccia.ugr.es/cvg/dbimagenes/

再从表 5.1 中可知，经 KNR 曲面拟合算法放大后，图像的熵较大、交叉熵较小、PSNR 较大。综合主观视觉和客观标准，KNR 曲面拟合放大算法相对而言是最有效的。

表 5.1　小图像不同放大算法性能的客观评价指标(与图 5.9 对应)

评价准则	最近邻插值	双线性插值	双三次插值	KNR 曲面拟合
熵	7.1507	7.1934	7.2353	7.3232
交叉熵	0.0950	0.0724	0.0564	0.0519
PSNR	22.4290	23.0080	23.5780	23.6110

3. 图像放大应用实验：异分辨率人脸识别[43, 45]

异分辨率图像识别是指对库存图像和与现场图像分辨率不一致的图像进行识别。异分辨率是图像识别应用中存在的典型问题，学界对该问题探讨了不同的解决办法[43,45-47]。这里利用上述图像放大算法，对异分辨率人脸识别进行实验，以验证这些放大算法的有效性。

为对比不同放大算法和不同识别算法的效果，实验中采用人脸识别领域著名的两个公开人脸库：其一是剑桥大学人脸库，包含40个人在不同时期、不同细节和不同光照下的400幅人脸像，每人10幅，分辨率均为92×112；其二是耶鲁大学人脸库，包含15个人在不同表情以及视角和光照有较大程度变化下的165幅人脸像，每人11幅，分辨率均为100×100。图5.10为库中部分人脸图像。

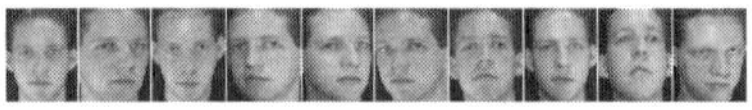

(a)剑桥大学人脸库

(b)耶鲁大学人脸库

图5.10 异分辨率人脸识别所用公开人脸库的部分人脸图像

对于剑桥大学人脸库，从每个人的人脸像中随机选择5幅进行训练，剩下5幅的分辨率降采样为46×56和23×28，作为待识别样本，用不同放大算法和不同识别算法进行识别，10次随机实验后求平均识别率，结果如表5.2-1和表5.2-2所示。识别算法包括主元特征(principal component analysis，PCA)提取和偏最小二乘(partial least square，PLS)特征提取，以及隐马尔可夫模型(hidden Markov model，HMM)分类器、欧几里得距离(Euclidean distance)分类器和KNR分类器(定理2.1)。

表5.2-1 不同图像放大算法和不同人脸识别算法对比结果(剑桥大学人脸库，测试人脸像放大2倍)(%)

人脸识别算法	图像放大算法			
	最近邻插值	双线性插值	双三次插值	KNR曲面拟合
PCA+HMM	75.7	75.6	75.7	75.7
PLS+HMM	77.8	77.6	77.7	78.6
PCA+ED	89.9	89.0	89.6	90.0
PLS+ED	93.3	92.8	93.4	93.5
PCA+KNR	95.9	95.6	95.8	96.2
PLS+KNR	98.0	97.8	98.0	98.0

表5.2-2 不同图像放大算法和不同人脸识别算法对比结果(剑桥大学人脸库，测试人脸像放大4倍)(%)

人脸识别算法	图像放大算法			
	最近邻插值	双线性插值	双三次插值	KNR曲面拟合
PCA+HMM	63.6	69.7	71.8	74.2
PLS+HMM	70.0	74.2	74.6	74.8
PCA+ED	86.3	85.7	85.7	86.5
PLS+ED	91.3	90.2	90.3	91.6
PCA+KNR	92.0	91.8	92.1	92.6
PLS+KNR	96.5	96.0	96.3	96.8

从表 5.2-1 和表 5.2-2 中可以看到，在相同识别算法(同一行)下，四种不同放大算法(不同列)的正确识别率不同，而 KNR 放大算法正确识别率最高。同时，对于同一放大算法(同一列)，不同特征提取和分类算法有不同的正确识别率，其中 PLS 特征提取的效果优于 PCA，KNR 分类器的分类效果则最好。另外，待放大的倍数越低(现场图像分辨率越低)，放大后的正确识别率越低(对比表 5.2-1 和表 5.2-2 的对应栏目)。

对于耶鲁大学人脸库，从每个人的人脸像中随机选择 5 幅进行训练，剩下 6 幅降采样为 50×50 和 20×20，进行 10 次随机实验，识别结果如表 5.3-1 和表 5.3-2 所示，该结果与得到的结论一致。

表 5.3-1　不同图像放大算法和不同人脸识别算法对比结果(耶鲁大学人脸库，测试人脸像放大 2 倍)(%)

人脸识别算法	图像放大算法			
	最近邻插值	双线性插值	双三次插值	KNR 曲面拟合
PCA+HMM	70.7	70.3	70.6	71.6
PLS+HMM	74.1	73.3	74.4	74.4
PCA+ED	80.6	80.4	80.7	81.3
PLS+ED	90.1	89.8	90.1	90.8
PCA+KNR	85.6	85.2	85.4	86.2
PLS+KNR	91.0	90.7	91.0	92.0

表 5.3-2　不同图像放大算法和不同人脸识别算法对比结果(耶鲁大学人脸库，测试人脸像放大 4 倍)(%)

人脸识别算法	图像放大算法			
	最近邻插值	双线性插值	双三次插值	KNR 曲面拟合
PCA+HMM	62.4	66.6	66.1	69.1
PLS+HMM	67.7	70.7	70.8	71.3
PCA+ED	78.6	77.7	77.9	78.7
PLS+ED	88.1	86.9	88.1	88.1
PCA+KNR	83.7	82.8	83.3	84.0
PLS+KNR	90.3	88.3	89.1	90.3

5.3.2　基于运动估计的多帧融合超分辨

多帧融合处理是实现图像超分辨重构的主要手段，融合的基础是找到多帧图像的坐标关系，其中运动估计是寻找这一关系的经典方法。而视频目标跟踪是获得包含感兴趣对象多帧图像的基础。

本节在探讨低分辨视频目标有效跟踪算法的基础上，讨论基于运动估计的多帧融合超分辨技术。

1. 低分辨视频目标跟踪：均值漂移(meanshift)算法和块匹配算法的融合

视频运动目标跟踪就是从视频中检测感兴趣目标，并提取其在每帧中的位置以实现跟踪。视频运动目标跟踪的难点在于，在复杂背景、目标发生形变，摄像机发生相对位移，光照改变，分辨率过低，目标被遮挡等条件下如何保证跟踪的准确性和稳定性。分辨率过低是数字视听视频资料分析应用中经常遇到的情况，为此，这里探讨一种基于 MeanShift 算法和块匹配算法相结合的融合跟踪技术。

块匹配算法是传统目标跟踪技术的核心算法，是以感兴趣目标为模板，以当前视频帧为搜索范围，逐块计算相关系数，并按最大相关系数确定感兴趣目标在当前帧中位置的最精确有效的跟踪算法之一。MeanShift 算法则作为统计聚类分析中估计样本中心的迭代算法，被广泛应用于视频目标的快速跟踪[48-50]。

这里利用 MeanShift 算法和块匹配算法的上述优点，研究低分辨视频目标的精确、快速跟踪技术，包括主要目标和次要目标的选取、定位、跟踪等环节[51]。

1) 主要目标和次要目标的选取

主要目标是指视频中感兴趣对象(车牌、人脸等)，次要目标是指视频中包含主要目标且范围大于主要目标的区域(车头或车尾、人体等)。在低分辨视频目标跟踪中，由于主要目标分辨率过低，采用现有跟踪技术往往不能准确、稳定地跟踪，而次要目标范围大，用块匹配算法实现跟踪效率低。定义主要目标旨在保证跟踪精度，而定义次要目标则可以保证跟踪速度。图 5.11 为某视频帧中的主要目标(人脸)和次要目标(人体)。主要目标和次要目标的选取可以手动完成，也可以借助抠图等图像处理手段自动实现。

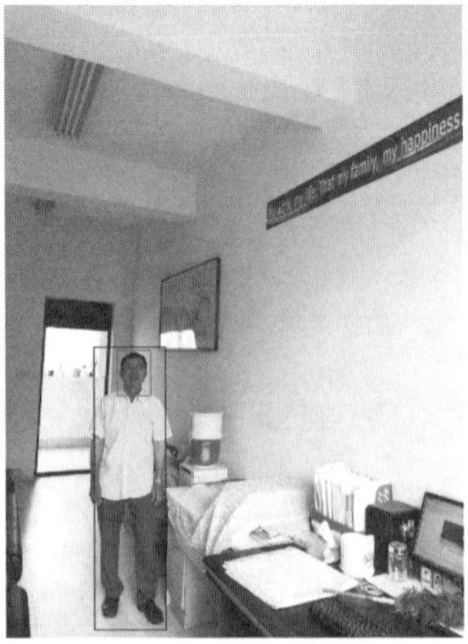

图 5.11　主要目标(人脸)和次要目标(人体)

2）基于 MeanShift 算法的次要目标定位

首先，建立参考帧中次要目标的模型。

考虑彩色视频，将 RGB 颜色空间中的每个子空间 R、G 或者 B 分成 v 个相等的区间，每个区间成为一个特征值，并构成特征空间，特征空间的特征值个数为 $m=v^3$。那么在参考帧包含次要目标的搜索窗口中，第 u 个特征值的概率为

$$\hat{q}_u = C_\zeta \sum_{i=1}^{N} k\left(\left\|\frac{x_0 - x_i}{\zeta}\right\|^2\right)\delta[b(x_i)-u], \tag{5.34}$$

式中，x_0 为搜索窗口中心像素的坐标；x_i 为第 i 个像素的坐标；N 为搜索窗口内像素个数；k 为核函数；ξ 为核函数参数（一般取搜索窗口宽度的 1/2）；函数 b 和 δ 的作用是判断 x_i 处的颜色值是否属于特征值 u；C_ξ 为归一化常量（使得取所有特征值的概率之和为 1）。

其次，对于当前帧，将次要目标大小作为搜索窗口，类似式(5.34)计算当前帧搜索窗口内特征值 u 的概率：

$$\hat{p}_u(\boldsymbol{y}) = C'\sum_{i=1}^{N} k\left(\left\|\frac{\boldsymbol{y} - x_i}{\zeta}\right\|^2\right)\delta[b(x_i)-u], \tag{5.35}$$

式中，y 为当前帧搜索窗口的中心像素坐标；x_i 为第 i 个像素的坐标；C' 对应式(5.34)中的 C_ξ。

在此基础上，将次要目标和当前帧搜索窗口内图像的相似性度量定义为

$$\hat{\rho}(y) = \sum_{u=1}^{m}\sqrt{\hat{p}_u(y)\hat{q}_u}. \tag{5.36}$$

最后，计算 MeanShift 向量。为使式(5.36)的相似性最大，在当前帧中，将前一帧确定的搜索窗口位置作为当前帧搜索窗口的初始位置。设窗口中心为 y_0，在 y_0 邻域内寻找局部最优目标位置 y_1。对式(5.36)在 y_0 处进行泰勒级数展开，则相似性函数可近似为

$$\rho(y) = \sum_{u=1}^{m}\sqrt{\hat{p}_u(y_0)\hat{q}_u} + \frac{C'}{2}\sum_{i=1}^{N} w_i k\left(\left\|\frac{y - x_i}{\zeta}\right\|^2\right), \tag{5.37}$$

其中

$$w_i = \sum_{u=1}^{m}\sqrt{\frac{\hat{q}_u}{\hat{p}_u(y_0)}}\delta[b(x_i)-u]. \tag{5.38}$$

通过对相似性函数求最大值得到最大值点 y_1，则可以得到 MeanShift 向量：

$$\boldsymbol{m}_{\zeta}(y)=y_1-y_0=\frac{\sum_{i=1}^{N}x_i w_i k\left(\left\|\frac{y_0-x_i}{\zeta}\right\|^2\right)}{\sum_{i=1}^{N}w_i k\left(\left\|\frac{\boldsymbol{y}_0-x_i}{\zeta}\right\|^2\right)}-y_0. \tag{5.39}$$

MeanShift 向量是指向样本分布中心的，所以 MeanShift 算法反复迭代，最后可得到当前帧次要目标的最优位置 y。

3) 基于块匹配的主要目标定位

在当前帧中定位出次要目标后，以主要目标为模板，在次要目标覆盖范围内采用块匹配搜索，可估计出主要目标的位置，实现对主要目标的跟踪。

块匹配是通过计算和比较块间相关系数实现的。假设主要目标（模板图像）g 和次要目标 S 的大小分别为 $m_1\times m_2$ 和 $n_1\times n_2=N$。用 $S_{x,y}$ 表示 S 中以 (x, y) 为左上角点且与 g 大小相同的子块，计算 g 和该子块的相关系数 $\rho(x,y)$：

$$\rho(x,y)=\frac{\operatorname{cov}(S_{x,y},g)}{\sqrt{D_{x,y}D}}, \tag{5.40}$$

式中，$\operatorname{cov}(S_{x,y}, g)$ 为 $S_{x,y}$ 和 g 的协方差；$D_{x,y}$ 和 D 分别为 $S_{x,y}$ 和 g 的方差，即

$$D_{x,y}=\frac{1}{m_1 m_2}\sum_{i=1}^{m_1}\sum_{j=1}^{m_2}[S_{x,y}(i,j)-\bar{S}_{x,y}]^2 \quad D=\frac{1}{m_1 m_2}\sum_{i=1}^{m_1}\sum_{j=1}^{m_2}[g(i,j)-\bar{g}]^2, \tag{5.41}$$

式中，$\bar{S}_{x,y}$ 和 $\bar{g}$ 分别为 $S_{x,y}$ 和 g 的灰度均值。

在 S 中滑动模板 g，并重复利用式(5.40)得到相关系数序列，同时取其中最大值对应的子块位置（主要目标在当前帧中的位置），从而可实现对（主要）目标的跟踪。

2. 运动估计

运动估计包括二维运动估计和三维运动估计，其根本目的是从图像序列中检测出物体的运动信息或图像之间的运动参数。精确的运动估计是成功实现视频压缩编码、图像配准、图像拼接、目标跟踪、超分辨重构等应用的前提和关键技术之一。

这里主要讨论二维运动估计中两参数模型（平移运动）和四参数仿射变换模型（平移运动、旋转、缩放）的参数估计技术，涉及整像素精度和亚像素精度两个层面。

在整像素级平移运动估计技术方面，针对传统相位相关算法的频谱泄漏和边界效应问题，探讨基于增量 KNR 算法（算法 2.1）构造二维圆对称窗函数、对原始图像进行加窗预处理的方法，以此降低频谱泄漏和边界效应对运动估计的影响，提高估计精度。

在亚像素级平移参数运动估计方面，研究两种基于矩阵相乘 DFT 的快速亚像素运动估计算法，这两种算法能有效降低传统算法对计算时间和存储空间的要求，同时保持与传统算法相同的估计精确性，且对噪声具有较好的鲁棒性。另外，为

实现任意精度的亚像素运动估计，在基于梯度互相关的基本算法的基础上，引入滤波器优化方法计算图像梯度，并基于零填充与抛物面拟合相结合以及零填充与可分离变量拟合相结合的方法，提出改进型梯度互相关亚像素运动估计算法，以进一步提高运动估计的精度。

在仿射模型参数估计中，主要利用频域对数极坐标形式[即傅里叶-梅林(Fourier-Melline)变换]实现。进一步地，采用亚像素级平移参数估计与Fourier-Melline 变换相结合的方法，可提高旋转、缩放参数的估计精度。

1) 整像素级平移运动估计算法

(1) 传统相位相关法。相位相关法基于傅里叶变换的平移特性，利用图像互功率谱相位相关函数极值点估计运动矢量。事实上，设当前图像 $f(x, y)$ 是由参考图像 $g(x, y)$ 按运动矢量 (d_x, d_y) 发生相对移位后所对应的图像，即

$$f(x,y)=g(x+d_x,y+d_y), \tag{5.42}$$

而 $f(x, y)$ 和 $g(x, y)$ 的傅里叶变换分别为 $F(u, v)$ 和 $G(u, v)$，则根据傅里叶变换的平移特性，由式(5.41)可得参考图像与当前图像之间的归一化互功率谱为

$$P(u,v)=\frac{F(u,v)G^*(u,v)}{\left|F(u,v)G^*(u,v)\right|}=\mathrm{e}^{-j2\pi(ud_x+vd_y)}, \tag{5.43}$$

再求其傅里叶逆变换即可得到相位相关函数：

$$c(x,y)=\delta(x-d_x,y-d_y). \tag{5.44}$$

因此，通过检测脉冲的位置坐标即能获取运动矢量 (d_x, d_y)。同时，归一化操作消除了光照变化的影响，所以相位相关法对图像的亮度变化并不敏感。

在实际应用中，图像的傅里叶变换基于 DFT 实现，从而引入虚假高频成分，出现负谱现象，产生频谱泄漏和边界效应，导致相位相关函数恶化和其中的脉冲退化，甚至引入虚假尖峰，影响运动估计的准确性。

(2) 改进相位相关法[52,53]。为抑制频谱泄漏和边界效应所造成的影响，往往使用矩形窗以外的其他具有较小旁瓣的窗函数先对图像进行预处理，然后再利用传统相位相关法完成平移估计。其中，二维窗函数的设计至关重要。

二维窗函数一般可以从一维窗函数推广得到。Huang[54]指出，如果 $w(z)$ 是具有良好性质且对称的一维窗函数，则可以通过它得到性质良好且具有圆对称性的二维窗函数：

$$w(x,y)=w(\sqrt{x^2+y^2}). \tag{5.45}$$

这里根据算法 2.1，基于一维窗的权值用 KNR 拟合出一条曲线 $w(z)$，然后按式(5.45)构造二维圆对称窗。

进一步地，对当前图像 $f(x, y)$ 和参考图像 $g(x, y)$ 进行加窗预处理，再利用传统相位相关法估计运动矢量，并对负的运动位移进行如下修正：

$$\hat{d}_i=\begin{cases} d_i, & i=1,2\left[|d_i|\leqslant\dfrac{N_i-1}{2}（N_i\text{ 为奇数}）\text{或}|d_i|\leqslant\dfrac{N_i}{2}（N_i\text{ 为偶数}）\right], \\ d_i-N_i, & i=1,2(\text{其他}), \end{cases} \tag{5.46}$$

式中，d_1、d_2 分别为运动矢量的垂直分量和水平分量；N_1、N_2 分别为图像的高度和宽度。

(3)对比实验。首先，对图 5.12 中 4 组人工合成图像(由车辆与背景图像叠加而成，分辨率均为 130×130)进行平移运动估计实验，实验均包含车辆的平移运动。其中第一行为参考图像，第二行为对应车辆发生相对平移运动的当前图像，车辆运动矢量分别为(15, –18)、(–27, –16)、(–35, 9)和(29, 24)。

图 5.13 给出了传统相位相关法(第一行)和基于 KNR 的加窗型改进相位相关法(第二行，窗函数为 Kaiser 窗)分别对图 5.12 中每组图像进行运动估计所得到的相位相关平面。

图 5.12 平移运动估计实验：人工合成图像组[52,53]

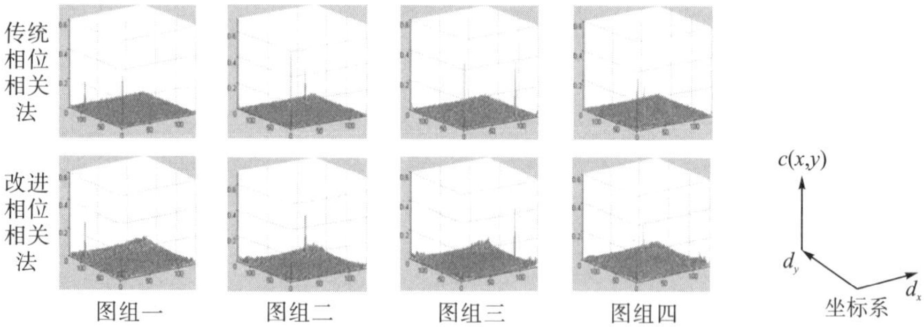

图 5.13 图 5.12 中人工合成图像其当前帧与参考帧的相位相关图

表 5.4 列出了对由相位相关平面最高峰值位置生成的运动矢量的估计结果，表 5.4 中的估计误差表示运动矢量估计值与真实值之间的偏差，按欧氏距离计算。可以看到，传统相位相关法因频谱泄露和边界效应而导致相位相关平面坐标原点

处所产生的谱峰掩盖了真实运动矢量对应位置的谱峰，其运动矢量估计结果为(0, 0)；改进算法则能正确估计运动矢量。

表 5.4 合成图像运动矢量估计结果与误差

图像	传统相位相关法		改进相位相关法	
	运动矢量估计结果	估计误差	运动矢量估计结果	估计误差
图组一	(0,0)	23.4307	(15, −18)	0
图组二	(0,0)	31.3847	(−27, −16)	0
图组三	(0,0)	36.1386	(−35,9)	0
图组四	(0,0)	37.6431	(29,24)	0

其次，对图 5.14 中实际拍摄的两组视频截图(分辨率均为 150×150)。其中第一列和第二列分别为参考图像和当前图像，图 5.14 中虚线框部分为发生相对平移运动的车辆。

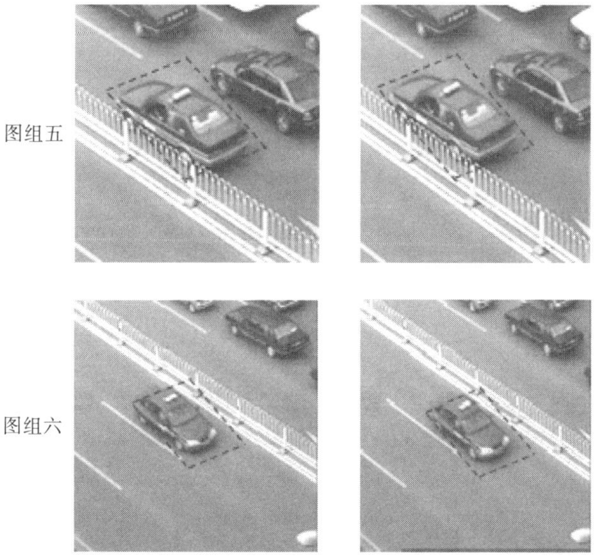

图 5.14 平移运动估计实验：实测图像组[53]

表 5.5 列出了传统相位相关法和改进相位相关法估计运动矢量的实验结果[窗函数为凯泽(Kaiser)窗]。图 5.15 给出了使用所估计的运动矢量对当前图像进行运动补偿后，当前图像与参考图像叠加的结果，由此可从主观视觉上评价运动估计。其中第一行为基于传统相位相关法估计的运动补偿叠加结果，第二行为基于改进相位相关法估计的运动补偿叠加结果。

从表 5.5 的运动矢量估计结果中可以看到，在改进相位相关法中，图组五当前图像中的运动车辆相对于参考图像中对应的车辆往左上方平移运动，图组六当前图像中的运动车辆相对于参考图像中对应的车辆往右下方平移运动，估计结果与原视频中车辆的真实运动方向相符。而在传统相位相关法中，估计结果均给出无相对平移运动的结论，这与真实情况不相符。

表 5.5 实测视频运动矢量估计结果

估计方法	图组五	图组六
传统相位相关法	(0,0)	(0,0)
改进相位相关法	(–7, –4)	(9,6)

图 5.15 表明，改进相位相关法运动估计的正确性明显优于传统相位相关法。如图 5.15 中虚线框部分所示，使用改进相位相关法所估计的运动矢量对当前图像进行运动补偿后，运动车辆均能够与参考图像中对应的车辆正确地叠加在一起，而使用传统相位相关法所估计的运动矢量进行运动补偿后，叠加结果出现了重影。

传统相位相关法

改进相位相关法

图组五 图组六

图 5.15 图 5.14 中实测图像的运动补偿叠加图

2）亚像素级平移运动估计算法

亚像素级运动估计是将估计精度限制在±1 个像素以内，一般通过常规 DFT（包括直接 FFT 和矩阵相乘 DFT）实现对互相关曲面的上采样和定位峰值坐标来完成[55,56]，但这难以实现任意精度的亚像素级运动估计，而梯度相关算法可以解决这一问题。

（1）基本梯度相关法[57,58]。由于图像的梯度不仅保留了原有图像的幅度和相位信息，而且能够突出图像的显著特征，因此可将其应用于运动估计。基本梯度互相关（gradient correlation，GC）法的核心思想是通过前向差分或中心差分近似求取图像的梯度，并通过检测梯度互相关函数的最大函数值坐标来得到运动矢量的估计值[57,58]。

对于当前图像 $f(x, y)$，其水平梯度、垂直梯度和复合梯度可分别表示为

$$f_{\rm g}^{\rm H}(x,y)=f(x+1,y)-f(x-1,y), \tag{5.47}$$

$$f_{\rm g}^{\rm V}(x,y)=f(x,y+1)-f(x,y-1), \tag{5.48}$$

$$f_{\rm g}(x,y)=f_{\rm g}^{\rm V}(x,y)+jf_{\rm g}^{\rm H}(x,y). \tag{5.49}$$

同样地，计算参考图像 $g(x, y)$ 的复合梯度 $g_g(x, y)$，则 $f_g(x, y)$ 和 $g_g(x, y)$ 的复互相关函数为

$$r_{f_{\rm g}g_{\rm g}}(x,y)=F^{-1}\{F_{\rm g}(u,v)G_{\rm g}^{*}(u,v)\}, \tag{5.50}$$

式中，$F_{\rm g}(u,v)$ 和 $G_{\rm g}(u,v)$ 分别为 $f_{\rm g}(x, y)$ 和 $g_{\rm g}(x, y)$ 对应的 DFT；F^{-1} 为 IDFT。

而 $f(x,y)$ 与 $g(x, y)$ 之间的整像素运动矢量估计为

$$(x_m,y_m)=\underset{(x,y)}{\arg\max}\,{\rm Re}\{r_{f_{\rm g}g_{\rm g}}(x,y)\}, \tag{5.51}$$

式中，Re 表示取复数的实部。

进一步地，采用可分离变量拟合方法对梯度互相关函数最大值坐标(x_m, y_m)的邻域进行拟合：在水平方向和垂直方向上分别使用一维二次函数拟合三元组，即

$$\{r_{f_{\rm g}g_{\rm g}}(x_m-1,y_m),r_{f_{\rm g}g_{\rm g}}(x_m,y_m),r_{f_{\rm g}g_{\rm g}}(x_m+1,y_m)\},$$

$$\{r_{f_{\rm g}g_{\rm g}}(x_m,y_m-1),r_{f_{\rm g}g_{\rm g}}(x_m,y_m),r_{f_{\rm g}g_{\rm g}}(x_m,y_m+1)\}.$$

而拟合函数所产生的闭式解即为整像素运动矢量(x_m, y_m)在水平方向和垂直方向上的亚像素级修正值[58]，即

$$x_m'=\frac{r_{f_{\rm g}g_{\rm g}}(x_m+1,y_m)-r_{f_{\rm g}g_{\rm g}}(x_m-1,y_m)}{2[2r_{f_{\rm g}g_{\rm g}}(x_m,y_m)-r_{f_{\rm g}g_{\rm g}}(x_m+1,y_m)-r_{f_{\rm g}g_{\rm g}}(x_m-1,y_m)]}. \tag{5.52}$$

$$y_m'=\frac{r_{f_{\rm g}g_{\rm g}}(x_m,y_m+1)-r_{f_{\rm g}g_{\rm g}}(x_m,y_m-1)}{2[2r_{f_{\rm g}g_{\rm g}}(x_m,y_m)-r_{f_{\rm g}g_{\rm g}}(x_m,y_m+1)-r_{f_{\rm g}g_{\rm g}}(x_m,y_m-1)]}. \tag{5.53}$$

由此得到最终任意精度的亚像素运动矢量估计值：

$$(d_x,d_y)=(x_m,y_m)+(x_m',y_m'). \tag{5.54}$$

(2)改进梯度相关法。梯度相关法中，采用差分近似微分。为更精确地计算图像梯度，这里引入滤波器优化方法[57]，并计算波谱轮廓以更接近理想微分算子。进一步地，采用零填充与梯度互相关曲面拟合相结合的方法，提高基本梯度相关亚像素运动估计算法精度。

首先,采用优化滤波中心差分估计器(各阶中心差分估计器的系数如表5.6所示)计算图像的水平梯度和垂直梯度[59]，并按式(5.49)分别构造得到梯度图像$f_g(x, y)$和$g_g(x,y)$。

表5.6 各阶优化滤波中心差分估计器的系数

阶数	c_{-3}	c_{-2}	c_{-1}	c_0	c_1	c_2	c_3
1	—	—	–1	0	1	—	—
2	—	1/12	–2/3	0	2/3	–1/12	—
3	–1/60	3/20	–3/4	0	3/4	–3/20	1/60

其次，采用零填充方法对梯度互功率谱进行p倍上采样，并通过式(5.50)和式(5.51)计算梯度互相关函数最大值坐标，得到$1/p$像素级运动矢量初始估计值(x_{mp}, y_{mp})，并将运动估计误差控制在$1/p$像素级范围内。其中，上采样因子p的取值不宜过大，以免过分增加算法对存储空间的要求，导致执行效率下降。

最后，采用基于最小二乘回归的抛物面拟合方法[60]实现任意精度的亚像素级运动估计。以初始估计(x_{mp}, y_{mp})为中心的3×3邻域的拟合函数采用的抛物面函数为

$$z(x,y)=\lambda_1x^2+\lambda_2y^2+\lambda_3xy+\lambda_4x+\lambda_5y+\lambda_6, \tag{5.55}$$

式中，$z(x, y)$对应于位置为(x, y)的p倍上采样梯度互相关值，未知系数$\lambda_1,\lambda_2,\cdots,\lambda_6$由最小二乘法得到。

一旦求得抛物面拟合函数$z(x, y)$的各项系数，即可利用导数法获取抛物面最大值点的位置坐标[即运动矢量初始估计(x_{mp}, y_{mp})的亚像素级修正值]：

$$x'_{mp}=\frac{2\lambda_4\lambda_2-\lambda_3\lambda_5}{\lambda_3^2-4\lambda_1\lambda_2} \quad y'_{mp}=\frac{2\lambda_1\lambda_5-\lambda_4\lambda_3}{\lambda_3^2-4\lambda_1\lambda_2}, \tag{5.56}$$

进而得到任意精度的亚像素运动矢量估计值：

$$(d_x,d_y)=[(x_{mp},y_{mp})+(x'_{mp},y'_{mp})]/p. \tag{5.57}$$

(3)对比实验[52,53]。首先，如图5.16所示，人工生成图像序列(其中Einstein图像序列和Baboon图像序列的分辨率分别为40×40和54×54)。每组图像序列各含1帧参考图像和7帧发生相对移位运动的当前图像，其运动方向随机生成，运动矢量为(−10,10)中的任意随机数，如表5.7所示。

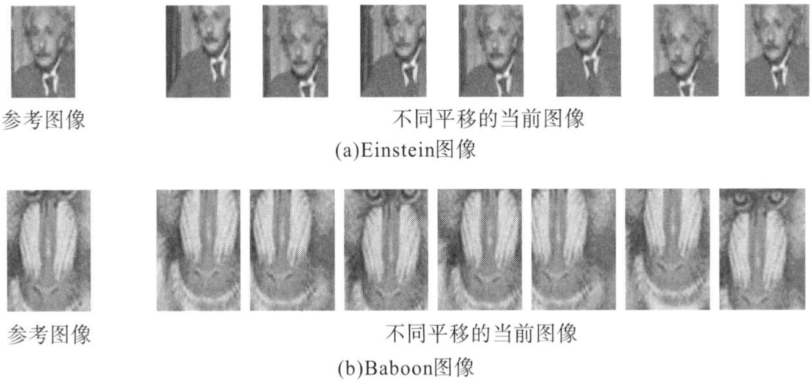

图 5.16　亚像素级运动估计的人工生成图像序列

参考图像来自 https://ccia.ugr.es/cvg/dbimagenes/g256.php

表 5.7　图 5.16 中当前图像相对于参考图像的实际运动矢量 (d_x, d_y)

帧序	Einstein 图像序列	Baboon 图像序列
1	(7.9954,–6.2069)	(6.9244,–7.2222)
2	(2.8982,3.6445)	(–5.9471,–6.0256)
3	(6.3595,–3.9447)	(3.4427,2.0758)
4	(3.2046,0.8335)	(6.7624,–4.5562)
5	(–3.1606,–6.9825)	(–9.6072,–6.0237)
6	(–4.2055,3.9580)	(3.6255,–9.6945)
7	(–3.1761,–2.4325)	(–2.4104,4.9357)

实验对比算法包括常规 DFT[55,56]、基本 GC[57]、改进 GC 三种。其中，常规 DFT 算法的上采样因子 (p) 取值为 100，而 GC 算法的上采样因子为 10。

表 5.8 和表 5.9 列出了采用上述方法分别对两组图像序列进行亚像素级运动估计的结果。可以看到，改进型梯度相关法估计精度明显高于常规 DFT 法和基本梯度相关法。

表 5.8　图 5.16(a) 中当前图像的运动估计结果

常规 DFT		基本 GC		改进 GC	
运动矢量估计值	估计误差	运动矢量估计值	估计误差	运动矢量估计值	估计误差
(7.95,–6.16)	0.0653	(7.9705,–6.1579)	0.0550	(7.9714,–6.1867)	0.0314
(2.87,3.62)	0.0374	(2.8397,3.6337)	0.0595	(2.8897,3.6342)	0.0134
(6.34,–3.92)	0.0315	(6.3031,–3.8680)	0.0952	(6.3417,–3.9237)	0.0275
(3.18,0.81)	0.0340	(3.1268,0.8962)	0.0999	(3.1958,0.8254)	0.0120
(–3.17,–6.94)	0.0435	(–3.1223,–7.0059)	0.0449	(–3.1678,–6.9667)	0.0174
(–4.21,3.92)	0.0383	(–4.1607,3.8960)	0.0765	(–4.1916,3.9352)	0.0267
(–3.18,–2.41)	0.0228	(–3.1920,–2.4386)	0.0170	(–3.1787,–2.4193)	0.0135
平均估计误差	0.0390	平均估计误差	0.0640	平均估计误差	0.0202

表 5.9 图 5.16(b)中当前图像的运动估计结果

常规 DFT		基本 GC		改进 GC	
运动矢量估计值	估计误差	运动矢量估计值	估计误差	运动矢量估计值	估计误差
(6.90,–7.20)	0.0330	(6.9395, –7.1479)	0.0758	(6.9096, –7.1887)	0.0366
(–5.91,–5.88)	0.1503	(–5.9574, –6.0133)	0.0160	(–5.9292, –6.0017)	0.0299
(3.43,1.99)	0.0867	(3.3810, 2.0592)	0.0639	(3.4223, 2.0596)	0.0260
(6.74,–4.53)	0.0345	(6.8219, –4.4547)	0.1177	(6.7518, –4.4970)	0.0601
(–9.52,–5.87)	0.1767	(–9.6321, –6.0171)	0.0258	(–9.5802, –6.0005)	0.0356
(3.61,–9.73)	0.0387	(3.6494, –9.6656)	0.0375	(3.6159, –9.6727)	0.0238
(–2.39,4.87)	0.0688	(–2.3767, 4.9579)	0.0404	(–2.4159, 4.9203)	0.0164
平均估计误差	0.0841	平均估计误差	0.0539	平均估计误差	0.0326

图 5.17 所示为实际案例图像序列，该序列由监控视频经本节低分辨目标跟踪算法提取得到。图像序列中帧与帧之间有微小差异，通过精确的运动估计和超分辨重建可获得感兴趣目标(车牌)的信息。

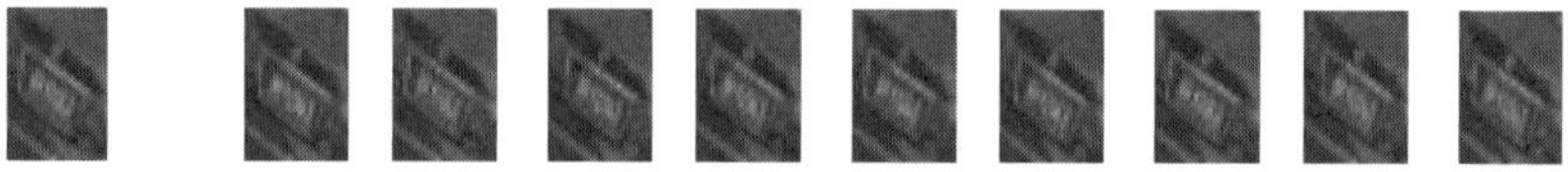

参考图像　　不同平移运动的当前图像

图 5.17 亚像素运动估计的案例图像序列[53]

图 5.17 中的图像序列共 10 帧，分辨率为 29×27。其中第一帧图像作为参考图像，其余 9 帧图像作为平移运动矢量待估计的图像。通过上述亚像素运动估计算法对其进行坐标配准，并利用前述双三次插值方法实现超分辨率重建，从主观视觉效果上检验所研究算法的有效性。

表 5.10 列出了常规 DFT 算法和改进 GC 算法的亚像素运动估计结果，两种算法的上采样因子 k 分别取值为 100 和 10。表 5.10 中，帧序为图 5.17 中不同平移图像从左至右的编号。

表 5.10 图 5.17 中各当前帧图像的亚像素运动平移矢量估计结果

帧序	常规 DFT	改进 GC
1	(–0.31, 0.56)	(–0.3947, 0.5475)
2	(–1.00, 0.16)	(–1.1097, 0.1425)
3	(0.21, 0.81)	(0.3111, 0.8643)
4	(–0.42, 0.19)	(–0.5438, 0.1714)
5	(–0.91, 0.52)	(–1.0019, 0.5052)
6	(–0.19, 1.18)	(–0.2573, 1.1630)
7	(–0.93, 1.00)	(–0.9969, 0.9943)
8	(0.07, 0.14)	(0.0778, 0.1400)
9	(–0.80, 1.16)	(–0.9104, 1.1372)

利用表 5.10 中的估计结果对图 5.17 所示图像序列进行配准，采用双三次插值进行 2 倍、3 倍和 4 倍超分辨率重建的结果如图 5.18 所示。其中，第一列图像为直接放大的结果。从实验结果图像可以看到，直接插值放大的结果图像质量较差，无法从中识别车牌号码；而采用本节研究的改进算法对低分辨率图像序列进行亚像素运动估计，并在此基础上进行超分辨率重建能够有效改善原图像的质量，从主观视觉上较好地识别出其中的车牌号码。可见，这里探讨的算法能够有效地应用于亚像素级的平移运动估计。

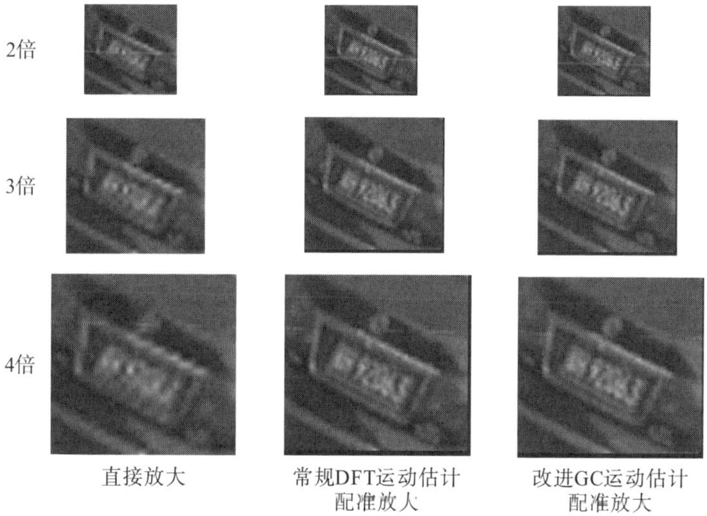

图 5.18　案例视频序列运动估计配准与不同倍数双三次插值超分辨率重建结果

3. 四参数仿射模型参数估计

当前图像 $f(x,y)$ 和参考图像 $g(x,y)$ 的四参数仿射模型为

$$f(x,y)=g[\sigma(x\cos\theta+y\sin\theta)-d_x,\sigma(-x\sin\theta+y\cos\theta)-d_y],\tag{5.58}$$

式中，σ 为缩放参数；θ 为旋转参数；(d_x, d_y) 为平移运动矢量。

上述四参数估计的传统方法为 Fourier-Mellin 法[61, 62]，这里在介绍该方法的基础上探讨改进算法。

1) Fourier-Mellin 法[61, 62]

由式(5.58)可知，图像 $f(x,y)$、$g(x,y)$ 的傅里叶变换满足如下关系：

$$F(u,v)=\sigma^{-2}G[\sigma^{-1}(u\cos\theta+v\sin\theta),\sigma^{-1}(-u\sin\theta+v\cos\theta)]\mathrm{e}^{-j2\pi(ud_x+vd_y)},\tag{5.59}$$

对式(5.59)两边求幅度谱，得

$$|F(u,v)|=\left|\sigma^{-2}G[\sigma^{-1}(u\cos\theta+v\sin\theta),\sigma^{-1}(-u\sin\theta+v\cos\theta)]\right|.\tag{5.60}$$

所以两幅图像幅度谱之间反映了旋转、缩放关系，因而平移参数(d_x, d_y)与旋转参数θ、缩放参数σ得以有效分离。进一步地，将幅度谱进行对数极坐标(ρ,α)变换，则可得

$$F(\rho,\alpha)=G(\log\rho-\log\sigma,\theta-\alpha). \tag{5.61}$$

这样一来，旋转参数与缩放参数的关系已被转换成平移关系，再利用前述相位相关法估计两者之间的平移参数($\Delta x,\Delta y$)。这种基于极坐标的 Fourier 变换，就是 Fourier-Mellin 变换[61]。

有了($\Delta x,\Delta y$)，旋转参数θ与缩放参数σ分别为[62]

$$\theta=\frac{\Delta x}{x}\times 360 \qquad \sigma=b^{\Delta y}, \tag{5.62}$$

其中，x 为极坐标变换后的坐标；Δx 为极坐标的平移量；b 为对数极坐标变换的对数底；Δy 为对数坐标的平移量。

2) 改进算法[63, 64]

受传统相位相关法的精度限制，由式(5.62)求得的旋转、缩放参数精度不高。而采用简单的亚像素级平移参数估计方法[65]或改进梯度相关方法[即式(5.57)]进一步改进后，可以提升旋转、缩放参数的估计精度。

改进后的四参数仿射模型参数估计算法其计算步骤如下：

(1) 分别计算图像$f(x, y)$、$g(x, y)$的幅度谱$|F(u, v)|$、$|G(u, v)|$；

(2) 对$|F(u, v)|$、$|G(u, v)|$进行对数极坐标变换，得到对数极坐标变换后的幅度谱$F(\rho,\alpha)$、$G(\rho,\alpha)$；

(3) 利用亚像素级平移参数估计方法[62]或式(5.57)，求$F(\rho,\alpha)$与$G(\rho,\alpha)$之间的平移量($\Delta x,\Delta y$)；

(4) 根据($\Delta x,\Delta y$)，由式(5.62)求解两幅图像之间的旋转参数θ与缩放参数σ；

(5) 利用估计的旋转参数θ与缩放参数σ，将图像$g(x,y)$进行反补偿，得到图像$g'(x, y)$[此时，可以认为$g'(x, y)$与$g(x, y)$之间仅有平移运动关系]；

(6) 估计图像$g'(x, y)$与$g(x, y)$之间的平移参数(d_x, d_y)。

算法在估计旋转参数θ与缩放参数σ时，用到了频谱信息。为减少频谱泄露带来的影响，可对$f(x, y)$和$g(x, y)$进行加窗处理，并进一步对幅度谱$|F(u, v)|$、$|G(u, v)|$进行高通滤波处理。通常，滤波器响应为

$$H(u,v)=\left[1.0-X(u,v)\right]\left[2.0-X(u,v)\right], \tag{5.63}$$

其中

$$X(u,v)=|\cos(\pi u)|, \quad -0.5\leqslant u,\ v\leqslant 0.5. \tag{5.64}$$

3) 对比实验[63,64]

(1) 人工生成图像序列。对图 5.19 人工生成图像序列(分辨率为 74×64)，其

中第 2～8 幅由第 1 幅经过表 5.11 第一列所示的不同旋转、缩放得到。利用传统 Fourier-Mellin 变换法及改进算法将参数估计对比结果列为第二和第三列。显然，改进算法明显提升了估计精度。

表 5.11　图 5.19 中人工生成仿射变换图像参数估计结果

参数真实值(旋转，缩放)	传统算法估计结果	改进算法估计结果
(0,1)	(0, 1)	(0, 1)
(3, 1.0600)	(2.8125, 1.0676)	(2.8688, 1.0575)
(4, 1.0700)	(2.8125, 1.0676)	(3.9375, 1.0658)
(5, 1. 0800)	(5.6250, 1.0676)	(5.0344, 1.0767)
(6, 1.0900)	(5.6250, 1.1030)	(5.8781, 1.0873)
(7, 1.1000)	(5.6250, 1.1030)	(6.8062, 1.0973)
(8, 1.1100)	(8.4375, 1.1030)	(7.8750, 1.1063)
(9, 1.1200)	(8.4375, 1.1030)	(8.8594, 1.1157)

图 5.19 的图像序列经上述估计参数补偿后，用三次插值实现 4 倍超分辨率重建，结果如图 5.20 所示(按实际大小的 38%显示)。可以看到，改进参数估计算法给出了更多的超分辨率重建细节。

图 5.19　人工生成四参数仿射变换图像序列(最左边为参考图像)[53]

(a)传统算法　　(b)改进算法

图 5.20　图 5.19 中的图像经不同参数估计算法实现 4 倍超分辨率后的结果

(2)实测图像序列。对于图 5.21 中的实测图像序列，由于图像间存在不同程度的旋转、缩放(程度未知)，利用传统 Fourier-Mellin 变换法及改进算法估计的参数结果见表 5.12。

图 5.21 实测图像仿射变换序列[53]

表 5.12 图 5.21 中实测图像仿射变换序列旋转、缩放参数估计结果

传统算法估计结果	改进算法估计结果
(0, 1)	(0, 1)
(2.5000, 0.9494)	(2.3875, 0.9473)
(2.5000, 0.9331)	(2.3875, 0.9375)
(3.7500, 0.9331)	(3.2125, 0.9307)
(3.7500, 0.9171)	(3.6875, 0.9246)
(3.7500, 0.9171)	(4.0250, 0.9165)
(5.0000 0.9014)	(4.7750, 0.9113)
(5.0000, 0.9014)	(5.2625, 0.9039)

经上述估计结果补偿后，用三次插值实现 4 倍超分辨重建，结果如图 5.22 所示(按实际大小的 50%显示)。可以看到，改进的参数估计算法给出了更多的超分辨重建细节(“冈”字的对比尤为明显)。

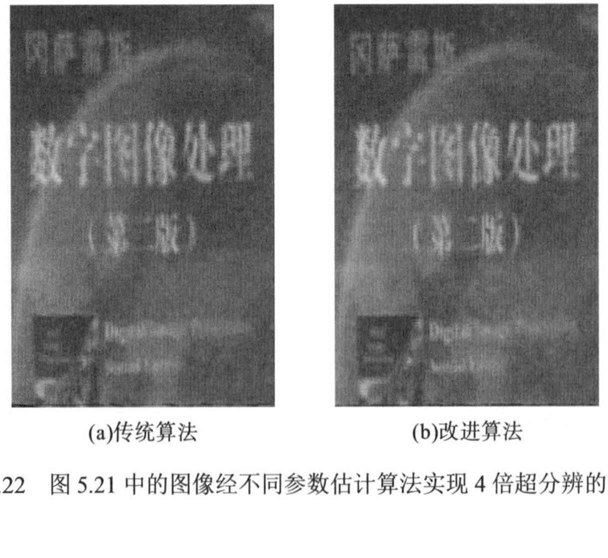

(a)传统算法 (b)改进算法

图 5.22 图 5.21 中的图像经不同参数估计算法实现 4 倍超分辨的结果

5.3.3　基于特征配准的多帧融合超分辨

图像配准是超分辨重建的另一重要手段，而尺度不变特征变换(scale-invariant feature transform，SIFT)是目前图像配准的有效算法之一[66, 67]。本节在简要介绍 SIFT 特征配准法的基础上，用自适应加权核回归算法进行改进，以增加正确匹配点数。

1. SIFT 特征配准法

SIFT 主要是统计图像局部梯度特征的算法，其在高斯差分尺度空间寻找极值点，并找出极值点所在位置、尺度和旋转不变量，具有良好的稳定性和抗噪能力。

SIFT 算法主要步骤包括检测尺度空间极值点、确定极值点位置、寻找关键点方向和生成关键点描述算子。

1) 尺度空间的生成

为得到稳定的特征点，Lowe 在高斯差分尺度空间寻找极值点。高斯差分尺度空间构造如下[66,67]，利用二维高斯函数：

$$G(x,y,\sigma)=\frac{1}{2\pi\sigma^2}\exp\left(-\frac{x^2+y^2}{2\sigma^2}\right) \tag{5.65}$$

对二维图像 $f(x,y)$ 进行卷积，得到尺度空间中的高斯图像

$$L(x,y,\sigma)=G(x,y,\sigma)\otimes f(x,y), \tag{5.66}$$

式中，x、y 分别为图像像素的横、纵坐标；σ 为尺度空间因子，大尺度反映图像的概貌特征，小尺度反映图像的细节特征[68]。高斯差分(different of Gauss，DoG)图像则由尺度相邻的高斯图像 $L(x,y,\sigma)$ 的差分得到，是归一化拉普拉斯高斯(Laplacian of Gaussian，LoG)算子的近似：

$$D(x,y,\sigma)=L(x,y,s\sigma)-L(x,y,\sigma)=\left[G(x,y,s\sigma)-G(x,y,\sigma)\right]\otimes f(x,y). \tag{5.67}$$

式中，整数 s 为尺度因子，由此可构建 s−1 层 DoG 金字塔。图 5.23 中灰色部分为 4 组 3 层 DoG 金字塔。金字塔(自上至下)第一层的图像是经过不同尺度空间因子 σ 的高斯函数与原始图像卷积得到，下一层是由上一层降采样得到。每层差分高斯图像是由两个相邻尺度的高斯图像相减得到。

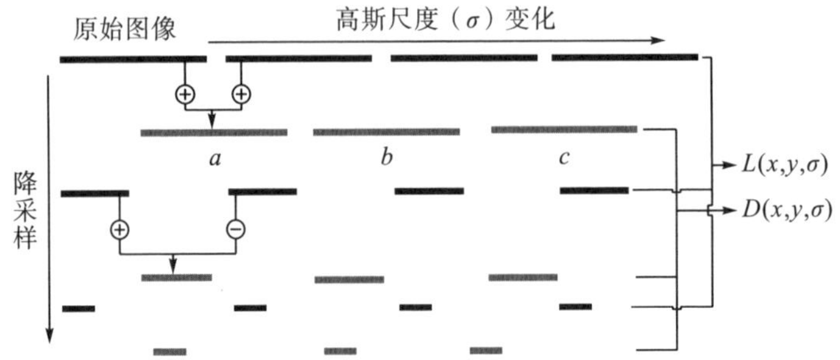

图 5.23　DoG 尺度空间生成过程图

2）空间极值点检测

为寻找尺度空间的极值点，将每一个采样点与其所有相邻点（包含图像域和尺度域）比较，看其是否是极值点。如图 5.24 所示[66]，图 5.24 中 a、b、c 图像取于图 5.23 中的 a、b、c 图像，将待检测点（×）和与它同尺度的 8 个相邻点（•）以及上下尺度的 18 个相邻点（共 26 个）进行比较，以确保在尺度空间和二维图像空间都检测到极值点。接着通过函数拟合确定关键点的位置和尺度，以达到亚像素级精度。因为 DoG 算子会产生较强的边缘响应，所以最后还须去除对较小关键点和不稳定边缘的响应点，以增强匹配稳定性，提高抗噪声能力。

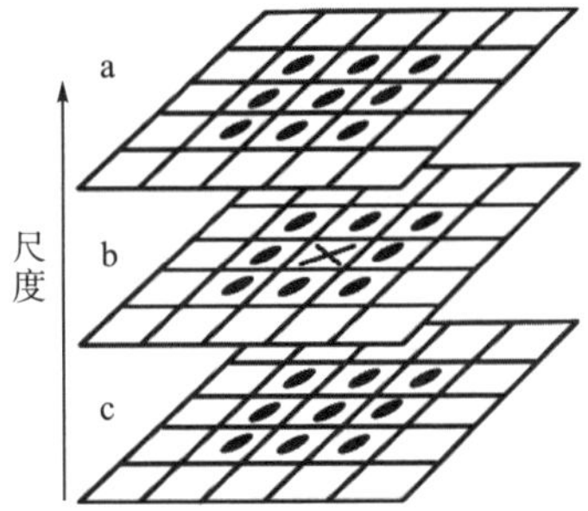

图 5.24　DoG 在尺度域和图像域的局部极值检测[66]

3）关键点方向分配

利用关键点邻域像素梯度方向的分布特性为每个关键点指定方向参数，使描述子具备旋转不变性。在点 (x,y,σ) 处梯度的模值和方向分别为

$$m(x,y,\sigma)=\sqrt{\left[L(x+1,y,\sigma)-L(x-1,y,\sigma)\right]^2+\left[L(x,y+1,\sigma)-L(x,y-1,\sigma)\right]^2},\quad(5.68)$$

$$\theta(x,y,\sigma)=\tan^{-1}\frac{L(x,y+1,\sigma)-L(x,y-1,\sigma)}{L(x+1,y,\sigma)-L(x-1,y,\sigma)}.\quad(5.69)$$

在实际计算时，以关键点为中心在其邻域窗内采样，并用直方图统计邻域像

素的梯度方向。梯度直方图的范围是 0～360°，其中柱宽为 10°，用高斯窗对邻域点梯度值加权后，将该值加到柱高。直方图峰值代表该关键点处邻域梯度主方向，并作为该关键点的方向。

至此，图像的关键点已检测完毕，每个关键点有三个信息：位置、所处尺度、方向。

4）特征点描述子生成

将坐标轴的方向旋转为关键点的方向，以确保生成的描述子具有旋转不变性。

首先，在图 5.25(a)[68]中，以关键点为中心取 8×8 的窗，中央黑点为当前关键点的位置，每个小格代表关键点邻域所在尺度空间的一个像素；其次，利用式(5.68)和式(5.69)求得每个像素的梯度幅值与梯度方向，其中箭头方向代表该像素的梯度方向，箭头长度代表梯度值；接着用高斯窗对其进行加权运算，然后在每 4×4 的小块上统计 8 个方向的梯度方向直方图；最后绘制每个梯度方向的累加值，即可形成一个种子点，如图 5.25(b)所示。图 5.25(b)中一个关键点由 2×2 共 4 个种子点组成，每个种子点有 8 个方向向量信息。这种邻域方向性信息联合的方式增强了算法抗噪声的能力。

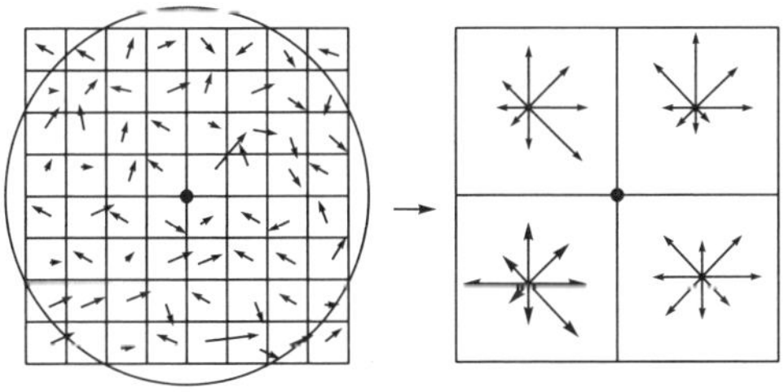

(a)关键点特征向量　　(b)主方向

图 5.25　特征点描述子生成[68]

在实际计算过程中，为增强匹配的稳健性，Lowe 建议对每个关键点使用 4×4 共 16 个种子点来描述，这样对于一个关键点就可以产生 128 个数据，即形成 128 维的 SIFT 向量。此时 SIFT 向量已经消除尺度变化、旋转等几何变形因素的影响，若再继续将特征向量的长度归一化，则可以进一步去除光照变化的影响。

2. 基于自适应加权核回归的改进 SIFT 算法[69,70]

在经典 SIFT 算法中，计算关键点方向时利用经典高斯窗函数进行加权只考虑了像素点之间的位置关系，忽略了图像的灰度信息和结构信息，使得关键点方向不稳定。而 5.2.1 节中，自适应加权核回归的自适应核能够根据图像局部灰度特性自动改变核的形状。图 5.26 是沿着边缘对梯度方向进行加权的示意图，其中央黑点和箭头含义同图 5.25；虚线代表图像边缘，点划圆表示高斯加权函数，按边缘走向有形变的椭圆表示自适应加权函数。

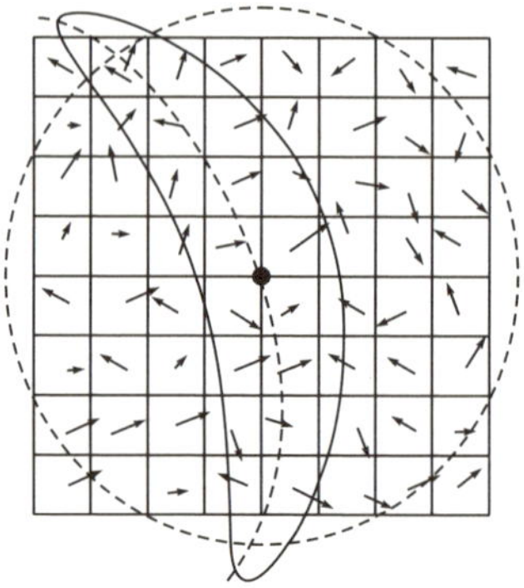

图 5.26　高斯核函数的自适应改进：沿着边缘对梯度方向进行自适应加权

采用自适应核的优点是边缘区域的特征点能使沿着边缘区域的权值得到加强，而远离边缘的权值相对减弱，平坦区域自适应核的形状同高斯加权函数。这样统计出来的关键点方向更加符合图像的局部特性，可避免梯度直方图在统计后因出现伪峰而影响后续特征点描述子的准确性和图像的正确配准。

为验证算法的有效性，实验采用法国国家信息与自动化研究所的图像匹配公共测试集(http://lear.inrialpes.fr/people/mikolajczyk/Database)，其包含尺度和旋转变化、明暗变化以及视角变化三种情况的三对图像，如图 5.27 所示。图 5.27 中还展示了经典 SIFT 算法和改进 SIFT 算法的配准结果。显然，改进算法增加了正确配准的匹配点对数。这些测试图片包含几何形变(尺度、旋转、仿射变化)和灰度变化。

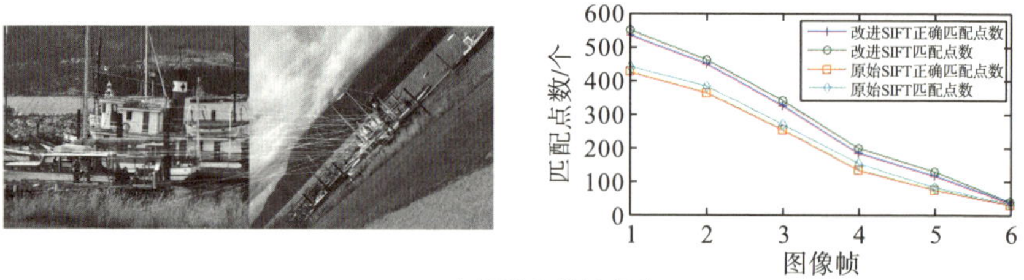

(a)含尺度和旋转变化

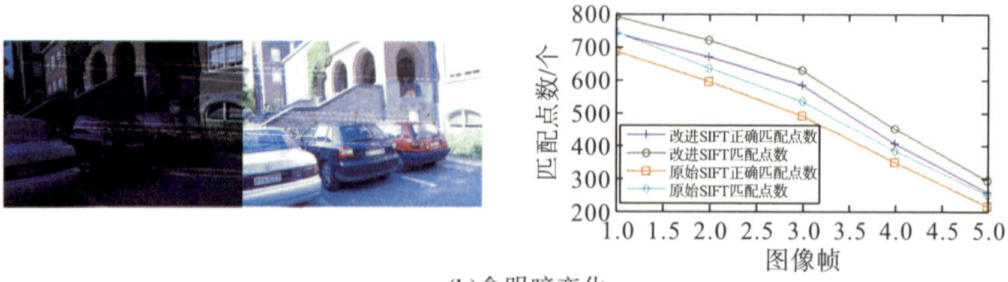

(b)含明暗变化

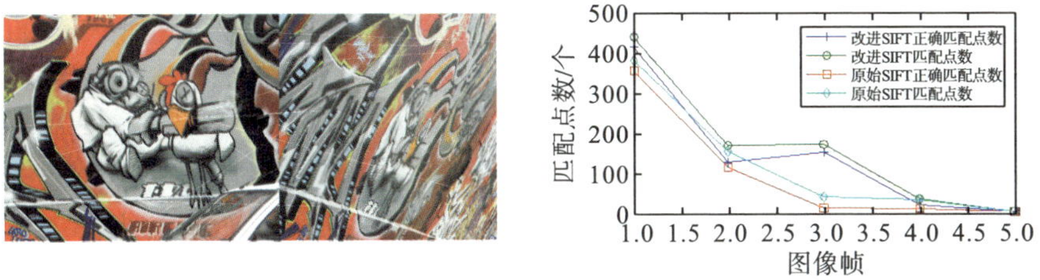

(c)含视觉（仿射）变化

图 5.27　含不同变化图像的经典 SIFT 配准结果及基于自适应加权核回归的改进 SIFT 配准结果[69,70]

实验中的匹配算法采用 Lowe 提出的最近邻原则，然后用 k-维(k-dimensinal，k-d)树进行搜索，最后用随机样本一致性准则来估计仿射变换矩阵 $\boldsymbol{H}$。在这些实验中，将第一幅图作为基准图像，将其他幅图像作为待配准的图像。若待配准图像点 $\boldsymbol{p}'$ 对应基准图像点 $\boldsymbol{p}$，则正确匹配点可被定义为$\|\boldsymbol{p}-\boldsymbol{H}\boldsymbol{p}'\|<3$，即若两个匹配点的坐标经过仿射变换后的欧式距离小于 3 个像素，则认为这两个点正确匹配，否则这两个点匹配错误[71]。

在图像配准中，对 SIFT 算法的改进层出不穷，而利用图像的精细信息(如景深[72,73])可望进一步提升 SIFT 算法的匹配精度，在此不详细讨论。

3. 基于特显点匹配的图像配准算法[74]

对于低分辨图像，一般的特征点配准算法往往不能正确配准，需要重新定义恰当的特征点。这里针对刑侦实际应用背景和特点，定义一种特显点(dominant point，DP)。对于一维信号 $f(x)$，特显点定义为

$$x_k=\underset{x_i\in[a_1,a_2]}{\arg\min}\left\{\alpha\int_{a_1}^{a_2}[f(x)-f(x_i)]^2\mathrm{d}F(x)+\beta\right\},\tag{5.70}$$

式中，$F(x)$ 为 $f(x)$ 在区间$[a_1,\ a_2]$的分布函数；α 为对应的方差；$\beta>0$ 为阈值。二维信号的特显点可进行类似定义。

对于一个一维信号和一个二维信号，按式(5.70)计算得到的特显点位置如图 5.28 所示。可见，上述特显点能较准确地描绘局部起伏。

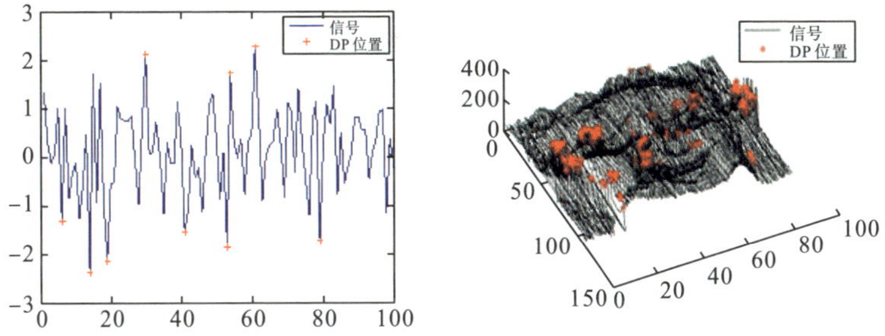

(a)一维信号（实线）及其特显点（+号）　(b)二维信号（实线）及其特显点（*号）

图 5.28　信号及其特显点(DP)

根据参考图像和当前图像特显值[式(5.70)第一项]大小顺序和特显点的位置关系，利用算法 2.1 建立参考图像和当前图像之间坐标影射的非线性关系，实现图像配准；并利用算法 2.1 进行融合，实现超分辨重构。

图 5.29(a)为某录制视频的 4 帧图像，其中出租车车牌为感兴趣部分，在这种情况下既无法提取哈里斯(Harris)角点[图 5.29(b)-(B)[75]]和其他特征点，提取的 SIFT 特征点也因为过少而不能配准[图 5.29(b)-(C)，为便于观察，显示时按最近邻插值方法放大了 4 倍]。用特显点配准的结果如图 5.30(a)所示(为便于观察，显示时同样放大了 4 倍)。用算法 2.1 和基于三角形的立方插值算法重建的结果如图 5.30(b)和图 5.30(c)所示。显然，对车牌处理的结果(后三位数字“121”)能提供重要的线索，而且算法 2.1 有更好的视觉效果。

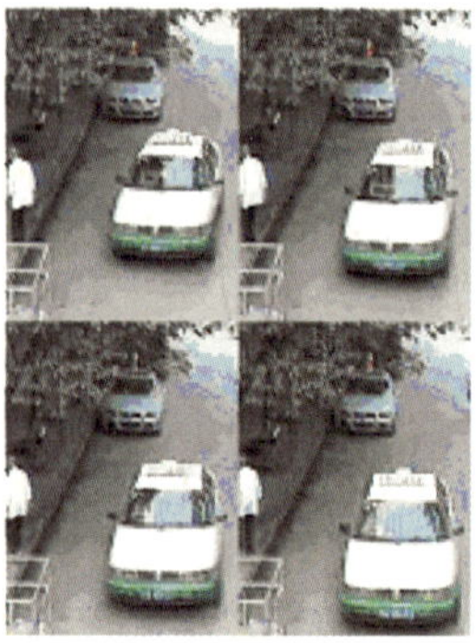
(a)视频图像帧

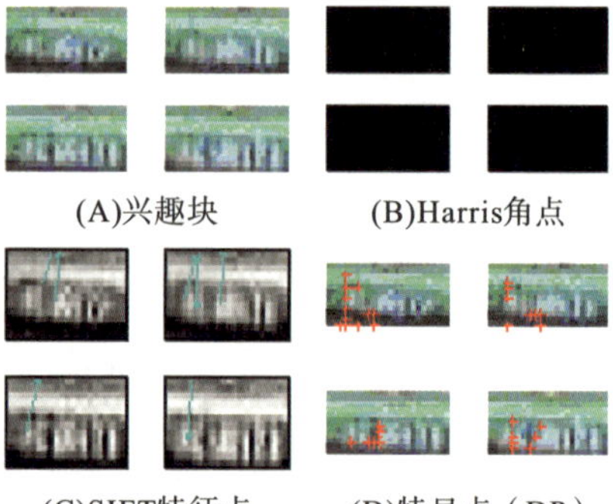

(b)兴趣块及其三种特征点

图 5.29 视频图像帧和兴趣块及其三种特征点[74]

(a)特显点配准结果

(b)KNR超分辨结果

(c)插值超分辨结果

图 5.30 基于特显点配准和不同算法的超分辨重构图像

5.4 本 章 小 结

本章讨论了数字图像复原中的图像去噪和图像超分辨重构问题，具体包括基于核回归的图像去噪、基于 KNR 的图像放大、基于运动估计和特征配准的多帧融合超分辨重构等内容，而数字图像复原中的另一重要问题——模糊图像复原问题，将在下一章讨论。

参 考 文 献

[1] Chan T F，Shen J H. Image Processing and Analysis: Variational，PDE，Wavelet and Stochastic Methods [M]. Philadelphia: SIAM (Society for Industrial and Applied Mathematics)，北京，科学出版社，2005(对应影印版，2008).

[2] Gonzalez R C，Woods R E. Digital Image Processing [M]. 北京：电子工业出版社，2002(第二版影印版).

[3] Natterer F，Wübbeling F. Mathematical Methods in Image Reconstruction [M]. Philadelphia：SIAM，2000.

[4] Banham M R，Katsaggelos A K. Digital image restoration [J]. IEEE Signal Processing Magazine，1997，14(2)：24-41.

[5] Buades A，Coll B，Morel J M. A review of image denoising algorithms，with a new one [J]. SIAM Multiscale Modeling and Simulation，2005，4(2)：490-530.

[6] Dong W S，Wang P Y，Yin W T，et al. Denoising prior driven deep neural network for image restoration [J]. IEEE Transactions on Pattern Analysis and Machine Intelligence，2019，41(10)：2305-2318.

[7] Xie T，Li S T，Sun B. Hyperspectral images denoising via nonconvex regularized low-rank and sparse matrix decomposition [J]. IEEE Transactions on Image Processing，2020(29)：44-56.

[8] Wei K，Fu Y，Huang H. 3-D quasi-recurrent neural network for hyperspectral image denoising [J]. IEEE Transactions on Neural Networks and Learning Systems，2021，32(1)：363-375.

[9] Park S C，Park M K，Kang M G. Super-resolution image reconstruction：A technical overview [J]. IEEE Signal Processing Magazine，2003，20(3)：21-36.

[10] Farsiu S，Robinson D，Elad M，et al. Advances and challenges in super-resolution [J]. International Journal of Imaging Systems and Technology，2004，14(2)：47-57.

[11] Laghrib A，Alahyane M，Ghazdali A，et al. Multiframe super-resolution based on a high-order spatially weighted regularization [J]. IET Image Processing，2018，12(6)：928-940.

[12] Ren C，He X H，Pu Y F，et al. Enhanced non-local total variation model and multi-directional feature prediction prior for single image super resolution [J]. IEEE Transactions on Image Processing，2019，28(8)：3778-3793.

[13] Cruz C，Mehta R，Katkovnik V，et al. Single image super-resolution based on Wiener filter in similarity domain [J]. IEEE Transactions on Image Processing，2018，27(3)：1375-1389.

[14] Takeda H，Farsiu S，Milanfar P. Deblurring using regularized locally adaptive kernel regression [J]. IEEE

Transactions on Image Processing，2008，17(4)：550-563.

[15] Lee C C，Hwang W L. Mixture of Gaussian blur kernel representation for blind image restoration [J]. IEEE Transactions on Computational Imaging，2017，3(4)：783-797.

[16] Anwar S，Huynh C P，Porikli F. Image deblurring with a class-Specific prior [J]. IEEE Transactions on Pattern Analysis and Machine Intelligence，2019，41(9)：2112-2130.

[17] Hosseini M S，Plataniotis K N. Convolutional deblurring for natural imaging [J]. IEEE Transactions on Image Processing，2020(29)：250-264.

[18] Saeidi M，Motamedi S A，Behrad A，et al. Noise reduction of consecutive images using a new adaptive weighted averaging filter [C].Proceeding of IEEE Workshop on Signal Processing Systems Design and Implementation，Athens，Greece，2005：455-460.

[19] Xie Q L，Chen H. Image denoising based on adaptive filtering and multi-frame averaging filtering [C].Proceedings of IEEE International Conference on Artificial Intelligence and Computational Intelligence，Shanghai，China，2009：523-526.

[20] Yang R，Yin L，Gabbouj M，et al. Optimal weighted median filters under structural constraints [J]. IEEE Transactions on Signal Processing，1995，43(3)：591-604.

[21] Chang C C，Hsiao J Y，Hsieh C P. An adaptive median filter for image denoising [C].Proceedings of the 2nd IEEE Symposium on Intelligent Information Technology Application，Shang hai，China，2008：346-350.

[22] Wang X. Multiscale median filter for image denoising [C].Proceedings of IEEE International Conference Signal Processing，Beijing，China，2010：2617-2620.

[23] Wang L，Zou Y K，Zhang H J. A medical image denoising arithmetic based on Wiener filter parallel model of wavelet transform [C].Proceedings of the 2nd IEEE International Congress on Image and Signal Processing，Tianjing，China，2009：1-4.

[24] Suhaila S，Shimamura T. Power spectrum estimation method for image denoising by frequency domain Wiener filter [C]. Proceedings of IEEE International Conference on Computer and Automation Engineering，Singapore，2010，608-612.

[25] Tomasi C，Manduchi R. Bilateral filtering for gray and color images [C].Proceedings of IEEE International Conference on Compute Vision，Bombay，India，1998：836-846.

[26] Elad M. On the origin of the bilateral filer and ways to improve it [J]. IEEE Transaction on Image Process，2002，11(10)：1141-1150.

[27] Donoho D L，Johnstone I M. Ideal spatial adaptation via wavelet shrinkage [J]. Biometrika，1994，81(3)：425-455.

[28] Luisier F，Blu T，Unser M. A new SURE approach to image denoising：Inter-scale orthonormal wavelet thresholding [J]. IEEE Transaction on Image Processing，2007，16(3):593-606.

[29] Chang S G，Yu B，Vetterli M. Adaptive wavelet thresholding for image denoising and compression [J]. IEEE Transactions on Image processing，2000，9(9)：1532-1546.

[30] Liu B Y，Zhang J，Liao X. Kernel fitting for speech detection and enhancement [C].Proceedings of the 10th IEEE International Conference on Signal Processing，Beijing，China，2010：534-537.

[31] Liu B Y，Liao X. Image denoising and magnification via kernel fitting and modified SVD [C].Proceedings of IEEE

International Conference on Information Assurance and Security，Xi' an，China，2009：521-524.

[32] Takeda H，Farsiu H，Milanfar P. Kernel regression for image processing and reconstruction [J]. IEEE Transactions on Image Processing，2007，16(2)：349-366.

[33] Bose N K，Ahuja N. Superresolution and noise filtering using moving least squares [J]. IEEE Transactions on Image Processing，2006，15(8)：2239-2248.

[34] Edelman A. Eigenvalues and condition numbers of random matrices [J]. SIAM Journal of Matrix Analysis and Applications，1988，9(1)：543-560.

[35] Feng X，Milanfar P. Multiscale principal components analysis for image local orientation estimation [C].Proceedings of the 36th IEEE Asilomar Conference on Signals，Systems and Computers，Pacific Grove，CA，USA，2002：478-482.

[36] Van Huffel S. Enhanced resolution based on minimum variance estimation and exponential data modeling [J]. IET Signal Processing，1993，33(3)：333-355.

[37] Golub G H，Van Loan C F. Matrix Computations [M]. Baltimore：The Johns Hopkins University Press，1996.

[38] Jensen S H，Hansen P C，Hansen S D，et al. Reduction of broad-band noise in speech by truncated QSVD [J]. IEEE Transactions on Speech and Audio Processing，1995，3(6)：439-448.

[39] De Moor B. The singular value decomposition and long and short spaces of noisy matrices [J]. IEEE Transactions on Signal Processing，1993，41(9)：2826-2838.

[40] Ephraim Y，Van Trees H L. A signal subspace approach for speech enhancement [J]. IEEE Transactions on Speech and Audio Processing，1995，3(4)：251-266.

[41] Hansen P C，Jensen S H. Subspace-based noise reduction for speech signal via diagonal and triangular matrix decompositions：survey and analysis [J]. EURASIP Journal of Advances in Signal Processing，2007，92953：1-24.

[42] 董晓明，崔静，刘本永. 多帧融合自适应核回归图像去噪[J]. 计算机工程与应用，2011，47(13)：204-208.

[43] 胡业刚，张毅，刘本永. 小图像放大：算法与评价[J]. 贵州大学学报(自然科学版)，2010，27(2)：78-82.

[44] 崔静，刘本永. 基于分组 SVR 和 KNR 的单帧图像超分辨[J]. 计算机工程与应用，2012，48(23)：185-190.

[45] Hu Y G，Liu B Y. Face recognition based on PLS and HMM [C].Proceedings of Chinese Conference on Pattern Recognition，Nanjing，China，2009：892-895.

[46] Huang X S，Lei Z，Fan M Y，et al. Regularized discriminative spectral regression method for heterogeneous face matching [J]. IEEE Transactions on Image Processing，2013，22(1)：353-362.

[47] Klare B F，Jain A K. Heterogeneous face recognition using kernel prototype similarities [J]. IEEE Transactions on Pattern Analysis and Machine Intelligence，2013，35(6)：1410-1422.

[48] Cheng Y Z. Mean shift，mode seeking，and clustering [J]. IEEE Transactions on Pattern Analysis and Machine Intelligence，1995，17(8)：790-799.

[49] Wang H，Ko H. Real-time multi-cue mean-shift hand tracking algorithm in cluttered background [C].Proceedings of the 4th IEEE International Congress on Image and Signal Processing，Shanghai，China，2011(3)：1310-1314.

[50] Kang Y M，Wang G，Hu J. A mean shift based small target tracking algorithm in colored video [C]. Proceedings of IEEE International Conference on Soft Computing and Pattern Recognition，2011：407-412.

[51] 王志伟. 低分辨及遮挡视频目标跟踪技术及应用研究[D]. 贵阳：贵州大学，2012.

[52] 余应淮，赵洪达，刘洪，等. 运动目标平移估计的核回归加窗型相位相关法[C].全国模式识别学术会议，重庆，2010:163-167.

[53] 余应淮. 视频图像分析中运动估计算法研究[D]. 贵阳：贵州大学，2011.

[54] Huang T S. Two-dimensional windows [J]. IEEE Transactions on Audio Electroacoust，1972，AU-20(1)：88-89.

[55] Guizar-Sicairos M，Thurman S T，Fienup J R. Efficient subpixel image registration algorithms [J]. Optics Letters，2008，33(2)：156-158.

[56] Soummer R，Zueyo L，Sivaramakrishnan A，et al. Fast computation of Lyot-style coronagraph propagation [J]. Optics Express，2007，15(24)：15935-15951.

[57] Argyriou V，Vlachos T. Estimation of sub-pixel motion using gradient cross-correlation [J]. IET Electronics Letters，2003，39(13)：980-982.

[58] Argyriou V,Vlachos T. Extrapolation-free arbitrary-shape motion estimation using phase correlation [J]. Journal of Electronic Imaging，2006，15(1)：010501.1-010501.3.

[59] Christmas W J. Filtering requirements for gradient-based optical flow measurement [J]. IEEE Transactions on Image Processing，2000，9(10)：1817-1820.

[60] Gleason SS，Hunt M A，Jatko W B. Subpixel measurement of image features based on paraboloid surface fit [J]. Proceedings of SPIE，1991，1386：135-144.

[61] Chen Q S，Defrise M，Deconinck F. Symmetric phase-only matched filtering of Fourier-Mellin transforms for image registration and recognition [J]. IEEE Transactions on Pattern Analysis and Machine Intelligence，1994，16(12)：1156-1168.

[62] Raddy B S，Chetterji B N. An FFT-based technique for translation，rotation，and scale invariant image registration [J]. IEEE Transactions on image Processing，1996，5(8)：1266-1271.

[63] 赵洪达，刘本永. 基于多帧融合及四参数仿射模型的图像超分辨[J]. 计算机工程与应用，2012，48(28)：206-213.

[64] 赵洪达. 仿射模型参数估计算法及应用研究[D]. 贵阳：贵州大学，2012.

[65] Foroosh H，Zerubia J B，Berthod M. Extension of phase correlation to subpixel registration [J]. IEEE Transactions on Image Processing，2002，11(3)：188-200.

[66] Lowe D G. Object recognition from local scale-invariant features [C].Proceedings of the 7th IEEE International Conference on Computer Vision，Kerkyra，Greece，1999(2)：1150-1157.

[67] Lowe D G. Distinctive image features from scale-invariant keypoints [J]. International Journal of Computer Vision 2004，60(2)：91-110.

[68] Mikolajczyk K，Schmidt C. An affine invariant interest point detector [C].Proceedings of European Conference on Computer Vision，Singapore，2004：63-86.

[69] 熊可，崔静，刘洪，等. 基于自适应核回归的 SIFT 图像配准算法[C].全国模式识别学术会议，重庆，2010：193-197.

[70] 熊可. 视频图像超分辨算法及应用研究[D]. 贵阳：贵州大学，2011.

[71] Yue S C，Wang Q，Zhao R C. Robust wide baseline point matching based on scale invariant feature descriptor [J]. Chinese Journal of Aeronautics，2009，22(1)：70-74.

[72] 刘政，刘本永. 基于图像深度信息的尺度不变特征变换算法误匹配点对剔除[J]. 计算机应用，2014，34(12)：3554-3559.

[73] 刘政. 基于深度信息的图像配准算法及应用研究[D]. 贵阳：贵州大学，2015.

[74] Liu B Y，Zhang J，Liao X. Projection kernel regression for image registration and fusion in video-based criminal investigation [C].Proceedings of IEEE International Conference on Multimedia and Signal Processing，Guilin，China，2011：348-352.

[75] Harris C，Stephens M. A combined corner and edge detector [C].Proceedings of the 4th Alvey Vision Conference，Manchester，UK，1988：147-151.

第 6 章　数字图像复原 II：解模糊

6.1　引　　言

模糊图像复原又称为图像解模糊，是数字图像复原的重要内容，重点解决由散焦、相对运动等因素导致的图像模糊不清等问题，在视听资料分析应用中占据重要地位。

根据模糊核(即点扩展函数，point spread function，PSF)是否已知，模糊图像复原可分为非盲复原(模糊核已知情况下的解卷积)和盲复原[1](模糊核未知情况下的解卷积)。现实意义下的模糊图像复原一般都是盲复原，其核心问题是模糊核估计和解卷积算法。

本章对图像解模糊的核心问题进行分析和探讨，主要包括模糊核估计和解模糊两个方面的多个算法。

6.2　模糊核估计

一般认为，模糊图像 $g(x,y)$ 是由原始清晰图像 $f(x,y)$ 经过空域不变模糊核 $h(x,y)$ 卷积后得到的，即[1]

$$g(x,y)=h(x,y)\otimes f(x,y)+\varepsilon(x,y), \tag{6.1}$$

式中，$\varepsilon(x,y)$ 为加性噪声[参见式(2.1)]，这是模糊图像处理中的通用模型。

模糊核估计是模糊图像复原的重要前提和基础[1]。为便于模糊核的描述和估计，通常将图像模糊分为运动模糊和散焦模糊两种形式[2]。

6.2.1　运动模糊核估计

最基本且最简单的运动模糊为直线运动模糊。给定方向 φ，直线运动模糊核可表示为

$$h(x,y)=\begin{cases}\dfrac{1}{L}, & \sqrt{x^2+y^2}\leqslant\dfrac{L}{2},\ \dfrac{x}{y}=-\tan(\varphi)\\ 0, & \text{其他}\end{cases}, \tag{6.2}$$

式中，L 为模糊长度。所以，直线运动模糊核是由模糊方向和模糊长度两个参数

决定的。

经典的运动模糊核估计一般在变换域完成[2-7]，其简单、有效，但估计结果对噪声的影响较敏感。而在基于原域(空域)的估计方法方面，经典方法利用模糊图像任意方向的差分来提取模糊图像任意方向的高频成分，且认为高频成分最少的方向是模糊方向[8,9]，其涉及的算法一般抗噪性能好但计算较复杂。这里在简单介绍典型空域估计算法的基础上，探讨改进算法，包括模糊方向估计和模糊长度估计两个方面。

1. 直线运动模糊方向估计

1) 经典二维差分算子法[8, 9]

直线运动模糊方向估计中经典而有效的方法是差分算子法，包括 2×2 和 3×3 两种二维差分算子[8,9]。

差分算子法基于如下观点[8]：运动模糊图像在不同方向上所含有的频率成分是不同的，直线运动模糊方向上的高频成分损失超过其他任何方向(运动方向的反方向除外)。对模糊图像的差分操作相当于让模糊图像通过高通滤波器，所以当模糊图像经过一系列方向不同的差分运算后，总会有一个方向的图像差分结果相对于其他方向损失较小，据此可以估计运动模糊方向。图 6.1(a)所示为 2×2 差分算子运算[8]，其中 $g(x,y)$ 点处任意方向的前向差分通过图 6.1(a)中虚圆所表示的点 $g'(x,y)$ 与 $g(x,y)$ 相减得到，$g'(x,y)$ 则由与其在一条直线上的最近两个像素简单灰度插值得到，每次插值运算只涉及 $g(x,y)$ 周围 2×2 的区域，故常称为 2×2 差分法。对应地，图 6.2(b)为 3×3 差分算子运算[9]。由于每次插值运算涉及 $g(x,y)$ 周围 3×3 的区域，所以估计更准确且抗噪能力更强。

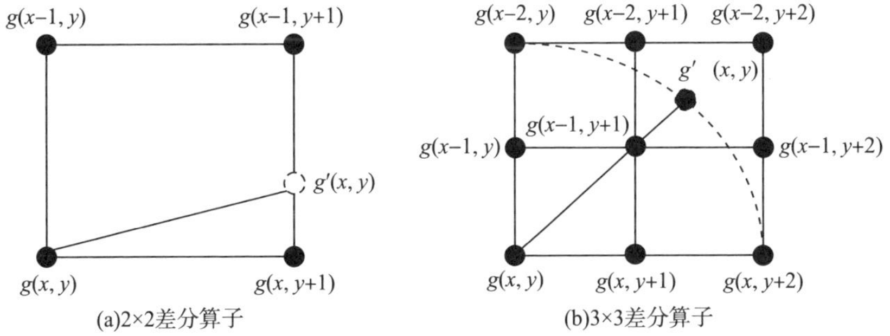

图 6.1　差分算子法示意图[8,9]

2) 一维差分算子旋转法[10,11]

经典二维差分算子法通过直接对模糊图像像素灰度值插值来实现任意角度的

差分，但在不同角度需要设计完全不同的差分算子，计算复杂。事实上，可以构造一个合适的水平差分算子，并通过旋转实现任意角度方向的差分运算，简单而且有效。思路如图 6.2 所示[10,11]。

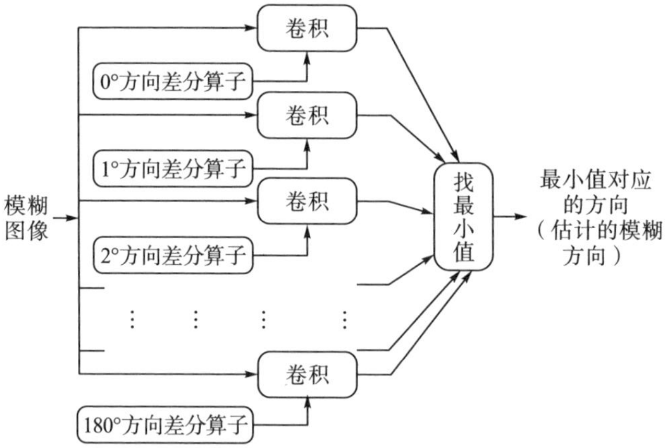

图 6.2 基于旋转一维差分算子的运动模糊方向估计[10,11]

考虑到现有梯度算子[(如索贝尔(Sobel)算子、普瑞维特(Prewitt)算子]在作为水平方向差分算子运用时，不足以快速、精确地估计运动模糊方向，我们设计了类似图 6.3 所示的水平差分算子，并对远近不同的像素赋予不同的权值(算子的长度和权值均可根据应用适当调整)[10,11]。

−1	−2	−3	0	3	2	1

图 6.3 水平方向差分算子[10,11]

设 $h_\theta(x, y)$ 为上述一维差分算子旋转至 θ 方向时的结果，则模糊图像 $g(x, y)$ 在该方向的差分图像为

$$g_\theta(x,y)=\iint h_\theta(x-x',y-y')g(x',y')\mathrm{d}x'\mathrm{d}y'. \tag{6.3}$$

借助于绝对值求和方法[8,9]，比较不同 $g_\theta(x, y)$ 中高频成分的多少：

$$A_\theta=\sum_{y=1}^{M}\sum_{x=1}^{N}\left|g_\theta(x,y)\right|, \tag{6.4}$$

式中，M、N 分别为 $g_\theta(x, y)$ 的高和宽(行数和列数)。取 A_θ 的最小值所对应的 θ 作为运动模糊方向的估计结果。

3) 对比实验

图 6.4 为人工生成的运动模糊图像(模糊方向为 50°、模糊长度为 10 个像素、SNR 为 50dB)。对比经典二维差分算子法和采用不同一维差分算子旋转法的运动模糊方向估计结果如图 6.5 所示(归一化 A_θ)。

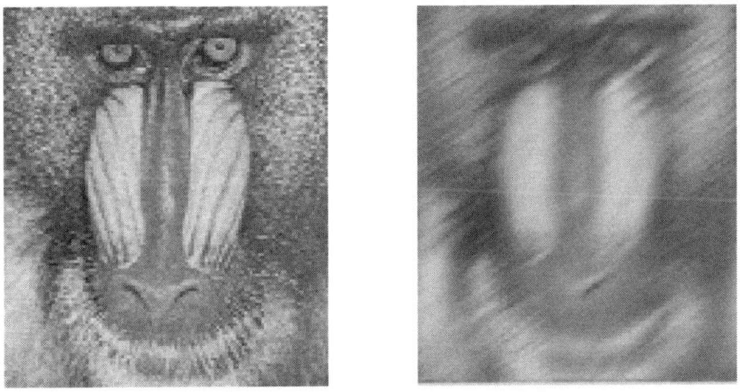

(a)清晰图像（参考图像） (b)运动模糊图像

图 6.4 运动模糊方向估计用图

参考图像来自 https://ccia.ugr.es/cvg/dbimagenes/g256.php

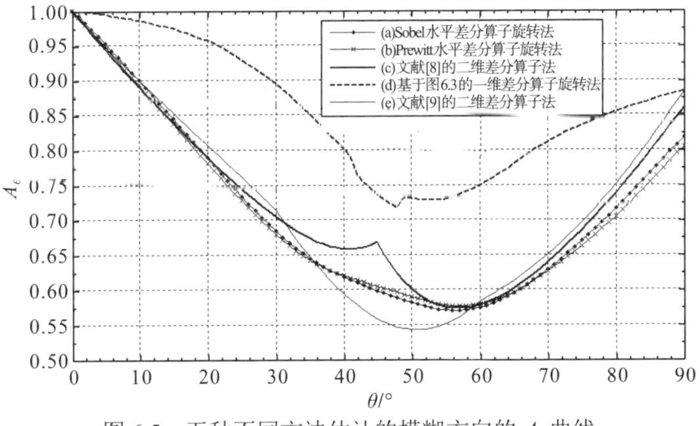

图 6.5 五种不同方法估计的模糊方向的 A_θ 曲线

图 6.5 中曲线(a)和曲线(b)分别为利用 Sobel 水平差分算子和 Prewitt 水平差分算子按旋转法得到，曲线(c)和曲线(e)分别为利用文献[8]和文献[9]的经典二维差分算子法得到，曲线(d)为基于图 6.3 的水平差分算子按旋转法得到。各曲线最小值点对应于模糊方向估计结果。估计结果的误差(估计值与真值之差)如下：Sobel 算子旋转法为 6°，Prewitt 算子旋转法和文献[8]的二维差分算子法为 7°，文献[9]的二维差分算子法为 1°，而基于图 6.3 的水平差分算子旋转法为−2°。所以，本书所探讨的估计方法简单有效。

2. 直线运动模糊长度估计

直线运动模糊长度估计作为模糊图像处理的一个传统问题，至今已有很多有效的解决方法，如倒谱法[12,13]、双谱法[14]、迭代法[15]、基于图像边缘特性变化的方法[16,17]、神经网络学习法[18]等。

1)基于差分图像自相关的运动模糊长度估计

由于沿运动模糊方向，背景像素点的灰度值变化缓慢或者不变，所以差分图像自相关算法是一种简单有效的运动模糊长度估计方法[8]。其基本思想是：首先按模糊方向将模糊图像旋转至水平轴方向，把二维问题简化为一维问题；然后将旋转后的运动模糊图像先后在水平方向和垂直方向上进行一阶差分；最后对水平方向上的差分图像求自相关，并将自相关图像的各列加起来，得到一条鉴别曲线。在鉴别曲线的零频尖峰两侧，会对称地出现一对共轭的负相关峰，两负相关峰间的距离等于模糊长度的两倍。这样，鉴别出这两个负峰值的位置后，便可以得到运动模糊长度。模糊长度越长，越有利于鉴别，鉴别精度也越高。

2)基于振铃效应的运动模糊长度估计[19,20]

通常认为，自然图像中的振铃效应是在将有限个三角函数作为 Fourier 基函数表示阶跃信号时，因表示误差而产生的吉布斯现象[17]。但研究发现，用数量足够的三角基函数展开自然图像时，图像结构信息损失可以少到可忽略不计的程度，而图像噪声模型与实际情况的偏离、模糊核参数估计误差都会带来振铃效应[20,21]。由此可以推知：噪声电平越低，运动模糊长度估计越精确，解模糊后产生的振铃效应越小；应恰当地定量描述振铃程度，采取合适的对应优化方法估计模糊长度[19,20]。

设 $\hat{f}_l(x,y)$ 为利用长度 $l\,(l=1, 2,\cdots)$ 不同的模糊核 $h_l(x, y)$ 对模糊图像 $g(x, y)$ 解模糊的结果——解模糊图像序列(其中包含强度不同的振铃效应)，则误差图像序列为

$$\hat{\varepsilon}_l(x,y)=h(x,y)\otimes \hat{f}_l(x,y)-g(x,y) \quad (l=1,2,\cdots). \tag{6.5}$$

图 6.6(a)为原始 Lena 图像，经长度为 15 的水平运动处理的模糊结果如图 6.6(b)所示，用长度 l 分别为 5、10、15、20、25 的水平模糊核解模糊的结果如图 6.6(c)所示，而包含振铃成分的误差图像序列如图 6.6(d)所示。可见，采用的模糊长度偏离真值越远，解模糊图像中的振铃效应(纹波)越明显，而且主要集中在图像边缘部分。

由于振铃效应主要出现在图像边缘，所以对解模糊图像序列 $\hat{f}_l(x,y)\,(l=1,2,\cdots)$ 可以进行适当的高通过滤，以降低非边缘部分的影响[图 6.6(e)]，精确提取振铃成分。

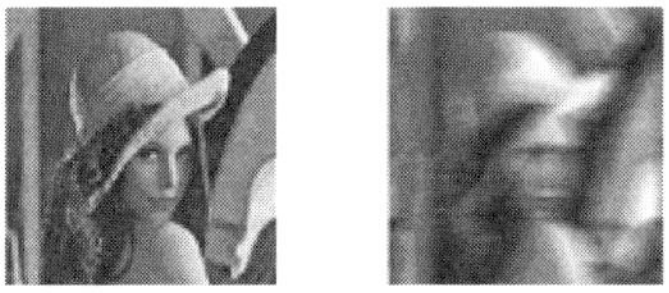

(a)原始图像　(b)水平运动模糊图像

(c)用不同模糊程度的模糊核解模糊图像序列

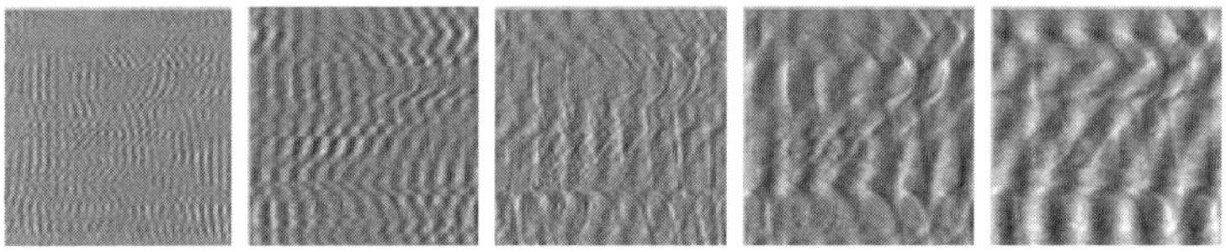

(d)包含振铃效应的误差图像序列

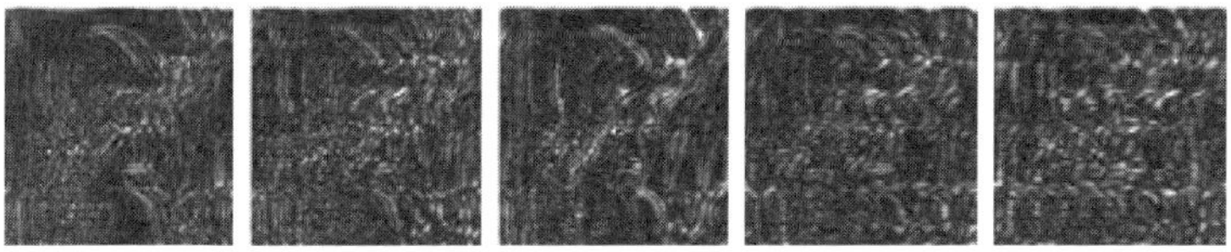

(e)解模糊图像序列(c)的高通滤波序列

图 6.6　解模糊图像中振铃效应强弱与模糊核参数的关系[19,20]

振铃强度可以用上述高通输出图像能量计算，能量越小，振铃效应越弱，且对应的解模糊核长度就可作为模糊长度的估计值。

在实际应用中，上述过程通过迭代方式由粗到精地完成。另外，由于采用过小的模糊长度会导致图像自身的边缘被作为振铃效应处理，所以除了高通成分外，需要保留适当的低通成分。为此，用平衡参数调整二者的影响。于是，得到模糊长度估计公式如下[19, 20]：

$$L_{\text{opt}} = \arg\min_{l}\{R_{\text{ing}}(l)\},\ R_{\text{ing}}(l) = \mu N_{\text{H}}\{F_{\text{H}}[\hat{f}_l(x,y)]\} + (1-\mu)N_{\text{L}}\{F_{\text{L}}[\hat{f}_l(x,y)]\}, \tag{6.6}$$

式中，$R_{\text{ing}}(l)$为对应于模糊长度 l 的振铃强度；F_{H}、F_{L}分别为高通和低通过滤算子；N_{H}、N_{L}分别为高频和低频振铃强度提取（能量计算）算子；μ 为平衡参数。

图 6.6(b)中的模糊图像，其分辨率为 128×128，可以在[2, 64]的范围内以粗步长（如 0.2 个像素）得到粗估计[图 6.7(a)，$L1$=12.80]；再在粗估计结果附近取较细步长（如 0.002），以得到较精确估计[图 6.7(b)，$L2$=13.552]；重复上述过程，直到得到足够精确的估计[图 6.7(c)，$L3$=15.0032]。

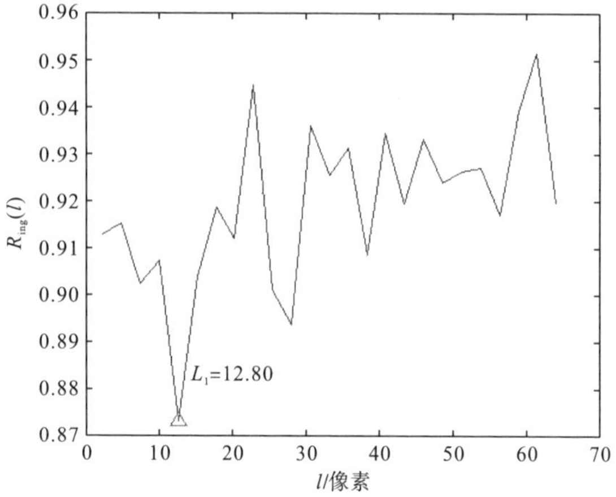

(a)初估计

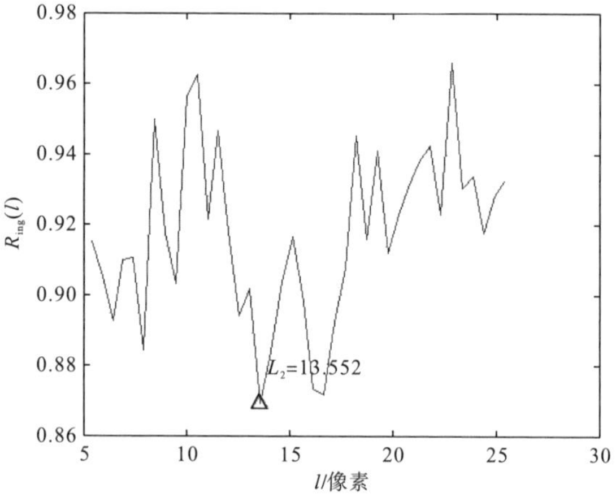

(b)较精确估计

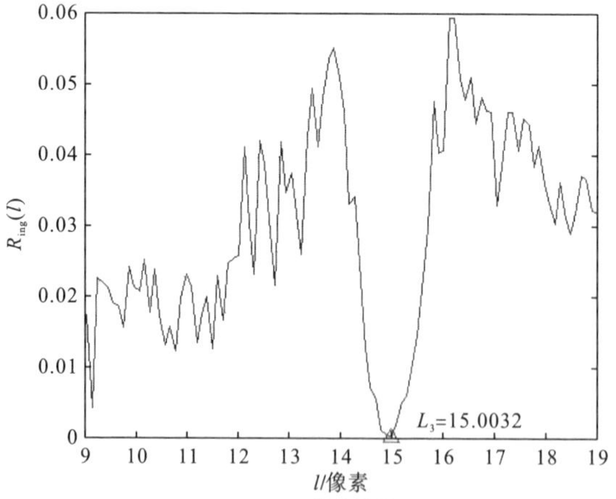

(c)精确估计

图 6.7　图 6.6(b)模糊长度逐步精确估计中的“振铃强度-长度”图

表 6.1 给出了利用上述方法与常用的倒谱法估计的 Lena 图像在不同方向和不同长度下的运动模糊图像模糊长度结果。显然，上述振铃效应法总体性能优于经典倒谱法。

表 6.1　运动模糊长度估计比较

参数真值		不同估计方法对模糊长度的估计结果	
模糊方向/(°)	模糊长度/像素	振铃效应法	倒谱法
20	16	16.2289	16.4920
	23	22.4519	21.9320
	31	30.7481	30.4630
45	7	6.4914	7.2111
	26	26.0074	26.9070
	29	29.0889	29.7320
120	9	9.1778	9.4395
	21	20.7926	21.9580
	35	35.0148	34.4820
165	11	10.6000	11.4240
	28	26.6830	27.1926
	40	39.9926	41.4850

6.2.2　散焦模糊核估计

散焦模糊图像也是经常遇到的一类降质图像。图像的散焦模糊一般是由被摄物体未被准确成像在成像设备的焦平面上所致。现实中几乎所有图像都存在不同程度的散焦模糊，对后续应用也会造成不同程度的影响。因此，解决散焦模糊问题成为图像处理中的一个重要课题。解决该问题的一个关键是根据模糊图像准确估计造成散焦模糊的模糊核。

一般来说，散焦模糊核被建模为以下均匀分布的圆盘函数[1]：

$$h(x,y)=\begin{cases}\dfrac{1}{\pi R^2}, & \sqrt{x^2+y^2}\leqslant R,\\ 0, & \text{其他},\end{cases}\tag{6.7}$$

式中，R 为散焦模糊的模糊半径，即需要估计的模糊参数。散焦模糊核的傅里叶变换为[12]

$$\mathcal{F}[h(x,y)]=\frac{2J_1\left[R\sqrt{\left(\dfrac{2\pi}{M}u\right)^2+\left(\dfrac{2\pi}{N}v\right)^2}\right]}{R\sqrt{\left(\dfrac{2\pi}{M}u\right)^2+\left(\dfrac{2\pi}{N}v\right)^2}},\tag{6.8}$$

式中，$\mathcal{F}$ 为傅里叶变换算子；$J_1(\cdot)$ 为一阶第一类贝塞尔(Bessel)函数；$M\times N$ 为

二维 FFT 运算的尺寸；u 和 v 分别为水平和垂直频率分量。由式(6.8)可知，$\mathcal{F}[h(x,y)]$的幅度谱中将会出现逐渐增大的同心环纹理，其中亮环对应局部峰值，暗环对应局部谷值。距离谱中心最近的第一暗环上的所有谷值点坐标 u、v 满足[12]：

$$2\pi R\sqrt{\frac{u^2}{M^2}+\frac{v^2}{N^2}}=3.83. \tag{6.9}$$

若得到谷值点坐标 u、v，由式(6.9)就能求出模糊参数 R。通常在式(6.9)中取 $M=N$，这时第一暗环半径为

$$r=\sqrt{u^2+v^2}. \tag{6.10}$$

1. 典型算法存在的问题

通过变换域中的空间分布特性估计散焦模糊参数是目前最常用的方法[1]，典型算法包括利用模糊图像幅度谱、对数幅度谱、倒谱等空间分布特性的方法。变换域方法对模糊图像不需要先验假设，且其基于 FFT 的计算快速简单，但精度对噪声敏感。图 6.8 为一幅散焦模糊图像(模糊参数为 10 像素)在不同电平的加性白噪声(SNR 分别为 50db、30db、5db)条件下的幅度谱。可以看到，随着 SNR 的降低，幅度谱中原本清晰的圆环状纹理逐渐被噪声的频谱特性“淹没”，该问题普遍存在于基于变换域的参数估计方法中。针对这一问题，这里通过图像差分和幂律变换来增强在低 SNR(SNR＜25dB)下的模糊参数估计能力。

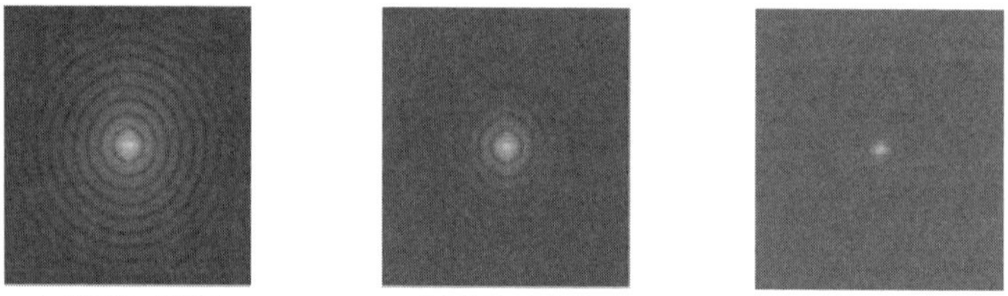

(a)SNR=50dB　　(b)SNR=30dB　　(c)SNR=5dB

图 6.8　散焦模糊图像幅度谱被不同强度噪声影响的情况

2. 基于差分处理的估计算法[11]

散焦模糊图像的不同频率成分分布在不同区域：距离幅度谱中心越远，频率越高。

图 6.9 为散焦模糊图像幅度谱中不同区域所含频率成分对重构图像的影响示意图。其中，图 6.9(a)和图 6.9(d)分别为散焦模糊图像及其幅度谱，幅度谱中心附近(低频成分)置零后得到图 6.9(e)，再经逆傅里叶变换重构后得到图 6.9(b)(显然只有原图像的边缘和纹理)。图 6.9(f)则为图 6.9(e)只保留低频成分的结果，经逆傅里叶变换重构后得到图 6.9(c)(显然图像非常模糊)。所以，散焦模糊图像的

高频成分占据大多数幅度谱，只有靠近幅度谱中心的小部分为低频成分。

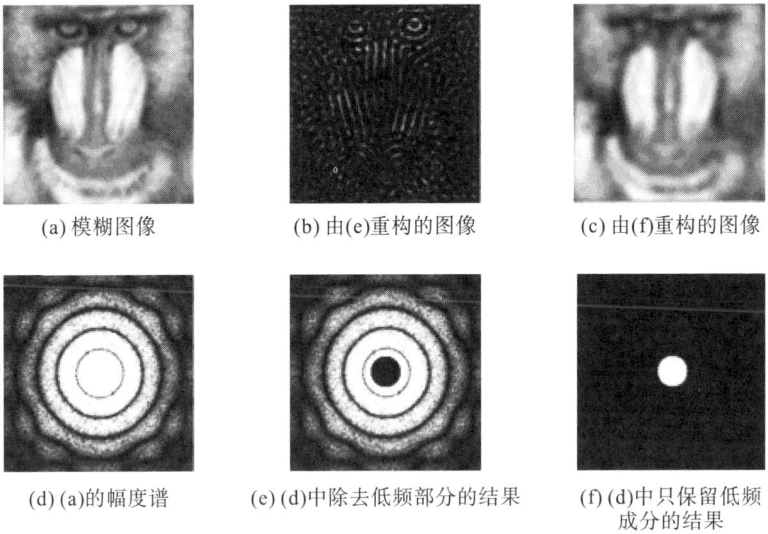

图 6.9　散焦模糊图像幅度谱中不同区域所含频率成分对重构图像的影响示意图

特别注意在图 6.9(e)中，对模糊参数估计非常重要的第一暗环处在被置零区域之外，这意味着原第一暗环已处于高频区域。大量实验表明，对于多数图像，第一暗环都处于高频部分。这一现象为提高变换域估计模糊参数的有效性提供了新的思路。

1) 基于差分运算的图像高频成分增强[11]

如果对散焦模糊图像进行高通滤波处理，并提高高频成分所占的比例，便能加强幅度谱中同心圆状纹理特征和加深谱中暗环深度(特别是距谱中心最近的第一暗环深度)，使得对噪声破坏效应的“淹埋”作用更有效，从而在强噪声背景下更好地估计模糊参数。

这里通过对模糊图像进行差分运算来达到提高模糊参数估计效果的目的。事实上，散焦模糊图像退化过程可由矩阵卷积形式表达为

$$\boldsymbol{G}=\boldsymbol{H}\otimes\boldsymbol{F}+\boldsymbol{N}, \tag{6.11}$$

式中，$\boldsymbol{G}$、$\boldsymbol{H}$、$\boldsymbol{F}$、$\boldsymbol{N}$ 分别为模糊图像、模糊核、清晰原图、加性噪声的矩阵形式。对式(6.11)等号两边求 n(n 为正整数)阶差分，得

$$D_n(\boldsymbol{G})=D_n(\boldsymbol{H}\otimes\boldsymbol{F})+D_n(\boldsymbol{N}), \tag{6.12}$$

式中，D_n 为差分。为简单起见，推导时忽略噪声 $\boldsymbol{N}$，并用微分代替差分。式(6.12)等号两边进行傅里叶变换，得

$$\mathcal{F}[D_n(\boldsymbol{G})]=\mathcal{F}[D_n(\boldsymbol{H}\otimes\boldsymbol{F})]=\mathcal{F}\left[\frac{\partial^n(\boldsymbol{H}\otimes\boldsymbol{F})}{\partial x^n}+\frac{\partial^n(\boldsymbol{H}\otimes\boldsymbol{F})}{\partial y^n}\right]. \tag{6.13}$$

令

$$\frac{\partial^n(\boldsymbol{H}\otimes\boldsymbol{F})}{\partial x^n}=(\boldsymbol{H}\otimes\boldsymbol{F})_x^n \quad \frac{\partial^n(\boldsymbol{H}\otimes\boldsymbol{F})}{\partial y^n}=(\boldsymbol{H}\otimes\boldsymbol{F})_y^n, \tag{6.14}$$

则

$$\begin{aligned}\mathcal{F}[D_n(\boldsymbol{G})]&=(ju)\mathcal{F}[(\boldsymbol{H}\otimes\boldsymbol{F})_x^{n-1}]+(jv)\mathcal{F}[(\boldsymbol{H}\otimes\boldsymbol{F})_y^{n-1}]\\&=[(ju)^n+(jv)^n]\mathcal{F}[(\boldsymbol{H}\otimes\boldsymbol{F})].\end{aligned} \tag{6.15}$$

所以，差分图像的幅度谱为

$$\left|\mathcal{F}[D_n(\boldsymbol{G})]\right|=\left|u^n+v^n\right|\left|\mathcal{F}[\boldsymbol{H}]\right|\left|\mathcal{F}[\boldsymbol{F}]\right|. \tag{6.16}$$

结果表明：模糊图像差分实际上是一种加权运算，权值为$|u^n+v^n|$——越远离谱中心的位置获得的权重越大(高通滤波效应)，从而使模糊图像高频部分的能量增强，且第一暗环在低 SNR 情况下仍能被准确检测到。

从本质上说，差分图像幅度谱$\left|\mathcal{F}[D_n(\boldsymbol{G})]\right|$中的同心圆环主要由模糊核的幅度谱$\left|\mathcal{F}[\boldsymbol{H}]\right|$决定，$\left|\mathcal{F}[\boldsymbol{H}]\right|$中同心圆环纹理与清晰图像幅度谱$\left|\mathcal{F}[\boldsymbol{F}]\right|$相乘，使得$\left|\mathcal{F}[\boldsymbol{H}]\right|$中的纹理特征表征在$\left|\mathcal{F}[D_n(\boldsymbol{G})]\right|$中。所以，式(6.16)的加权运算可以被认为单独作用在$\left|\mathcal{F}[\boldsymbol{H}]\right|$上。

图 6.10(a)和图 6.10(b)分别为散焦模糊图像在差分前后的幅度谱立体图，图6.10(c)为差分前后幅度谱剖面线的对比图[其中使用拉普拉斯(Laplace)算子实现差分]。可以看到，差分加深了所有暗环的相对深度，使得这些暗环的检测变得更容易。

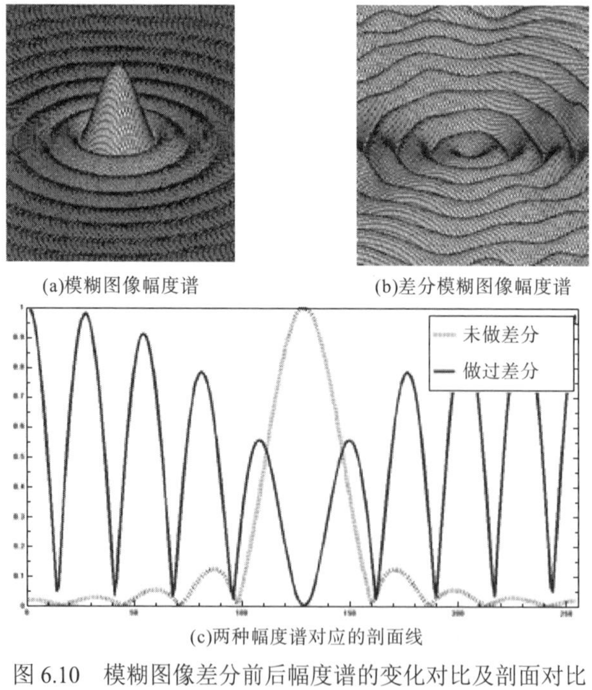

(a)模糊图像幅度谱

(b)差分模糊图像幅度谱

(c)两种幅度谱对应的剖面线

图 6.10 模糊图像差分前后幅度谱的变化对比及剖面对比

2) 差分算子的选择

数字图像差分运算中的最常用方式是借助差分算子。经典而有效的差分算子包括 Sobel 算子、Prewitt 算子、罗伯茨(Roberts)算子、Laplace 算子、LoG 算子等[17]。这里选取 Laplace 算子作为差分算子，其性能取决于差分阶数。事实上，对于一维信号 $f(n)$ 而言(多维信号的差分情况与一维类似)，差分运算可以表示为

$$d_k(n) = a_0 f(n) - a_1 f(n-1) - \cdots - a_p f(n-k), \tag{6.17}$$

式中，p 为差分阶数；$a_p(p \geqslant 0)$ 为输入信号的线性系数。式(6.15)对应的系统函数为

$$H_p(z) = \frac{D_p(z)}{F_p(z)} = a_0 - a_1 z^{-1} - \cdots - a_p z^{-p}. \tag{6.18}$$

所以，该差分系统为有限长单位冲激响应(finite impulse response，FIR)高通滤波器，其阶数 p 直接影响差分系统的滤波性能。

图 6.11 给出了 5 个不同阶数的 Laplace 算子进行差分运算时所对应系统的幅频响应曲线。可见，差分阶数越高，截止频率越高。为取得好的高通效果，原则上应选择尽可能高阶的差分运算。但是，对于二维处理，阶数过高会导致运算速度变慢和块效应等问题。所以，这里折中选择二阶差分。

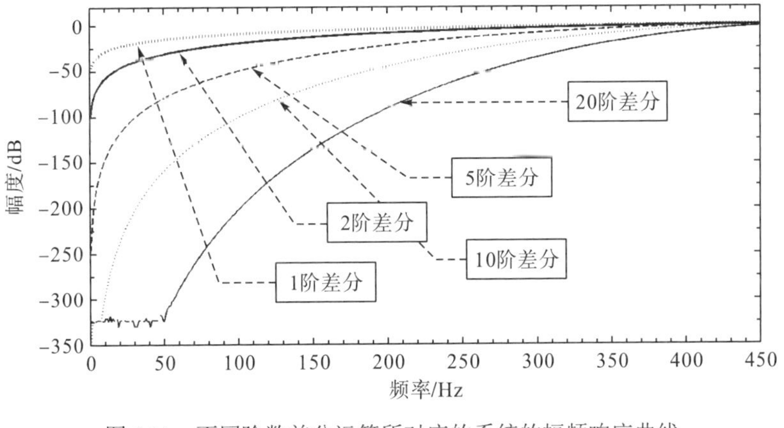

图 6.11　不同阶数差分运算所对应的系统的幅频响应曲线

对图 6.9(a)所示的散焦模糊图像(其中 SNR=30dB，模糊参数为 5 像素)，用四种差分算子(Laplace 算子、Sobel 算子、Prewitt 算子、LoG 算子)分别处理得到的差分模糊图像幅度谱的水平投影归一化曲线如图 6.12 所示。可见，一阶 Sobel 算子和 Prewitt 算子得到的曲线第一谷值没有高阶 Laplace 算子和 LoG 算子的谷值深(从图 6.12 的局部放大结果中可以更明显地看出)。另外，LoG 算子虽也为高阶算子，但由于包含高斯平滑函数，降低了高通效果[22]，所以其表现稍逊于 Laplace 算子。

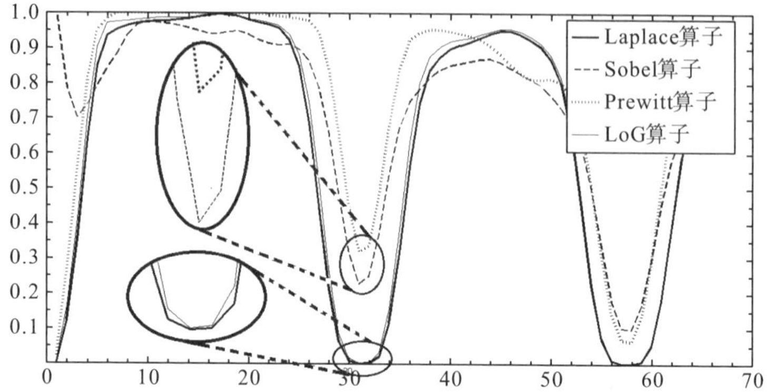

图 6.12　四种差分算子所得的差分模糊图像的幅度谱(水平投影归一化)曲线

3)极坐标转换和幂律变换

从幅度谱上直接寻找第一暗环的半径较困难，因为需要在整个平面内寻找谷值点。这里采用极坐标变换将同心圆环变换成平行的直线，再将其投影到极轴上获得投影曲线，由此便能直接在投影曲线上寻找式(6.10)中的第一圆环半径 r。

图 6.13 为幅度谱极坐标变换和投影曲线的例子。图 6.13(a)上下两幅图分别为差分前后散焦模糊图像(SNR=50dB，模糊参数为 5 像素)的幅度谱，其差分高频部分更显著了。图 6.13(b)是对差分图像幅度谱极坐标变换的结果，同心圆暗纹变成平行的暗纹。图 6.13(c)中的实线是图 6.13(b)的投影曲线，其第一谷值与横坐标起始点之差就是式(6.10)中第一圆环的半径 r，而虚线为未做差分的投影曲线，显然差分后各谷值的相对深度都加深了。低 SNR 时，受噪声影响，投影曲线上会出现伪谷值点，只有加深谷值相对深度才能避免谷值误判。

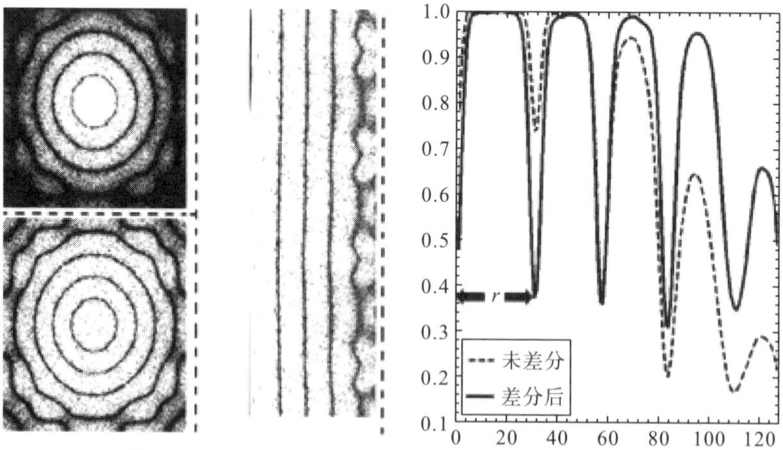

(a)幅度谱　(b)极坐标变换　(c)极坐标变换的水平投影

图 6.13　未差分与差分图像幅度谱极坐标变换及其投影

为进一步加深低信噪比(SNR＜10dB)条件下[图 6.13(c)]曲线的谷值，在极坐标变换和垂直投影后，采用幂律变换对投影曲线再次进行处理。

幂律变换的基本形式为[23]：

$$y = cx^{\lambda}, \tag{6.19}$$

式中，x、y 分别为变换前后的信号(输入、输出)；c 为常系数；λ 为幂律变换指数(正实数)。幂律变换的主要作用是调整输入信号幅度动态范围，使低幅度值变得更低。

图 6.14(a)为幂律变换指数 λ 取不同值时的输入输出关系曲线，图 6.14(b)为图 6.13(c)的幂律变换结果($\lambda=15$)。显然，第一谷值明显得到加深，这有助于对模糊半径的精确估计。大量实验表明，在 SNR 低至 10dB 时，上述方法仍然能较为精确地估计模糊半径。

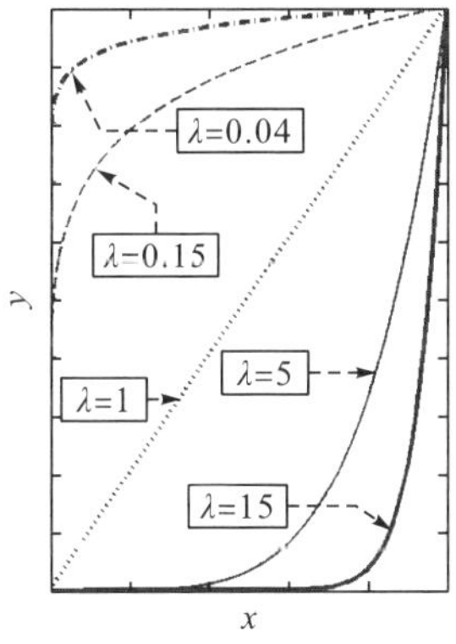

(a)不同指数λ下的幂律变换

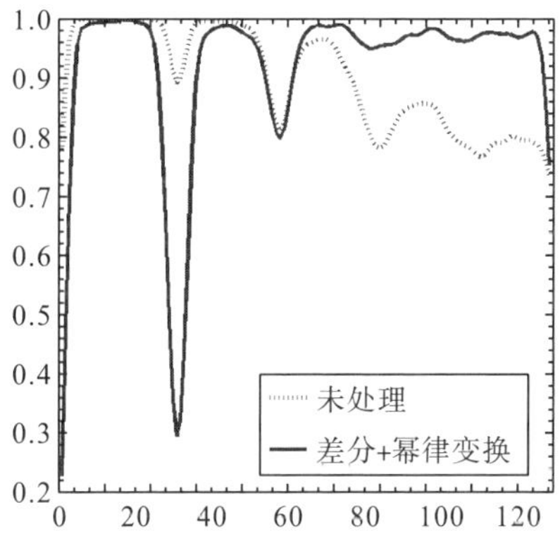

(b)图6.13(c)的幂律变换结果(λ=15)

图 6.14　不同指数 λ 下的幂律变换及图 6.13(c)的幂律变换结果

散焦模糊半径的估计算法层出不穷，而基于机器学习[18]、粒子群优化[24,25]等机器智能算法的估计方法，预示着图像复原算法的智能化发展趋势，在此不详细讨论。

6.2.3　一般模糊核的估计

无论是运动模糊核估计还是散焦模糊核估计，往往都预先假定模糊核的形状(直线、圆盘等)，而实际的模糊核往往不具有明确的形状。因此，不依赖于预先假设的形状的一般模糊核估计算法，在模糊图像复原中具有更重要的现实意义[26-28]。

如 2.2.1 节所述，将形式未知的信号用一定数量且形式已知的基本信号来表达，是信号表示的一般方法。这里借助定理 2.1，将任意形状的模糊核表达为多个高斯核的加权和形式，再借助适当的参数估计方法，并根据模糊图像估计对应的模糊核[29,30]。

1. 加权高斯核退化模型

事实上，在模糊图像处理的传统退化模型即式(6.1)中，模糊核 $h(x,y)$ 可以是任意形状的函数。因此参照定理 2.1，$h(x,y)$ 可以表示为

$$h(x,y)=\sum_{j=1}^{N}a_j k_j(x,y), \tag{6.20}$$

式中，$k_j(x,y)$ 为二维高斯函数[参见式(3.17)]；高斯函数个数 N 和权系数 $a_j\,(j=1,2,\cdots,N)$ 均为待估计参数。于是，由式(6.1)得

$$g(x,y)=\sum_{j=1}^{N}a_j\left\{k_j(x,y)\otimes f(x,y)\right\}+\varepsilon(x,y). \tag{6.21}$$

这就是加权高斯核退化模型。所以，在传统退化模型即式(6.1)中，模糊图像被看成是由一组清晰图像线性叠加得到的，而在加权高斯核退化模型中，模糊图像被看成是由一组高斯模糊图像线性叠加得到的。由于即使在最理想的成像条件下，获取的图像也会存在相机固有的模糊效应，因此基于加权高斯核的退化模型更能精确地描述图像真实的模糊退化过程。

2. 模型参数估计

一般而言，式(6.21)中高斯函数个数(N)越多，对未知形状的模糊核的逼近越准确。所以，N 的大小可以按去模糊程度的要求具体估计。而权系数 a_j 则可以借助文献[28]中的交替迭代法估计得到，即先对清晰图像的一个初始估计结果求权系数，再根据权系数估计清晰图像。这里每次迭代得到的清晰图像只是原始图像的一个粗略估计结果。

1) 加权系数的估计

在模糊图像复原中，复原图像原有的清晰轮廓非常重要，因此边缘区域对模糊核估计非常有用。但并不是所有边缘信息对模糊核估计均有效，如果边缘的宽度比模糊核的宽度窄，则此类边缘会给模糊核的估计带来歧义性[28]。因此，选择显著且有效的边缘对权系数估计的准确性至关重要。为此，首先运用低通滤波器(如高斯滤波器)平滑模糊图像，以降低噪声 $\varepsilon(x,y)$ 的影响[故以下不再考虑噪声 $\varepsilon(x,y)$ 的影响]，并进一步运用高通滤波器(如冲击滤波器[31,32])加强图像边缘。然后，利用以下测度度量图像梯度信息是否有用：

$$g_r(\boldsymbol{x})=\frac{\left\|\sum_{\boldsymbol{y}\in N_e(\boldsymbol{x})}\nabla g(\boldsymbol{y})\right\|}{\sum_{\boldsymbol{y}\in N_e(\boldsymbol{x})}\left\|\nabla g(\boldsymbol{y})\right\|+0.5}, \tag{6.22}$$

式中，$N_e(\boldsymbol{x})$ 为像素点 $\boldsymbol{x}$ 的邻域；∇ 为梯度算子。梯度度量 g_r 数值小的像素点对应平滑区域和纹理区域，而数值大的像素点对应边缘宽度比较宽的区域。

进一步地，利用门限为 τ_r 的单位阶跃函数 $M = S_{\text{tep}}(g_r - \tau_r)$ 挑选出 g_r 值比较大且宽度较宽的边缘，同时滤除平坦区域和纹理区域，并选择出显著边缘图像，即

$$f^{\text{s}} = \nabla f e S_{\text{tep}}(Me\|\nabla G\|_2 - \tau_s), \tag{6.23}$$

式中，G 为模糊图像 g 经平滑和高通过滤的结果；e 为哈达玛积(矩阵对应元素相乘)；τ_s 为梯度图像门限。为使边缘图像 f^{s} 逐步吸纳更多的边缘，每次迭代中 τ_r 和 τ_s 的值都逐步减小(如为上一步的 1/1.1 倍)。

最后，为便于利用边缘信息，在梯度域估计权系数 $a_j(j=1, 2,\cdots,N)$。在不考虑式(6.21)中噪声 $\varepsilon(x,y)$ 的影响时，梯度域的加权高斯核退化模型为

$$\nabla g(x,y) = \sum_{j=1}^{N} a_j \left\{ k_j(x,y) \otimes \nabla f(x,y) \right\}. \tag{6.24}$$

将清晰图像 f 和模糊图像 g 表示成向量形式 $\boldsymbol{f}$ 和 $\boldsymbol{g}$，同时分别用向量形式 $\boldsymbol{g}_{\text{h}}$ 和 $\boldsymbol{g}_{\text{v}}$ 表示 $\boldsymbol{g}$ 的水平和垂直差分(类似有 $\boldsymbol{f}_{\text{h}}$、$\boldsymbol{f}_{\text{v}}$、$\boldsymbol{f}_{\text{h}}^{\text{s}}$ 和 $\boldsymbol{f}_{\text{v}}^{\text{s}}$)，并将卷积用矩阵乘表示，则由式(6.24)可得最优权系数：

$$\boldsymbol{a}_{\text{opt}} = \underset{\{\boldsymbol{a}=[a_1,a_2,\cdots,a_N]^{\text{T}}\}}{\arg\min} \{\|\boldsymbol{D}\boldsymbol{a} - \boldsymbol{g}_{\text{d}}\|_2^2 + \gamma\|\boldsymbol{a}\|_2^2\}, \tag{6.25}$$

式中，$\boldsymbol{g}_{\text{d}}=[\boldsymbol{g}_{\text{h}};\boldsymbol{g}_{\text{v}}]^{\text{T}}$；$\gamma$ 为正则化参数；矩阵 $\boldsymbol{D}$ 的第 j 列为 $\text{col}_j(\boldsymbol{D}) = [\boldsymbol{K}_j\ \boldsymbol{0};\boldsymbol{0}\ \boldsymbol{K}_j][\boldsymbol{f}_{\text{h}}^{\text{s}};\boldsymbol{f}_{\text{v}}^{\text{s}}]$，$\boldsymbol{K}_j$ 为高斯核函数对应的块循环矩阵，$\boldsymbol{0}$ 为与 $\boldsymbol{K}_j$ 同维的零元素矩阵。由式(6.25)得

$$\boldsymbol{a}_{\text{opt}} = (\boldsymbol{D}^{\text{T}}\boldsymbol{g}_{\text{d}}) / (\boldsymbol{D}^{\text{T}}\boldsymbol{D} + \gamma), \tag{6.26}$$

此即加权系数的估计结果，并因此可得到模糊核的初步估计结果。

2) 清晰图像的估计

将显著边缘图像 f^{s} 的梯度值 $\boldsymbol{f}_{\text{d}}^{\text{s}} = [\boldsymbol{f}_{\text{h}}^{\text{s}};\boldsymbol{f}_{\text{v}}^{\text{s}}]^{\text{T}}$ 作为约束来估计清晰图像 $\boldsymbol{f}$，目标函数可写成：

$$\min_{\{\boldsymbol{f}\}} \{\|\boldsymbol{A}\boldsymbol{f} - \boldsymbol{g}\|_2^2 + \eta\|\boldsymbol{B}\boldsymbol{f} - \boldsymbol{f}_{\text{d}}^{\text{s}}\|_2^2\}, \tag{6.27}$$

式中，$\boldsymbol{A}$ 为由模糊核

$$\boldsymbol{H} = \sum_{j=1}^{N} a_j \boldsymbol{K}_j, \tag{6.28}$$

构成的模糊算子；$\boldsymbol{B} = [\boldsymbol{B}^{(1)};\ \boldsymbol{B}^{(2)}]^{\text{T}}$，$\boldsymbol{B}^{(1)}$ 和 $\boldsymbol{B}^{(2)}$ 分别为水平方向和垂直方向的一阶差分矩阵。对式(6.27)中的 $\boldsymbol{f}$ 求导，并令其等于 $\boldsymbol{0}$，得正规方程：

$$\left\{\boldsymbol{A}^{\text{T}}\boldsymbol{A} + \eta\boldsymbol{B}^{\text{T}}\boldsymbol{B}\right\}\boldsymbol{f} = \boldsymbol{A}^{\text{T}}\boldsymbol{g} + \eta\left\{[\boldsymbol{B}^{(1)}]^{\text{T}}\boldsymbol{f}_{\text{h}}^{\text{s}} + [\boldsymbol{B}^{(2)}]^{\text{T}}\boldsymbol{f}_{\text{v}}^{\text{s}}\right\}, \tag{6.29}$$

利用傅里叶变换求解，得到清晰图像的估计结果为

$$\boldsymbol{f}=\mathcal{F}^{-1}\left\{\frac{[\mathcal{F}(\boldsymbol{A})]^{*}e\mathcal{F}(\boldsymbol{g})+\eta\left\{[\mathcal{F}(\boldsymbol{B}^{(1)})]^{*}e\mathcal{F}(\boldsymbol{f}_{\mathrm{h}}^{\mathrm{s}})+[\mathcal{F}(\boldsymbol{B}^{(2)})]^{*}e\mathcal{F}(\boldsymbol{f}_{\mathrm{v}}^{\mathrm{s}})\right\}}{[\mathcal{F}(\boldsymbol{A})]^{*}\mathcal{F}(\boldsymbol{A})+\eta\left\{[\mathcal{F}(\boldsymbol{B}^{(1)})]^{*}e\mathcal{F}(\boldsymbol{B}^{(1)})+[\mathcal{F}(\boldsymbol{B}^{(2)})]^{*}e\mathcal{F}(\boldsymbol{B}^{(2)})\right\}}\right\}, \tag{6.30}$$

式中，$\mathcal{F}$ 和 $\mathcal{F}^{-1}$ 分别为二维傅里叶变换及其逆变换。式中的除法是元素间的点除。

3. 模糊核的精细化估计

由式(6.26)和式(6.20)得到模糊核的初步估计后，借助文献[33]中的迭代支撑检测(iterative support detection，ISD)方法进一步精确估计模糊核。

ISD 旨在通过利用迭代方式逐步放松对正则化的惩罚程度来保留模糊核中较大的函数值。在第 i 步迭代中，按升序排列模糊核函数值得到向量 $\boldsymbol{h}_{\mathrm{d}}^{(i)}$，其第 j 个元素的值记为 $\boldsymbol{h}_{\mathrm{d}}^{(i)}[j]$，则上一步模糊核的函数值可分为两组：大于预先给定的门限 $\varepsilon^{(i)}$ 的一组 $S^{(i+1)}$ 及其补集 $\overline{S^{(i+1)}}$。其中 $\varepsilon^{(i)}$ 可用“第一显著突变”位置 s_j 确定为 $\varepsilon^{(i)}=\boldsymbol{h}_{\mathrm{d}}^{(i)}(s_j)$ [33]，而

$$s_j=\min_j\{\boldsymbol{h}_{\mathrm{d}}^{(i)}[j+1]-\boldsymbol{h}_{\mathrm{d}}^{(i)}[j]>\tau^{(i)}\},\quad \tau^{(i)}=\frac{\|\boldsymbol{h}_{\mathrm{d}}^{(i)}\|_{\infty}}{2\sigma}, \tag{6.31}$$

式中，σ 为高斯函数的宽度参数。

最后，按优化准则

$$\min_{\{\boldsymbol{h}\}}\left\{\frac{1}{2}\|\boldsymbol{A}\boldsymbol{h}^{(i)}-\boldsymbol{g}_{\mathrm{d}}\|^2+\sum_{j\in\overline{S^{(i+1)}}}|\boldsymbol{h}^{(i)}[j]|\right\}, \tag{6.32}$$

精确估计模糊核。其中，$\boldsymbol{h}^{(i)}$ 为第 i 步模糊核的向量形式(其第 j 个元素值记为 $\boldsymbol{h}^{(i)}[j]$)；$\boldsymbol{g}_{\mathrm{d}}$ 为模糊图像其差分图像的向量形式。式(6.32)对应的正规方程为

$$\left[\boldsymbol{A}^{\mathrm{T}}\boldsymbol{A}+\mathrm{diag}(v_{\bar{S}}\Psi^{-1})\right]\boldsymbol{h}^{(i)}=\boldsymbol{A}^{\mathrm{T}}\boldsymbol{g}_{d}, \tag{6.33}$$

式中，$\Psi=\max(\|\boldsymbol{h}^{(i-1)}\|_1,1e^{-5})$；$v_{\bar{S}}$ 为集合 $\overline{S^{(i+1)}}$ 中元素的向量形式。求解式(6.33)即可来解出模糊核。

6.3 解模糊算法

由式(1.24)或式(6.1)可知，图像解模糊在本质上是一个逆问题求解问题，一般的回归算法或滤波算法都可用于图像解模糊，如 2.2.1 节中的再生核回归算法和 5.2.1 节中的加权核回归算法。这里重点探讨基于自适应加权核回归和加权总变分正则化半二次模型的算法。

6.3.1 基于自适应加权核回归的图像解模糊[11]

迄今为止，在图像解模糊领域，一个公认的思路是构造正则方程，通过求解

正则方程来获得解模糊后的图像[22,34]。

根据加权核回归的特点，如果把自适应加权核函数用于构造正则方程，那么就能在很好地保留图像细节的同时，又能实现图像解模糊和降噪。为方便分析，在式(5.2)中记 $f_0(\boldsymbol{x})$ 为 $f(\boldsymbol{x})$，并将式(5.2)改写为

$$g_i = f(\boldsymbol{x}_i) + \varepsilon_i = (h \otimes f)(\boldsymbol{x}_i) + \varepsilon_i, \boldsymbol{x}_i = [x_{i1}, x_{i2}]^{\mathrm{T}} \quad (i = 1, 2, \cdots, M), \tag{6.34}$$

其对应的矩阵形式为

$$\boldsymbol{g} = \boldsymbol{Hf} + \boldsymbol{\varepsilon}, \tag{6.35}$$

式中，$\boldsymbol{g}$、$\boldsymbol{f}$、$\boldsymbol{\varepsilon}$ 均为将矩阵拉伸为一列后的列向量；$\boldsymbol{H}$ 为将模糊核添零延拓后的矩阵。由于解模糊过程一般是病态过程，所以构建正则方程如下：

$$\hat{\boldsymbol{f}} = \arg\min_{\{\boldsymbol{f}\}} \left[\|\boldsymbol{g} - \boldsymbol{Hf}\|_2^2 + \eta C_r(\boldsymbol{f}) \right], \tag{6.36}$$

式中，η 为正则化参数；$C_r(\boldsymbol{f})$ 为正则化项。基于自适应核回归解模糊的目的就是根据式(6.36)求出 $\hat{\boldsymbol{f}}$。

1. 正则化项的构造

在式(5.3)中记 $f_0(\boldsymbol{x})$ 为 $f(\boldsymbol{x})$ 后，设像素点 $\boldsymbol{x}_i$ 附近的点为 $\boldsymbol{x}-\boldsymbol{x}_j$。设置一个位移向量 $\boldsymbol{V}=\boldsymbol{x}_i-\boldsymbol{x}_j=[v_1, v_2]^{\mathrm{T}}$($v_1$ 和 v_2 分别为水平和垂直方向上的位移)，且

$$f(\boldsymbol{x}_i) = f(\boldsymbol{x}_j - \boldsymbol{V}), \tag{6.37}$$

则有

$$f(\boldsymbol{x}_i) = f(\boldsymbol{x}_j) + \{\nabla f(\boldsymbol{x}_j)\}^{\mathrm{T}} \boldsymbol{V} + \frac{1}{2} \boldsymbol{V}^{\mathrm{T}} \{H[f(\boldsymbol{x}_j)]\} \boldsymbol{V} + \cdots, \tag{6.38}$$

即

$$f(\boldsymbol{x}_i) = f(\boldsymbol{x}_j) + \begin{bmatrix} f_{x_1}(\boldsymbol{x}_j) \\ f_{x_2}(\boldsymbol{x}_j) \end{bmatrix}^{\mathrm{T}} \boldsymbol{V} + \frac{1}{2} \begin{bmatrix} f_{x_1^2}(\boldsymbol{x}_j) \\ 2 f_{x_1} f_{x_2}(\boldsymbol{x}_j) \\ f_{x_2^2}(\boldsymbol{x}_j) \end{bmatrix}^{\mathrm{T}} \mathrm{vech}\{\boldsymbol{V}\boldsymbol{V}^{\mathrm{T}}\} + \cdots. \tag{6.39}$$

考虑模糊图像中所有的点 i 后，式(6.39)可扩展为

$$\begin{aligned} \begin{bmatrix} \vdots \\ f(\boldsymbol{x}_j - \boldsymbol{V}) \\ \vdots \end{bmatrix} &= \begin{bmatrix} \vdots \\ f(\boldsymbol{x}_j) \\ \vdots \end{bmatrix} + \begin{bmatrix} \vdots \\ f_{x_1}(\boldsymbol{x}_j) \\ \vdots \end{bmatrix} v_1 + \begin{bmatrix} \vdots \\ f_{x_2}(\boldsymbol{x}_j) \\ \vdots \end{bmatrix} v_2 + \cdots \\ &+ \frac{1}{2} \begin{bmatrix} \vdots \\ f_{x_1^2}(\boldsymbol{x}_j) \\ \vdots \end{bmatrix} {v_1}^2 + \begin{bmatrix} \vdots \\ f_{x_1 x_2}(\boldsymbol{x}_j) \\ \vdots \end{bmatrix} v_1 v_2 + \frac{1}{2} \begin{bmatrix} \vdots \\ f_{x_2^2}(\boldsymbol{x}_j) \\ \vdots \end{bmatrix} {v_2}^2 + \cdots. \end{aligned} \tag{6.40}$$

用平移算子 $\boldsymbol{S}_{x_1}^{-v_1}$ 和 $\boldsymbol{S}_{x_2}^{-v_2}$ 分别表示水平和垂直方向上的平移操作，则式(6.40)的矩

阵形式为

$$\boldsymbol{S}_{x_1}^{-v_1}\boldsymbol{S}_{x_2}^{-v_2}\boldsymbol{f}=\boldsymbol{f}+\boldsymbol{f}_{x_1}v_1+\boldsymbol{f}_{x_2}v_2+\boldsymbol{f}_{x_1^2}{v_1}^2+\boldsymbol{f}_{x_2^2}{v_2}^2+\boldsymbol{f}_{x_1x_2}v_1v_2+\cdots, \tag{6.41}$$

其简化形式为

$$\boldsymbol{f}=\boldsymbol{S}_{x_1}^{v_1}\boldsymbol{S}_{x_2}^{v_2}[\boldsymbol{f}+\boldsymbol{f}_{x_1}v_1+\boldsymbol{f}_{x_2}v_2+\boldsymbol{f}_{x_1^2}v_1^2+\boldsymbol{f}_{x_2^2}v_1^2+\boldsymbol{f}_{x_1x_2}v_1v_2+\cdots]=\boldsymbol{S}_{t_1}^{v_1}\boldsymbol{S}_{t_2}^{v_2}\boldsymbol{I}_N\boldsymbol{F}_N, \tag{6.42}$$

式中，N 为回归阶数；$\boldsymbol{I}_N$、$\boldsymbol{F}_N$ 的元素分别为

$$\boldsymbol{I}_N=[\boldsymbol{I}\quad \boldsymbol{I}_{v_1}\quad \boldsymbol{I}_{v_2}\quad \boldsymbol{I}_{v_1^2}\quad \boldsymbol{I}_{v_1v_2}\quad \boldsymbol{I}_{v_2^2}\quad \cdots], \tag{6.43}$$

$$\boldsymbol{F}_N=[\boldsymbol{f}^{\mathrm{T}}\quad \boldsymbol{f}_{x_1}^{\mathrm{T}}\quad \boldsymbol{f}_{x_2}^{\mathrm{T}}\quad \boldsymbol{f}_{x_1^2}^{\mathrm{T}}\quad \boldsymbol{f}_{x_1x_2}^{\mathrm{T}}\quad \boldsymbol{f}_{x_2^2}^{\mathrm{T}}\quad \cdots], \tag{6.44}$$

式中，$\boldsymbol{I}=\mathrm{diag}\{1,1,\cdots,1\}$，$\boldsymbol{I}_{v_n}=\mathrm{diag}\{v_n,v_n,\cdots,v_n\}$。显然，式(6.42)中等号左右两边的相等关系当且仅当$\boldsymbol{f}$是原始清晰图像时成立，这暗示着可以用式(6.42)来构造一种正则项。另外，还需要引入自适应核函数进行加权，这样可构造出如下正则化项：

$$C_r(\boldsymbol{F}_N)=\sum_{v_1=-\xi}^{\xi}\sum_{v_2=-\xi}^{\xi}\left\|\{\boldsymbol{W}_u(\boldsymbol{V})\}^{\frac{1}{2}}(\boldsymbol{f}-\boldsymbol{S}_{x_1}^{v_1}\boldsymbol{S}_{x_2}^{v_2}\boldsymbol{I}_N\boldsymbol{F}_N)\right\|^2, \tag{6.45}$$

式中，加权矩阵为 $\boldsymbol{W}_u(\boldsymbol{V})=\mathrm{diag}\{\cdots,K_{\boldsymbol{S}_f(\boldsymbol{x}_j-\boldsymbol{V})}(\boldsymbol{V}),\cdots\}$，而 $K_{\boldsymbol{S}_f(\boldsymbol{x}_j-\boldsymbol{V})}(\boldsymbol{V})$ 是在 $(\boldsymbol{x}_j-\boldsymbol{V})$ 点处以 $\boldsymbol{S}_f(\boldsymbol{x}_j-\boldsymbol{V})$ 为平滑矩阵的核函数；ξ 为位移范围。

2. 似然项的构造

一个完整的正则化方程不仅包含正则项，还包括似然项。基于自适应加权核函数的似然项的构造方法如下。

由式(6.35)和式(6.42)，易得

$$\boldsymbol{g}=\boldsymbol{Hf}+\boldsymbol{\varepsilon}=\boldsymbol{S}_{x_1}^{v_1}\boldsymbol{S}_{x_2}^{v_2}\boldsymbol{H}_N\boldsymbol{F}_N+\boldsymbol{\varepsilon}, \tag{6.46}$$

其中

$$\boldsymbol{H}_N=[\boldsymbol{HI}\quad \boldsymbol{HI}_{v_1}\quad \boldsymbol{HI}_{v_2}\quad \boldsymbol{HI}_{{v_1}^2}\quad \boldsymbol{HI}_{v_1v_2}\quad \boldsymbol{HI}_{v_2^2}\quad \cdots]. \tag{6.47}$$

这样，再引入自适应核函数作为加权核，便有如下似然项：

$$C_l(\boldsymbol{F}_N)=\sum_{v_1=-\xi}^{\xi}\sum_{v_2=-\xi}^{\xi}\left\|\{\boldsymbol{W}_p(\boldsymbol{V})\}^{\frac{1}{2}}(\boldsymbol{g}-\boldsymbol{S}_{x_1}^{v_1}\boldsymbol{S}_{x_2}^{v_2}\boldsymbol{H}_N\boldsymbol{F}_N)\right\|^2. \tag{6.48}$$

同式(6.45)，定义加权矩阵 $\boldsymbol{W}_p(\boldsymbol{V})=\mathrm{diag}\{\cdots,K_{\boldsymbol{S}_b(\boldsymbol{x}_j-\boldsymbol{V})}(\boldsymbol{V}),\cdots\}$。

将似然项和正则项组合，得到如下正则方程：

$$
\begin{aligned}
C(\boldsymbol{F}_N) &= C_l(\boldsymbol{F}_N) + \eta C_r(\boldsymbol{F}_N) \\
&= \sum_{v_1=-\xi}^{\xi} \sum_{v_2=-\xi}^{\xi} \left[\left\| \{\boldsymbol{W}_p(\boldsymbol{V})\}^{\frac{1}{2}} (\boldsymbol{g} - \boldsymbol{S}_{x_1}^{v_1} \boldsymbol{S}_{x_2}^{v_2} \boldsymbol{H}_N \boldsymbol{F}_N) \right\|^2 \right. \\
&\quad \left. + \lambda \left\| \{\boldsymbol{W}_u(\boldsymbol{V})\}^{\frac{1}{2}} (\boldsymbol{f} - \boldsymbol{S}_{x_1}^{v_1} \boldsymbol{S}_{x_2}^{v_2} \boldsymbol{I}_N \boldsymbol{F}_N) \right\|^2 \right].
\end{aligned}
\tag{6.49}
$$

式(6.49)的求解比较困难，目前，较好的求解方法是通过最速下降法迭代求最优解，具体表示为[34]

$$
\hat{\boldsymbol{F}}_N^{(l+1)} = \hat{\boldsymbol{F}}_N^{(l)} + \mu \left. \frac{\partial C(\boldsymbol{F}_N)}{\partial \boldsymbol{F}_N} \right|_{\hat{\boldsymbol{F}}_N^{(l)}}, \tag{6.50}
$$

式中，μ 为步长，当第 l 步和第 $(l+1)$ 步的迭代值 $\hat{\boldsymbol{F}}_N^{(l)}$ 和 $\hat{\boldsymbol{F}}_N^{(l+1)}$ 之差小于一定阈值时，停止迭代。由式(6.50)可知，每次迭代时都需要知道 $\boldsymbol{f}$ 以及 $\boldsymbol{f}$ 的一阶和二阶偏导数。一般首次迭代时，初始的 $\hat{\boldsymbol{F}}_N^{(0)}$ 用经典核回归方法获得。

由上述讨论可知，基于自适应加权核回归的解模糊算法相对于传统解模糊算法(维纳滤波算法、约束最小二乘复原算法、L-R 算法[35,36]等)最明显的优势就是采用了自适应的加权核函数，这样便避免了对图像所有区域采用一个权值，很好地照顾了图像中各个区域的特点，使得解模糊后的图像其轮廓和细节较好地得到保留。

3. 对比实验

这里简单给出一组使用自适应加权核回归解模糊的实验结果，以展示相对于经典方法的性能改善。

图 6.15(a)～图 6.15(d)分别为散焦模糊图像(模糊参数值为 4.5 像素、SNR 为 40dB)经自适应加权核回归算法、维纳滤波算法、L-R 算法等复原的结果。可见，维纳滤波算法和 L-R 算法的复原结果存在明显的振铃效应，并且整幅图像存在较多的噪声点，而自适应加权核回归算法的复原结果则几乎没有振铃效应和噪声点，其很好地保留了图像的细节和轮廓，并对噪声不敏感，在解模糊方面比传统方法更加有效。

(a)　(b)　(c)　(d)

图 6.15　模糊图像及不同算法的解模糊结果

6.3.2 基于加权总变分正则化半二次模型求解算法的图像解模糊[37]

如式(6.1)所示，模糊图像复原是根据观测图像 $g(x, y)$ 估计原始真实图像 $f(x, y)$ 的逆过程。由于受噪声等因素影响，估计结果往往不是唯一的，所以模糊图像复原是一个典型的病态逆问题。

正则化是处理病态逆问题的主要手段，其一般形式如式(6.36)所示，其中正则化项可以有各种不同的形式，如式(6.45)中的自适应加权核回归正则化、经典吉洪诺夫(Tikhonov)正则化[38]、总变分(total variation，TV)正则化[38,39]、小波正则化[40]等。总变分正则化模型具有良好的陡峭边缘保护能力，因而产生了多种求解算法，其中使用较普遍的算法包括迟滞扩散定点策略(lagged diffusivity fixed point schemes)总变分(LTV)法[38]、对偶法[39]、二阶锥规划法[41]、半二次模型(half-quadratic model)总变分(HTV)法和变量切分法[42]，等等。

为更好地保护原始清晰图像边缘和减小振铃效应，这里讨论一种基于加权总变分的半二次模型求解法[37]。

1. 总变分模型

若用 $D_i\boldsymbol{f}$ 表示图像 $\boldsymbol{f}$ 在像素点 i 处的差分，则图像 $\boldsymbol{f}$ 的总变分为

$$TV(\boldsymbol{f})=\sum_i\|D_i\boldsymbol{f}\|_2. \tag{6.51}$$

于是，正则化模型由式(6.36)可表示为

$$\hat{\boldsymbol{f}}=\arg\min_{\boldsymbol{f}}[J(\boldsymbol{f})] \quad J(\boldsymbol{f})=\frac{\mu}{2}\|\boldsymbol{g}-\boldsymbol{Hf}\|_2^2+\sum_i\|D_i\boldsymbol{f}\|_2. \tag{6.52}$$

上述总变分模型中的一阶差分主要用于检测图像边缘。图 6.16(a)～图 6.16(c)依次为彩色图像、对应灰度图像、灰度图像的一阶差分图像。显然，一阶差分可以用于提取主要的边缘，但部分非边缘也被作为边缘突出出来。

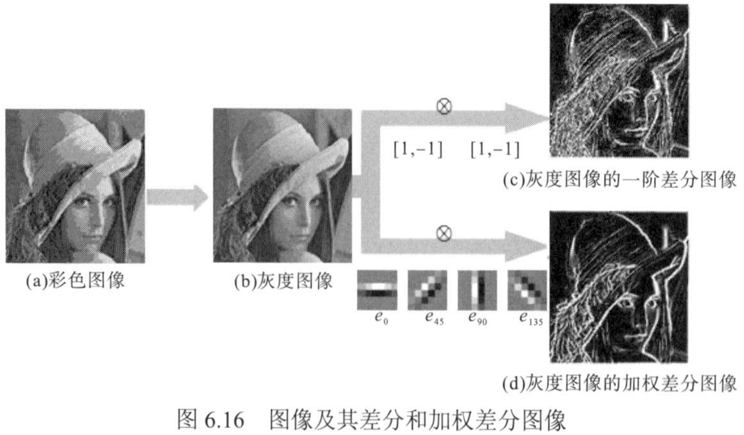

图 6.16 图像及其差分和加权差分图像

2. 加权总变分正则化模型[37]

考虑到自然图像中邻近像素之间的相关性，这里参考图像边缘检测中的一种有效处理方法——对不同方向采用不同权重的差分[43]。如图 6.16(d)所示，其中 e_0 为基本加权差分算子，而 e_{45}、e_{90} 和 e_{135} 为 e_0 逆时针旋转 45°、90° 和 135° 的结果。图像 $\boldsymbol{f}$ 的边缘提取为

$$\text{edge}_\theta(\boldsymbol{f}) = e_\theta \otimes \boldsymbol{f} \quad \theta \in \boldsymbol{\Theta}. \tag{6.53}$$

式中，Θ 为所有可能的差分方向的集合。于是，式(6.51)的加权总变分为

$$TV'(\boldsymbol{f}) = \sum_\theta \left\|\text{edge}_\theta(\boldsymbol{f})\right\|_2. \tag{6.54}$$

其边缘提取效果如图 6.16(d)所示。可见，加权差分比简单的一阶差分更为有效。

据此，设 $E_{i,\theta}\boldsymbol{f}$ 为图像 $\boldsymbol{f}$ 在像素点 i 处经加权差分算子 e_θ 作用后的结果，则加权总变分正则化模型为

$$J(\boldsymbol{f}) = \frac{\mu}{2}\left\|\boldsymbol{g} - \boldsymbol{Hf}\right\|_2^2 + \sum_\theta \sum_i \left\|E_{i,\theta}\boldsymbol{f}\right\|_2. \tag{6.55}$$

3. 加权总变分正则化半二次模型求解算法[37]

在求解式(6.55)对应的加权总变分正则化模型时，为避免正则项(第二项)不可微问题，首先为像素 i 引入辅助变量 $\boldsymbol{w}_i$，以作为 $E_{i,\theta}\boldsymbol{f}$ 的近似，并将估计误差能量作为修正项，得到如下修正的加权总变分正则化模型：

$$J(\boldsymbol{f}) = \frac{\mu}{2}\left\|\boldsymbol{g} - \boldsymbol{Hf}\right\|_2^2 + \frac{\beta}{2}\sum_\theta \sum_i \left\|\boldsymbol{w}_i - E_{i,\theta}\boldsymbol{f}\right\|_2^2 + \sum_i \left\|\boldsymbol{w}_i\right\|_2. \tag{6.56}$$

当 $\beta \to \infty$ 时，式(6.56)与式(6.55)有相同的解。由于式(6.56)是 $\boldsymbol{f}$ 的二次函数和 $\boldsymbol{w}_i$ 的二次及一次可分函数，故称为半二次模型[42]。

为简化式(6.56)的求解，采用分步交替优化算法：固定 $\boldsymbol{f}$，最小化式(6.56)得

$$\boldsymbol{w}_i = \max\left\{\left\|E_{i,\theta}\boldsymbol{f}\right\| - \frac{1}{\beta}, 0\right\}\frac{E_{i,\theta}\boldsymbol{f}}{\left\|E_{i,\theta}\boldsymbol{f}\right\|}. \tag{6.57}$$

反之，对所有 i 固定 $\boldsymbol{w}_i$，最小化式(6.56)得

$$\left(\sum_\theta \sum_i E_{i,\theta}^{\mathrm{T}} E_{i,\theta} + \frac{\mu}{\beta}\boldsymbol{H}^{\mathrm{T}}\boldsymbol{H}\right)\boldsymbol{f} = \sum_\theta \sum_i E_{i,\theta}^{\mathrm{T}}\boldsymbol{w}_i + \frac{\mu}{\beta}\boldsymbol{H}^{\mathrm{T}}\boldsymbol{g}. \tag{6.58}$$

通过上述改进，得到加权总变分正则化半二次模型求解算法，简称 WHTV(weighted HTV)算法。

4. 对比实验

实验中取 μ=102～104，$\beta_{\min}$=1，$\beta_{\max}$=10^6，基本加权差分算子 e_0=[1 2 3 3 2 1;

–1 –2 –3 –3 –2 –1]/24。对比对象包括 LTV、HTV 和维纳滤波解模糊算法；为降低复杂性，式(6.55)和式(6.56)的求解在傅里叶变换域完成。实验数据包括人工模糊图像数据和实测模糊图像数据。

1)人工模糊图像解模糊实验

原始图像为图 6.16(a)中的图像，设置模糊参数如表 6.2 所示。实验结果的好坏以解模糊图像信噪比定量衡量。显然，WHTV 算法解模糊最有效(信噪比最高)。

表 6.2　不同模糊参数下的解模糊结果(信噪比)　(单位：dB)

解模糊算法	模糊类型		
	直线运动模糊 (方向：0°；长度：20 像素)	圆盘模糊 (半径：5 像素)	高斯模糊 (尺寸：7 像素×7 像素；标准差：2 像素)
WHTV	37.8803	41.6446	30.6366
HTV[42]	30.1957	27.6468	25.0248
LTV[38]	25.9371	26.9285	24.0356
维纳滤波	23.0797	24.7669	22.9603

2)实测模糊图像解模糊实验

实测模糊图像如图 6.17(a)所示，其中感兴趣区为白色框内文字部分，为简化运算，取其灰度图像做实验。直线运动模糊参数估计为：模糊方向为 0°，模糊长度为 31 像素。

图 6.17(b)～图 6.17(e)依次对应 WHTV 法、HTV 法[42]、LTV 法[38]和维纳滤波法解模糊结果。图 6.17(f)为 HTV 法和 WHTV 法的收敛率 $q_k = \left\| f^{k+1} - f^* \right\| 2 / \left\| f^k - f^* \right\|_2$ (f^* 为以 ε 为误差容限的估计结果，k 为迭代次数)。

(a)实测模糊图像和感兴趣区

(b)WHTV法解模糊结果

(c)HTV法解模糊结果

(d)LTV法解模糊结果

(e)维纳滤波法解模型结果

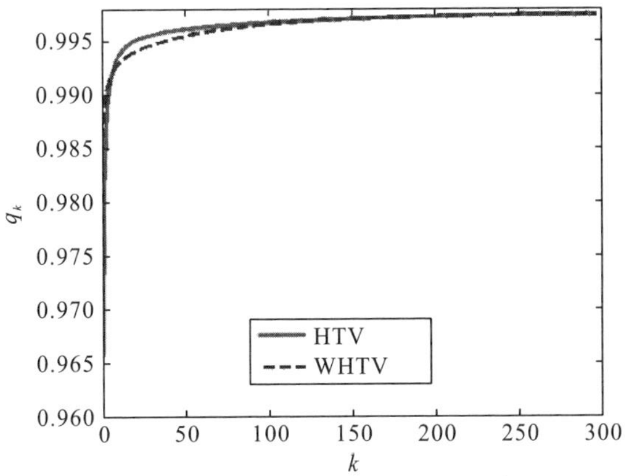

(f)WHTV法与HTV法的收敛率

图 6.17　实测模糊图像感兴趣区用不同解模糊算法处理的结果以及改进算法的收敛率

显然，维纳滤波法解模糊结果中存在过多的振铃效应，LTV 法减少了振铃效应但解模糊程度无明显提高，HTV 法解模糊效果优于前两种方法，但陡峭的边缘被平滑了。相比之下，WHTV 法在解模糊和保边缘方面具有最好的性能，其收敛率与 HTV 法相当。

所以，上述 WHTV 算法在减少振铃效应和保细节、保边缘方面优于流行的 LTV 法、HTV 法和维纳滤波法。

值得指出的是，迄今为止的图像解模糊优化算法基本上是基于向量型优化模型求解得到的。自然图像作为典型的自然张量[43]，在利用向量型优化模型处理时被拉成向量形式，因此其内在结构被破坏，难以取得最为理想的处理效果。所以借助张量代数工具的张量型优化模型求解算法，可望进一步提升复原效果[30, 44-48]，在此不再赘述。

6.4 本 章 小 结

本章讨论了模糊图像复原问题，重点研究模糊核估计和解模糊两个方面的多种算法，并进行了简单的算法对比实验。

参 考 文 献

[1] Kundur D. Blind image deconvolution [J]. IEEE Transactions on Signal Processing Magazine，1996，13(3)：43-64.

[2] Fabian R，Malah D. Robust identification of motion and out-of-focus blur parameters from blurred and noisy images [J]. Proceedings of CVGIP (Computer Vision，Graphics，and Image Processing)：Graphical Models and Image Processing，1991，53(5)：403-412.

[3] Gennery D B. Determination of optical transfer function by inspection of frequency-domain plot [J]. Journal of Optical Society of America，1973，63(12)：1571-1577.

[4] Cannon M. Blind deconvolution of spatially invariant image blurs with phase [J]. IEEE Transactions on Acoustic，Speech，and Signal Processing，1976，24(1)：58-63.

[5] Ji H，Liu C Q. Motion blur identification from image gradients [C].Proceedings of IEEE International Conference on Computer Vision and Pattern Recognition，Anchorage，AK，USA，2008：1-8.

[6] Li X Y，Huang J F. Accurate estimation of the motion blur direction based on Radon transform [J]. Computer Engineering and Science，2008，30(9)：51-57.

[7] Jia C Y，Cui L，Huang H Y. The estimation of motion blur direction by Gabor transform [J]. Journal of Beijing Normal University，2008，44(6)：563-567.

[8] Yitzhaky Y，Kopeika N S. Identification of blur parameters from motion blurred images [J]. Proceedings of CVGIP：Graphical Models and Image Processing，1997，59(5)：310-320.

[9] Chen Q R，Lu Q S，Cheng L Z. Identification of the motion blurred direction of motion blurred images [J]. Journal of National University of Defense Technology，2004，26(1)：41-45.

[10] 颜小运，刘洪，刘本永. 基于旋转差分算子的运动模糊方向空域估计方法[C]//第十五届全国图象图形学学术会议论文集，广州，2010：18-23.

[11] 颜小运. 基于核回归的刑侦视频图像解模糊算法及应用研究[D]. 贵阳：贵州大学硕士学位论文，2011.

[12] Cannon M. Blind deconvolution of spatially invariant image blurs with phase [J]. IEEE Transactions on Acoustics，Speech，and Signal Processing，1976，24(1)：58-63.

[13] 周曲，颜国正，王文兴，等. 基于倒谱分析的散焦模糊图像参数识别[J]. 武汉大学学报，2008，33(3)：318-321.

[14] Chang M M，Tekalp A M，Erdem A T. Blur identification using the bispectrum [J]. IEEE Transactions on Signal Processing，1991，39(10)：2323-2325.

[15] Biemond J，Lagendijk R L，Mersereau R M. Iterative methods for image deblurring [J]. Proceedings of the IEEE，1990，78(5)：856-883.

[16] Norouzi N，Moghaddam M E. Motion blur identification using image derivative [C].Proceedings of IEEE International Conference on Signal Processing and Information Technology，Sarajevo，Bosnia and Herzegorina，2008：380-384.

[17] Phansalkar N. Determination of linear motion point spread function using Hough transform for image restoration [C]. Proceedings of IEEE International Conference on Computational Intelligence and Computing Research，Coimbatore，India，2010：1-4.

[18] Dash R，Sa P K，Majhi B. RBFNN based motion blur parameter estimation [C].Proceedings of IEEE International Conference on Advanced Computer Control，Singapore，2009：327-331.

[19] Yang S X，Liu H，Liu B Y，et al. Blurring length estimation using ringing artifacts in a deblurred image [C]. Proceedings of International Conference on Image Analysis and Signal Processing，Wuhan，China，2011：84-88.

[20] 杨霜雪. 运动模糊图像复原算法研究与实现[D]. 贵阳：贵州大学，2012.

[21] Yuan L，Sun J，Quan L，et al. Image deblurring with blurred/noisy image pairs [J]. ACM Transactions on Graphics，

2007，26.

[22] Kurdur D，Hatzinakos D. Blind image restoration via recursive filtering using deterministic constraints [C]. Proceedings of IEEE International Conference on Acoustics，Speech，and Signal Processing，Atlanta，GA，USA，1996：2283-2286.

[23] Gonzalez R C，Woods R E. Digital Image Processing [M].（第二版影印版）北京：电子工业出版社，2002.

[24] 吴章平，刘本永. 基于灰度平均梯度和粒子群优化的散焦图像模糊参数估计[J]. 计算机应用，2016，36(4)：1111-1114.

[25] 吴章平. 粒子群算法在模糊图像复原中的应用研究[D]. 贵阳：贵州大学，2016.

[26] Fergus R，Singh B，Hertzmann A，et al. Removing camera shake from a single photograph [J]. ACM Transactions Graphics，2006，25(3)：787-794.

[27] Shan Q，Jia J，Agarwala A. High-quality motion deblurring from a single image [J]. ACM Transactions on Graphics，2008，27(3)：1-10.

[28] Xu L，Jia J. Two-phase kernel estimation for robust motion deblurring [C].Proceedings of European Conference on Computer Vision，Heraklion，Crete，Greece，2010：157-170.

[29] Liu H，Liu B Y. Blind image deblurring using weighted sum of Gaussian kernels for point spread function estimation [J]. IEICE Transactions Information and Systems，2015，E98D(11)：2026-2029.

[30] 刘洪. 张量框架下模糊图像盲复原算法研究[D]. 贵阳：贵州大学，2017.

[31] Osher S，Rudin L. Feature-oriented image enhancement using shock filters [J]. SIAM Journal on Numerical Analysis，1990，27(4)：919-940.

[32] Cheriet M. Shock filters for character image enhancement and peeling [C].Proceedings of 7th IEEE International Conference on Document Analysis and Recognition，Edinburgh，UK，2003：1247-12517.

[33] Wang Y，Yin W. Sparse signal reconstruction via iterative support detection [J]. SIAM Journal on Imaging Sciences，2010，3(3)：462-491.

[34] Takeda H，Farsiu S，Milanfar P. Deblurring using regularized locally adaptive kernel regression [J]. IEEE Transactions on Image Processing，2008，17(4)：550-563.

[35] Lucy L B. An iterative technique for the rectification of observed distributions [J]. The Astronomical Journal，1974，79(6)：745-754.

[36] Richardson W H. Bayesian-based iterative method of image restoration [J]. Journal of the Optical Society of America，1972，62(1)：55-59.

[37] Yang S X，Liu B Y. Image deblurring using weighted total variation regularisation for half-quadratic model [J]. IET Electronics Letters，2011，47(22)：1225-1227.

[38] Rudin L I，Osher S，Fatemi E. Nonlinear total variation based noise removal algorithms [J]. Physica D，1992(60)：259-268.

[39] Chambolle A. An algorithm for total variation minimization and applications [J]. Journal of Mathematical Imaging Vision，2004(20)：89-97.

[40] Bioucas-Dias J M. Bayesian wavelet-based image deconvolution：A GEM algorithm exploiting a class of

heavy-tailed priors [J]. IEEE Transactions on Image Processing，2006，15(4)：937-951.

[41] Goldfarb D，Yin W. Second-order cone programming methods for total variation based image restoration [J]. SIAM Journal on Scientific Computing，2005，27(2)：622-645.

[42] Wang Y，Yang J，Yin W，et al. A new alternating minimization algorithm for total variation image reconstruction [J]. SIAM Journal on Scientific Computing，2008，1(3)：248-272.

[43] Almeida M S C，Almeida L B. Blind and semi-blind deblurring of natural images [J]. IEEE Transactions on Image Processing，2010，19(1)：36-52.

[44] De Lathauwer L. Signal processing based on multilinear algebra [D]. Chongqing：Ph. D Thesis of Katholieke Universiteit Leuven，1997.

[45] Qi L Q，Sun W Y，Wang Y J. Numerical multilinear algebra and its applications [J]. Frontiers of Mathematics in China，2007，2(4)：501-526.

[46] Comon P. Tensors：A brief introduction [J]. IEEE Signal Processing Magazine，2014，31(3)：44-53.

[47] 刘洪，刘本永. 基于张量总变分的模糊图像盲复原[J]. 计算机应用，2016，36(11)：3207-3211.

[48] Liu H，Liu B Y. Total variation deblurring algorithm extension in third-order tensor space [C].Proceedings of IEEE Advanced Information Technology，Electronic and Automation Control Conference，Chongqing，China，2015：221-224.

第7章　数字图像伪作检测

7.1　引　　言

类似语音检验，图像检验是对图像的原始性、真实性、同一性等做出判断。

数码相机和图像编辑软件的日益普及使得篡改图像大量充斥互联网和各类媒体，严重影响了人们的日常生活。同时，篡改图像被用于正式媒体、科学发现、保险和法庭物证等的案例也屡见不鲜。所以，以篡改操作(伪作)检测为基础的数字图像真实性检验成为数字图像检验的核心内容和研究热点[1-14]。

数字图像的伪作方式很多，包括复制、粘贴、缩放、旋转、拼合、美化(润饰)、重压缩等基本方式及复合方式，这些方式往往具有独特的特性或对原始图像产生特定的影响。从图像像素、图像格式、相机及成像原理、环境光照等角度分析和提取这些特性和影响，可以有效检测伪作和定位伪作区域，达到检验图像真实性的目的[3]。

本章结合典型伪作本身的特点，重点从重采样特性分析、压缩编码分析、模糊特性分析三个角度探讨数字图像伪作检测问题。

7.2　基于重采样特征分析的伪作检测

将感兴趣区域(图像块)放大、缩小、旋转、扭曲等是图像篡改最基本的操作，而这些操作通常都需要运用插值、抽取等信号处理方式对图像进行重采样。所以，重采样检测是数字图像盲取证中检验图像是否被篡改的有效途径之一。

重采样检测的传统方法大致可以分为两类，一类是检测插值、抽取信号二阶导数的周期性[15,16]，另一类是分析插值、抽取所引起的图像像素间相关性的变化[1,17]。然而这些方法不能自动定位出篡改区域，而且当原始背景区域和篡改区域同时经历过重采样操作时，这些方法不能将篡改区域区分出来。为克服这些不足，这里重点探讨基于相关性变化的位置特征提取以及基于重采样特征分析的重采样检测和篡改区域定位算法。

7.2.1　信号重采样的基本过程

信号重采样就是使离散信号进一步离散化，其在信号处理原理中被称为变速率信号处理或多采样频率信号处理(multirate signal processing)[18,19]。以一维信号为例，对于包含 M 个采样点的采样序列 $f(l)$，通过重采样因子 P/Q 可以得到长度为 N 的采样序列 $g(l)$。整个过程一般包括三个步骤。

首先是上采样。在信号 $f(l)$ 的每相邻两个点之间插入 $P-1$ 个 0，得到长度为 $M\times P$ 的上采样序列：

$$f_{\mathrm{U}}(l)=\begin{cases}f(l), & l=1,2,\cdots,M,\\ 0, & \text{其他}.\end{cases} \tag{7.1}$$

其次是插值。将上采样信号 $f_{\mathrm{U}}(l)$ 通过一个低通滤波器 $k(l)$ 进行插值，得到较为平滑的插值信号：

$$f_{\mathrm{I}}(l)=f_{\mathrm{U}}(l)\otimes k(l) \quad (l=1,2,\cdots,M\times P), \tag{7.2}$$

然后再下采样。对插值信号 $f_{\mathrm{I}}(l)$ 进行抽取(每 Q 个点取一个)，得到 N 个采样点的采样信号——重采样信号：

$$g(l)=f_{\mathrm{I}}(Ql) \quad (l=1,2,\cdots,N). \tag{7.3}$$

不同重采样运算的区别在于插值滤波器 $k(l)$ 不同。常用的插值方法有线性插值、三次插值、样条插值，等等。正是这些插值方法，使得重采样信号呈现出特殊的周期性。

图像信号一般是二维信号，其每一行和每一列均为一维信号。图像的重采样可以被看作是分别对图像中每一行或每一列信号的重采样。因此，其也必将引入一定的周期性。通过对图像中每行或每列信号的周期性进行检测，可以判断图像是否经过重采样操作。

7.2.2 传统重采样检测算法及其存在的问题

传统重采样检测方法大致分为基于信号二阶导数周期性分析和基于图像像素间相关性分析的方法两类[1,15-18]。

1. 基于二阶导数周期性的重采样检测[15-17]

研究表明，重采样信号二阶差分的统计方差具有周期性，且周期与重采样倍数呈线性关系[15]。据此可以判断图像是否经过重采样操作，且能估计出重采样因子。

设采样序列 $f(l)$ 是由连续信号 $f_0(x)$ 用采样间隔 Δx (按奈奎斯特采样准则)得到的离散信号[参见式(1.4)]。对于随机信号 $f_0(x)$ 而言，不失一般性，设其期望 $E[f_0(x)]=0$。同时，定义 n 阶导数算子 $\mathcal{D}^n$ 为

$$\mathcal{D}^n\{f_0\}(x)=\begin{cases}f_0(x), & n=0,\\ \dfrac{\partial^n f_0(x)}{\partial x^n}, & n>0.\end{cases} \tag{7.4}$$

对于离散信号，$\mathcal{D}^n$ 则为对应的 n 阶差分算子(当 $n=1$ 时为相邻样值之差)。

由式(1.4)可知，用采样序列 $f(l)$ 和重构滤波器 $k(x)$ 重构的连续信号 $f_0(x)$ 的结果为

$$f(x)=\sum_{l=-\infty}^{\infty} f(l)k(x-l\Delta x), \tag{7.5}$$

或等价地有

$$f(x)=\int_{-\infty}^{\infty}\left[\sum_{l=-\infty}^{\infty} f_0(t)\delta(t-l\Delta x)k\left(\frac{x}{\Delta x}-t\right)\right]\mathrm{d}t. \tag{7.6}$$

因此，重构信号 $f(x)$ 的 n 阶导数为

$$\mathcal{D}^n\{f\}(x)=\int_{-\infty}^{\infty}\left[\sum_{l=-\infty}^{\infty} f_0(t)\delta(t-l\Delta x)\mathcal{D}^n\{k\}\left(\frac{x}{\Delta x}-t\right)\right]\mathrm{d}t. \tag{7.7}$$

注意 $E[f_0(x)]=0$，故 $E[\mathcal{D}^n\{f\}(x)]=0$，因此 $\mathcal{D}^n\{f\}(x)$ 的协方差为

$$\mathcal{R}_{\mathcal{D}}(x,x+\xi)=E\left\{[\mathcal{D}^n\{f\}(x)][\mathcal{D}^n\{f\}(x+\xi)]\right\}. \tag{7.8}$$

由式(7.7)和式(7.8)可得

$$\mathcal{R}_{\mathcal{D}}(x,x+\xi)=\int_{-\infty}^{\infty}\int_{-\infty}^{\infty}\left\{\left(E\left[f_0(t_1)f_0(t_2)\right]\right)\left(\mathcal{D}^n\{k\}\left(\frac{x}{\Delta x}-t_1\right)\right)\left(\mathcal{D}^n\{k\}\left(\frac{x+\xi}{\Delta x}-t_2\right)\right)\right\}\mathrm{d}t_1\mathrm{d}t_2. \tag{7.9}$$

对最简单的零均值、方差为 σ^2 的不相关随机信号 $f_0(x)$ 而言，有

$$\mathcal{R}_{\mathcal{D}}(x,x+\xi)=\sigma^2\int_{-\infty}^{\infty}\int_{-\infty}^{\infty}\left\{\left[\mathcal{D}^n\{k\}\left(\frac{x}{\Delta x}-t_1\right)\right]\left[\mathcal{D}^n\{k\}\left(\frac{x+\xi}{\Delta x}-t_2\right)\right]\right\}\mathrm{d}t_1\mathrm{d}t_2. \tag{7.10}$$

方差为

$$\mathcal{V}_{\mathrm{ar}}(x)=\mathcal{R}_{\mathcal{D}}(x,x+\xi)|_{\xi=0}=\sigma^2\int_{-\infty}^{\infty}\left[\mathcal{D}^n\{k\}\left(\frac{x}{\Delta x}-t\right)\right]^2 dt\overset{t=l\Delta x}{=}\sigma^2\sum_{l=-\infty}^{\infty}\left[\mathcal{D}^n\{k\}\left(\frac{x}{\Delta x}-l\right)\right]^2. \tag{7.11}$$

显然，有

$$\mathcal{V}_{\mathrm{ar}}(x+m\Delta x)=\sigma^2\sum_{l=-\infty}^{\infty}\left[\mathcal{D}^n\{k\}\left(\frac{x+m\Delta x}{\Delta x}-[l+m]\right)\right]^2=\mathcal{V}_{\mathrm{ar}}(x). \tag{7.12}$$

即重采样信号 n 阶导数的方差具有周期性，且周期为采样间隔 Δx 。

对于二维信号，该性质依然成立，可由此判断图像是否经过重采样处理。具体操作过程(以二阶差分为例)如下。

首先，计算图像每行的二阶差分。设待检测图像 $f(i,j)$ 的分辨率为 $W\times L$，则其列向二阶差分(行向情况类似的计算)为

$$d_f(i,j)=\mathcal{D}^2\{f\}(i,j)=2f(i,j)-f(i,j+1)-f(i,j-1), \tag{7.13}$$

其方差估计取为

$$V(j)=\frac{1}{W}\sum_{i=1}^{W}\left|d_f(i,j)\right|. \tag{7.14}$$

其次，通过 DFT 取幅度谱以显示差分图像方差的周期性。

最后，估计重采样因子。根据幅度谱峰值位置(归一化频率点) ν 估计重采样因子[15]：

$$F=\begin{cases}\dfrac{1}{1+\nu}, & 0.7<F\leqslant 1,\\ \dfrac{1}{1-\nu}, & 1<F\leqslant 2,\\ \dfrac{1}{\nu}, & F>2.\end{cases} \tag{7.15}$$

图 7.1(a) 所示为一幅原始图像，其列向二阶差分图像的方差频谱如图 7.1(b) 所示。可以看到，频谱曲线较为平坦。而按不同缩放因子($F=\Delta x=1.5, 2.3, 6.0$)用双线性插值和双三次插值对原图像进行重采样处理得到的对应方差频谱如图 7.1(c) 和图 7.1(d) 所示。可以看到，当图像经过插值操作后，其二阶导数的方差信号将出现周期性，这在频谱图中表现为出现相应的峰值点。

(a)原图像

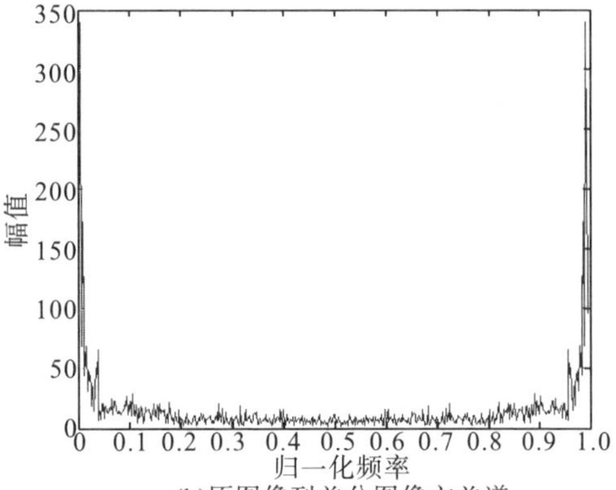

(b)原图像列差分图像方差谱

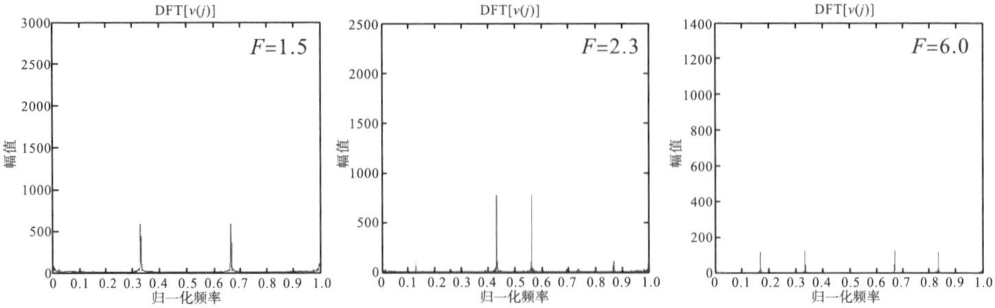

(c)原图像不同插值因子F和双线性插值结果图像的分图像方差谱

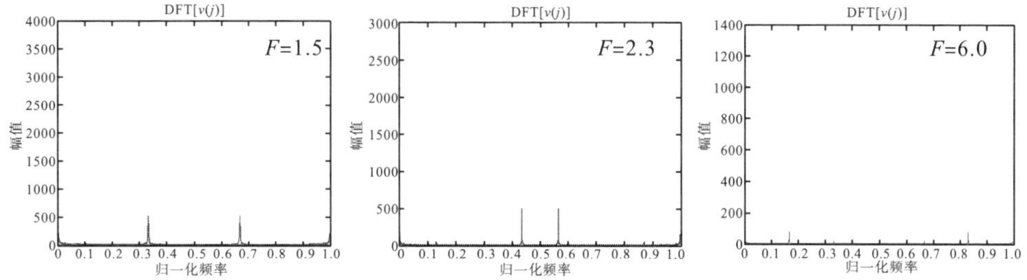

(d)原图像不同插值因子F和双三次插值结果图像的分图像方差谱

图 7.1　原图像及在不同因子 F 和不同方式下其重采样图像的差分图像方差谱

原图像来自 https://ccia.ugr.es/cvg/dbimagenes/g256.php

而篡改区域定位过程如下[17]：首先，将待检测图像划分为互相重叠的小块；其次，对每一小块按上述方法估计二阶差分方差谱中峰值对应的归一化频率（无峰值则将频率记为 0）；最后，利用所有小块的频率计算直方图并选取其峰值处以外的频率，同时在待检测图像中标注该频率对应的小块，则标注密度最大的区域为篡改区域。

本算法的优点是能够检测出重采样操作，能在没有任何先验知识的情况下精确地估计出重采样因子，且算法简单、实时性强。但该算法易受有损压缩的影响（压缩质量因子越小，产生越明显的峰值，将重采样产生的峰值淹没），且无法针对旋转操作进行检测。

2. 基于图像像素间相关性的重采样检测[1,18]

经典方法指出，若信号通过倍数已知的插值方法重采样，则会因邻近样值间存在相关性而附加周期性[1]。事实上，假定信号 $f(x, y)$ 的 $2N$+1 个邻近样值间存在线性相关性（设为原假设，即模型 H_1），则有

$$f(x,y)=\sum_{u,v=-N}^{N}\alpha_{u,v}f(x+u,y+v)+\varepsilon(x,y), \tag{7.16}$$

式中，$\alpha_{u,v}$ 为线性相关系数（其全体构成参数向量 $\boldsymbol{\alpha}$）；$\varepsilon(x, y)$ 为噪声（一般假设为零均值、标准差是 δ 的高斯白噪声），并将其设为对应备择假设，即模型 H_2。

这样，利用 EM 算法就可以发现重采样痕迹[1,18,20,21]。在 E 步，$f(x, y)$ 样值服从原假设（模型 H_1）的概率可以用贝叶斯公式估计如下：

$$\Pr\{f(x,y)\in H_1\mid f(x,y)\}=\frac{\Pr\{f(x,y)\mid f(x,y)\in M_1\}\Pr\{f(x,y)\in H_1\}}{\sum_{i=1}^{2}\Pr\{f(x,y)\mid f(x,y)\in H_i\}\Pr\{f(x,y)\in H_i\}}, \tag{7.17}$$

式中，可以认为先验概率 $\Pr\{f(x,y)\in H_1\}$ 与 $\Pr\{f(x,y)\in H_2\}$ 相等（均为 1/2），H_2 的似然概率 $\Pr\{f(x,y)|f(x,y)\in H_2\}$ 可取为 $f(x,y)$ 动态范围（如 8 位量化数字图像的灰度范围为 256）的倒数，而 H_1 的似然概率取为[1]

$$\Pr\{f(x,y)\,|\,f(x,y)\in H_1\}=\frac{1}{\delta\sqrt{2\pi}}\exp\left\{-\frac{\left[f(x,y)-\sum_{u,v=-N}^{N}\alpha_{u,v}f(x+u,y+v)\right]^2}{2\delta^2}\right\}. \quad (7.18)$$

迭代开始时，初始参数$\boldsymbol{\alpha}$可以在 E 步随机生成，其更新值则在 M 步通过如下加权最小二乘准则进行估计：

$$J(\boldsymbol{\alpha})=\sum_{x,y}w(x,y)\left[f(x,y)-\sum_{u,v=-N}^{N}\alpha_{u,v}f(x+u,y+v)\right]^2, \quad (7.19)$$

式中，权值取为H_1的后验概率，即$w(x,y)=\Pr\{f(x,y)\in M_1|f(x,y)\}$。显然，式(7.19)对应的正规方程为

$$\sum_{u,v=-N}^{N}\alpha_{u,v}\left[\sum_{x,y}w(x,y)f(x+s,y+t)f(x+u,y+v)\right]=\sum_{x,y}w(x,y)f(x+s,y+t)f(x,y). \quad (7.20)$$

经过上述 E 步和 M 步的反复迭代，得到参数$\boldsymbol{\alpha}$的足够精确的估计值，最后根据式(7.18)得到似然概率映射图及其频谱(DFT 幅度)。

图 7.2(a)依次为原始图像及其放大 15%(升采样)和逆时针旋转 20°(存在插值处理)的图像，图 7.2(b)为利用 EM 算法和式(7.18)估计得到的H_1的似然概率映射图，图 7.2(c)为似然概率映射图的频谱图。显然，放大和旋转结果(重采样处理)的似然概率映射图存在显著的周期性(由频谱图展示)，但原始图像不存在这一特点。据此可以判断图像是否存在重采样处理中的缩放、旋转、扭曲等几何操作。

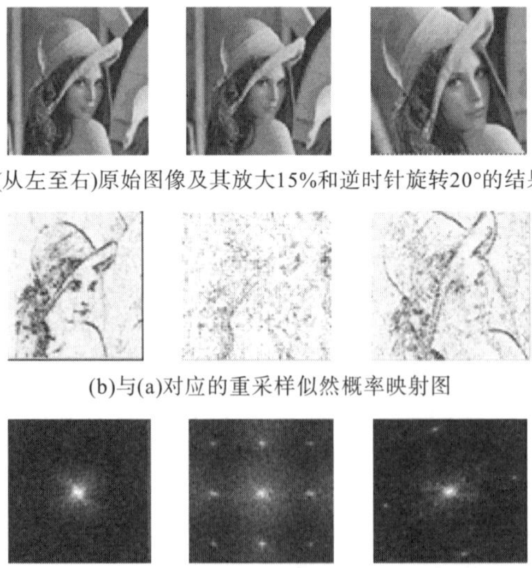

(a)(从左至右)原始图像及其放大15%和逆时针旋转20°的结果

(b)与(a)对应的重采样似然概率映射图

(c)与(b)对应的重采样似然概率映射图的频谱图

图 7.2 原始图像及其放大和旋转结果的重采样似然概率映射图及频谱图

类似基于二阶导数周期性的重采样定位方法，先将待检测图像划分为多个互相重叠的小块，再对每一小块按上述方法估计概率映射图谱中次最大峰值对应的频率(无次最大峰值则将频率记为 0)，然后计算频率直方图并选取其峰值处以外的频率，最后在待检测图像中标注该频率对应的小块，则标注密度最大的区域为篡改区域。

值得指出的是，对于彩色图像，相机中普遍存在的颜色滤波阵列插值处理也会导致上述概率映射的周期性。而彩色图像一旦被篡改，这一周期性将遭到破坏，据此可以判断彩色图像是否可能被篡改。所以，对于彩色图像，这一周期性会掩盖重采样操作的周期性，因而若篡改区域和未篡改区域同时存在重采样处理，则上述经典方法会失效。

另外，有损压缩图像会因压缩而在似然概率映射图中产生显著的周期性，混淆甚至淹没上述相关性对应的周期性特征，使重采样操作无法被检测出。

7.2.3　改进的重采样检测算法

针对上述经典重采样检测算法的不足，本节在引入图像伪作基本模式的基础上，介绍两种改进算法：基于似然概率图谱谱峰分布特性和再采样特征的重采样检测算法。

1. 图像伪作的基本模式[14,22,23]

一般而言，一幅伪造图像往往通过复合篡改操作得到。图 1.2 为图像伪作过程示意图：首先从源图像 S 中拷贝图像块 R，并将其粘贴到目标图像 T 的特定区域，然后进行缩放、旋转、边缘平滑(润饰)等操作，最后进行保存(压缩或不压缩)，得到伪造图像 F。显然，伪造图像 F 包含篡改区域和未篡改区域。

所以，在图像篡改中常会伴随着缩放、旋转等几何操作，存在抽取、插值等重采样处理。而润饰或边缘平滑操作意味着存在人工模糊处理。另外，按原图像、目标图像、伪造图像是否为压缩图像，还可能存在其他 8 种伪作模式(如表 7.1 中的 C1～C8)。表 7.1 中 S1、T1 和 F1 分别表示原图像、目标图像和伪造图像为压缩格式，且 T1 和 F1 的压缩质量因子分别为 QF_1 和 QF_2，而 S2、T2 和 F2 则均表示非压缩格式。

表 7.1　图像篡改中重采样与人工模糊以外的 8 种组合模式

组合模式	目标图像 T	源图像 S	伪造图像 F
C1	T1	S1	F1
C2	T1	S1	F2
C3	T1	S2	F1

续表

组合模式	目标图像 T	源图像 S	伪造图像 F
C4	T1	S2	F2
C5	T2	S1	F1
C6	T2	S1	F2
C7	T2	S2	F1
C8	T2	S2	F2

注：T1 为图像 T 是质量因子为 QF_1 的压缩图像；T2 为图像 T 是非压缩格式的图像；S1 为图像 S 是压缩格式的图像；S2 为图像 S 是非压缩格式的图像；F1 为图像 F 是质量因子为 QF_2 的压缩图像；F2 为图像 F 是非压缩格式的图像。

本节重点讨论考虑篡改区域和未篡改区域有不同重采样因子(不同缩放倍数、不同旋转角度等)的一般情况。

2. 基于似然概率图谱谱峰分布特性的重采样检测算法

重采样将导致在似然概率映射图的频谱图中谱峰(亮点)出现不同的分布，可将此作为寻找重采样痕迹的依据。图 7.3 和图 7.4 分别显示了不同缩放因子和不同旋转角度下 6 幅重采样图像的似然概率频谱图。可以看到，不同缩放因子会使其对应图像的概率频谱图中的规律性亮点与中心点的距离不同，而不同旋转角度会使其对应图像的概率频谱图中的规律性亮点与中心点的距离和角度各不相同。因此，可以进一步将距离和角度这两个信息作为检测的特征量，以区分图像中存在的不同插值区域。

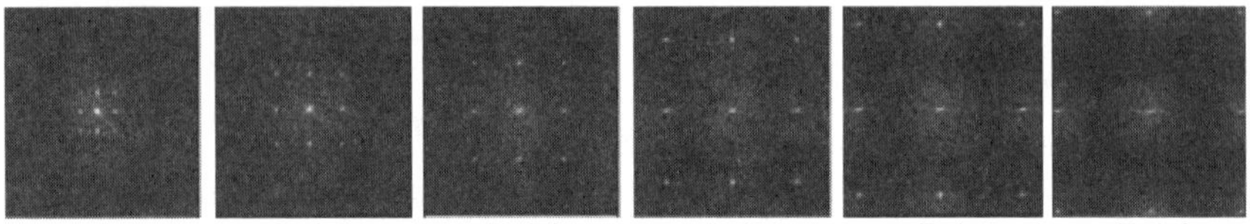

F=1.1　F=1.2　F=1.3　F=1.5　F=1.7　F=1.9

图 7.3　不同缩放因子 F 下重采样图像的后验概率映射图谱

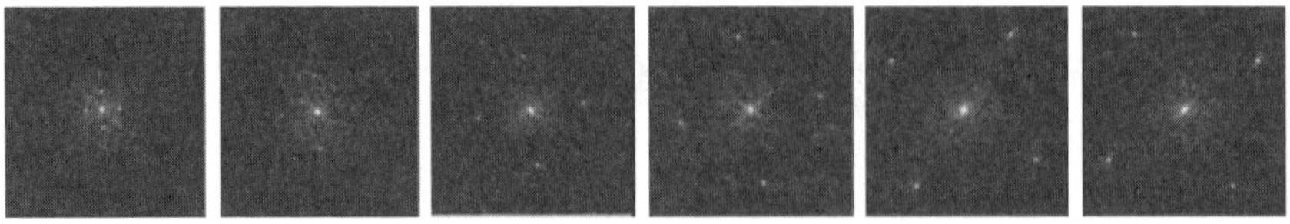

5°　10°　15°　20°　35°　45°

图 7.4　不同旋转角度下重采样图像的后验概率映射图谱

1) 概率谱峰位置特征提取

设似然概率映射图谱为 $S_p(x, y)$，寻找其中规律性亮点[谱峰位置，如图 7.5

中(x_1, y_1)所示]需进行如下处理：

①置$S_p(x, y)$的中心区域为 0(中心区域大小为 3～5 像素)；

②用 3×3 的 Laplace 算子进行滤波[24]，得到$D(x, y)$；

③取$D(x, y)$的最大值$D_{\max}$，并按门限$\eta = \alpha D_{\max}$进行二值化(其中$0 < \alpha < 1$)；

④在二值化图中获取峰值位置。

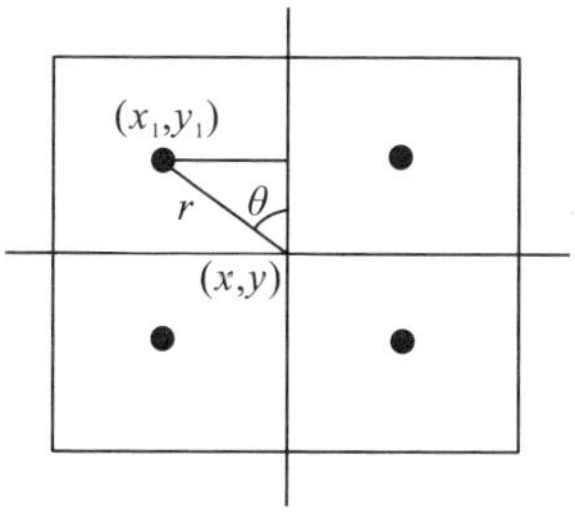

图 7.5　后验概率映射图谱中规律性亮点(谱峰)分布示意图

由此定义提取两个特征量 r(极径特征)与 θ (极角特征)如下：

$$r = \frac{\sqrt{(x_1 - x)^2 + (y_1 - y)^2}}{N/2}, \qquad \theta = \arctan\left(\frac{y_1 - y}{x_1 - x}\right). \tag{7.21}$$

式中，(x, y)为$D(x, y)$的中心点坐标；(x_1, y_1)为分布在$D(x, y)$第一象限的规律性亮点坐标；N为$D(x, y)$的尺度大小。

用式(7.21)对部分显示于图 7.3 和图 7.4 中的峰值点位置，计算其特征量 r 和 θ，结果分别被列入表 7.2 和表 7.3 中。可以看到，不同缩放因子与旋转角度下特征量 r 和 θ 的值各不相同，而且如果图像只经过缩放操作，则对应的 θ 值将为 0。可见，依据所提取的两个特征量 r 和 θ 可以区分出不同的重采样痕迹，进而区分出背景区域和篡改区域。

表 7.2　不同缩放因子下图像的概率图谱峰(部分如图 7.3 所示)位置参数

缩放因子	1.1	1.2	1.3	1.4	1.5	1.6	1.7	1.8	1.9	2.0
r	0.172	0.328	0.453	0.563	0.656	0.732	0.813	0.875	0.938	1.000
θ	0	0	0	0	0	0	0	0	0	0

表 7.3　不同旋转角度下图像的概率图谱峰(部分如图 7.4 所示)位置参数

旋转角度	5°	10°	15°	20°	35°	40°	45°	50°
r	0.172	0.340	0.519	0.683	0.917	0.845	0.818	0.840
θ	0	0.091	0.121	0.184	1.168	0.983	0.786	0.588

2)基于谱峰位置特征的伪作检测

设篡改图像的篡改区域为 U_T，而背景区域为 U_A，令 (r_T, θ_T) 和 (r_A, θ_A) 分别为 U_T 和 U_A 的似然概率映射图谱峰位置特征。这里，针对表 7.1 中的篡改组合 C1、C2 和 C3 进行讨论。

①对于表 7.1 中的篡改组合 C1，满足 $r_A=0$ 且 $\theta_A=0$，而 $r_T\neq0$ 但 $\theta_T=0$（无旋转操作）或 $\theta_T\neq0$（存在旋转操作）。所以，背景区域与篡改区域可以依据 r 和 θ 的不同被区分。

②对于表 7.1 中的篡改组合 C2，满足 $r_T=0$ 且 $\theta_T=0$，而 $r_A\neq0$ 但 $\theta_A=0$（无旋转操作）或 $\theta_A\neq0$（存在旋转操作）。所以，背景区域与篡改区域仍然可以依据 r 和 θ 的不同被区分。

③对于表 7.1 中的篡改组合 C3，背景区域和篡改区域同时经历了重采样操作，此时若要将这两个区域区分开，则必须满足下列条件：$r_T\neq r_A$ 或 $\theta_T\neq\theta_A$（存在旋转操作）。考虑到在实际篡改过程中，篡改者为了视觉上的逼真效果，很难做到篡改区域与背景区域的重采样操作达到完全一致，从而使得我们对篡改组合 C3 的检测成为可能。

为此，设计伪作自动检测步骤如下。

首先，设待检测图像 $f(i,j)$ 的分辨率为 $W\times L$，并将其划分成大小为 $b\times b$（最好在 64×64 以上）的相互重叠的图像块。相邻图像块在水平或垂直方向上相差 a 个像素点，则待测图像可被分为 $n=[(W-b)/a+1]\times[(L-b)/a+1]$ 个图像块 $K_1, K_2, \cdots, K_n$。

其次，利用 EM 算法分别计算每一块的似然概率映射图的频谱图，并记为 $P(K_1), P(K_2), \cdots, P(K_n)$。

然后，在频谱图中提取谱峰位置特征量，得到特征向量 $\boldsymbol{r}=[r(K_1), r(K_2), \cdots, r(K_n)]^T$ 和 $\boldsymbol{\theta}=[\theta(K_1), \theta(K_2), \cdots, \theta(K_n)]^T$。

最后，分别估计极径特征向量 $\boldsymbol{r}$ 和极角特征向量 $\boldsymbol{\theta}$ 的直方图，得到 $H(\boldsymbol{r})$ 和 $H(\boldsymbol{\theta})$，同时根据直方图判断图像是否被篡改，并定位篡改区域。

图 7.6(a)和图 7.6(b)分别是一幅原始图像及其篡改图像按上述算法得到的直方图 $H(\boldsymbol{r})$ 和 $H(\boldsymbol{\theta})$，图 7.6(c)为伪作检测定位结果。

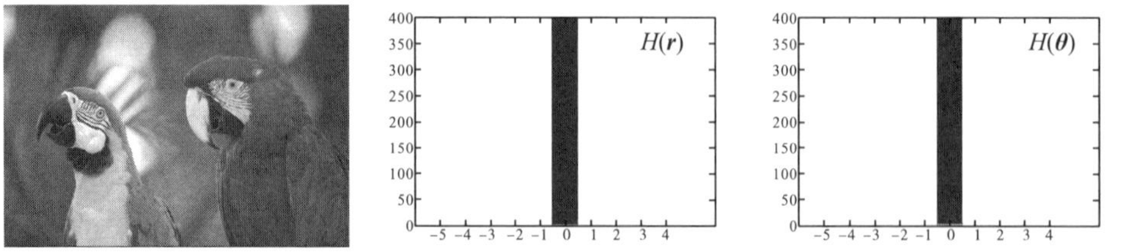

(a)原始图像及其谱峰位置特征直方图

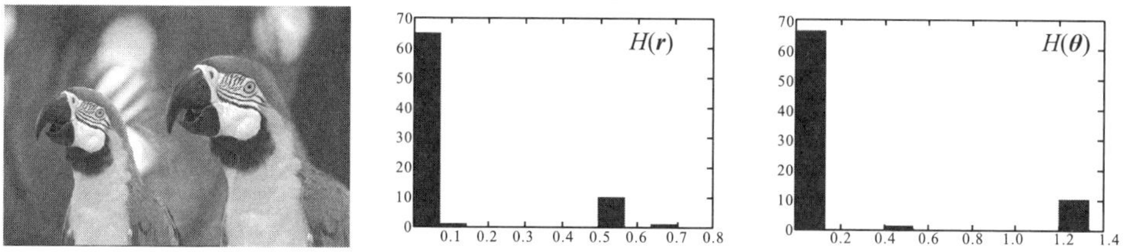

(b)篡改图像及其谱峰位置特征直方图

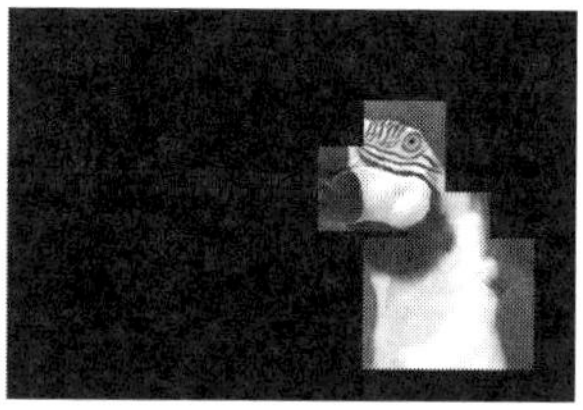

(c)伪作检测定位结果

图 7.6　基于似然概率映射图谱峰位置特征的重采样操作检测

原始图像来自 http://r0k.us/graphics/kodak/index.html

3. 基于再采样特性分析的重采样检测[25,26]

1)算法依据

Kirchner 指出,图像压缩(通常为 JPEG 压缩)使现有的检测重采样算法效果不理想的原因有以下两点[27]：其一，JPEG 压缩中的量化使得图像高频信息丢失，而其中的 IDCT 利用低频信息来插值重构图像，插值操作的低通滤波效应使得重构图像更加平滑，掩盖了前期的重采样操作；其二，JPEG 压缩采用 8×8 分块处理，导致连续块相邻位置的像素产生剧变。

对此，可以通过对图像进行再抽取操作以降低 JPEG 压缩的插值效应，也可以通过再插值操作来使两个连续块的边界更平滑。

在再采样中使用小于 1 的缩放因子，此时下采样大于上采样，而上采样使得块与块的边界区域更加平滑，下采样则对图像进行抽取，削弱了 IDCT 产生的插值平滑效应。原重采样和再采样两次缩放在形成“混频”的过程中，第一次缩放痕迹得到保留。同时，下采样大于上采样，且抽取间隔大，保留的点减少，使得两次缩放产生的混合频率减少。

图 7.1(a)的原始图像先后经过因子为 1.8 和 0.8 的两次缩放,其对应的二阶差分图像方差谱如图 7.7(a)和图 7.7(b)所示，后者最大峰值处的归一化频率对应于缩放因子 1.44。

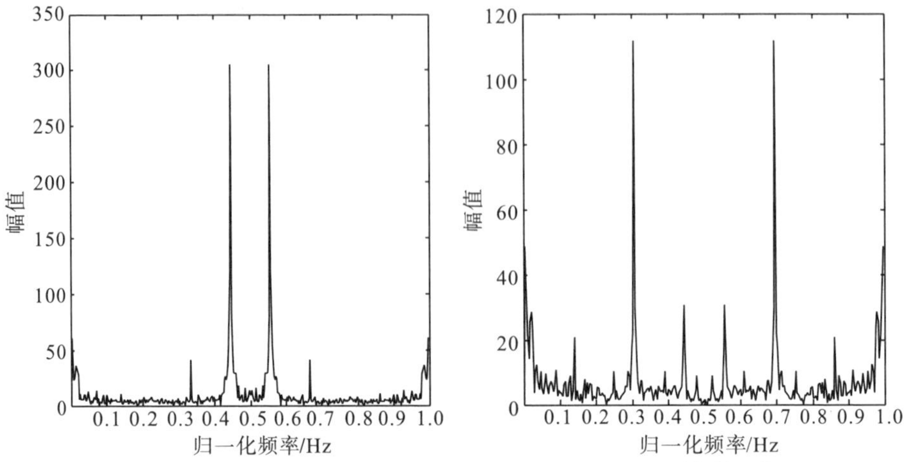

(a)缩放1.8倍 (b)再缩放0.8倍

图 7.7 图 7.1(a)先后两次缩放的结果对应的差分图像方差谱

2)重采样对 JPEG 压缩图像的影响

JPEG 压缩图像其二阶差分图像的频谱图会在 $i/8\,(i=1,\ 2,\cdots,7)$ 处产生峰值[27]，这可被视为缩放因子为 $8/i\,(i=1,\ 2,\cdots,7)$ 的缩放(伪缩放)结果。若对 JPEG 压缩图像以缩放因子 F_1 进行缩放，则缩放与伪缩放的混合缩放因子为

$$F=\frac{8}{i}F_1 \quad (i=1,2,\cdots,7). \tag{7.22}$$

由式(7.15)得到的对应的归一化频率 ν 为[15]

$$\nu=\begin{cases}\dfrac{1}{F}-1, & 0.7<F\leqslant 1,\\[2mm] 1-\dfrac{1}{F}, & 1<F\leqslant 2,\\[2mm] \dfrac{1}{F}, & F>2.\end{cases} \tag{7.23}$$

所以，原来在 $i/8$ 处产生的固定峰值被搬移到对应的 ν 处，同时若 $F_1<1$，则降采样削弱了 JPEG 压缩带来的影响。图 7.8(a)和图 7.8(b)分别为质量因子 $QF=60$ 的 JPEG 图像及其差分图像方差谱，而图 7.8(c)为 0.8 倍缩放结果及其对应的差分图像方差谱。显然，原来在 $i/8\,(i=1,\ 2,\cdots,7)$ 处产生的固定峰值都被搬移到新的位置，且强度变低。

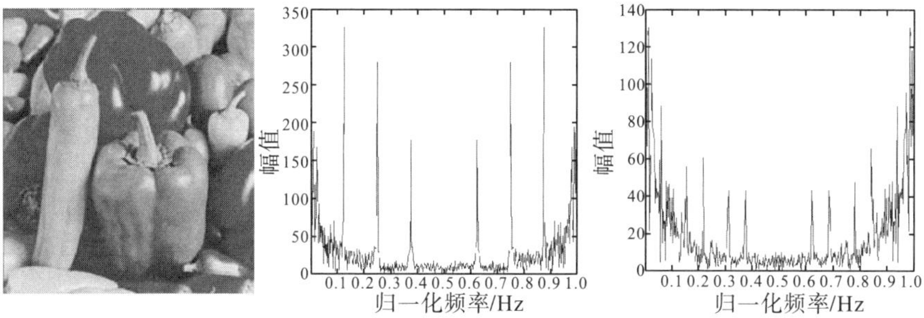

(a)JPEG图像(QF=60)　(b)差分图像方差谱　(c)缩放0.8倍后的差分图像方差谱

图 7.8　JPEG 图像及其缩放前后的差分图像方差谱

JPEG 图像来自 https://ccia.ugr.es/cvg/dbimagenes/c256.php

3)准确估计缩放因子

对于存在任意缩放因子 F_1 的 JPEG 图像，当以缩放因子 F_2 再次缩放时，如上所述，取 $F_2<1$ 则可以削弱 JPEG 压缩导致的伪缩放效应，所以 JPEG 压缩的伪缩放效应在以下讨论中可被忽略掉。这样，再次缩放的图像其二阶差分图像方差谱的最大峰值对应的缩放因子为 F_2F_1。因此，只要保证再次缩放前后的谱峰位置不同，就可以估计出真实的缩放因子 F_1。

事实上，设由 JPEG 图像(存在缩放因子为 F_1 的重采样操作)其差分图像的方差谱峰值得到的归一化频率为 ν_1，进一步地，将根据式(7.15)估计的 F_1 值按从小到大分别记为 $F_{(1)}$、$F_{(2)}$ 和 $F_{(3)}$，则对于小于 1 的再次缩放因子 F_2，只要其值不取 $F_{(1)}/F_{(2)}$、$F_{(1)}/F_{(3)}$ 和 $F_{(2)}/F_{(3)}$，那么根据重采样图像估计的归一化频率 ν_2 就不等于 ν_1。设将根据 ν_2 并按式(7.15)估计的混合缩放因子 F_2F_1 值按从小到大分别记为 $F'_{(1)}$、$F'_{(2)}$ 和 $F'_{(3)}$，其中与 $F_2F_{(1)}$、$F_2F_{(2)}$、$F_2F_{(3)}$ 最为接近者即为混合缩放因子 F_2F_1 的估计值，由此可得到 F_1 的精确估计值。

由图 7.7(a)可得到 ν_1=0.4436，根据式(7.15)估计的 3 个 F_1 值分别为 $F_{(1)}$=0.693、$F_{(2)}$=1.797、$F_{(3)}$=2.254。按缩放因子为 F_2=0.8 再采样，这时混合缩放因子 $F_2F_{(1)}$=0.554、$F_2F_{(2)}$=1.438、$F_2F_{(3)}$=1.803，并进一步估计归一化混合频率[图 7.7(b)]为 ν_2=0.305，由此按式(7.15)估计的混合缩放因子 F_2F_1 值分别为 $F'_{(1)}$=0.766、$F'_{(2)}$=1.439、$F'_{(3)}$=3.275。可以看出，$F'_{(2)}$ 与 $F_2F_{(2)}$ 取值最近，由此得到 $F_1=F'_{(2)}/F_2$=1.797。

4)篡改区域定位

类似传统的基于二阶导数周期性的重采样定位方法，将待检测图像划分为多个互相重叠的小块，对每一小块按上述方法精确估计缩放因子，并根据式(7.23)计算归一化频率，再估计归一化频率直方图，选取直方图峰值处以外的频率，在待检测图像中标注该频率对应的小块，则标注密度最大的区域为篡改区域。

图 7.9(a)和图 7.9(b)为两幅原始图像，按原分辨率大小分别放大 2.25 倍和 1.8 倍将两幅图像变成相同分辨率的图像后合成并保存为质量因子 QF=55 的 JPEG 图像[图 7.9(c)]。由于合成前两幅图像的缩放因子对应相同的归一化频率[式(7.23)]，故传统的基于二阶导数周期性的重采样检测方法无法检测重采样操作[差分图像方差谱如图 7.9(d)所示]。经过缩放因子为 0.8 的再采样后，合成图像的差分图像方差谱如图 7.9(e)所示，伪作检测定位结果如图 7.9(f)所示。

(a) 原始图像一　　(b) 原始图像二　　(c) 合成图像

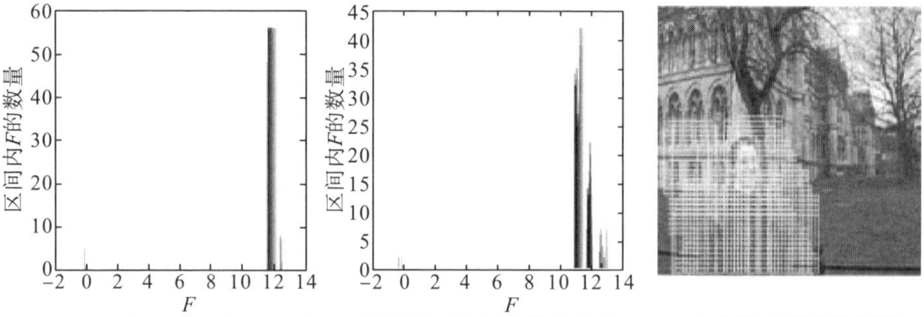

(d) 图(c)的差分图像方差谱　　(e) 图(c)缩小0.8倍后的差分图像方差谱　　(f) 伪作检测定位结果

图 7.9　基于再采样差分图像方差谱分析的合成 JPEG 图像伪作检测定位[25]

7.3　基于压缩编码特征分析的伪作检测

压缩编码是有效存储和传输信息的基本手段，JPEG 则是主流的图像压缩编码标准。目前，数码相机输出的图像和互联网上传播的数字图像大多是以 JPEG 格式存储的，伪造图像的造假源往往也是 JPEG 格式的。因此，检测 JPEG 压缩图像的真伪具有现实的应用价值，同时对其他压缩格式的图像进行伪作检测也具有重要的指导意义。

针对 JPEG 压缩特性，研究者提出了许多图像伪作检测算法。本节在对其中典型算法进行简要介绍的基础上，介绍部分改进算法。

7.3.1 非压缩图像的 JPEG 压缩历史检测[23,28-30]

JPEG 压缩过程包括 DCT 变换、量化和编码等环节。一幅非压缩的数字图像 $\boldsymbol{B}$ 通常为 BMP(bit map)格式，经过 DCT 变换和量化后，得到量化的 DCT 系数矩阵，其第 i 行 j 列的元素值为

$$C(i,j)=\left\lfloor \frac{\{DCT[\boldsymbol{B}]\}_{i,j}}{Q(i,j)} \right\rfloor, \tag{7.24}$$

式中，$\lfloor \cdot \rfloor$为向下取整函数；$\boldsymbol{Q}$ 为量化表(不同质量因子 QF 对应不同的量化表)，而 $Q(i,j)$ 为 $\boldsymbol{Q}$ 的第 i 行 j 列处的元素值——量化步长。量化步长越大，量化取整导致的信息丢失就越多。

由于 JPEG 压缩是在将图像分为 8×8 的不重叠块后一块块完成的，压缩后导致块内系数差值与块间系数差值存在统计误差(用差值的直方图表示)，据此块效应可以检测 BMP 图像的 JPEG 压缩历史[23,28,29]。图 7.10(a)为图 7.2(a)(原图像)对应的块内、块间系数差值直方图，图 7.10(b)为按质量因子 QF=85 进行 JPEG 压缩后的块内、块间系数差值直方图。图 7.10(c)为不同 QF 值下两个直方图系数差值的绝对值之和(块效应因子)。根据这些特点，可以判定一幅 BMP 图像是否经过 JPEG 压缩，且该方法可被推广到彩色图像上[30]。

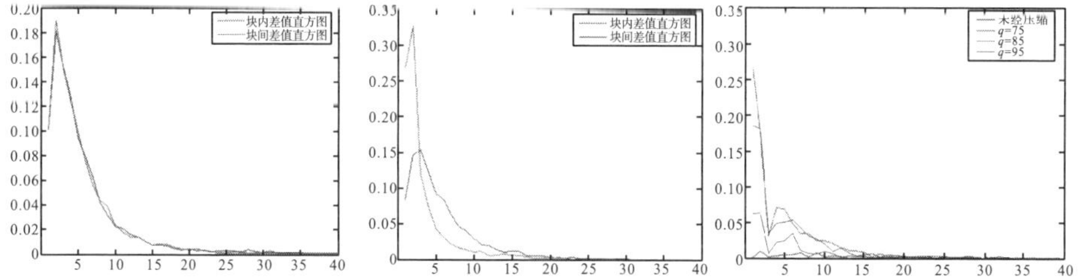

(a)图7.2(a)(原图像)块内、块间系数差值直方图　(b)QF=85的JPEG图像块内、块间系数差值直方图　(c)原图像及不同QF下的JPEG图像块效应

图 7.10 原图像及其 JPEG 压缩图像的块内和块间系数差值直方图，以及不同 QF 下的块效应[23]

7.3.2 基于双重 JPEG 压缩特性分析的伪作检测

被篡改前为 JPEG 格式的图像(对应的压缩称为主压缩)，篡改结束时往往被再次压缩为 JPEG 格式(对应的压缩称为次压缩)，这就是双重 JPEG 压缩。由于 DCT 变换、量化和编码是 JPEG 压缩的基本环节，所以压缩特性分析主要包括 DCT 系数分析、压缩因子分析、量化表分析等，以此可寻找涉及双重 JPEG 压缩的篡改痕迹，实现伪作检测。

1. 基于主压缩质量因子估计和分块特性分析的伪作检测[23,31,32]

一般而言，背景图像与篡改区域内的图像(前景)的 JPEG 压缩质量因子往往是不同的，而再压缩的质量因子一般也不同于篡改前的压缩质量因子[31,32]。此外，由于在 JPEG 压缩中图像被分为 8×8 的不重叠块，且量化表是特定和相同的，因此 JPEG 图像中存在具有内在统一性的块效应。一旦被篡改，无论前景区域是来自 JPEG 压缩图像还是未压缩图像，都会由于前景和背景压缩质量因子不一致或分块(8×8)位置不一致等造成背景图像内 JPEG 块效应不一致，产生明显的痕迹。因此，质量因子不一致和块效应不一致均可为伪作检测提供重要线索，具体步骤如下[23,31,32]。

首先，估计最后一次压缩的质量因子 QF_2。从 JPEG 头文件中读取当前的量化表 Q_2，并计算其与不同质量因子 QF 所对应的量化表 Q_{QF} 的距离，则

$$QF_2 = \underset{QF\in[1,100]}{\arg\min}\left[\sum_{l}\left|Q_2(l)-Q_{QF}(l)\right|\right], \tag{7.25}$$

式中，l 为量化表中按 Z 字形扫描次序的序号。

其次，估计篡改前的压缩质量因子 QF_1。用压缩质量因子 QF' $(30\leqslant QF\leqslant QF_2-1)$ 对待检测图像 $I(m, n)$ 进行再次压缩，得到压缩图像 $I'(m, n)$，记 $D(m, n)=I(m, n)-I'(m, n)$。

将 $D(m, n)$ 分成不重叠的 16×16 子块，位于 (x, y) 的子块对应于 $\boldsymbol{D}$ 中 $16x-15\leqslant m\leqslant 16x$ 且 $6y-15\leqslant n\leqslant 16y$ 的区域，定义再压缩对每个子块造成的压缩失真度为

$$E(x,y)=\sqrt{\sum_{n=16x-15}^{16x}\sum_{n=16y-15}^{16y}D^2(m,n)}\quad\left(x=1,2,\cdots,\left\lfloor\frac{M}{16}\right\rfloor;\ y=1,2,\cdots,\left\lfloor\frac{N}{16}\right\rfloor\right), \tag{7.26}$$

由此得到失真程度矩阵 $\boldsymbol{E}$，取其元素中值较小的部分(如 50%)并求均值，记为 Eq。不同的 QF'值有不同的 Eq 值，其对应关系曲线称为 Eq-QF 曲线。若篡改前图像曾经历过 JPEG 压缩，则 Eq-QF 曲线将出现局部极小值，其对应的 QF 值即为压缩质量因子 QF_1(图 7.11)。

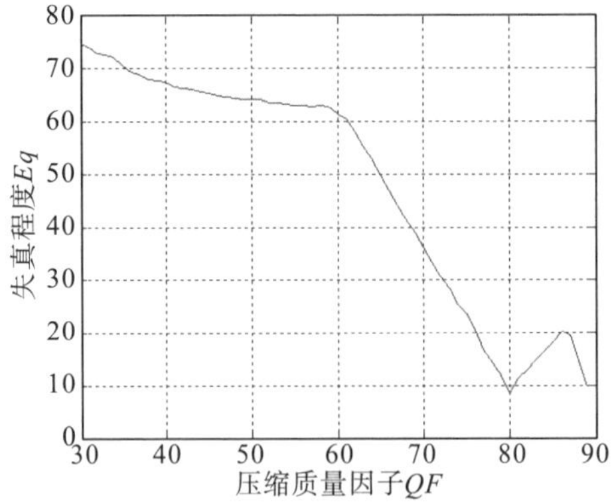

图 7.11　压缩失真程度曲线(Eq-QF 曲线)

最后，判断伪作情况及定位伪作区域。按式(7.26)计算以质量因子 QF_1 压缩的图像的失真程度矩阵，扣除均值后计算直方图，若待检测图像具有质量因子不一致性或分块位置不一致性，则对应的直方图的对称性遭到破坏，可借助 7.2.1 节中基于直方图的定位法定位伪作区域[17]。

图 7.12(a)和图 7.12(b)分别是质量因子为 60 和 80 的原图像，对其进行合成篡改后按质量因子为 90 进行 JPEG 压缩，得到伪作图像图 7.12(c)。按上述步骤估计的该伪作图像的压缩失真程度直方图如图 7.12(d)所示。由于该直方图已无对称性，故可判定该图像为篡改图像，其篡改区域定位结果如图 7.12(e)所示。

(a)原图像一 (QF=60的前景图像)　(b)原图像二 (QF=80的背景图像)　(c)伪作图像 (QF=90的合成图像)　(d)压缩失真程度直方图　(e)检测定位结果

图 7.12 基于 JPEG 压缩质量因子 QF 和分块位置特性的伪作检测[14]

2. 基于量化表特性和 DCT 系数特征分析的伪作检测

在涉及双重 JPEG 压缩的伪作检测中，通常认为后一次压缩的质量因子更小[2,31-33]。据此通过分析 DCT 系数特征和量化表特性，可以检测篡改操作[33-50]。

首先，直方图是 DCT 系数特征中最简单的统计分布特征，既可以据其周期性检测图像压缩历史(类似于利用差分图像方差周期性检测重采样操作)[33-35]，也可以利用篡改区域和非篡改区域的 DCT 系数直方图差异检测和定位篡改区域[36,37]。其次，量化表和量化误差分析可为双重 JPEG 压缩检测提供重要的线索[28,29,36-42]。最后，DCT 系数首位数字特征作为更有效的统计分布特征，可为双重 JPEG 压缩检测提供重要的手段[43-47]。

这里重点探讨基于主量化表估计和 DCT 系数首位数字特征分析的双重 JPEG 压缩检测算法。

1)基于量化表估计的双重 JPEG 压缩检测[28,29,36-41]

据式(7.24)，一幅 BMP 图像 $\boldsymbol{B}$(用矩阵表示，下同)的双重 JPEG 压缩基本过程如图 7.13 所示[39]。

首先，$\boldsymbol{B}$ 经过 DCT 变换为 $\boldsymbol{D}_1$ 后，按量化表 $\boldsymbol{Q}_1$ 进行量化取整变换为 $\boldsymbol{C}_1$，再经过熵编码、解码和反量化变换为 $\boldsymbol{D}_1'$，最后经过 IDCT 变换为 JPEG 压缩图像 $\boldsymbol{J}_1$ [图 7.13(a)]。

其次，JPEG 图像 $\boldsymbol{J}_1$ 经过 DCT 变换为 $\boldsymbol{D}_2$ 后，按量化表 $\boldsymbol{Q}_2$ 进行量化取整变换为 $\boldsymbol{C}_2$，再经过熵编码、解码和反量化变换为 $\boldsymbol{D}_2'$，最后经过 IDCT 变换为双重 JPEG 压缩图像 $\boldsymbol{J}_2$ [图 7.13(b)]。

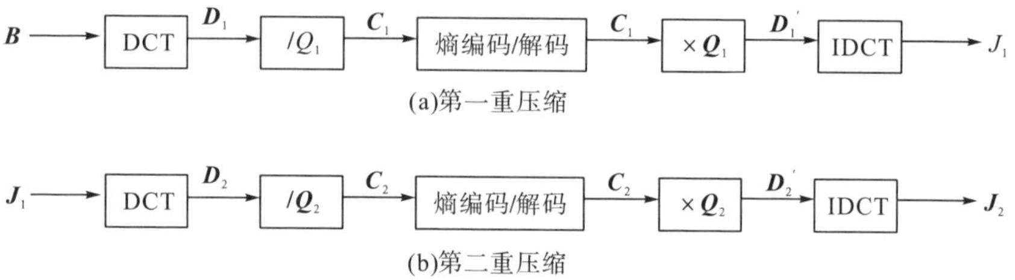

图 7.13 图像的双重 JPEG 压缩过程[39]

由于涉及双重 JPEG 压缩的图像篡改是针对图 7.13 中的 JPEG 图像 $\boldsymbol{J}_1$ 进行的，所以有效地估计和分析 $\boldsymbol{J}_1$ 对应的量化表(称为主量化表)对于揭示再压缩痕迹至关重要，其也因此得到学者的广泛关注，据此可实现双重 JPEG 压缩操作检测[28, 29, 36-40]。

然而，相关算法主要是针对主量化表的低频区域(左上角部分)进行估计，而高频区域往往被忽略。这里探讨的改进算法，通过建立两次压缩前后 DCT 系数之间的关系，在对主量化表的低频区域进行精确估计的同时，对高频区域进行有效估计，以提升双重 JPEG 压缩的检测和定位效果[41,42]。

(1)两次压缩量化前后 DCT 系数的关系[41,42]。由式(7.24)可知，图 7.13 中 BMP 图像 $\boldsymbol{B}$ 未量化的 DCT 系数 $\boldsymbol{D}_1$ 和第二次量化后的 DCT 系数 $\boldsymbol{C}_2$ 有如下关系：

$$Q_{q_1q_2}(d_1)=\left\lfloor\left\lfloor\frac{d_1}{q_1}\right\rfloor\frac{q_1}{q_2}\right\rceil=c_2, \tag{7.27}$$

式中，d_1、c_2、q_1 和 q_2 依次为 $\boldsymbol{D}_1$、$\boldsymbol{C}_2$、$\boldsymbol{Q}_1$ 和 $\boldsymbol{Q}_2$ 对应位置的元素。显然

$$c_2-0.5\leqslant\left\lfloor\frac{d_1}{q_1}\right\rfloor\frac{q_1}{q_2}<c_2+0.5, \tag{7.28}$$

于是有

$$eA\leqslant\left\lfloor\frac{d_1}{q_1}\right\rfloor<eB, \tag{7.29}$$

其中

$$e=\frac{q_2}{q_1},\ A=c_2-0.5,\ B=c_2+0.5. \tag{7.30}$$

由于式(7.29)中 $\lfloor d_1/q_1\rfloor$ 为整数，$B-A=1$，所以当 $e\leqslant1$ 时，有

$$\lceil eA\rceil=\left\lfloor\frac{d_1}{q_1}\right\rfloor=\lfloor eB\rfloor, \tag{7.31}$$

式中，$\lceil \cdot \rceil$为向上取整函数。

因此，可以得出结论：在双重 JPEG 压缩图像中，当第一次压缩质量因子小于第二次压缩质量因子时，与一次压缩图像相比没有信息丢失；反之，有信息丢失。

(2) 量化表的有效估计[41,42]。为更好地估计篡改图像的量化表，定义

$$u = \lceil eA \rceil - \lfloor eB \rfloor. \tag{7.32}$$

由于从 JPEG 图像的头文件中可以获取第二次压缩的量化步长 q_2，所以可定义一个量测概率：

$$p(q) = p\{u = 0 \mid q\} = \frac{\text{num}(u=0)}{\text{num}(u)} \quad (q = 1, 2, \cdots, 100), \tag{7.33}$$

式中，num 为计数函数。显然，当 $q = q_1$ 时，式 (7.33) 取最大值。但对于一幅自然图像而言，大量高频区域的 DCT 系数被量化为 0，对应量化表中的点均可作为候选点，在不小于 q_2 的条件下，将所有候选点 q 值的中值作为 q_1 的估计值即可。

图 7.14 (a) 和图 7.14 (b) 分别为图 7.2 (a) 左图在 QF_1=80、QF_2=90 两次压缩中的 $p(q)$ 函数[41,42]图。在量化表的位置 (3, 2) (处于低频区域) 处对应的标准量化步长 q_1=5、q_2=3，而按式 (7.33) 得到的 $p(q)$ 函数图如图 7.14 (a) 所示，由此得到估计的量化步长 q_1=5。类似地，在量化表的位置 (5, 5) (处于高频区域) 处对应的标准量化步长 q_1=27、q_2=14，而按式 (7.33) 得到的 $p(q)$ 函数图如图 7.14 (b) 所示，由此得到估计的量化步长 q_1=28。

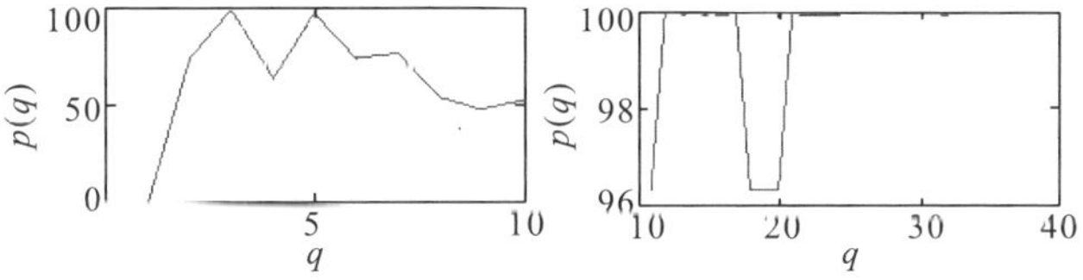

(a) 位置(3,2)处的 $p(q)$ 函数 (q_1=5，q_2=3)　　(b) 位置(5,5)处的 $p(q)$ 函数 (q_1=27，q_2=14)

图 7.14　主量化表估计中的 $p(q)$ 函数图

整个主量化表的估计结果如图 7.15 所示，从左至右依次为主量化表标准值以及文献[37]中的算法和本算法的估计结果。显然，本算法不但能精确估计主量化表中低频区域的量化步长，同时对高频区域的量化步长也能有效估计[41,42]。

6	4	4	6	10	16	20	24	6	4	4	6	10	16	21	22	6	4	4	6	10	16	20	24
5	5	6	8	10	23	24	22	5	5	6	8	10	23	22	17	5	5	6	8	10	23	23	22
6	5	6	10	16	23	24	22	6	5	6	10	16	22	22	17	6	5	6	10	16	23	28	22
6	7	9	12	20	35	32	25	6	7	9	12	19	26	25	19	6	7	9	12	20	34	32	24
7	9	15	22	27	44	41	31	7	9	15	20	22	34	32	23	7	9	15	22	28	44	42	30
10	14	22	26	32	42	45	37	10	14	20	21	25	32	79	28	10	14	22	26	32	42	46	36
20	26	31	35	41	48	48	40	18	20	25	26	47	35	41	49	20	26	32	34	42	48	48	40
29	37	38	39	45	40	41	40	57	49	39	43	34	55	1	1	28	38	38	40	44	40	40	40

图 7.15　主量化表，从左至右依次为标准值 (QF=80) 以及文献[37]中的算法和本算法的估计结果

(3) 双重 JPEG 压缩检测与篡改区域定位[41,42]。如本节一开始所述，利用 JPEG 压缩图像区域被篡改后的块效应，可以有效检测篡改操作，其核心是利用图像篡改区域的块效应与原始压缩图像块效应之间的差异特征。这里基于对量化表的精确估计，探讨利用块效应定位篡改区域的方法。具体地，定义块 i 的块效应特征为

$$\text{Block}(i)=\sum_{j=1}^{64}\left|D_i(j)-Q_i(j)\left\lfloor\frac{D_i(j)}{Q_i(j)}\right\rfloor\right|,\tag{7.34}$$

式中，$D_i(j)$ 为块 i 对应的第 j 个 DCT 系数；$Q_i(j)$ 为估计的主量化表中对应的量化步长。通常篡改区域块效应比较强，未篡改区域块效应比较弱，据此可以准确检测和定位篡改区域。

图 7.16 依次为原始图像、伪作图像(存在双重 JPEG 压缩)、利用式(7.34)得到的块效应结果和进一步二值化处理的结果。可以看出，基于主量化表精确估计的块效应鉴别性显著，能有效检测和定位篡改区域。

(a)原始JPEG图像 (b)篡改后的JPEG图像 (c)篡改图像的块效应图 (d)块效应图的二值化结果

图 7.16 基于主量化表精确估计的双重 JPEG 压缩伪作检测[41,42]

2) 基于 DCT 系数首位数字特征分析的双重 JPEG 压缩检测[43-50]

首位数字是指数的最高位数字，属于自然数 1～9。对于正整数 x，其首位数字为

$$d=\left\lfloor\frac{x}{10^{\lfloor\log_{10}x\rfloor}}\right\rfloor.\tag{7.35}$$

研究表明，在自然界自然生成的数据(无规则数据)中，自然数 1～9 作为首位数字使用的频率不同，可用概率表达为[43]

$$P_r(d)=\log_{10}\left(1+\frac{1}{d}\right)\quad(d=1,2,\cdots,9)\tag{7.36}$$

这一规律被称为本福特(Benford)定律，而恶意生成或随机猜想的数据不服从这一规律。

进一步的研究表明，在一次 JPEG 压缩中，图像的 DCT 系数在量化前其首位有效数字遵循 Benford 定律，在量化后其首位有效数字虽不再严格遵循这一分布

律，但也遵从更一般的对数分布律（称为广义 Benford 定律[44]）。然而，在双重 JPEG 压缩中，由于前后两次压缩的量化因子存在差异，导致 DCT 系数的分布重新分配，所以最终结果的 DCT 系数其首位数字不再遵循这一规律[45]。图 7.17 是文献[45]随机选择的 500 幅单次和双重 JPEG 压缩图像的 DCT 系数首位有效数字统计分布图。可以看出，单次压缩图像的 DCT 系数首位有效数字确实遵循广义 Benford 定律，而双重压缩图像则不再呈对数分布。这为涉及双重 JPEG 压缩的图像伪作检测提供了依据[44-46]。

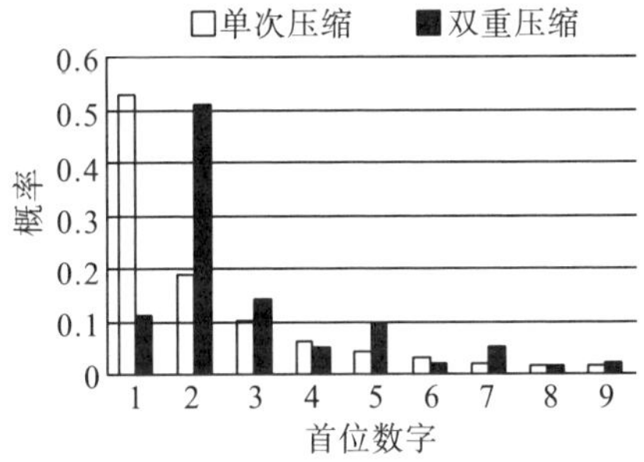

图 7.17　单次（QF=85）与双重（QF_1=75、QF_2=85）JPEG 压缩图像 DCT 系数首位数字概率分布图[45]

在相关研究中，实验发现并非所有（63 个）交流（alternate current，AC）成分的 DCT 系数（AC-DCT）首位数字均遵从广义 Bendford 定律，而仅仅只有少数几个（前 9 个）低频交流系数在质量因子不太低（如不低于 50）时遵从广义 Bendford 定律[45]。

进一步的研究发现，首位数字为 2、5、7 的概率特征对单次与双重 JPEG 压缩有更明显的鉴别能力，因此可作为三元组的低维特征数据而被用于双重 JPEG 压缩检测和伪作区域定位[46,47]。

虽然首位数字为 2、5、7 的分布特征因维数低而便于快速有效地提取，但是由于其他首位数字的分布特征没有被考虑在内，导致最后的篡改定位结果误差较大。

因此，这里选择 DCT 系数全部首位数字（1~9）的分布特征，并借助 PCA 去除首位数字之间的相关性和提取紧凑的特征，根据分类器训练和预测结果对双重 JPEG 压缩伪作实现有效检测和定位。具体过程为：对于一幅待检测的 JPEG 压缩图像，首先将其分块，然后对每一图像块中每 8×8 小块取前 9 个 AC-DCT 系数首位数字（1～9）概率分布特征，得到 9×9 维特征矩阵。进一步地，对提取的首位数字特征进行 PCA 降维，形成特征向量，并输入预先训练的相应于当前图像质量因子的分类器（每个压缩质量因子对应一个类别），然后根据分类器输出判断相应图像块是否经历过双重 JPEG 压缩操作，以确定篡改的前景和背景区域。

需要注意的是，分块大小和分块方式会影响最后的判断精度。首先，分块过大或过小都会导致较多的误判。其次，由于 JPEG 压缩中的 DCT 变化是基于 8×8 图像块的，因此，为更好地保留图像的重压缩特性，分块的行列数应保证为 8 的倍数。另外，为保证更精确地定位，采取重叠分块。

参照文献[44]～文献[47]的做法，基于全部首位数字概率分布特征和 PCA 特征提取的双重 JPEG 压缩检测及定位过程如下[48-50]：

(1)对于一幅待测 JPEG 图像，首先估计出压缩质量因子，并选择相应的分类器(在预先的训练中，按间隔 5 在 50～95 取质量因子，对应于 10 个分类器)；

(2)对待测图像进行分块处理，分块大小为 64×64，且采取重叠分块，移动步长为 8，按从左至右、从上到下的顺序移动，一幅图像共分为 N 块；

(3)在每个 64×64 的图像块里，有 64 个 8×8 子块，对每个 8×8 子块，取前 9 个 AC-DCT 系数的首位有效数字，并把 64 个 8×8 子块中相同位置(相同 AC 成分)的各首位数字的频率统计出来，形成自然数字 1~9 的概率分布特征，而 9 个 AC 成分的 1~9 首位数字概率分布特征便构成 9×9 维特征矩阵。一幅图像共有 N 个这样的特征矩阵(N 个样本)，再借助 PCA 进行降维，从而形成 9 个 AC-DCT 系数首位有效数字的模式特征向量；

(4)将模式特征输入已训练的分类器中进行二分类，经过重压缩操作的为正类，其对应区域为篡改区域(前景)，单次压缩的为负类，其对应区域为背景区域。

图 7.18 依次为双重 JPEG 压缩篡改图像、利用文献[47]中的算法进行伪作检测定位的结果、对文献[47]中三元组特征进行 PCA 压缩提取的伪作检测定位结果和本算法的伪作检测定位结果，实验中采用了 SVM 分类器[48-50]。显然，后两者的虚警更少。

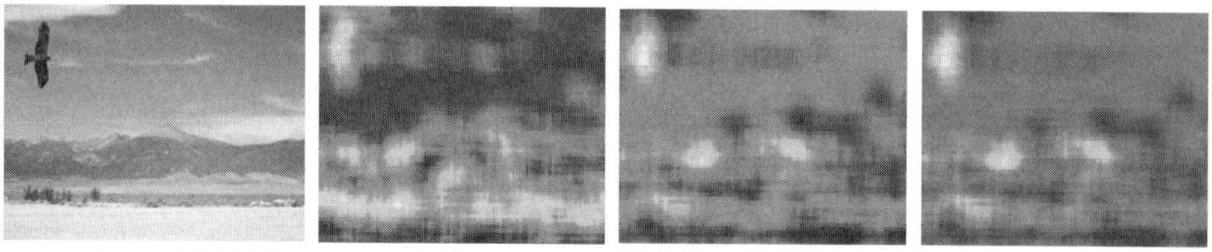

(a)双重JPEG压缩图像　(b)用文献[47]中的算法检测定位的结果　(c)用文献[47]中的算法和PCA特征压缩检测定位的结果　(d)本算法的检测定位结果

图 7.18　基于首位数字特征的双重 JPEG 压缩检测[48-50]

7.3.3　抗裁剪的 JPEG 图像压缩历史及合成篡改检测方法[23,51]

上述基于 JPEG 压缩编码特征的伪作检测方法可概括为两类：利用 JPEG 压缩块位置不一致的检测方法和两次压缩的压缩因子不一致的检测方法。

然而，JPEG 压缩图像经过裁剪后，其分块位置可能遭到破坏，从而使上述方法部分或完全失效。例如，一幅 JPEG 图像经过裁剪后被另存为 BMP 格式文件，则 JPEG 压缩历史检测方法对此图像的检测将失效。又如，在合成篡改检测中，如果合成图像的背景区域被裁剪过，上述检测方法也将失效。

为此，本书发明了一种抗裁剪的 JPEG 图像压缩历史及合成篡改检测方法，以解决现有方法对裁剪图像检测失效的问题。该方法能检测出非压缩格式图像的裁剪压缩历史痕迹，估计其裁剪行列位置，同时针对背景图像被裁剪的 JPEG 图像合成篡改模式能有效地进行检测与篡改区域定位。该方法的流程如图 7.19 所示，其中包括三个主要环节[23,51]。

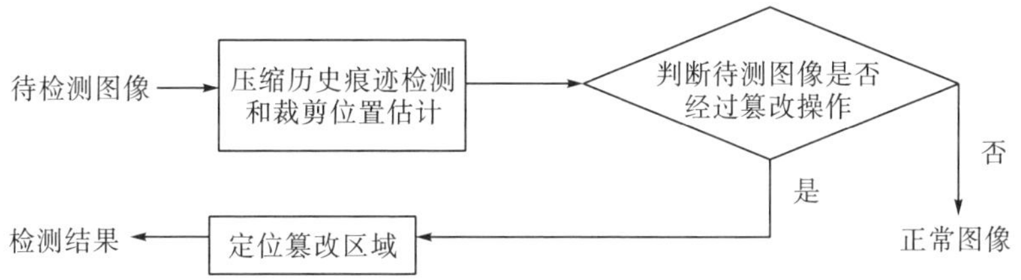

图 7.19　抗裁剪的 JPEG 图像压缩历史及合成篡改检测方法流程

1. 压缩历史痕迹检测和裁剪位置估计

1）块效应曲线与压缩效应因子

对待检测图像 $I(x, y)$ 提取其对应的块效应图像 $D(x, y)$：

$$D(x,y) = I(x,y) - I(x,y+1) - I(x+1,y) + I(x+1,y+1). \tag{7.37}$$

进一步地，将 $D(x, y)$ 分成大小为 8×8 且不重叠的块 $K_1, K_2,\cdots,K_n$, $n=(M/8)\times(N/8)$，其中 M 和 N 分别为 $D(x, y)$ 的行数和列数。由此，计算块效应矩阵：

$$\mathrm{BAM}(i,j) = \frac{1}{n}\sum_{l=1}^{n}|K_l(i,j)| \quad (1\leqslant i, j\leqslant 8), \tag{7.38}$$

并拉成一维向量形式，即得到块效应曲线 $b(m)$ $(m=1, 2,\cdots,64)$。

图 7.20(a) 是图 7.2(a) 中原始图像对应的块效应曲线，图 7.20(b) 则是该原始图像经过 JPEG 压缩并裁剪不同行列后计算得到的块效应曲线。可以看到，非压缩图像的块效应曲线无任何规律，而具有压缩和裁剪痕迹的图像块效应曲线出现明显的周期性，据此可以检测压缩历史痕迹。同时，裁剪的行列数不同，则曲线有不同的平移量，据此可以估计裁剪位置。

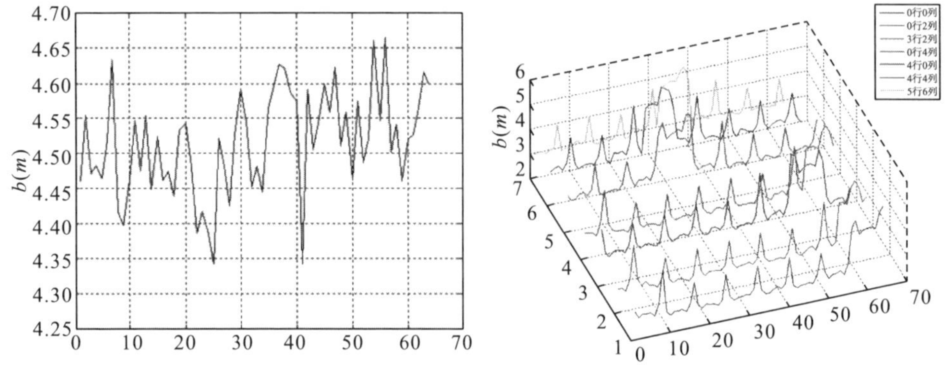

(a)原始图像块效应曲线 (b)JPEG压缩和不同位置裁剪图像块效应曲线

图 7.20 图 7.2(a)原始图像及其 JPEG 压缩和不同位置裁剪图像的块效应曲线

对块效应曲线 $b(m)$ 进行 DFT 变换，得到其幅度谱 $B(v)$（v 为归一化频率）。

图 7.21(a)和图 7.21(b)分别为图 7.20(a)和图 7.20(b)中无裁剪(裁剪 0 行 0 列)曲线的幅度谱。对比后可以看到，如果图像具有 JPEG 压缩历史，在归一化频率 v 取 1/8、2/8 和 3/8 处将出现峰值。由此，定义压缩效应因子为

$$\lambda = \log \frac{B(1/8) \cdot B(2/8) \cdot B(3/8)}{B_0}. \tag{7.39}$$

对于 JPEG 压缩后的裁剪图像，这一定义也适用。

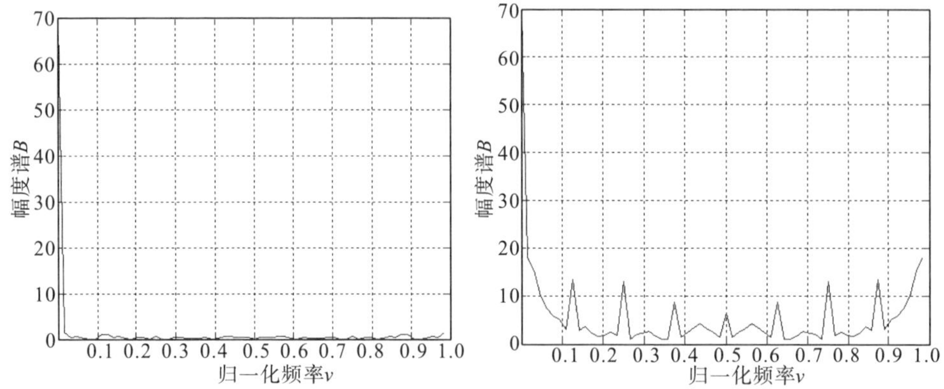

(a)原始图像[图7.2(a)]块效应曲线幅度谱 (b)JPEG压缩图像块效应曲线幅度谱

图 7.21 不同图像块效应曲线的幅度谱

2) JPEG 压缩历史痕迹检测和裁剪位置估计

图像的压缩损失量越大，其压缩效应因子 λ 值就越大。若 $\lambda > T_h$，则认为图像经历过 JPEG 压缩操作，其中 T_h 为门限(经验值为 0.15)。据此，可检测裁剪图

像的 JPEG 压缩历史痕迹。

对于裁剪图像，对裁剪位置所在的行和列的估计过程如图 7.22 所示[23,51]。

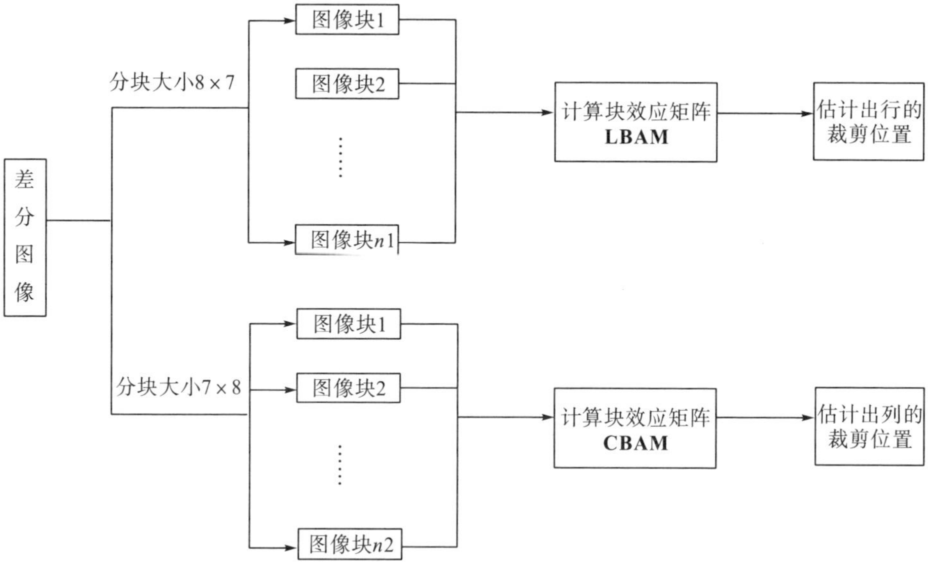

图 7.22 裁剪图像裁剪位置所在的行和列的估计过程[23,51]

首先由式(7.37)计算得到的块效应图像分为 8×7 的不重叠块($LK_1,LK_2,\cdots,LK_{n_1}$)，$n_1=(M/8)\times(N/7)$，然后以垂直方向从左至右计算块效应矩阵：

$$\mathbf{LBAM}(i,j)=\frac{1}{n_1}\sum_{l=1}^{n_1}|LK_l(i,j)|,\quad (1\leqslant i\leqslant 8,\ 1\leqslant j\leqslant 7) \tag{7.40}$$

同理，将块效应图像分成 7×8 的不重叠块 $CK_1, CK_2,\cdots,CK_{n_2}$，$n_2=(M/7)\times(N/8)$，然后以水平方向从上至下计算块效应矩阵：

$$\mathbf{CBAM}(i,j)=\frac{1}{n_2}\sum_{c=1}^{n_2}|CK_c(i,j)|,\quad (1\leqslant i\leqslant 7, 1\leqslant j\leqslant 8) \tag{7.41}$$

为了消除图像内容的影响，分别将块效应矩阵 **LBAM**(i,j) 和 **CBAM**(i,j) 计算为

$$LB(i,j)=|\mathrm{BAM}(i,j)|^2-|\frac{1}{m_\mathrm{b}n_\mathrm{b}}\sum_i\sum_j\mathrm{BAM}(i,j)|^2 \tag{7.42}$$

和

$$CB(i,j)=\begin{cases}LB(i,j), & LB(i,j)>T_r,\\ 0, & LB(i,j)\geqslant T_r,\end{cases} \tag{7.43}$$

其中，$\mathrm{BAM}(i,j)$ 为块效应矩阵元素(m_b 和 n_b 分别是其行数和列数)；T_r 为经验阈值。

为得到被裁剪的行和列的位置，进一步计算：

$$L(j)=\frac{1}{m_{\mathrm{b}}}\sum_{i}CB(i,j) \quad (1\leqslant j\leqslant n_{\mathrm{b}}) \tag{7.44}$$

即得到一个 1×8 的一维向量，则其偏移极大值点 k_1 即为裁剪的行位置(若无偏移极大值，则取 k_1=8)。若待测图像被裁剪的行数为 count，则满足 k_1=8−count mod 8。

类似式(7.44)，可计算 $C(i)$，得到裁剪的列位置 k_2，其中

$$C(i)=\frac{1}{n_{\mathrm{b}}}\sum_{j}CB(i,j), \quad (1\leqslant i\leqslant m_{\mathrm{b}})$$

图 7.23(a)为图 7.2(a)中原始 JPEG 图像被裁剪但不被压缩时的计算结果，估计得到裁剪行位置为 k_1=7，裁剪列位置为 k_2=5。图 7.23(b)为裁剪后 JPEG 压缩的检测结果，估计得到裁剪行位置为 k_1=6，裁剪列位置为 k_2=4。

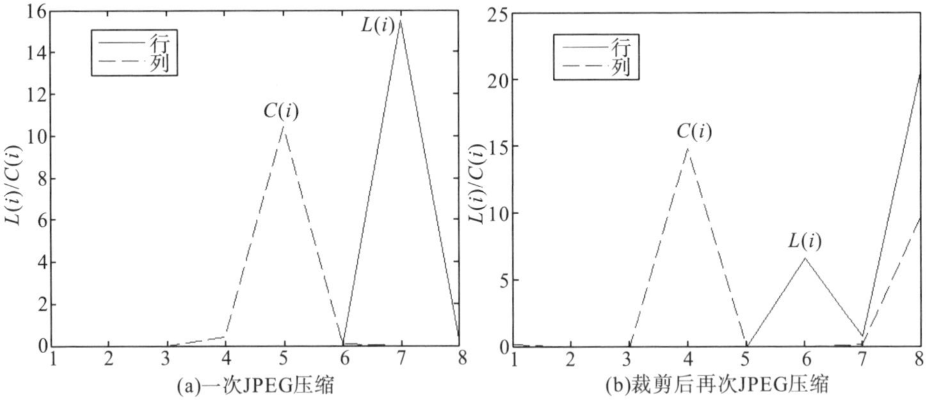

图 7.23 不同图像裁剪位置所在的行和列的估计结果

2. 判断待测图像是否经过篡改操作

图 7.24(a)和图 7.24(b)为两幅原始图像，图 7.24(c)为合成并裁剪后的 JPEG 压缩图像。

(a)原始JPEG图像一 (b)原始JPEG图像二 (c)合并裁剪后的JPEG压缩图像

图 7.24 原始 JPEG 图像以及合成并裁剪后的 JPEG 压缩图像[23,51]

以图 7.24(c)为例，判断图像是否经过篡改操作的步骤如下。

1)估计压缩质量因子

从 JPEG 头文件中读取当前量化表 Q_2，并利用式(7.25)估计当前 JPEG 压缩质量因子 QF_2。经估计，得到图 7.24(c)中 JPEG 图像的压缩质量因子 $QF_2=90$。

2)估计裁剪位置并进行进一步裁剪

按上述方法估计待测图像 7.24(c)的裁剪位置，检测结果如图 7.25 所示，裁剪行位置为 $k_1=6$，裁剪列位置为 $k_2=7$。然后将待测图像裁剪掉 6 行 7 列，得到的新图像记为 $I'(x,y)$，其大小为 $M'\times N'$。

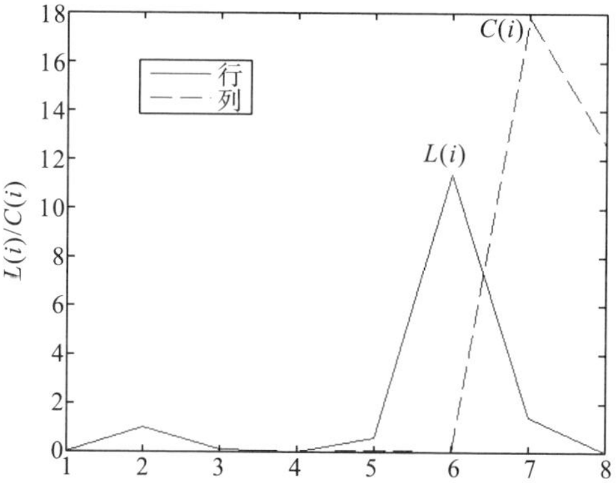

图 7.25　图 7.24(c)中图像裁剪位置所在行列的估计结果

3)估计主压缩质量因子

估计图像是否经历了二次 JPEG 压缩。用 QF 对图像 $I'(x, y)$进行再压缩，其中 $30\leqslant QF\leqslant(QF_2-1)$，记再压缩图像为 $I_{QF}(x,y)$，计算 $I'(x,y)$与 $I_{QF}(x,y)$之间的差值如下：

$$\text{Diff}_{QF}(i,j)=\sqrt{\sum_{x=8i-7}^{8i}\sum_{y=8j-7}^{8j}\sum_{g=1}^{C_h}|I'(x,y,g)-I_{QF}(x,y,g)|^2},\tag{7.45}$$

式中，C_h 为图像的通道个数，对于 RGB 图像，$C_h=3$。如果图像经历过质量因子为 QF 的压缩，则其 Diff_{QF} 的值将明显小于 $\text{Diff}_{(QF+1)}$ 和 $\text{Diff}_{(QF-1)}$。对 Diff_{QF} 进行排序，并对前 50%较小的数据求均值(消除篡改区域的影响)，将该均值记为 ED，并画出 ED-QF 曲线，则在 $QF=QF_1$ 处将出现局部极小值。为了更好地定位极小值，将 ED-QF 曲线进行改进，先计算

$$H_{QF}=\frac{\sum_{k=-5}^{5}ED_{QF+k}-5\times ED}{10\times(ED+\varepsilon_0)},\tag{7.46}$$

式中，ε_0为极小的正数。于是，H_{QF}-QF 曲线将在 QF_1 处出现一个全局极大值 $H_{QF}(\max)$（在 ED-QF 曲线上寻找极小值变成在 H_{QF}-QF 曲线上寻找极大值）。当 $H_{QF}(\max)>T_h$（T_h=0.68）时，则判定待测图像经过二次压缩，且 QF_1 为 $H_{QF}(\max)$ 对应的质量因子。对于图 7.24(c)中的图像而言，如图 7.26 所示，QF_1=75。

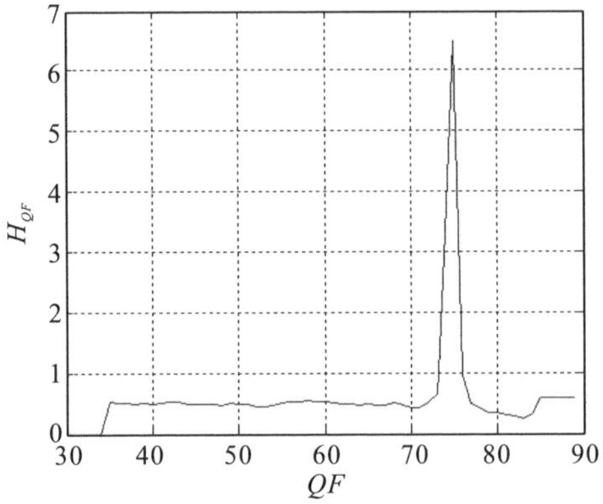

图 7.26 估计主压缩质量因子的 H_{QF}-QF 曲线[对于图 7.24(c)中的图像而言]

4）合成篡改检测

图像经历二次压缩可能存在两种情况，一种是正常二次压缩，另一种是经过合成篡改后再压缩，下一步则判断图像是否为合成篡改图像。将式(7.45)中质量因子 QF_1=75 的 $\mathrm{Diff}_{75}(i,j)$取出，计算标准差：

$$s_{\mathrm{td}}=\sqrt{\frac{\sum_i\sum_j\left[\mathrm{Diff}_{75}(i,j)-\overline{\mathrm{Diff}_{75}(i,j)}\right]^2}{M'N'}}, \tag{7.47}$$

当 $s_{\mathrm{td}}>T_{\mathrm{R}}$ 时，则判定待测图像为合成篡改图像，反之则判定待测图像为正常二次压缩图像，其中 T_{R}=4.46。对于图 7.24(c)而言，s_{td}=6.425，大于阈值 T_{R}，则判定待测图像为合成篡改图像。

3. 判断待测图像是否经过篡改操作和篡改区域定位

判定图像为合成篡改图像后，需要定位篡改区域。对于 RGB 图像，则按式(7.45)分别对三个通道进行计算，记 R、G、B 通道计算结果分别为 $\mathrm{R\_Diff}_{QF1}$、$\mathrm{G\_Diff}_{QF1}$、$\mathrm{B\_Diff}_{QF1}$，然后进行二值化处理，将二值化处理结果记为 R_bw、G_bw 及 B_bw 并进行逻辑“与”运算，得到二值图像 BW。

图 7.27(a)是对图 7.24(c)进行如上计算后得到的二值图像 BW，可以看到，存在一些零散的误判点。进一步将其进行形态学腐蚀膨胀处理，并映射回待测图像，即得到篡改区域定位图像，如图 7.27(b)所示。实验结果表明，本方法能准确地定

位合成图像的篡改区域。

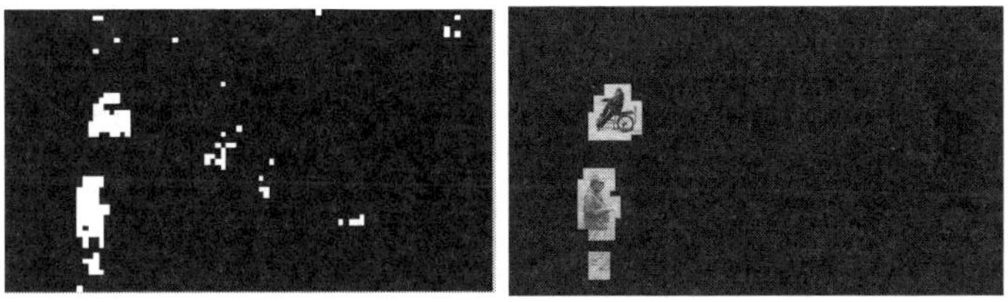

(a)篡改区域检测　　(b)形态学处理后对应的前景

图 7.27　图像 7.24(c)伪作检测结果

7.4　基于模糊特性分析的伪作检测

在图像篡改伪造过程中，为了消除合成边缘的明显痕迹或美化篡改效果以掩盖篡改真相，篡改者通常会对图像进行模糊操作，以对伪作产生平滑作用。因此，分析平滑特性、检测模糊操作痕迹可以为图像篡改检测提供有力的凭据。

针对模糊操作，学者提出了多种被动取证的方法，包括基于 DCT 域局部模糊特征分析、基于图像色调异常特征分析、基于小波域特征分析、基于图像边缘形态学特征分析、基于二次模糊相关性特征分析等的模糊痕迹检测方法[52-57]。

本节在分析上述典型方法的基础上，重点讨论基于模糊相关性特征分析和基于颜色滤波阵列(color filtering array，CFA)插值重构特征分析的模糊痕迹检测方法。

7.4.1　模糊痕迹检测的典型算法

图像的模糊操作就是对图像局部区域内各像素灰度值进行加权平均[参见式(6.1)，其中不含加性噪声]。不同的模糊方法对应不同的低通平滑滤波[模糊核 $h(x,y)$ 不同]，且取得的模糊效果不同。其中，高斯模糊是常用的图像编辑软件中的典型模糊方式，其模糊核[参见式(3.17)]的简单形式为

$$h(x,y)=\frac{1}{2\pi\sigma_0^2}\mathrm{e}^{-\frac{x^2+y^2}{2\sigma_0^2}},\tag{7.48}$$

式中，σ_0 为高斯平滑参数(与模糊半径对应)，其值越大，模糊程度越大。

在模糊痕迹检测中，典型算法包括基于图像色调异常特征和二次模糊相关性特征的检测算法。

1.基于图像色调异常特征的检测算法

在图像成像过程中，颜色滤波矩阵通过插值使 RGB 三基色分量在局部空间内

各自增强相关性，而模糊操作往往会对三基色分量进行不均一的修改，破坏原三基色分量的局部一致性。因此，分析相机成像所带来的局部色彩相关性以及模糊操作给这种相关性带来的影响，可为伪作检测提供依据。其中，基于异常色调率的模糊篡改检测算法就是通过计算图像的异常色调值集合和异常色调率，找出图像中的可疑图像块，达到模糊篡改检测的目的[53]。

该算法的核心是计算图像块的异常色调值集合和异常色调率。

对于一幅大小为 $M \times N$ 的图像 I，所有像素的色调值在色调域 H 中的集合为

$$H=\{h_{i,j}|1\leqslant i\leqslant M,1\leqslant j\leqslant N\}. \tag{7.49}$$

对于某一像素色调值 $h_{i,j}$，设 $H_{i,j}^{8}$ 表示以 $h_{i,j}$ 为中心的 8×8 邻域内的像素色调值集合(不包括中心像素)，而 $\Delta h_{i,j,\max}$ 和 $\Delta h_{i,j,\min}$ 分别表示 $h_{i,j}$ 与其 8×8 邻域内像素色调差值的最大值和最小值，即

$$\begin{aligned}\Delta h_{i,j,\max} &= \max\{|h_{i,j}-h_{i',j'}|\}\\ \Delta h_{i,j,\min} &= \min\{|h_{i,j}-h_{i',j'}|\},\ h_{i',j'}\in H_{i,j}^{8}.\end{aligned} \tag{7.50}$$

令图像 I 的异常色调值集合为

$$H_{\text{abn}}^{P}=\{h_{\text{abn}1},h_{\text{abn}2},\cdots,h_{\text{abn}P}\}, \tag{7.51}$$

这是 H 的一个子集,其中 P 表示 H_{abn}^{P} 的势,则异常色调值集合 H_{abn}^{P} 的计算如下[53]。

首先，初始化 H_{abn}^{P} 为空集，即 $H_{\text{abn}}^{0}=\phi$。

其次，逐行扫描 $H=\{h_{i,j}|1\leqslant i\leqslant m,1\leqslant j\leqslant n\}$ 中的元素 $h_{i,j}$，并设

$$H_{\text{abn}}^{p}=\{h_{\text{abn}1},h_{\text{abn}2},\cdots,h_{\text{abn}p}\},$$

当且仅当色调 $h_{i,j}$ 满足

$$\begin{cases}0<\Delta h_{i,j,\min}<\Delta h_{i,j,\max},\\ \forall h_{\text{abn}m}\in H_{\text{abn}}^{p},|\Delta h_{i,j,\max}-\Delta h_{i,j,\min}|\neq 0\quad (0\leqslant m\leqslant p)\end{cases}$$

时 $h_{\text{abn}(p+1)}=h_{i,j}$，即 $h_{i,j}$ 为异常色调值集合的第 p+1 个元素，此时异常色调值集合更新为

$$H_{\text{abn}}^{p+1}=\{h_{\text{abn}1},h_{\text{abn}2},\cdots,h_{\text{abn}p},h_{\text{abn}(p+1)}\}.$$

最后，扫描完 H 中的所有元素，得到图像的异常色调值集合 H_{abn}^{P}。

异常色调率反映的是图像中异常色调值的数目占图像所有像素数目的百分比，其定义为 $\eta=P/(M\times N)\times 100\%$。通常情况下，模糊图像的异常色调率是正常图像的十几倍，这可以作为图像模糊检测的重要依据。

2. 基于二次模糊相关性的模糊检测方法

基于二次模糊相关性的模糊检测方法是利用模糊图像在二次模糊前后其模糊区域的相关性要强于背景区域的相关性这一特性进行的模糊检测[57]，其基本过程

如下。

首先，对一幅大小为 $M\times N$ 的模糊置换图像 $I(i, j)$ 进行二次模糊操作，得到二次模糊图像 $G(i,j)$。

其次，将 $I(i,j)$ 和 $G(i,j)$ 分别划分为大小为 $k\times k$ 的子块，得到 $I_{mn}(i,j)$ 和 $G_{mn}(i,j)$：

$$I_{mn}(i,j)=I(1+k(m-1):km,1+k(n-1):kn),$$

$$G_{mn}(i,j)=G(1+k(m-1):km,1+k(n-1):kn),$$

式中，$m=1,2,\cdots,\lfloor M/k\rfloor$；$n=1,2,\cdots,\lfloor N/k\rfloor$。

然后，对对应位置的子块 $I_{mn}(i, j)$ 和 $G_{mn}(i, j)$ 分别进行 DFT 取幅度，再取自然对数的绝对值，得到 $L_{mn}(u, v)$ 和 $H_{mn}(u, v)$。设 $L_{mn}(u, v)$ 和 $H_{mn}(u, v)$ 的相关性系数为 ρ_{mn}。重复完成所有对应子块相关性系数的计算后估计阈值，并将相关系数大于阈值的块标记为模糊块。

7.4.2　模糊痕迹检测的改进算法

上述算法是对传统算法在提升 JPEG 压缩鲁棒性等方面的改进，但存在因涉及逐点的块计算而效率低等问题。这里探讨几种改进算法，包括基于模糊相关性特征分析和基于 CFA 插值重构特征分析的模糊痕迹检测方法。

1. 基于模糊相关性特征分析的模糊痕迹检测方法

模糊相关性特征分析的依据是模糊操作（作为一种低通平滑滤波操作）提升了模糊区域的相关性，通过对相关性特征（如上述相关性系数）的分析发现模糊篡改痕迹。这里从再模糊的失真度、模糊相关性特征聚类和模糊相关性建模分析等方面，探讨进一步提升检测性能的模糊痕迹检测方法。

1）基于再模糊失真度差异的模糊痕迹检测[14,23]

如式（6.1）所示，设原始图像 $f(x, y)$ 为经模糊核 $h(x, y)$ 模糊后得到的模糊图像 $g(x, y)$。忽略噪声影响，则用另一个模糊核 $r(x, y)$ 对 $f(x, y)$ 和 $g(x,y)$ 进行全局模糊后，分别得到模糊图像 $f_r(x, y)$ 和 $g_r(x, y)$。由于模糊过程就是低通平滑滤波过程，而图像的 JPEG 压缩对图像也具有低通滤波效应（这一效应体现为：一次 JPEG 压缩图像如果再经过相同质量因子的二次压缩，则一次压缩图像与二次压缩图像的像素差值最小[58]），因此该效应被应用于双重 JPEG 压缩检测[58]。

根据上述相似效应和伪作检测思想可以推知：模糊图像在再次模糊前后，其模糊区域的失真度应小于非模糊区域，即有

$$|g_r(x,y)-g(x,y)|<|f_r(x,y)-f(x,y)|,\tag{7.52}$$

这可以作为模糊痕迹检测的依据。

基于再模糊失真度差异的模糊痕迹检测步骤如下。

首先，对待检测灰度图像 $I(x, y)$(对于彩色图像，只需处理其 YCbCr 空间的亮度成分)，利用式(7.48)中的高斯模糊核进行模糊处理(其中平滑参数 σ_0 通常取 1)，得到一幅全局模糊图像 $G(x, y)$。

其次，计算 $G(x, y)$ 与 $I(x, y)$ 的差值图像(差的绝对值)，即失真度图像。

最后，根据再模糊前后模糊区域的失真度应小于非模糊区域的失真度这一特性可以推测：如果待检测图像中存在模糊篡改区域，则差值图像中该区域的值应小于非篡改区域的值，然后依据差值图像值的不同分类即可将模糊篡改区域检测出来。

对于图 7.1(a)所示的原始图像，抠取局部区域并进行如表 7.4 所示的不同模糊操作，得到 6 幅局部模糊图像，其对应的失真度图像如图 7.28 所示。可以看到，本方法能够有效地检测出经历过不同模糊操作的模糊区域。

表 7.4 不同模糊操作及其参数设置

模糊方式	动感模糊	水平形状模糊	旋转径向模糊	方框模糊	镜头模糊	高斯模糊
模糊距离	10 像素	10 像素	10 像素	5 像素	10 像素	4 像素

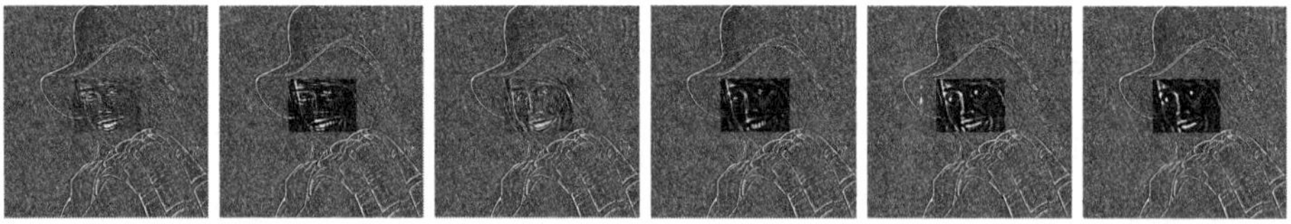

动感模糊图像 水平形状模糊图像 旋转径向模糊图像 方框模糊图像 镜头模糊图像 高斯模糊图像

图 7.28 图 7.1(a)的左图其局部区域经历表 7.4 中不同模糊操作后的模糊失真度图像

为考察本方法对 JPEG 压缩的鲁棒性，以图 7.28 中的水平形状模糊图像为例，对其进行压缩质量因子分别为 100、90、80、70、60 的压缩，得到 5 幅压缩图像，然后计算其压缩失真度，结果如图 7.29 所示。结果表明，随着压缩程度增加(质量因子减小)，检测效果逐渐变差，但仍然能够区分出模糊篡改区域与非篡改区域，即本方法对 JPEG 压缩具有较好的鲁棒性。

QF=100 QF=90 QF=80 QF=70 QF=60

图 7.29 不同质量因子(QF)下 JPEG 压缩图像的水平形状模糊结果失真度图像

另外，为考察本方法的检测效率，同样以图 7.28 中的水平形状模糊图像为例，利用大小不同的块进行计算，并比较本方法和文献[57]中的方法的检测时间，结果如表 7.5 所示。可以看到，由于避开了逐点分块求相关性系数的复杂计算，本方法检测速度快，而且块越大，计算效率的优势越明显。

表 7.5　模糊痕迹检测方法的运行时间　（单位：s）

图像块大小	64×64	96×96	128×128	192×192	256×256	512×512	1024×1024
文献[57]中的方法	1.484	3.078	5.906	13.406	31.422	204.210	246.454
本书的方法	0.171	0.172	0.187	0.188	0.190	0.203	0.618

2) 基于线性相关性聚类的模糊痕迹检测[59]

由于模糊操作增强了图像像素与邻域像素的线性相关性，所以可以假定，对于模糊图像 $g(x,y)$，存在如下的线性相关模型[59]：

$$g(x,y)=\sum_{s=-m,\,s\neq 0}^{m}\ \sum_{t=-n,\,t\neq 0}^{n} a(s,t)g(x+s,y+t)+\varepsilon(x,y)\ , \tag{7.53}$$

式中，$2m$ 和 $2n$ 分别为水平和垂直方向上的相关步距；$\varepsilon(x, y)$ 为线性相关模型误差。

根据式(7.53)(线性相关模型)，可采用基于阈值的最短距离聚类法检测像素线性相关性，检测模糊操作痕迹。其基本步骤如下：

(1) 对待检测图像 I 进行分块(一般分块大小为 3×3，共 K 块)；

(2) 利用最小二乘拟合，并按式(7.53)估计每块的线性组合系数，得到 K 个系数向量；

(3) 采用基于阈值的最短距离聚类法对 K 个系数向量进行聚类(用阈值划分为两类，得到二值化结果 BW，即线性相关特征图)；

(4) 对 BW 进行形态学处理并将其与待测图像 I 进行与运算，得到检测定位结果。

图 7.30(a)为原始图像及其线性相关特征图，图 7.30(b)为模糊篡改图像及其线性相关特征图，图 7.30(c)为图 7.30(b)其线性相关特征图的形态学处理结果和伪作检测定位结果[59]。

(a)原始图像及其线性相关特征图　(b)模糊篡改图像及其线性相关特征图　(c)形态学处理及伪作检测定位结果

图 7.30　基于线性相关性聚类的模糊痕迹检测

3）基于线性相关性特征后验概率图的模糊痕迹检测[60]

用后验概率区分上述假设[模糊操作使图像像素之间的关系符合式(7.53)所表示的线性模型，而没有经过模糊操作的图像像素之间则不符合该模型]后，可以进行模糊区域分类。其基本步骤如下[60]：

(1) 将待检测图像 I 中的像素按相关性特征分为符合和不符合式(7.53)所表示的线性模型两类(H_1 类和 H_2 类)；

(2) 利用 3.3.1 节中的 EM 算法估计 I 中每个像素属于 H_1 类和 H_2 类的后验概率；

(3) 利用所得的后验概率的大小来进行模糊区域分类。

图 7.31 为原始图像和 6 幅不同模糊篡改图像的线性相关特征后验概率图。可以看到，本方法能够有效地检测出经历过不同模糊操作的模糊区域。进一步的实验表明，本方法有较好的有效性，且对 JPEG 压缩有较好的鲁棒性[60]。

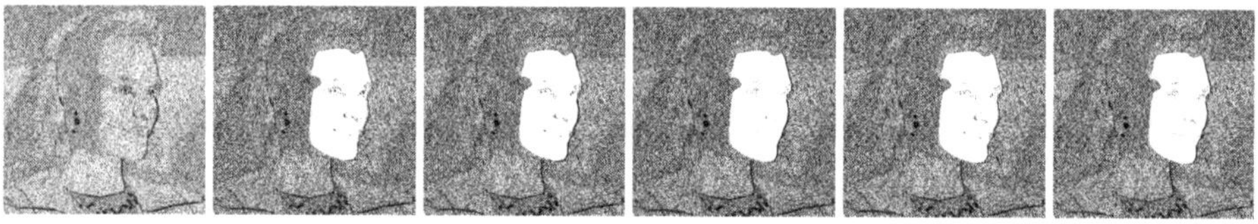

原始图像 高斯模糊图像 镜头模糊图像 形状模糊图像 方框模糊图像 动感模糊图像

图 7.31 原始图像及其线性相关特征后验概率图

2. 基于 CFA 插值重构特征分析的模糊痕迹检测方法[26]

上述基于分块处理的方式实现模糊痕迹检测的算法对大范围的模糊篡改区域检测很有效，但其中的经验阈值的影响很大。而基于 EM 算法估计后验概率的模糊检测，其精度受到数据量限制(要求待检测图像模糊区域内有足够多的像素点)。另外，这两种方法都需要给定初始参数和收敛精确度，计算复杂、耗时较长。为此，这里介绍一种基于 CFA 插值重构特征分析的模糊痕迹检测方法[26]。

1）单色传感器数码相机成像原理

为降低成本，目前大多数消费级数码相机都采用一个传感器结合颜色滤波阵列(CFA)得到彩色信息，所以拍摄的彩色照片中仅有部分像素值是从现实场景中采集得到的，而其余像素值是以插值方法获得的[61]。

单色传感器数码相机的成像过程如图 7.32 所示[62]。自然场景中的光线首先经镜头进入数码相机，接着通过一系列滤波器，然后被单色传感器获取。由于这些成像传感器没有着色功能，它们只能获取光的强度信息。为获取彩色信息，光线要先通过 CFA 并为传感器上的每个像素指定要采样的三种基色中的一种，然后对这些采样像素值进行插值(不同的数码产品使用不同的插值技术)，以形成各个单独的颜色位平面[63]。彩色插值之后，再通过颜色校正、伽马(Gamma)校正等操作，将图像以用户定义的图像格式(如 BMP、TIFF、JPEG 等)写入相机存储器，完成成像。

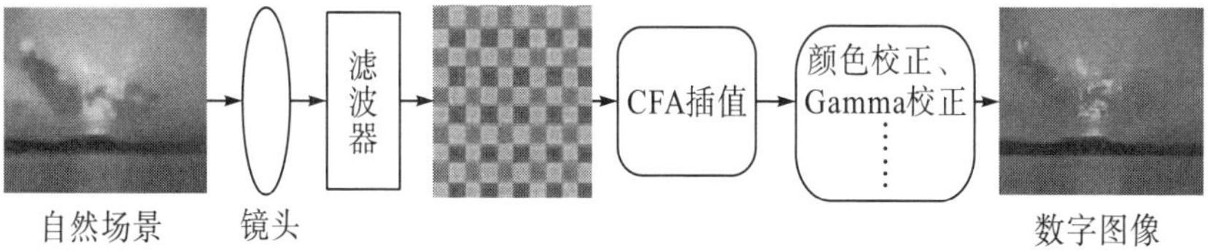

图 7.32　单色传感器数码相机的成像过程[62]

2) 图像 CFA 插值重构算法

普通相机的 CFA 一般为 Bayer 模式，其中拜尔(Bayer)矩阵 $S(x, y)$ 的结构如图 7.33 所示[64]。

$r_{1,1}$	$g_{1,2}$	$r_{1,3}$	$g_{1,4}$	$r_{1,5}$	$g_{1,6}$	…
$g_{2,1}$	$b_{2,2}$	$g_{2,3}$	$b_{2,4}$	$g_{2,5}$	$b_{2,6}$	…
$r_{3,1}$	$g_{3,2}$	$r_{3,3}$	$g_{3,4}$	$r_{3,5}$	$g_{3,6}$	…
$g_{4,1}$	$b_{4,2}$	$g_{4,3}$	$b_{4,4}$	$g_{4,5}$	$b_{4,6}$	…
$r_{5,1}$	$g_{5,2}$	$r_{5,3}$	$g_{5,4}$	$r_{5,5}$	$g_{5,6}$	…
$g_{6,1}$	$b_{6,2}$	$g_{6,3}$	$b_{6,4}$	$g_{6,5}$	$b_{6,6}$	…
⋮	⋮	⋮	⋮	⋮	⋮	

图 7.33　Bayer 模式的 CFA 矩阵[64]

首先，从 Bayer 矩阵中可以直接获取 R、G、B 三元色通道的原始像素值，即

$$R'(x,y)=\begin{cases}S(x,y), & S(x,y)=r_{x,y},\\ 0, & \text{其他},\end{cases}\tag{7.54}$$

$$G'(x,y)=\begin{cases}S(x,y), & S(x,y)=g_{x,y},\\ 0, & \text{其他},\end{cases}\tag{7.55}$$

$$B'(x,y)=\begin{cases}S(x,y), & S(x,y)=b_{x,y},\\ 0, & \text{其他},\end{cases}\tag{7.56}$$

进一步利用其非零值来插值重构完整的三元色通道值 $r(x,y)$、$g(x,y)$ 和 $b(x,y)$：

$$r(x,y)=\sum_{u,v=-N}^{N}h_r(u,v)R'(x-u,y-v),\tag{7.57}$$

$$g(x,y)=\sum_{u,v=-N}^{N}h_g(u,v)G'(x-u,y-v),\tag{7.58}$$

$$b(x,y)=\sum_{u,v=-N}^{N}h_b(u,v)B'(x-u,y-v),\tag{7.59}$$

式中，$h_r(\cdot)$、$h_g(\cdot)$、$h_b(\cdot)$分别为各颜色通道的插值核函数，其大小为$(2N+1)\times(2N+1)$。不同的插值算法对应的插值核函数不同；对于线性插值，有

$$h_g=\frac{1}{4}\begin{bmatrix}0&1&0\\1&4&1\\0&1&0\end{bmatrix}\quad h_r=\frac{1}{4}\begin{bmatrix}1&2&1\\2&4&2\\1&2&1\end{bmatrix}\quad h_b=\frac{1}{4}\begin{bmatrix}1&2&1\\2&4&2\\1&2&1\end{bmatrix}. \tag{7.60}$$

所以，对于图 7.33 所示的 CFA 矩阵，基于线性插值可得到位于(3, 3)处的像素值：

$$r(3,3)=r_{3,3},\quad g(3,3)=\frac{g_{2,3}+g_{3,2}+g_{3,4}+g_{4,3}}{4},\quad b(3,3)=\frac{b_{2,2}+b_{2,4}+b_{4,2}+b_{4,4}}{4}. \tag{7.61}$$

最后，对插值结果进行进一步修正。例如，在图 7.33 的像素位置(3,2)处，对插值得到的 $r(3,2)$和原来的 $g(3,2)$分别进行离散小波变换处理，并将 $r(3,2)$经离散小波变换处理后的低频区域和 $g(3,2)$经离散小波变换处理后的高频区域进行小波反变换处理，这样就得到了修正的彩色图片。

由于插值过程实质上是低通滤波过程(参见 7.2.1 节)，所以必然导致在图像边缘处出现振铃效应。而现有的图像重构算法大多旨在提高算法的性能，减少振铃效应。

3)基于 CFA 插值重构特征的模糊痕迹检测方法的思想

如上所述，模糊操作就是对图像局部区域内各像素灰度值进行加权平均，以淡化或消除图像边缘的篡改痕迹，而插值也是对图像进行邻域灰度值的加权平均。由于模糊操作增强了篡改区域中像素邻近区域的相关性，进一步插值时这一相关性得到保留。也就是说，对于模糊区域，经插值重构处理后其相关性基本不改变，振铃效应也不明显；而非篡改区域则不同，经插值重构处理后其相关性增强，在边缘处会产生明显的振铃效应。

对图 7.34(a)中的黑色方框区域进行模糊半径为 1 的高斯模糊处理后，得到如图 7.34(b)所示的图像，而进一步采用上述 CFA 插值进行处理的结果如图 7.34(c)所示。可以看到，模糊区域产生的振铃效应减少，而非模糊区域产生较强的振铃效应(图 7.34 中栅栏处)。

(a)原始图像及其局部图像 (b)局部模糊处理结果 (c)对(b)进行CFA插值处理的结果

图 7.34 模糊操作对 CFA 插值处理的影响

原始图像来自 http://r0k.us/graphics/kodak/index.html

4) 基于 CFA 插值重构特征分析的模糊痕迹检测步骤

上述基于 CFA 插值重构特征分析的模糊痕迹检测基本步骤如下：

(1) 对待检测的彩色图像提取 Bayer 矩阵，并采用文献[65]中的算法对图像进行重构；

(2) 使重构图像的 R、G、B 三个通道分别通过 3×3 的维纳滤波器，以降低噪声影响；

(3) 将待检测图像与重构彩色图像相减，得到模糊篡改区域。

对于待检测图像为灰度图像的情况，可以将灰度值赋给 R、G、B 三个通道，使得 R、G、B 三个通道的值相等以构建彩色图像，然后按上述步骤检测和定位伪作。

5) 实验

首先，对彩色图像中不同类型的模糊痕迹进行检测实验。

对图 7.2(a) 左图对应的原始彩色图像的人脸部分分别进行半径为 2 像素的高斯模糊处理以及尺寸为 10 像素的镜头模糊、水平形状模糊和动感模糊处理等 4 种润饰处理，其与对应的 CFA 插值重构彩色图像的差图像如图 7.35 所示。可以看到，模糊区域经过重构后，其像素值与待检测图像更接近，且重构产生的振铃效应更小，这在检测结果上表现为一片黑色区域。可见，本检测方法具有较好的检测效果。

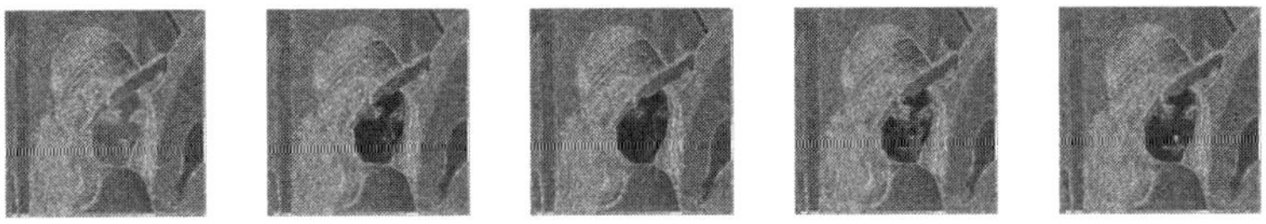

原始图像　高斯模糊图像　镜头模糊图像　水平形状模糊图像　动感模糊图像

图 7.35　不同彩色图像与对应的 CFA 插值重构彩色图像的差图像

其次，对灰度图像中不同类型的模糊痕迹进行检测实验。

对某原始灰度图像的人脸部分分别进行半径为 2 像素的高斯模糊处理以及尺寸为 10 像素的镜头模糊、水平形状模糊和动感模糊处理等 4 种润饰处理，并将灰度值赋给 R、G、B 三个通道，使得 R、G、B 三个通道的值相等以构建彩色图像，其与基于 CFA 插值的重构彩色图像的差图像如图 7.36 所示。可以看到，基于 CFA 插值特征分析的模糊痕迹检测算法对灰度图像也有效。

原始图像　高斯模糊图像　镜头模糊图像　形状模糊图像　动感模糊图像

图 7.36　不同灰度图像在赋值给 RGB 通道并构成彩色图像后与对应的 CFA 插值重构彩色图像的差图像

7.5 本章小结

图像篡改操作包括复制、粘贴、缩放、旋转、拼合、美化(润华)、重压缩等基本方式及复合方式。本章重点讨论了这些伪作方式中普遍涉及的重采样、压缩编码、模糊平滑这三种基本处理方式的基本原理和典型特点，并据此探讨了相应的伪作检测算法。这些算法是数字图像真实性检验的技术基础。

参考文献

[1] Popescu A C，Farid H. Exposing digital forgeries by detecting traces of resampling[J]. IEEE Transactions on Signal Processing，2005，53(2)：758-767.

[2] Luo W Q，Qu Z H，Pan F，et al. A survey of passive technology for digital image forensics[J]. Frontiers of Computer Science，2007，2(1)：166-179.

[3] Farid H. Image forgery detection：A survey[J]. IEEE Signal Processing Magazine，2009，26(2)：16-25.

[4] Stamm M C，Liu K J R. Forensic detection of image manipulation using statistical intrinsic fingerprints[J]. IEEE Transactions on Information Forensics and Security，2010，5(3)：492-506.

[5] Conotter V，O' Brien J F，Farid H. Exposing digital forgeries in ballistic motion[J]. IEEE Transactions on Information Forensics and Security，2012，7(1)：283-296.

[6] Qazi T，Hayat K，Khan S U，et al. Survey on blind image forgery detection[J]. IET Image Processing，2013，7(7)：660-670.

[7] Mahdian B，Nedbal R，Saic S. Blind verification of digital image originality：A statistical approach[J]. IEEE Transactions on Information Forensics and Security，2013，8(9)：1531-1540.

[8] Bappy J H，Simons C，Nataraj L，et al. Hybrid LSTM and encoder-decoder architecture for detection of image forgeries[J]. IEEE Transactions on Image Processing，2019，28(7)：3286-3300.

[9] Teerakanok S，Uehara T. Copy-move forgery detection：A state-of-the-art technical review and analysis[J]. IEEE Access，2019(7)：40550-40568.

[10] Mayer O，Stamm M C. Forensic similarity for digital images[J]. IEEE Transactions on Information Forensics and Security，2020(15)：1331-1346.

[11] Marra F，Gragnaniello D，Verdoliva L，et al. A full-image full-resolution end-to-end-trainable CNN framework for image forgery detection[J]. IEEE Access，2020(8)：133488-133502.

[12] Peng B，Wang W，Dong J，et al. Optimized 3D lighting environment estimation for image forgery detection[J]. IEEE Transactions on Information Forensics and Security，2017，12(2)：479-494.

[13] Matern F，Riess C，Stamminger M. Gradient-based illumination description for image forgery detection[J]. IEEE Transactions on Information Forensics and Security，2020，15：1303-1317.

[14] 左菊仙，刘本永. 伪造图像典型篡改操作的检测方法[J]. 中国图象图形学报，2012，17(11)：1367-1375.

[15] Gallagher A C. Detection of linear and cubic interpolation in JPEG compressed images [C].Proceedings of the 2nd Canadian Conference on Computer and Robot Vision，Victoria，BC，Canada，2005：65-72.

[16] Mahdian B，Saic S. Blind authentication using periodic properties of interpolation [J]. IEEE Transaction on Information Forensics and Security，2008，3(3)：529-538.

[17] Wei W M，Wang S Z，Tang Z J. Estimation of rescaling factor and detection of image splicing [C].Proceedings of the 11th IEEE International Conference on Communication Technology，Hangzhou，China，2008：676-679.

[18] Wei W M，Wang S Z，Zhang X P，et al. Estimation of image rotation angle using interpolation-related spectral signatures with application to blind detection of image forgery [J]. IEEE Transaction on Information Forensics and Security，2010，5(3)：507-517.

[19] Oppenheim A V，Schaffer R W，Buck J R. Discrete-time Signal Processing [M]. New Jersey：Prentice-Hall，1999.

[20] Meyer-Baese U. Digital Signal Processing with Field Programmable Gate Arrays [M]. Berlin Heidelberg：Springer Press，2004.

[21] Dempster A P，Laird N M，Rubin D B. Maximum likelihood from incomplete data via the EM algorithm [J]. J. Royal Statistical Society，Series B (Methodological)，1977，39(1)：1-38.

[22] Zuo J X，Pan S J，Liu B Y，et al. Tampering detection for composite images based on re-sampling and JPEG compression [C].Proceedings of the 1st IEEE Asian Conference on Pattern Recognition，Beijing，China，2011：169-173.

[23] 左菊仙. 图像典型伪作检测算法及应用研究[D]. 贵阳：贵州大学，2012.

[24] Gonzalez R C，Woods R E. Digital Image Processing [M](第二版影印版). 北京：电子工业出版社，2002.

[25] 刘一，刘本永. 基于再采样的图像重采样伪作检测[J]. 计算机应用，2014，34(3)：815-819.

[26] 刘一. 图像盲取证中人工模糊与重采样篡改检测算法及应用研究[D]. 贵阳：贵州大学，2014.

[27] Kirchner M，Gloe T. On resampling detection in re-compressed images [C].Proceedings of the 1st IEEE International Workshop on Information Forensics and Security，London，UK，2009：21-25.

[28] Fan Z，Queiroz R L. Maximum likelihood estimation of JPEG quantization table in the identification of bitmap compression history [C].Proceedings of IEEE International Conference on Image Processing，Vancouver，BC，Canada，2000:948-951.

[29] Fan Z，Queiroz R L. Identification of bitmap compression history：JPEG detection and quantizer estimation [J]. IEEE Transactions on Image Processing，2003，12(2)：230-235.

[30] Neelamani R，Queiroz R L，Fan Z. JPEG compression history estimation for color images [J]. IEEE Transaction on Image Processing，2006，15(6)：1365-1378.

[31] Li S，Zhang X P. Detection of compressed images based on JPEG compression properties [J]. Journal of Applied Sciences，2008，26(3)：281-287.

[32] Zheng E G，Ping X J. Passive-blind forensics for a class of JPEG image forgery [J]. Journal of Electronics and Information Technology，2010，32(2)：394-399.

[33] Popescu A C，Farid H. Statistical tools for digital forensics [J]. Lecture Notes in Computer Science，2004，(3200)：

128-147.

[34] Pevny T，Fridrich J. Detection of double-compression in JPEG Images for applications in steganography [J]. IEEE Transactions on Information Forensics and Security，2008，3(2)：247-258.

[35] Farid H. Exposing digital forgeries from JPEG ghosts [J]. IEEE Transactions on Information Forensics and Security，2009，4(1)：154-160.

[36] Bianchi T，De Rosa A，Piva A. Improved DCT coefficient analysis for forgery localization in JPEG images [C]. Proceedings of IEEE International Conference on Acoustics，Speech and Signal Processing，Prague，Czech Republic，2011：2444-2447.

[37] Bianchi T，Piva A. Image forgery localization via block-grained analysis of JPEG artifacts [J]. IEEE Transactions on Information Forensics Security，2012，7(3)：1003-1017.

[38] Lukáš J，Fridrich J. Estimation of primary quantization matrix in double compressed JPEG images [C].Proceedings of Digital Forensic Research Workshop，Cleveland，OH，USA，2003：5-8.

[39] Luo W，Huang J，Qiu G. JPEG error analysis and its applications to digital image forensics [J]. IEEE Transactions on Information Forensics Security，2010，5(3)：480-491.

[40] Lin S，Chang M，Chen Y. A passive-blind forgery detection scheme based on content-adaptive quantization table estimation [J]. IEEE Transactions on Circuits and Systems for Video Technology，2011，21(4)：421-434.

[41] Peng Y Y，Liu B Y. Accurate estimation of primary quantization table with applications to tampering detection [J]. IET Electronics Letters，2013，49(23)：1452-1454.

[42] 彭圆圆. 数字图像拼接和模糊篡改操作检测算法及应用研究[D]. 贵阳：贵州大学，2014.

[43] Benford F. The law of anomalous numbers [J]. Proceedings of the American Philosophical Society，1938，78(4)：551-572.

[44] Fu D，Shi Y Q，Su W. A generalized Benford's law for JPEG coefficients and its applications in image forensics [J]. Proceedings of SPIE，2007，6505：1-11.

[45] Li B，Shi Q，Huang J. Detecting doubly compressed JPEG images by using mode based first digit features [C]. Proceedings of the 10th IEEE International Workshop on Multimedia Signal Processing，Cairns，QLD，Australia，2008：730-735.

[46] Milani S，Tagliasacchi M，Tubaro S. Discriminating multiple JPEG compression using first digit features [C]//Proceedings of IEEE International Conference on Acoustics，Speech and Signal Processing，Kyoto，Japan，2012：2253-2256.

[47] Amerini I，Becarelli R，Caldelli R，et al. Splicing forgeries localization through the use of first digit features [C]. Proceedings of IEEE International Workshop on Information Forensics and Security，Atlanta，GA，USA，2014：143-148.

[48] Liu H L，Liu B Y. Forgery detection and tampering localization of double JPEG compression based on first digit features of DCT coefficients and KNR [C].Proceedings of the 2nd IEEE Advanced Information Management，Communicates，Electronic and Automation Control Conference，Xi'an，China，2018：1134-1137.

[49] 刘洪利，刘本永. 基于 DCT 系数首位数字特征抽取的 JPEG 图像重压缩检测及篡改定位[J]. 贵州大学学报(自

然科学版)，2018，35(3)：86-90，105.

[50] 刘洪利. 基于多特征融合的图像压缩篡改检测[D]. 贵阳：贵州大学，2018.

[51] 左菊仙，刘本永，廖翔. 抗裁剪的 JPEG 图像压缩历史及合成篡改检测方法[P]. 中华人民共和国，ZL 2011-1-0148271.8. 2013.4.17.

[52] Hsiao D Y. Detecting digital tampering by blur estimation [C].Proceedings of the 1st IEEE International Workshop on Systematic Approaches to Digital Forensic Engineering，Taipei，China，2005：264-278.

[53] 王波，孙璐璐，孔祥维，等. 图像伪造中模糊操作的异常色调率取证技术[J]. 电子学报，2006，34(12A)：2451-2454.

[54] Tong H H. Blur detection for digital images using wavelet transform[C].Proceedings of IEEE International Confernce on Multimedia and Expo，Taipei，China，2004：17-20.

[55] Yagiz S，Baris C，Huserev T S. Tamper detection based on regularity of wavelet transform coefficient [C]. Proceedings of IEEE International Conference on Image Processing，San Antonio，TX，USA，2007：397-400.

[56] 周琳娜，王东明，郭云彪，等. 基于数字图像边缘特性的形态学滤波取证技术[J]. 电子学报，2008，36(6)：1047-1051.

[57] 王伟，方勇. 基于二次模糊相关性的单通道置换图像盲分离[J]. 应用科学学报，2011，29(2)：169-175.

[58] Farid H. Exposing digital forgeries from JPEG ghosts [J]. IEEE Transactions on Information Forensics and Security，2009，4(1)：154-160.

[59] 杨本娟，左菊仙，刘本永，等. 基于像素线性相关性检测的篡改模糊检验[C]//全国模式识别学术会议论文集，重庆,2010:158-162.

[60] 潘牛军，杨本娟，刘本永. 基于后验概率的图像模糊检测方法[J]. 计算机工程与应用，2012，48(32)：181-186.

[61] Dillon P L P，Lewis D M，Kaspar F G. Color imaging system using a single CCD area array [J]. IEEE Transactions on Electron Devices，1978，25(2)：102-107.

[62] Khanna N，Mikkilineni A K，Martone A F，et al. A survey of forensic characterization methods for physical devices [J]. Digital Investigation，2006，3：17-28.

[63] Adams Jr J E，Hamilton Jr J F. Adaptive color plan interpolation in single sensor color electronic camera：EP19960200568[P].1996-03-04.

[64] Tian J，Yu W，Ma L. Color filter array color reproduction using cycle-spinning [J]. AEU International Journal of Electronics and Communications，2010，64(6)：584-587.

[65] Kirchner M. Fast and reliable resampling detection by spectral analysis of fixed linear predictor residue [C]. Proceedings of the 10th ACM Workshop on Multimedia and Security，Oxford，UK，2008：11-20.

第 8 章　视频目标行为分析简介

8.1　引　　言

与数字语音及数字图像资料分析检验相对应，数字视频的复原、检验和分析是数字视频资料分析检验的基本内容。

在视频资料复原方面，对视频单帧的处理完全可以借助于图像资料复原工具实现，而对于多帧和一整段视频资料，基于时空联合处理的方法在提升复原效果方面具有更重要的意义，并日益受到学界的广泛重视[1-6]。但囿于算法成熟度和处理复杂性的限制，至今与视频资料复原相关的具有突出应用价值的技术积累尚不充分。

在视频资料检验方面，基于伪作检测的视频资料原始性/真实性检验问题是最重要和最富有挑战性的课题，学界目前在有关算法方面有一定的积累[7-17]，但系统性的工程应用还很少。在相关研究中，除了借鉴和发展语音检验、图像检验的成熟算法外[7,10-12,14]，还可借助于近年来发展非常迅速的视频目标行为分析技术，针对具体伪作特点提取目标特征，可望提升视频伪作检测性能和实现伪作方式的分类[8,9,13,15-17]。

在视频资料分析方面，学界的主要着力点在于目标跟踪和目标行为分析，而且至今已在系统性应用方面取得了不少有价值的学术成果[18-38]。如上所述，视频目标行为分析技术的充分利用有助于提升基于伪作检测的视频资料原始性/真实性检验水平。因此，本章主要讨论视频目标行为分析方法：在对现有的典型方法进行简要介绍的基础上，探讨几种改进算法。

8.2　视频目标行为分析的现有典型方法

视频目标行为分析就是对视频流中目标的行为(包括打、砸、抢、跑、跳、掷、摔等人的行为和违规变道、挤占应急车道、山体塌方等物的行为)进行特征提取、描述、动态建模和识别分类等。视频目标行为分析是近年来计算机科学、信息处理技术、控制理论等学科的一个综合研究方向和研究热点，在基于内容的视频检索和视频摘要、视频监控与公共安全、人机交互、机器人技术、远程医疗、虚拟培训、智能看护、视觉娱乐等领域具有广阔的应用前景[22-38]。

在视频目标行为分析中，人体行为识别是核心研究内容。视频中人的行为从难易程度上分成姿态(gesture)、动作(action)、交互行为(interaction activity)和群体行为(group behavior)等多种[23]。对于不同种类的视频行为分析过程，按层次包括视频特征提取(底层)、行为描述及建模和识别分类(中层)、行为语义抽象及推理(高层)等。其中，高层工作需要结合具体的应用展开，而底层和中层是整个行为分析过程的基础和关键，也是本章后续讨论的主要内容。

从视频中提取的目标行为特征包括光流、关键点/兴趣点轨迹、轮廓/边界流等运动特征，对这些特征的描述、建模和识别分类方法包括基于时空特征体的模板匹配、特征的统计建模等[22-38]。相关方法分为传统方法和深度学习方法两种。

8.2.1　视频目标行为分析的传统方法简述

在现有的典型行为分析方法中，传统方法提取的目标行为特征主要分为局部特征和全局特征两大类[27]。

局部特征是以局部特征点及其周围数据来表示原视频，通常不需要预先的目标跟踪或前景提取等处理，且由于其本身是离散的特征点，因此不易受到尺度、光照、遮挡等因素的影响。一种典型的局部特征是 Lindeburg 和 Laptev 最先提出的时空兴趣点(space-time interest point，STIP)[39]，其实质是将图像分析中的 Harris 角点[40]检测算法从二维扩展到三维，因此从视频中提取的 STIP 标定了在时间和空间上变化剧烈的点。而图像分析提出将 SIFT 引入三维空间并应用于视频行为分析上，该方法保留了 SIFT 特征高鲁棒性和高识别率的优点，但缺点是计算量大，时间复杂度高[41,42]。另外，稠密光流轨迹(dense optical flow trajectory，DOFT)被提出并用于前景提取[43,44]，该方法对复杂的运动模式更加有效。

全局特征表现为对目标的整体轮廓或形状及其变化进行描述和建模，例如，经典的运动能量图(motion-energy images，MEI)和运动历史图像(motion-history images，MHI)可以在一幅二维图像中用不同像素的强度反映运动形态和先后顺序[45]；从视频序列剪影中得到时空体(space-time volume，STV)，以及用泊松方程导出局部时空兴趣点及其方向特征后，可以通过对这些局部特征进行加权得到全局特征[46]；采用方向梯度直方图(histogram of oriented gradient，HOG)[47]、光流直方图(histogram of optical flow，HOF)[48]提取全局特征；使用人体骨架模型来表达动作的姿态，模型包含关节点之间的关系、人体的整体姿态、上下文时空关系，其不受噪声影响[34,36,49]。

上述传统方法主要依靠研究人员的先验知识进行特征提取，而没有充分利用海量视频数据的优势。相对地，深度学习算法利用深度网络从海量数据中自动学习和表征有效的特征，为视频行为分析提供了更有效的手段。

8.2.2 视频目标行为分析的深度学习方法简述

深度学习算法作为传统学习算法如反向传播(back propagation，BP)、SVM、自适应提升(Boosting)、逻辑回归等从浅层结构到深层模型的推广，在解决传统学习网络收敛性、学习效率、泛化能力等问题的同时，通过多隐层对海量数据进行更本质、更抽象地刻画。深度学习算法可以大量节省在传统浅层网络学习中所需要的人工标注工作，在典型的模式识别(如人脸识别、语音识别)方面其性能可提高[50]20%～30%。典型的深度学习模型主要有卷积神经网络(convolutional neural network，CNN)[51]、深度置信网络(deep belief nets，DBN)[52]、堆栈稀疏自动编码机(stacked sparse autoencoder，SSAE)[53]等。

在视频目标行为分析方面，Baccouche 等提出使用稀疏卷积自编码器网络来学习视频块的时空特征[54]，在 KTH[55]和 GEMEP-FERA[56]数据库上的实验结果表明，该方法能取得与人工设计特征的方法类似的效果。Taylor 等[57]提出使用卷积限制玻尔兹曼机[58]来学习视频中相邻两帧的时空特征，在 KTH 等视频数据库上的对比实验结果表明，利用深度学习得到的特征与传统的 HOG、HOF 等特征具有类似的结果。Ji 等使用扩展到三维的 CNN 即 3D-CNN，提取时间和空间上的特征，并将灰度、光流和梯度三种不同信息的特征通过 5 个通道分别提取，最后将这些不同的特征在网络中融合，其在 KTH 数据库上得到了 90.2%的识别率[25]。Hasan 等[59]将增量学习与深度学习的方法结合起来，以提高深度学习性能。

由于深度学习方法在处理非结构化和海量数据方面有显著的优势，其在视频目标行为分析方面的研究成果至今层出不穷[30,60]。

8.3 视频目标行为分析的改进方法

本节探讨视频目标行为分析的几种改进算法，包括基于传统多特征融合的行为识别和基于深度学习的行为识别两个方面。

8.3.1 基于传统多特征融合的行为识别

特征融合是多传感器信息融合的基本方式。多传感器信息融合根据低、中、高三个层次分为传感器级融合、特征级融合和决策级融合，如图 8.1 所示[61]。对于视频图像而言，对应的低层次融合为像素级融合。

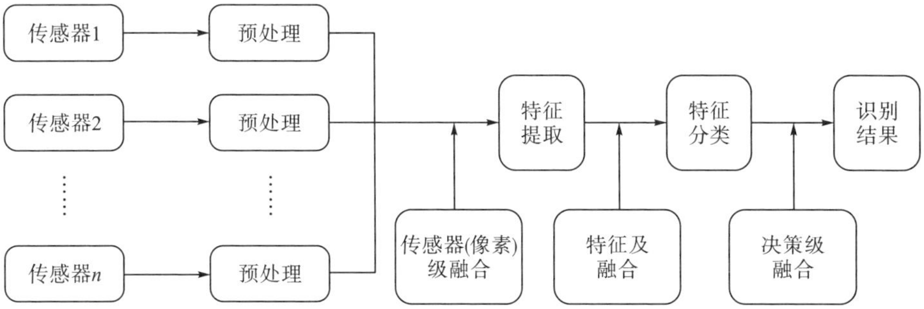

图 8.1 多传感器信息融合的一般过程[61]

像素级融合是直接对各个原始数据进行融合。这是最低层次的融合方式，因为所面临的数据是底层的基本数据。像素级融合虽然能够保持尽可能多的现场数据，且仅有较少的信息丢失，但是不能提供紧凑特征和语义信息。此外，其抗干扰性能较差，数据处理量大、代价高、实时性差。

特征级融合属于中间层次的融合方式。它对各个原始数据进行特征抽取，并生成特征向量，然后再对特征向量进行融合。较像素级融合，特征级融合对原始信息进行了压缩与处理，能得到紧凑的特征向量，并且由于数据量减少而在实时性能方面得到提升。

在融合方法方面，特征级融合通常包含特征组合和特征选择两种方法。特征组合就是使提取的两个或多个特征通过某种组合方式形成新的特征向量，其中串联级融合和并联级融合是常用的组合方式。特征选择就是利用特定的挑选方法(如遗传算法)从备选特征中选择形成新的特征。

决策级融合是最高层次的融合方式。它根据各原始数据分别做出决策，然后再通过某种方式对这些决策进行融合并生成最终的决策：首先对多个原始数据进行特征提取并进行独立判断，进而得到每个数据的子决策，再综合各个子决策进行联合决策从而获得最优的联合决策。常用的决策级融合理论有登普斯特-谢弗(Dempster-Shafer，D-S)证据理论[62]、模糊集理论[63]和贝叶斯统计推断理论[64]，等等。

本节讨论的特征融合包括基于词袋(bag-of-word，BOW)模型的 3D-SIFT 特征与 SVD 特征融合，以及全局特征与局部特征融合。

1. 基于词袋模型的 3D-SIFT 特征与 SVD 特征融合的行为识别算法[65,66]

经过较长时间的努力，学界提出了较为丰富的视频目标行为描述特征，包括 HOG、HOF、运动边界直方图(motion boundary histograms，MBH)[67]和三维特征[68]等。由于单一特征不足以充分实现行为的有效识别和高层语义描述，因此多特征融合成为一种有效的改进方式。

本节将 SIFT 扩展至 3D-SIFT，在继承 SIFT 尺度不变性的同时增加时间前后关联信息，并结合 SVD 的帧内空间特征提取特点，将二者融合得到融合特征。由于两种特征的维数不同，因此融合前借助词袋模型[69]先对这两种特征进行语义抽象。

1) 3D-SIFT 特征的提取与表示[42,70]

在现实应用环境下，视频目标行为描述性能的好坏受到旋转、平移、缩放、摄像机角度变化、遮挡等因素影响，通过恰当的特征提取消除或降低这些影响成为视频目标行为分析中最具挑战性的工作。图像分析中的 SIFT 作为一种局部特征描述子，能对图像的旋转、尺度缩放、亮度变化保持不变性，同时对图像中的视角变化、放射变化、噪声也具有一定的鲁棒性，所以可以在一定程度上解决上述问题[41]。

对于视频数据而言，直接利用传统 SIFT 描述子只能提取帧内空间信息，无法表达重要的帧间时间关联信息。因此，这里将 2D-SIFT 扩展到 3D-SIFT（图 8.2），在保留 SIFT 特征尺度不变性的同时增加时间维信息，以更准确地描述行为的空间和时间关系[42,70]。

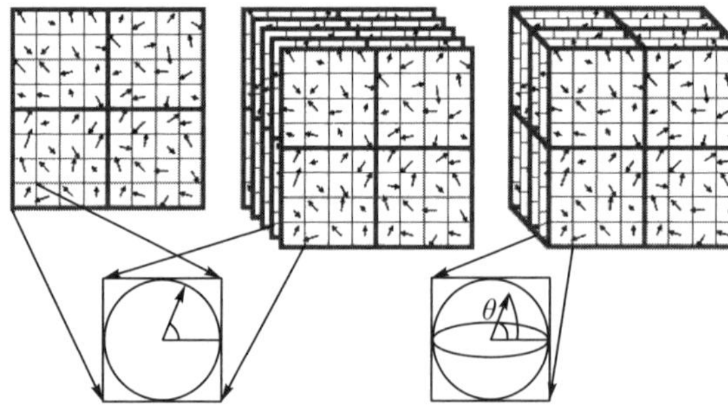

图 8.2 从图像的 2D-SIFT 到视频的 3D-SIFT：从方位角上获取时间维信息

类似于图像分析中的 2D-SIFT 特征提取（参见 5.3.3 节）[41]，视频目标行为分析中的 3D-SIFT 特征提取主要包括三个步骤[42,70]。

(1) 关键点检测。设中心坐标为 (x, y, t) 的视频目标（前景）信号为 $f(x, y, t)$，并用尺度参数 σ 可变的高斯核函数 $g(x, y, t, \sigma)$ 生成尺度空间 $L(x, y, t, \sigma)$：

$$L(x, y, t, \sigma) = g(x, y, t, \sigma) \otimes f(x, y, t), \tag{8.1}$$

其中

$$g(x, y, t, \sigma) = \frac{1}{(\sqrt{2\pi}\sigma)^3} e^{-\frac{x^2+y^2+t^2}{2\sigma^2}}. \tag{8.2}$$

通过改变 σ 的值得到不同的尺度后，便可以构建不同尺度的高斯金字塔。类似于 2D-SIFT，采用高效的高斯差分 DoG 算子 $\mathcal{D}$ 进行极值检测[41]：

$$\mathcal{D}(x,y,t,s^i\sigma_0)=L(x,y,t,s^{i+1}\sigma_0)-L(x,y,t,s^i\sigma_0)\quad(i=1,2,\cdots),\tag{8.3}$$

式中，s 为非负整数。固定式(8.3)中的 s 和 σ_0 而取不同的 i，即得到不同的尺度 $\sigma=s^i\sigma_0$。

关键点是 DoG 空间的局部极值点。为寻找局部极值点，DoG 空间中的每一个点都需要与其他所有相邻点比较，并判断其是否是该邻域范围内的极大值点或者极小值点。试验中发现，并不是所有极值点都是稳定的关键点，为此，需要设置阈值以提取稳定的关键点。

(2)关键点方向分配。为保证提取的特征的旋转不变性，需要为每一个关键点分配一个基准方向。在经典 SIFT 中，关键点邻域的灰度梯度直方图是统计关键点主方向的依据。对于 3D-SIFT 提取而言，第 j 个关键点 p_j 及其 l 个邻域点 (x^j, y^j, t^j)，j=1, 2,⋯, l, l+1，到中心点(x, y, t)的向量幅值 m、俯仰角 θ 和方位角 ϕ（图 8.2）分别为

$$m(x,y,t)=\sqrt{L_x^2+L_y^2+L_t^2},\quad \theta(x,y,t)=\arctan\frac{L_y}{L_x},\quad \phi\left(x,y,t\right)=\arctan\frac{L_t}{\sqrt{L_x^2+L_y^2}},\tag{8.4}$$

式中，$L_t=L(x, y, t+1)-L(x, y, t-1)$为时间方向上的梯度，类似地，$L_x$ 和 L_y 分别为空间中 x 和 y 方向上的梯度。至此，检测出的关键点包含位置、尺度和方向信息。

(3)关键点的描述。关键点的描述就是建立一个描述子(向量)，使其不随光照、视角等的变化而改变。这个特征描述子不但包括关键点，也包含关键点周围对其有贡献的点。为增强描述子的鲁棒性，通过旋转矩阵：

$$\begin{bmatrix}\cos\theta\cos\phi & -\sin\theta & -\cos\theta\sin\phi\\ \sin\theta\cos\phi & \cos\theta & -\sin\theta\sin\phi\\ \sin\phi & 0 & \cos\phi\end{bmatrix}\tag{8.5}$$

将邻域信息关联起来，并将它们作为该特征点的描述子。

由于每个关键点及其邻域点可以用三元组(m,θ,ϕ)表示，在实际应用中可选择正二十面体拟合球体以对邻域点的梯度信息进行统计。在正二十面体的中心位置可以把空间角度划分为 20 个均匀等份，且正二十面体的每个面也常被均匀地分割成 4 个等边三角形，这样一共就有 20×4=80 个梯度方向。然后对特征点周围一定范围(如大小为 2×2×2 的小块)进行直方图统计，形成(如 80×8=640 维)特征点描述子。

2) SVD 特征的提取与表示

对视频的每一帧图像提取对应的 SVD 特征，即奇异值向量 $\boldsymbol{\sigma}=[\sigma_1,\ \sigma_2,\cdots,\sigma_r]^{\mathrm{T}}$ [参见式(5.27)]。Feng 和 Xiao 在文献[71]中已经证明：矩阵的奇异值有较强的稳定性以及比例、旋转、位移不变性，因此可将 SVD 特征用于视频目标行为特征描述。

3）特征的 BoW 模型及其融合特征

由于 3D-SIFT 和 SVD 两种特征的维数不同，因此借助词袋模型先将这两种特征进行语义抽象，再形成融合特征。

2003 年，Sivic 和 Zisserman 将文本分析中的词袋模型 BoW 引入计算机视觉，并提出了 BoW 视觉词袋模型[69]。视觉词典生成是 BoW 中的一个关键步骤，视觉词典的好坏直接影响视频行为分类系统的整体性能。BoW 模型采用的核心算法是 k-means 动态聚类算法[72]，其先对所提取的 3D-SIFT 特征集或者 SVD 特征集进行聚类，然后将每个类中心作为视觉单词，而所有类中心就构成了视觉词典 $\boldsymbol{W}=\{\boldsymbol{w}_1, \boldsymbol{w}_2, \cdots, \boldsymbol{w}_Q\}$，其中 Q 为视觉词典规模，$\boldsymbol{w}_q$ 为第 q 个视觉单词（q=1, 2,⋯, Q）。假如 R_q 是第 q 个类，包含 N_q 个 3D-SIFT 或者 SVD 特征，则第 q 个视觉单词 $\boldsymbol{w}_q$ 是 R_q 中特征向量的均值，即

$$\boldsymbol{w}_q=\frac{1}{N_q}\sum_{\delta\in R_q}\boldsymbol{\delta}, \tag{8.6}$$

而所有类的误差平方和为

$$J_e=\sum_{q=1}^{Q}\sum_{\delta\in R_q}\left\|\boldsymbol{\delta}-\boldsymbol{w}_q\right\|^2. \tag{8.7}$$

提取视频目标的 SVD 特征和 3D-SIFT 特征后，利用 BoW 模型生成两个 1×Q 维的特征向量 $\mathbf{BoW}_{\mathrm{SVD}}$ 和 $\mathbf{BoW}_{\mathrm{3D\text{-}SIFT}}$，并进一步利用简单而有效的串联级融合方式[73]得到融合特征 $\boldsymbol{F}_{\mathrm{usion}}=[\mathbf{BoW}_{\mathrm{SVD}}, \mathbf{BoW}_{\mathrm{3D\text{-}SIFT}}]^{\mathrm{T}}$。

4）行为分类及实验[65,66]

根据训练样本提取融合特征并训练分类器，然后对测试样本进行识别分类实验。为便于对比，这里选取 SVM 分类器、最近邻（nearest neighbor，NN）分类器和 k-NN（k nearest neighbor）分类器三种分类器进行训练和测试。

实验采用包含几乎所有日常人体行为可能情况的公开数据库：魏茨曼（Weizmann）数据库[46,74]和 KTH 数据库[55]。

魏茨曼数据库包含 90 段视频，分别录制了 9 个人的 10 个不同动作[弯腰（bend），摇摆（jack），跳跃（jump），奔跑（run），屈体跳（pjump），旁侧支撑（side），溜走（skip），散步（walk），摇摆 1（wave1），摇摆 2（wave2）]。视频的背景和视角不变，摄像头静止。

KTH 数据库包含 6 类行为[散步（walking），慢跑（jogging），奔跑（running），拳击（boxing），挥手（hand waving），击掌（hand clapping）]，录制了 25 个人在 4 个场景下完成的 599 段有效视频。背景相对静止，除镜头拉近、拉远外，摄像机振动比较轻微。

两个公开库的部分典型行为分别如图 8.3 和图 8.4 所示。

图 8.3 Weizman 数据库中的部分典型行为

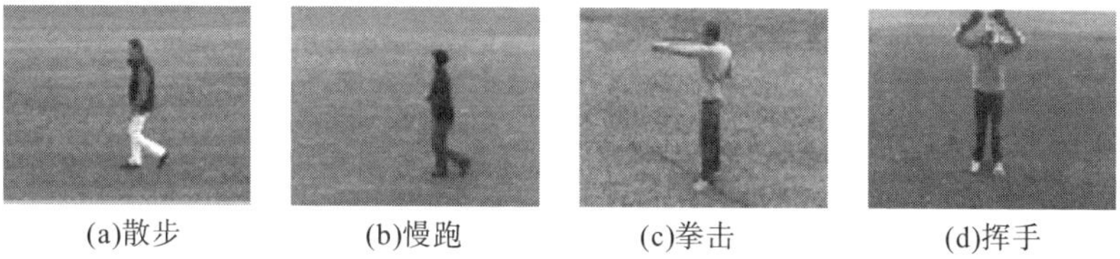

图 8.4 KTH 数据库中的部分典型行为

实验分为两部分：①在两个数据库中各提取两组样本，进行识别率比较；②不同单一特征和不同分类器(SVM、k-NN、NN)的识别率比较。

图 8.5 为上述特征融合方法在两个数据库上的识别结果(归一化混淆矩阵)。结果表明，上述特征融合方法在两个视频行为数据库中都得到了明显优于单一特征方法的识别性能。魏茨曼数据库正确识别率为 91.6%，并且对“奔跑”和“旁侧支撑”动作的正确识别率都达到了 100%，但对“摇摆”动作出现较大的识别错误(因为“摇摆”动作与“屈体跳”等动作相似度很高，并且视频背景相同)；KTH 数据库正确识别率为 96.0%。

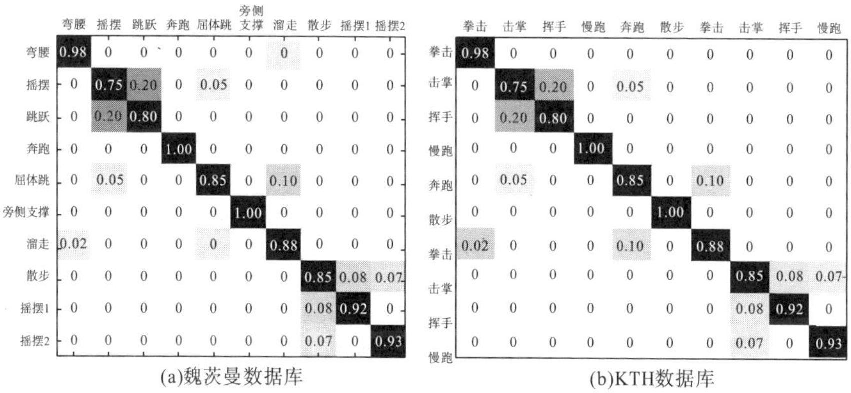

图 8.5 特征融合行为识别率(归一化混淆矩阵)

表 8.1 为使用 HOG、2D-SIFT 和 3D-SIFT 三种典型的单一特征与上述融合特征进行行为识别对比的实验结果。实验表明，上述特征融合方法明显优于单一特征方法[75,76]，且常用的三种分类器正确率都高于 85%。

表 8.1 不同单一特征、融合特征在不同分类器和不同数据库中的正确识别率(%)

分类器	HOG		2D-SIFT		3D-SIFT		融合特征	
	魏茨曼	KTH	魏茨曼	KTH	魏茨曼	KTH	魏茨曼	KTH
NN	73.45	73.45	61.50	61.50	81.40	81.40	87.90	87.90
k-NN	81.60	81.60	78.70	78.70	81.70	81.70	91.10	91.10
SVM	84.53	84.53	79.60	79.60	88.40	88.40	90.30	90.30

2. 全局特征与局部特征融合的行为识别算法[77,78]

稠密光流轨迹 DOFT 作为一种典型有效的局部特征[43,44]，对于描述复杂运动模式更加有效，而运动历史图像 MHI 可以在一幅二维图像中通过像素强度的不同完整地展示视频中目标的运动历史，从而成为行为识别中的经典特征[45]。这里结合两者的优势，先同样用串联级融合方法形成融合特征，再利用 KNR(参见定理 2.1)进行特征分类。

1) DOFT 特征提取[43,44]

在 DOFT 特征提取中，先从不同尺度对图像像素点进行等间隔稠密采样，并用史-托马斯(Shi-Tomasi)准则[79]筛选像素点，然后利用整个视频的光流场对每个像素点进行跟踪，从而形成轨迹特征。

(1) 特征点采样与筛选。以视频第一帧为起始点，分别在 8 个不同尺度空间进行以 5 个像素点为采样间隔的稠密采样，以确保特征点覆盖多个尺度和适用于不同尺度，其中各个尺度空间的缩放因子为 $1/\sqrt{2}$ 且采样间隔为经验值。

在均匀稠密采样之后，须对像素点进行进一步筛选。筛选的目的是选取有价值的跟踪点，剔除不包含结构信息和时空信息的点。筛选时使用史-托马斯(Shi-Tomasi)特征点筛选准则，当像素点自相关矩阵特征值小于阈值 η 时，则判定该像素点为需要剔除的冗余点。其中，阈值 η 取为

$$\eta = 0.001 \times \max_{i \in L} \min(\delta_i^1, \delta_i^2), \tag{8.8}$$

式中，(δ_i^1, δ_i^2) 为像素点自相关矩阵特征值；L 为视频的图像帧数。

(2) 特征点跟踪及轨迹提取。在筛选像素点后，对其进行跟踪(跟踪在各个尺度下单独进行)，得到视频轨迹。特征点在下一帧的位置可根据光流场判断并跟踪[80]：设第 t 帧图像 I_t 与其后一帧图像 I_{t+1} 所形成的光流为 $\boldsymbol{\omega}_t = (\mu_t, \upsilon_t)^{\mathrm{T}}$，其中 μ_t 和 υ_t 分别表示光流的水平和垂直方向，而 I_t 中的某特征点 $P_t=(x_t, y_t)$ 在第 I_{t+1}

帧的位置为

$$P_{t+1}=(x_{t+1},y_{t+1})=(x_t,y_t)+(\boldsymbol{M}\boldsymbol{\omega}_t)\big|_{(x_t,y_t)}, \tag{8.9}$$

式中，$\boldsymbol{M}$ 为一个 3×3 的中值滤波器。对 L 帧范围内的某个特征点进行跟踪，从而得到一个轨迹$(P_t, P_{t+1}, P_{t+2},\cdots, P_{t+L})$。为使轨迹保持鲁棒性与正确性，避免跟踪过长而导致像素点漂移，须对跟踪长度 L 进行约束(如 L=15)。

(3)轨迹特征描述。沿着某个特征点和长度为 L 的轨迹，在每帧图像上取特征点周围大小为 $N\times N$ 的区域，从而构成一个时空体。对这一时空体进行一次网格划分，空间中每个方向上分为 n_σ 份，时间方向上则均匀选取 n_τ 份，故在时空体中共分出 $n_\sigma\times n_\sigma\times n_\tau$ 个区域，用于提取特征。通常取 N=32，$n_\sigma=2$，$n_\tau=3$。

轨迹本身也可构成形状描述子，以 L 帧为跟踪长度的轨迹其形状可以被表示为$(\Delta P_t,\Delta P_{t+1},\cdots,\Delta P_{t+L-1})$，且 $\Delta P_t=(\Delta P_{t+1}-P_t)=(x_{t+1}-x_t,\ y_{t+1}-y_t)$，则轨迹的形状描述子为

$$\boldsymbol{T}=\frac{[\Delta P_t,\Delta P_{t+1},\cdots,\Delta P_{t+L-1}]^{\mathrm{T}}}{\sum\limits_{j=t}^{t+L-1}\left\|\Delta P_j\right\|}. \tag{8.10}$$

除式(8.10)的形状描述子外，轨迹特征还可以用 HOG[47]、HOF[48]、MBH[67] 等进行描述。

2) MHI 特征提取[45]

MHI 是在 MEI 基础上，以轮廓表达一段视频动作在空间上的信息，以像素强度表达一段视频动作在时间顺序上的信息。时间上越靠后的动作就越靠近当前帧，该动作形状的 MEI 像素灰度值也就越高。

设第 t 帧二值化图像 I_t 中(x, y)处的强度为 $I(x, y, t)$，则差分图像为

$$D(x,y,t)=\left|I(x,y,t)-I(x,y,t\pm\Delta)\right|, \tag{8.11}$$

式中，Δ 为帧间距离；+和−分别为向前和向后差分。同时定义更新参数 $\psi(x, y, t)$：

$$\psi(x,y,t)=\begin{cases}1, & D(x,y,t)\geqslant\eta,\\0, & \text{其他},\end{cases} \tag{8.12}$$

式中，η 为阈值。由此可定义 MEI 中像素点(x, y)的像素强度为

$$E_\tau(x,y,t)=\bigcup_{i=0}^{\tau-1}D(x,y,t-i), \tag{8.13}$$

其中，τ 为持续时间。进一步定义 MHI 为

$$H_\tau(x,y,t)=\begin{cases}\tau, & \psi(x,y,t)=1,\\\max(0,H_\tau(x,y,t-1)-\gamma), & \text{其他},\end{cases} \tag{8.14}$$

其中，γ 为像素强度的衰退参数。

从视频中生成一幅 MHI 时，持续时间 τ 的选取会产生较大的影响：τ 取得较

小时，生成的 MHI 丢失了后续帧的运动信息；反之，则会因 MHI 中像素强度值的变化不明显而失去提取 MHI 的意义[81]。其次，衰减参数 γ 的作用是当在前一帧中检测到的动作没有在当前帧中检测到时，对前一帧灰度值进行衰减，其值越大则运动轮廓的“拖影”越短(较早发生运动的部分被消除得更多)[81]。另外，阈值 η 过小则难以区分运动前背景(MHI 背景中充满噪声)，过大则会在运动区域中心出现“空洞”。所以，这三个参数要根据需要和经验选取。

3)特征融合及行为识别实验

在利用 KTH 数据库进行实验时，训练和测试样本数分别为 407 个和 192 个。由于 KNR(参见定理 2.1)分类器简单、易训练且较 SVM 等有更好的识别效果[77]，所以此处选取 KNR 分类器。基于 DOFT 特征、MHI 特征及二者的融合特征，在 5 个不同参数高斯核 KNR 分类器下的识别结果分别如表 8.2 和图 8.6[78]所示。可见，DOFT 与 MHI 的融合特征优于单一特征。

另外，基于 DOFT 与 MHI 融合特征和 KNR 分类的识别方法与其他融合特征识别方法相比，取得了较好的识别效果(正确识别率为 93.8%，而文献[82]中为 92.2%，文献[83]中为 91.4%)。

表 8.2 单一局部/全局特征及其融合前后的正确识别率(KNR 分类器)(%)

核参数	特征		
	DOFT	MHI	MHI+DOFT
0.7	49.48	50.52	52.60
0.6	71.35	61.64	75.52
0.5	92.19	69.79	92.71
0.4	92.19	70.83	93.75
0.3	90.63	71.35	91.67

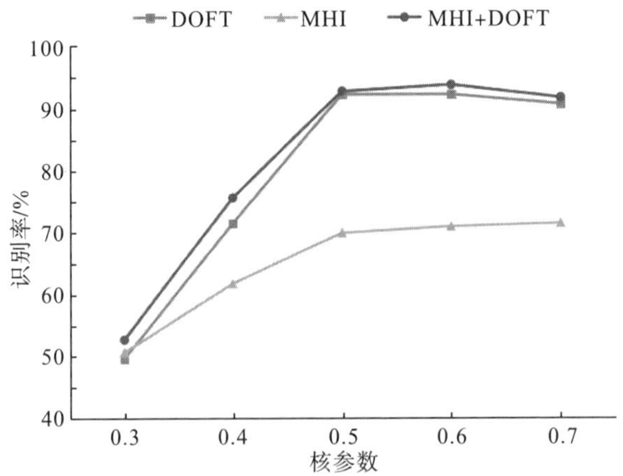

图 8.6 局部特征 DOFT 与全局特征 MHI 融合前后的识别率(KNR 分类器)

8.3.2 基于深度学习的行为识别

如上所述，深度学习在解决传统浅层网络学习的收敛性、效率、泛化能力等问题的同时，能通过隐层对海量数据进行更本质、更抽象地刻画，且可以大量节省传统浅层网络学习中所需的人工标注工作，因此在行为分析中广受学者的关注。

本节结合视频目标行为分析中现有深度学习算法的特点和前期积累，探讨改进算法，包括基于传统深度网络特征提取与 KNR 分类的行为识别算法、基于多尺度深度特征融合的交互行为识别算法，以及基于深度核非线性网络模型的行为识别算法。

1. 基于传统深度网络特征提取与 KNR 分类的行为识别算法[84,85]

在提取视频 MHI 后，通过分别构建一个 SSAE 和一个 CNN 实现特征提取，并利用 KNR 进行分类，以实现对单人行为以及简单场景下双人交互行为的识别。实验表明，与传统 HOG 特征提取方法以及传统 k-NN 分类算法相比，本算法具有更高的识别率；而与经典 SVM 分类器相比，KNR 分类器更具效率。

1) 自动编码机

自动编码机结构图如图 8.7 所示[53,86]。设无标签的样本特征向量 $\boldsymbol{x}$(维数为 m)通过编码器 f_1 得到隐层激活值向量：

$$\boldsymbol{h}=f_1(\boldsymbol{W}^{\mathrm{T}}\boldsymbol{x}+b). \tag{8.15}$$

对于输入数据 $\boldsymbol{x}$ 和隐层激活值向量 $\boldsymbol{h}$，则通过解码器 f_2 得到解码输出：

$$\boldsymbol{y}=f_2(\boldsymbol{W}'^{\mathrm{T}}\boldsymbol{h}+b'). \tag{8.16}$$

而编解码优化的整体代价函数为

$$J(\boldsymbol{W},b)=\frac{1}{2m}\sum_{i=1}^{m}\left\|y(i)-x(i)\right\|^2+\frac{\lambda}{2}\sum_{l=1}^{n_l-1}\sum_{i=1}^{c_l}\sum_{j=1}^{c_l}\left\|\boldsymbol{W}_{ji}^{(l)}\right\|^2, \tag{8.17}$$

式中，$x(i)$ 和 $y(i)$ 分别为 $\boldsymbol{x}$ 和 $\boldsymbol{y}$ 的第 i 个元素；c_l 为第 l 层的神经元个数；n_l 为网络层数。自动编码机通过反向传播算法调整参数集，使得式(8.17)的计算值达到最小[86-88]。

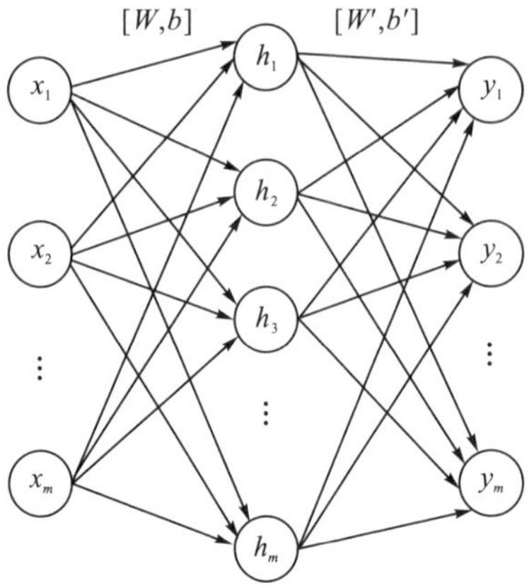

图 8.7 自动编码机结构图[86]

2) 堆栈自动编码机与稀疏编码

自动编码机通过非监督学习的方式逐层堆叠起来，形成深度学习的网络结构。其中每一隐层将前一层的输出作为输入，单独训练成一个自动编码机，训练完成后将得到的隐层输出参数作为下一层的输入。各层单独训练完成后得到的参数作为整个深度网络的初始参数，随后自动编码机将对整个深度网络进行“微调”[89]。

通过向隐层神经元加入稀疏性约束，可使自动编码机学习到更加简洁且合理的特征。

设给定输入 $\boldsymbol{x}$，为将第 l 个隐层的 m 个神经元的平均活跃度(激活值的平均值) ρ_l 限定为一个较小的值 ρ，需要在式(8.17)的基础上加入相应的惩罚因子。若采用基于相对熵 $KL(\rho\|\rho_l)$ 的惩罚因子，则总体代价函数为

$$J_{\text{sparse}}(\boldsymbol{W},b)=J(\boldsymbol{W},b)+\beta\sum_{j=1}^{s_l}KL(\rho\|\rho_l), \tag{8.18}$$

式中，β 为平衡参数。

当堆栈自动编码机构建完成后，由输入特征向量就可以得到最后一个隐层的全部激活值，形成稀疏堆栈特征向量 SSAE。

3) 深度 CNN 特征提取

在图像、语音识别中得到有效应用的深度 CNN，在视频目标行为分析研究中也日益受到重视[25-32,35]。

一个典型的 CNN 一般包括卷积层、下采样层和全连接层。

卷积层对输入数据 $\boldsymbol{x}$ 用卷积核 $\boldsymbol{k}$ 进行卷积和映射，得到输出特征 $\boldsymbol{y}$:

$$\boldsymbol{y}=f(\boldsymbol{x}\otimes\boldsymbol{k}+b), \tag{8.19}$$

式中，b 为偏置参数；映射函数 f 称为激活函数[一般为 S 型(sigmoid 函数)]。

卷积核的大小和数目可以根据实际需要自行选定。每个卷积核作用于输入数据后得到一幅特征图像，且每个卷积核共享权重矩阵和偏置项。所有卷积核的输出结果将作为下一层的输入。另外，卷积层具有局部感知和权值共享两大特征，能够显著减少训练的参数数量。

下采样层一般以卷积层的输出为输入，并对其进行下采样处理。下采样的方式有很多，一般选用最大值下采样方式：在大小为 2×2 的图像块中取最大像素值输出，使得下采样后特征图像的大小变为原来的 1/4，起降维作用。

全连接层一般位于 CNN 中链接最后一个下采样层与分类器的位置，其作用是将二维特征矩阵拉成向量，得到整个卷积神经网络所提取到的深度特征向量。

4)算法与实验

首先对原始视频分帧，并提取每个样本视频帧序列的 MHI 特征以构成新的样本集，然后将新的样本集送入上述两种深度网络进行特征提取，最后利用 KNR 分类器进行分类。

对于双人交互行为识别，使用纽约州立大学石溪分校的一个公开数据库[90]。该数据库中的视频采用 Microsoft Kinect Sensor 采集，共包括 8 种行为[接近(approach)，离开(depart)，交接(handover)，拥抱(hug)，踢(kick)，打(punch)，推(push)，握手(shake hands)]，通过 7 个行为人组成 21 个不同的组来实施，共 25 组样本。

实验分为两部分：一是分别在魏茨曼数据库和双人交互行为数据库的两组样本中进行不同特征的识别性能比较；二是比较 k-NN、SVM 和 KNR 三种分类器在识别率和时间复杂度方面的结果。输入数据均默认为 MHI 特征。

(1)实验一：不同特征的识别性能比较。在魏茨曼数据库中采用 3 折交叉验证法进行 9 组实验，每组实验取 60 个样本做训练、30 个样本做测试。实验对比结果如图 8.8 和表 8.3 所示。

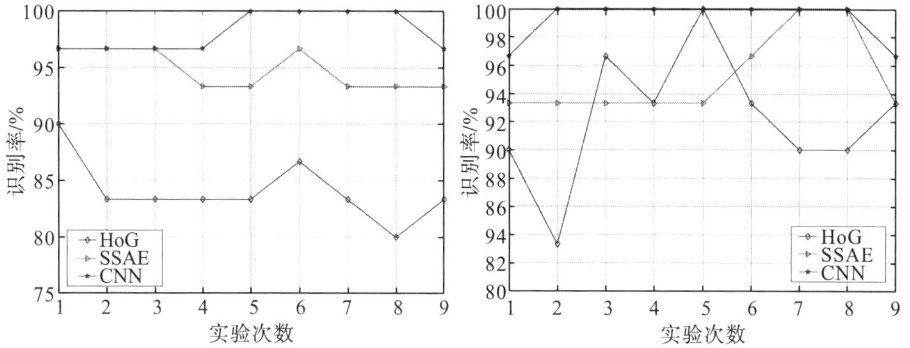

(a)k-NN　　(b)KNR

图 8.8　三种特征下不同分类器的识别率(魏茨曼数据库)

表 8.3　不同特征和不同分类器的正确识别率(魏茨曼数据库)(%)

分类器	特征		
	HoG	SSAE	CNN
k-NN	84.07	94.81	98.15
KNR	92.22	95.18	99.26

双人交互行为数据库采用 5 折交叉验证法，每次实验取 20 组样本训练，进行 5 组测试。实验对比结果如图 8.9 和表 8.4 所示。

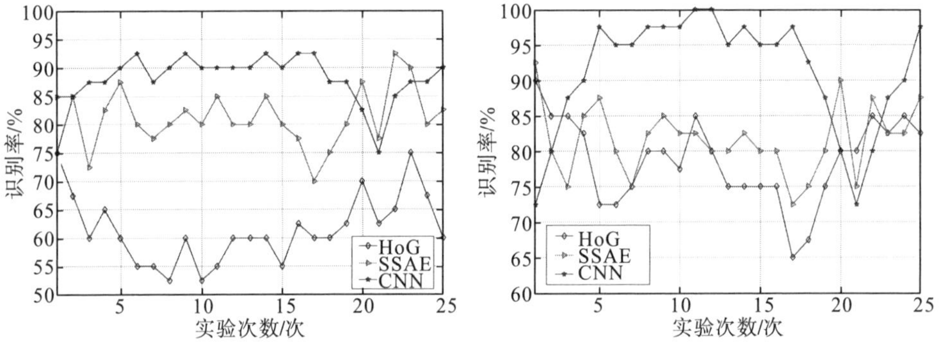

(a) *k*-NN　　(b) KNR

图 8.9　三种特征下不同分类器的识别率(纽约州立大学石溪分校数据库)

表 8.4　不同特征和不同分类器的正确识别率(纽约州立大学石溪分校数据库)(%)

分类器	特征		
	HoG	SSAE	CNN
k-NN	61.50	81.40	87.90
KNR	78.70	81.70	91.10

从实验结果可以看出,使用深度学习的方法从 MHI 中提取特征比从传统 HoG 中提取特征有更高的识别率，且在面对不同的模式识别任务时深度学习的特征提取方法表现出较强的鲁棒性；同时，使用 KNR 分类器也能够比使用 *k*-NN 近邻分类器在识别率上有所提升。

(2)实验二：不同分类器的性能比较。本实验中，在统一使用 CNN 对交互行为数据库所得到的 MHI 进行特征提取后，分别使用 *k*-NN、KNR 和基于高斯核的 SVM(自动寻找最优参数和利用并行计算进行加速)进行分类，并统一采用 5 折交叉验证法。表 8.5 列出了三种分类器所用的时间和平均识别率的对比结果。

从上述结果可以看出,经典的 *k*-NN 和 SVM 分类器与 KNR 分类器相比,*k*-NN

耗时最少,但识别率最低；SVM 识别率最高，但自动优化参数时会消耗大量的时间，与另外两种分类器所用的时间有两个数量级上的差别；KNR 分类器在获得较为理想的识别率的同时，其耗时与 *k*-NN 差别不大。因此，KNR 分类器综合性能更好。

表 8.5　从 MHI 中提取 CNN 特征的三种分类器的识别率(纽约州立大学石溪分校数据库)

对比项	分类器		
	k-NN	KNR	SVM
耗时/s	23.28	93.32	1247.29
识别率/%	87.90	91.10	93.00

2. 基于多尺度深度特征融合的交互行为识别算法[91]

交互行为识别关注的是在相同时空域中两人或者多人发生的行为，如拥抱、接吻、踢打等。早期的交互行为识别与单体行为识别的思路相同，其将交互行为的多个目标看成一个整体，并没有区分交互行为中不同个体的共现特征，因而不能区分交互行为中每个个体的运动标签，导致识别效果不太理想[90,92,93]。

交互行为中每个个体的行为贡献包含着重要交互信息。2000 年，Oliver 等通过将两个人交互行为中的运动主体联系在一起来获取行为贡献信息，比如“击掌”和“握手”等交互行为包含着一些亲密的身体接触和行为重复性，同时身体的一些部位也存在遮挡等问题[94]。为更好地捕捉视频中人物身体的各个部位，2006 年 Ryoo 和 Aggarwal 利用身体部位跟踪器提取视频中的每个人，然后应用上下文语义来模拟各个人物个体之间的时空关系[95]。2011 年，Choi 等提出用个人在时空中是否存在连贯行为定义或加强集体行为[96]。同年，Vahdat 等将人各个部位的动作看成一个原子动作，在时空域用这些原子动作对一个完整行为进行建模[97]。2012 年 Patron-Perez 等通过结合 KLT 跟踪器(Kanade-Lucas-Tomasi tracker)和 clique 分区以及遮挡检测来检测人头部和上半身的运动轨迹，并通过头部方向信息推断哪些人存在交互行为[98]。随后，他们又提出一种活动的层次结构，该结构可从个体运动引申到更大的运动群体，跟踪多个运动个体[99]。2012 年 Yun 等使用姿态特征和多实例学习双人交互检测，创建了一个复杂的人类活动数据集，并描述了交互行为主体之间的相互作用，包括同步视频、深度和动作捕捉数据[100]。2014 年 Kong 等提出用语义描述子对交互行为进行分类，该方法将交互行为分成多个部位的动作描述，并通过多个部位的动作描述组合来表示某种交互行为[101]。2015 年 Alazrai 等提出基于解剖平面的交互行为识别算法，该算法用一种新颖的视角不变运动姿态几何描述符交互行为[102]。2017 年 Li 等提出基于深度序列多特征融合的交互行为识别算法，该算法先对深度图像稀疏地提取关键帧，再将轮廓特征与动作特征进行融合，并用 SVM 分类器对其进行分类[103]。

虽然上述基于传统特征提取和分类的交互行为识别方法在一些数据集上已有较高的识别率，但泛化能力往往较差。而且传统的特征提取和分类方法往往只能处理类别较少且数据量较小的数据集，对于像 HMDB51[104]和 UCF101[105]这样类别较多的情况，无论是从识别精度还是速度上都难达预期。因此，基于深度学习的交互行为识别方法应运而生，它拥有较强的泛化能力，能将特征提取和行为分类统一起来以进行模型参数的训练。

在行为识别上，深度学习主要分为基于 CNN 和基于循环神经网络(recurrent neural network, RNN)的两种方法。

在基于 CNN 的方法中，通常将视频分为若干帧，然后以某种方式对各帧识别结果进行聚合以得到最终识别结果。例如，2014 年 Karpathy 等在 2D-CNN 中将多帧作为输入，并利用局部时空信息给出一种多分辨率加速训练方法，相比单帧其识别精度提高了约 10%[106]。

2D-CNN 没有考虑视频行为在时间上的内在关系，3D-CNN 则提供了一种更有效的行为识别思路。例如，2015 年 Tran 等设计了大小为 3×3×3 的 3D 卷积核，以缩短计算时间[107]。2018 年 Varol 等则提出长时间卷积神经网络，以提高识别率[108]。同年，Li 等在 Tran 的基础上使用 3D 卷积对分层框架上的短时行为特征建模，并分别用线性动力系统和深度聚合局部描述子向量(vector of locally aggregated descriptors，VLAD)进行较大动态范围的建模[109]。

一般情况下，2D-CNN 和 3D-CNN 的输入是原始帧序列，提取的都是外观特征。然而，给定一帧或者几帧时，仅从外观上判断可能会出现较大误差，如伸手这个动作，可能是“推”的一部分，也可能是“拍肩膀”的一部分，还可能是“击掌”的一部分。针对该问题，研究人员将视频的光流作为输入来提取动作特征，在考虑空域 CNN(输入为原始帧)的同时融入时域 CNN(输入为光流帧)，其识别精度明显高于传统方法，但这种双流神经网络不适合获取长视频的运动信息[110]。2015 年 Wang 等结合轨迹特征和 CNN 优点提出一种池化轨迹深度卷积符的改进办法，用双流网络获取多尺度卷积特征图，并将特征图与轨迹特征融合后分类[111]。2017 年 Girdhar 等提出一种端到端的可训练视频级特征的方法，在视频场景的不同部分和视频的整个时间跨度上融合了卷积描述符，即 Action VLAD[112]。同年，Diba 等提出一种时间线性编码的视频表示方法，并将其嵌入 CNN 内部作为新层，捕获整个视频的外观和动作特征[113]。常规的双流网络是在网络的输出层对特征进行融合，其在网络深层会丢失一些特征，而网络的浅层包含重要特征信息，所以融合双流网络的中间层进行分类。2016 年 Feichtenhofer 等研究了在 CNN 不同层融合的多种方法，以便更好地利用双流网络的时空信息[114]。

在基于 RNN 的方法中借助时间序列建模工具可得到较好的识别效果[115,116]，但早期的方法没有对时间信息进行建模，只是简单地对单个视频帧识别结果取平均值。

2015 年 Veeriah 等为强调由连续帧之间的显著运动而引起的信息增益的变化，提出了一种用于长短期记忆(long short-term memory，LSTM)网络的差分选通方案(即差分 RNN)，解决了传统 LSTM 在考虑通过时间记忆的信息时，未考虑与给定的突出运动模式相对应的动态时空影响这一问题[115,117]。2016 年 Singh 等提出双向 LSTM 方法，其比单向 LSTM 能检测出更细微的行为[118]。同年，Yeung 等引入一种完全端到端的行为检测方法，以学习和直接预测含有人类行为的视频，以及观察视频帧并决定下一步预测的位置和时间[119]。除利用反向传播法求梯度外，Yeung 等还用强化学习来训练模型参数。2016 年 Mahasseni 等受到人体骨架模型结构的启发，提出一种更加强大的基于树结构的遍历方法，同时进行时域和空域分析以提取输入数据中与动作信息相关的隐藏信息，即 ST-LSTM(spatio-temporal LSTM)[120]。进一步地，针对基于深度相机的行为识别问题，Shahroudy 等提出一种新的利用递归神经网络结构来模拟身体每个部位特征长时间相关性的方法，以更好地实现动作分类[121]。

在上述两种方法中，深度 CNN 对交互行为识别有较高的识别率，在视频帧图像增强预处理的基础上，该识别率可进一步得到提高[122]。但在原始训练样本较小的情况下，深度 CNN 容易因出现过拟合现象而导致识别率较低。为此，这里尝试一种新的深度学习改进算法：融合 AlexNet 和 VGG16 这两种深度 CNN 网络提取的不同尺度的特征，训练 RNN 以完成对特征序列的分类任务。

1)基于 AlexNet 和 VGG16 的特征提取

AlexNet 的基本结构如图 8.10 所示，其中许多新思想和新方法奠定了 CNN 的发展基础[50]。

AlexNet 采用分组卷积，整个网络的前面部分被放在两个并行的 GPU 上运行，再在全连接层合并数据。AlexNet 首次使用了 ReLU 激活函数，并使用随机失活(dropout)技巧稀疏化网络，以减少信息冗余和过拟合现象。

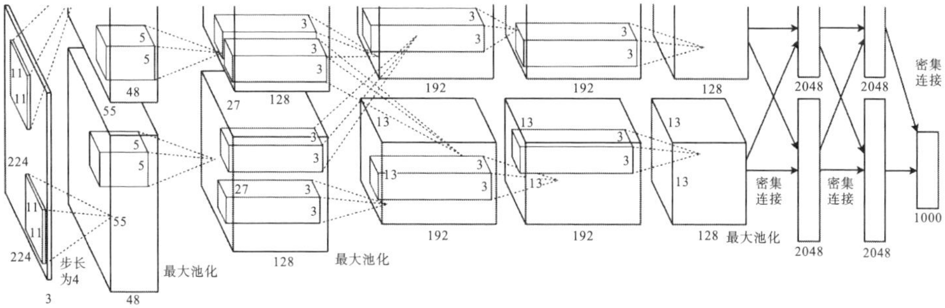

图 8.10　AlexNet 的基本机构[50]

VGG 网络是牛津大学计算机视觉组(visual geometry group)提出的一种深度 CNN 网络，其基本模型如图 8.11 所示[123]，其中第 D 种即为 VGG16 网络模型。对比图 8.11 和图 8.10 可知，VGG 网络前面部分由“[(卷积层+ReLU)×N+max-pooling]×M”的嵌套模型组成。AlexNet 在网络前几层使用 11×11、5×5 的大卷积核，而 VGG 网络则使用了 3×3 的小卷积核，卷积步长为 2。研究表明，多个小卷积核堆叠计算效果相当于一个大卷积核的计算效果，如，堆叠 3 个 3×3 卷积与 1 个 7×7 卷积的计算效果相同，堆叠 2 个 3×3 卷积与 1 个 5×5 卷积的计算效果相同。但堆叠多个小卷积的操作会增加多个非线性激活函数，从而增加网络的非线性表达能力，同时减少大量参数。

ConvNet 结构					
A	A-LRN	B	C	D	E
11 个权重层	11 个权重层	13 个权重层	16 个权重层	16 个权重层	19 个权重层
输入(224×224 RGB 图像)					
conv3-64	conv3-64 **LRN**	conv3-64 **conv3-64**	conv3-64 conv3-64	conv3-64 conv3-64	conv3-64 conv3-64
maxpool					
conv3-128	conv3-128	conv3-128 **conv3-128**	conv3-128 conv3-128	conv3-128 conv3-128	conv3-128 conv3-128
maxpool					
conv3-256 conv3-256	conv3-256 conv3-256	conv3-256 conv3-256	conv3-256 conv3-256 **conv1-256**	conv3-256 conv3-256 **conv3-256**	conv3-256 conv3-256 conv3-256 **conv3-256**
maxpool					
conv3-512 conv3-512	conv3-512 conv3-512	conv3-512 conv3-512	conv3-512 conv3-512 **conv1-512**	conv3-512 conv3-512 **conv3-512**	conv3-512 conv3-512 conv3-512 **conv3-512**
maxpool					
conv3-512 conv3-512	conv3-512 conv3-512	conv3-512 conv3-512	conv3-512 conv3-512 **conv1-512**	conv3-512 conv3-512 **conv3-512**	conv3-512 conv3-512 conv3-512 **conv3-512**
Maxpool					
FC-4096					
FC-4096					
FC-1000					
soft-max					

图 8.11 VGG 网络的基本结构[123]

在 AlexNet 中，作者模仿生物学上活跃神经元对周围神经元的活性起抑制作用而提出局部响应归一化(local response normalization，LRN)，以加快网络收敛，增加模型泛化能力。但在 VGG11 中加入 LRN 模块对最终的结果没有起到积极的作用，却增加了计算量和显存空间，因此在更深且更有效的 VGG16 和 VGG19 中取消了 LRN[123]。另外，文献[123]的实验结果表明，在图像识别中，VGG16 和 VGG19 的识别效果相近，因此一般选用 VGG16。

利用 AlexNet 和 VGG16 可以提取视频目标行为不同尺度的特征，这为多尺度特征融合奠定了基础。

2) RNN 与 LSTM

在视频目标行为分析中，往往需要考虑时序问题。但每段视频帧数不固定，难以有效地用 CNN 提取特征和分类，而 RNN 则提供了有效的途径。

最简单有效的 RNN 结构如图 8.12 所示[124]，分为简洁图[图 8.12(a)]和展开结构[图 8.12(b)]两部分。简洁图中 x 是输入序列，h 是隐状态(包含该输入序列前所有序列的主要信息)，U 是输入序列到当前隐状态的权重，W 是上一个隐状态到当前隐状态的权重，黑色方框表示单个时间步长的延迟，o 表示当前输入的实际预测值，y 是模型的真实值，L 是损失函数。而展开结构表示了信息流动的具体情况，用于分析前向传播和反向传播过程。

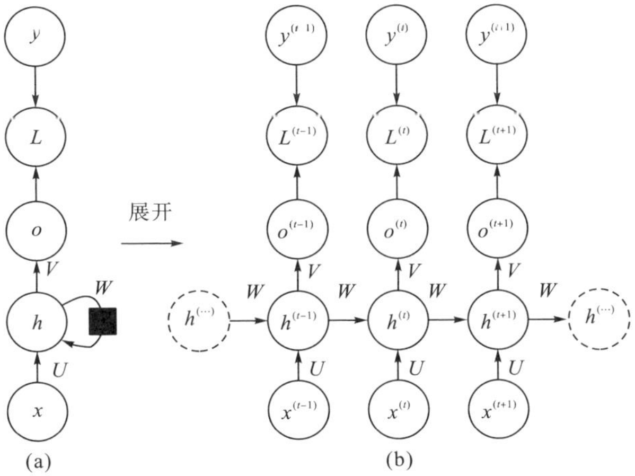

图 8.12　RNN 及其展开结构[124]

假设有限序列索引范围是 $1\sim\tau$，t 是此序列中任意序列的索引号，序列索引的长度决定了展开图的大小，图 8.12 中每一个节点都与特定序列的索引相关联。

RNN 一般采用前向和反向传播算法训练。

对于前向传播算法，若序列范围为 $1\sim\tau$，则对于任意索引号 t，有

$$a^{(t)} = b + Wh^{(t-1)} + Ux^{(t)},\quad h^{(t)} = \tanh(a^{(t)}),\quad o^{(t)} = c + Vh^{(t)},\quad \hat{y}^{(t)} = \mathrm{softmax}(o^{(t)}), \tag{8.20}$$

式中，$a^{(t)}$为$h^{(t)}$的输入。

与 CNN 类似，对$a^{(t)}$进行非线性激活处理以增加网络的非线性表达能力，激活函数使用 tanh(*x*)函数，*b* 是输入$h^{(t)}$的偏置项，*c* 是序列预测输入$o^{(t)}$的偏置项。使用 RNN 进行视频行为分析时，最后应使用 softmax 函数进行打分，以得到网络的预测输出$\hat{y}^{(t)}$，并根据真实输出值$y^{(t)}$求损失函数$L^{(t)}$。值得注意的是，有多少输入序列就有多少输出序列，网络的总损失就是所有序列索引的损失之和，即

$$L = \sum_{t=1}^{\tau} L^{(t)}. \tag{8.21}$$

反向传播算法是基于梯度下降法更新迭代网络模型参数，从而使最终的分类结果达到最优的迭代算法。在 RNN 中，需要训练的参数有 *U*、*W*、*V*、*b* 和 *c*。由于视频帧序列具有一种时间关系，所以反向传播算法一般被称为基于时间的反向传播算法。在图 8.12 的展开结构图中，任意序列索引 *t* 的输入$x^{(t)}$都有对应的参数[$U^{(t)}$、$W^{(t)}$、$V^{(t)}$、*b*、*c*]。与 CNN 不同的是，在 RNN 中，任意位置的参数都相同(具有参数共享的特点)。

L 对 *c* 和 *V* 的梯度分别为

$$\frac{\partial L}{\partial c} = \sum_{t=1}^{\tau} \frac{\partial L^{(t)}}{\partial c} = \sum_{t=1}^{\tau} \frac{\partial L^{(t)}}{\partial o^{(t)}} \frac{\partial o^{(t)}}{\partial c} = \sum_{t=1}^{\tau} [\hat{y}^{(t)} - y^{(t)}], \tag{8.22}$$

$$\frac{\partial L}{\partial V} = \sum_{t=1}^{\tau} \frac{\partial L^{(t)}}{\partial V} = \sum_{t=1}^{\tau} \frac{\partial L^{(t)}}{\partial o^{(t)}} \frac{\partial o^{(t)}}{\partial V} = \sum_{t=1}^{\tau} [\hat{y}^{(t)} - y^{(t)}] h^{(t)}. \tag{8.23}$$

求解网络输出节点参数较为简单(只需对 *c* 和 *V* 分别求梯度即可)，但求解隐层$h^{(t)}$相关参数却较为复杂，因为$h^{(t)}$的梯度是由$h^{(t+1)}$和当前序列索引实际预测输出$o^{(t)}$共同决定的。设任意序列索引号 *t* 的隐状态梯度为

$$\delta^{(t)} = \frac{\partial L}{\partial h^{(t)}}, \tag{8.24}$$

则用损失函数对当前隐状态求梯度由两部分组成，故有

$$\delta^{(t)} = \frac{\partial L}{\partial o^{(t)}} \frac{\partial o^{(t)}}{\partial h^{(t)}} + \frac{\partial L}{\partial h^{(t+1)}} \frac{\partial h^{(t+1)}}{\partial h^{(t)}} = V(\hat{y}^{(t)} - y^{(t)}) + W\delta^{(t+1)}\{1 - [h^{(t+1)}]^2\}. \tag{8.25}$$

最后一个序列索引号τ的梯度仅由当前序列索引实际预测输出$o^{(t)}$决定，即

$$\delta^{(\tau)} = \frac{\partial L}{\partial o^{(\tau)}} \frac{\partial o^{(\tau)}}{\partial h^{(\tau)}} = V[\hat{y}^{(\tau)} - y^{(\tau)}]. \tag{8.26}$$

同理，对于 *W*、*U* 和 *b* 而言，有

$$\frac{\partial L}{\partial W} = \sum_{t=1}^{\tau} \frac{\partial L}{\partial h^{(t)}} \frac{\partial h^{(t)}}{\partial W} = \sum_{t=1}^{\tau} \{1 - [h^{(t)}]^2\} \delta^{(t)} h^{(t-1)}, \tag{8.27}$$

$$\frac{\partial L}{\partial U} = \sum_{t=1}^{\tau} \frac{\partial L}{\partial h^{(t)}} \frac{\partial h^{(t)}}{\partial U} = \sum_{t=1}^{\tau} \{1 - [h^{(t)}]^2\} \delta^{(t)} x^{(t)}, \tag{8.28}$$

$$\frac{\partial L}{\partial b}=\sum_{t=1}^{\tau}\frac{\partial L}{\partial h^{(t)}}\frac{\partial h^{(t)}}{\partial b}=\sum_{t=1}^{\tau}\{1-[h^{(t)}]^2\}\delta^{(t)}. \tag{8.29}$$

以上就是 RNN 参数的反向传播和更新基本过程。相比 CNN，虽然 RNN 能够处理序列问题，但是对于过长序列则会出现较为严重的梯度消失问题。为此，可使用 RNN 的一种特殊形式即 LSTM[125]。

LSTM 与 RNN 不同，因为其隐状态的计算涉及添加先前的隐状态信息，而不是与先前的隐状态信息相乘。乘法运算会导致存储值迅速增加或者渐变消失。LSTM 还对操作进行门控，以便不会将接收的所有信息都记住，因为并非所有信息都有用。

LSTM 通过整合内存单元，允许网络学习忘记或保留先前隐藏的状态。图 8.13 为 LSTM 基本结构示意图，为了便于分析，仅展示输入序列索引为 t 的网络结构图[126]。

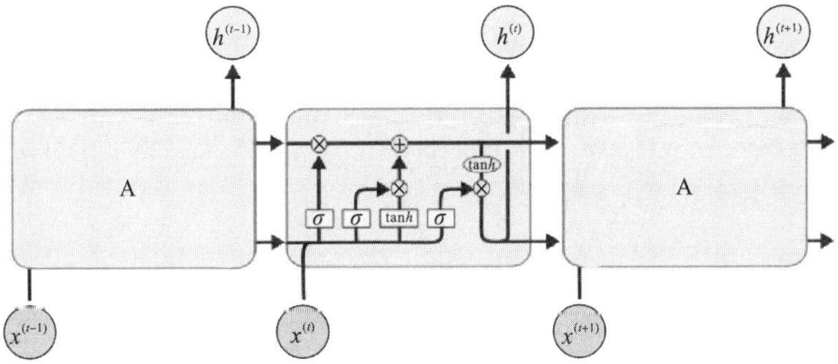

图 8.13　LSTM 基本结构[126]

遗忘门：LSTM 控制遗忘上一层细胞中的一些隐状态，其计算式为

$$f^{(t)}=\text{sigmoid}[W_f h^{(t-1)}+U_f x^{(t)}+b_f]. \tag{8.30}$$

即将前一序列隐状态与当前序列加权求和并将遗忘门偏置后，通过 S 型激活函数得到当前序列的遗忘门。因为 S 型函数的取值范围是 0～1，所以可以认为 $f(t)$ 为是否遗忘上一个序列隐状态的概率。

输入门：就是当前序列的输入，其由两部分相乘得到(图 8.13)，这两部分分别为

$$i^{(t)}=\text{sigmoid}[W_i h^{(t-1)}+U_i x^{(t)}+b_i], \tag{8.31}$$

$$a^{(t)}=\tanh[W_a h^{(t-1)}+U_a x^{(t)}+b_a]. \tag{8.32}$$

可见，第一部分将上一序列隐状态与当前序列加权求和，加上输入门偏置后，通过 S 型函数激活得到。而第二部分与第一部分类似，只是激活函数改为 tanh 函数。

细胞状态更新：遗忘门和输入门都会对细胞状态起更新作用，遗忘门是当前

序列遗忘上一个序列细胞状态的概率。将上一个序列细胞状态与当前序列遗忘门的阿达马(Hadamard)积组成当前序列细胞状态更新后的第一部分，而另一部分是输入门两部分的 Hadamard 积：

$$C^{(t)} = C^{(t-1)} \odot f^{(t)} + i^{(t)} \odot a^{(t)}. \tag{8.33}$$

输出门：也根据两部分的 Hadamard 积求得，这两部分分别为

$$o^{(t)} = \mathrm{sigmoid}(W_o h^{(t-1)} + U_o x^{(t)} + b_o), \tag{8.34}$$

$$h^{(t)} = o^{(t)} \odot \tanh(C^{(t)}). \tag{8.35}$$

最后，当前索引的预测值为

$$\hat{y}^{(t)} = \mathrm{sigmoid}(Vh^{(t)} + c). \tag{8.36}$$

LSTM 的反向传播求各参数梯度的过程与 RNN 一致。在实验过程中，可以根据实验需要设定 LSTM 层数，一般情况下为 1 层。

值得说明的是，上述算法用于视频行为分析时，序列当前值就是视频当前帧，且往往用向量或二阶及以上的高阶张量形式表示和处理。

3)基于多尺度深度特征融合和 LSTM 分类的交互行为识别[91]

将 AlexNet 和 VGG16 提取视频目标行为时的多尺度特征进行融合，并以 LSTM 实现识别分类，其流程如图 8.14 所示[91]。

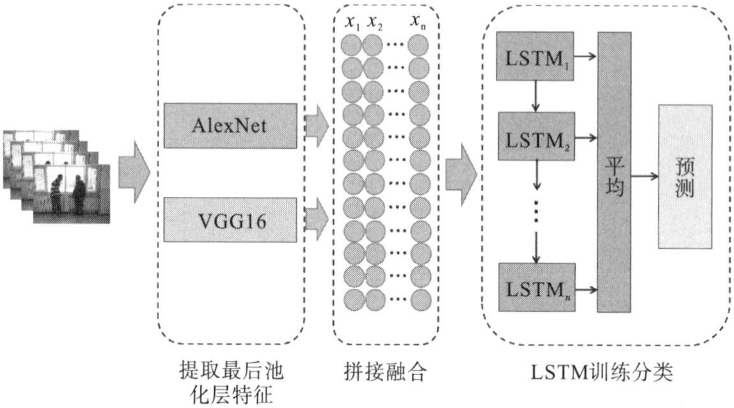

图 8.14　基于 AlexNet 与 VGG16 多尺度特征融合和 LSTM 分类的行为识别过程

首先，分别用 AlexNet 和 VGG16 处理视频各帧，并以最后池化层特征为特征向量，得到 AlexNet 特征向量和 VGG16 特征向量。其次，对两种不同尺度的特征进行融合(如串联级融合方式[73])，得到融合特征，并用训练样本的融合特征对 LSTM 进行训练。最后，对于测试样本，将融合特征输入 LSTM，并根据每个 LSTM 单元的输出对每个类别进行打分，而全部 LSTM 单元的平均分中最高分对应的类

别就作为识别分类的输出类别。

实验所用的数据库是北京理工大学的双人交互行为数据库 BIT-Interaction[127]。实验分为 3 个 split。split1：15～50 为训练集，1～14 为验证集，101～114 为测试集。split2：1～14 和 29～50 为训练集，15～28 为验证集，115～128 为测试集。split3：1～28 和 43～50 为训练集，29～42 为验证集，129～142 为测试集。

每部分提取不同维数的输入特征，变换后特征维数为 1024(即 LSTM 输入特征数为 1024)，LSTM 隐层数为 512，最终输出为 8(8 类交互行为)，学习率分别为 0.1、0.01、0.001 和 0.0001，而 dropout 设为 0.5。

实验分为三个部分，分别考察在特征提取中加入 LSTM 对识别率的影响、特征融合效果和 LSTM 层数的影响。

(1)实验一：在特征提取中加入 LSTM 对识别率的影响。本实验采用 VGG16，并比较直接利用 VGG16 进行识别和利用 VGG16+LSTM(将 VGG16 最后池化层的输出特征作为 LSTM 网络的输入)进行识别的情况。两种情况均训练 150 次快拍，实验结果如表 8.6 所示。可以看到，利用 VGG16+LSTM 进行识别的识别率明显高于只用 VGG16 进行识别的情况。同时，由于 BIT-Interaction 的原始数据集样本较少，用 VGG16 训练容易出现过拟合现象，而 VGG16+LSTM 在此情况下仍有较理想的识别率，这得益于 LSTM 有利于处理序列数据且对隐状态能进行记忆和遗忘的优点。

表 8.6　LSTM 对双人交互行为识别率的影响(BIT 数据库)(%)

	split 1	split 2	split 3	平均值
VGG16	25.38	23.98	27.54	25.63
VGG16+LSTM	64.29	53.57	48.21	55.36

(2)实验二：特征融合对识别率的影响。对于每一视频帧，先提取 AlexNet 和 VGG16 最大池化层这两种不同尺度的特征(AlexNet 网络较浅，特征提取速度较快；VGG16 网络较深，提取的语义信息更抽象)，再通过串联级融合得到融合特征，最后用 LSTM 进行识别分类，实验结果如表 8.7 所示(训练 150 次快拍)。可见，融合特征比单一特征有更好的识别效果。同时，对于单一特征，AlexNet 比 VGG16 更有效(对于小样本数据而言，VGG16 模型过大且参数过多)。

表 8.7　多尺度特征融合对双人交互行为识别率的影响(BIT 数据库)(%)

	split 1	split 2	split 3	平均值
AlexNet 特征	66.96	65.18	65.18	65.77
VGG16 特征	64.29	53.57	48.21	55.36
AlexNet 与 VGG16 特征融合	72.42	71.93	69.84	71.40

(3) 实验三：LSTM 层数对交互行为识别率的影响。只改变 LSTM 层数，并探究 LSTM 层数对实验结果的影响。分别对 AlexNet 特征、VGG16 特征和两者的融合特征在 LSTM 层数 (1、2 或 3) 不同的情况下进行实验，结果如表 8.8 所示 (训练 150 次快拍)。可以看到，无论采用哪种类型的特征，随着 LSTM 的层数递增，识别精度递减，并且层数越多，识别精度衰减越严重。因此，一般情况下用 LSTM 训练数据集时，其层数默认为一层。

表 8.8　LSTM 层数对双人交互行为识别率的影响 (BIT 数据库) (%)

特征类型	LSTM 层数	split 1	split 2	split 3	平均值
AlexNet 特征	1	66.96	65.18	65.18	65.77
	2	58.93	40.18	48.21	49.11
	3	25.00	23.21	20.54	22.92
VGG16 特征	1	64.29	53.57	48.21	55.36
	2	58.04	53.57	52.68	54.76
	3	24.11	42.86	30.36	32.44
AlexNet+VGG16 融合特征	1	72.42	71.93	69.84	71.40
	2	61.73	52.39	54.27	56.13
	3	30.29	35.48	33.93	33.23

3. 基于深度核非线性网络模型的行为识别算法[128,129]

核非线性网络的通用模型如图 2.6 所示，不同具体模型的区别在于核函数形式和参数估计准则的选取不同。例如，非线性 SVM 使用ε-不敏感代价准则和二次规划方法求解参数，而径向基函数神经网络 (radial basis function-neural network，RBF-NN) 则往往使用无监督聚类方法获得类别中心等参数，等等。

核非线性网络学习是一种表达数据之间非线性复杂关系的经典机器学习方法，将其扩展为深度网络的工作也备受关注。例如，深度费希尔网络 (deep Fisher network，DFN) 是将费希尔 (Fisher) 核向量扩展为深度层结构[130,131]，而卷积核网络 (convolutional kernel network，CKN) 则通过叠加核非线性映射层、池化层获取样本的高维表达，并使用 BP 算法调节非线性层的模版系数[132,133]。此外，还有一些深度较小的层次表达模型，如借鉴深度网络中层表达的思想，传统费希尔向量被拓展为堆栈费希尔向量 (stacked Fisher vector，SFV) 以用于视频行为表达和行为识别，并在两层之间引入了有监督的降维[134]。

核非线性网络的一大优点在于不用显式地表达出非线性映射函数，只需设计出映射后样本之间的内积形式 (即核函数) 即可。然而，核函数的这种内聚性表达往往限制了核非线性网络的工程性应用。为了打破核函数的内聚性，这里首先基于 KNR 提出一种使用核矩阵显式表达非线性映射函数的编码方法，并通过这种核非线性编码方法将视频的密集轨迹原始特征描述子显式地映射到高维的新特征空间中，实现原始特征的再编码。

进一步地，将该编码方法与视觉词袋(bag of visual words，BoVW)模型[44,135,136]结合，得到一种新的视频行为识别框架。实验证明，该识别框架较传统基于 BoVW 模型的行为识别性能有显著提升。另外，本书从整个视频生成过程的角度考虑视频行为表达，先引入费希尔核与费希尔向量编码的概念，然后用费希尔向量编码模型代替 BoVW 模型，并提出基于 KNR 编码和费希尔向量编码的深度核非线性网络模型，以用于视频目标行为识别。

1) KNR 编码

定理 2.1 中的 KNR 主要用于分类任务，其可以直接处理多分类问题，而不用像 SVM 一样需要使用投票法等多次训练判别函数。这里基于 KNR 提出一种新的特征编码方式。

假设在 RKHS 中存在线性子空间：

$$F = \text{span}\{\varphi_1(z), \varphi_2(z), \cdots, \varphi_{K_1}(z)\}, \tag{8.37}$$

式中，$\varphi_i(\boldsymbol{x}) = \kappa(z_i, \boldsymbol{x})$，$z_i$ $(i=1, 2, \cdots, K_1)$ 是使用 k-Means 聚类算法从训练样本中生成的 K_1 个簇中心，κ 是 RKHS 中的核函数。

对于任意输入特征向量 $\boldsymbol{x}$，令

$$\gamma_{\boldsymbol{x}} = (\boldsymbol{K}^+)^{1/2}\boldsymbol{y},\ \boldsymbol{y} = [\kappa(z_1, \boldsymbol{x}), \kappa(z_2, \boldsymbol{x}), \cdots, \kappa(z_{K_1}, \boldsymbol{x})]^{\mathrm{T}}, \tag{8.38}$$

式中，$\boldsymbol{K}$ 为由 κ 和 z_i $(i=1, 2, \cdots, K_1)$ 确定的核矩阵[参见式(2.16)]。将式(8.38)称为核非线性表达编码(kernel-based nonlinear representor coding，KNRc)公式。

同理，对于输入特征向量 $\boldsymbol{x}'$，根据式(8.38)编码得到 $\gamma_{\boldsymbol{x}'}$。则参照式(2.17)和式(2.18)可得到编码结果 $\gamma_{\boldsymbol{x}}$ 与 $\gamma_{\boldsymbol{x}'}$ 的内积为

$$<\gamma_{\boldsymbol{x}}, \gamma_{\boldsymbol{x}'}> = \boldsymbol{y}^{\mathrm{T}}\boldsymbol{K}^+\boldsymbol{y}' = \boldsymbol{y}^{\mathrm{T}}\boldsymbol{K}^+\boldsymbol{K}\boldsymbol{K}^+\boldsymbol{y}' = (\boldsymbol{K}^+\boldsymbol{y})^{\mathrm{T}}\boldsymbol{y}\boldsymbol{y}^{\mathrm{T}}(\boldsymbol{K}^+\boldsymbol{y}') = < f(\boldsymbol{x}), f(\boldsymbol{x}') >. \tag{8.39}$$

所以，KNRc 可显式地表达非线性映射，且 KNRc 特征有以下三个明显的优点：一是将特征 $\boldsymbol{x} \in R^n$ 从原始低维空间 R^n 映射到高维特征空间中进行表达，即 $\gamma_{\boldsymbol{x}} \in R^{K_1}$，其中 $n < K_1$，而恰当的映射可以更好地表达原始特征；二是在一定程度上可将样本在原特征空间中的非线性模式转换为在新特征空间中的线性模式；三是与原核非线性表达只含本类别相似信息相比，其可包含不同类别特征向量的相似信息，使得特征更具鉴别性。

2) 基于 KNR 编码和 BoVW 模型的视频行为识别框架

对于根据式(8.10)得到的密集光流轨迹 DOFT 的轨迹特征描述子，或其他描述子(如 HoG、HoF、MBH)，可通过式(8.38)进行 KNR 编码以得到对应的高维描述子(如设 S 个原始密集轨迹的 HoG 描述子集合为 $\{\boldsymbol{x}_1, \boldsymbol{x}_2, \cdots, \boldsymbol{x}_S\} \in \boldsymbol{R}^{n \times S}$，经过

k-Means 聚类后可得到 K_1 个聚类中心 $\{z_i\}_{i=1}^{K_1}$，再经过 KNR 编码后可得到 KNRc 向量集 $\{\gamma_{x_1}, \gamma_{x_2}, \cdots, \gamma_{x_S}\} \in \boldsymbol{R}^{K_1 \times S}$)，然后借助 BoVW 模型形成特征向量，最后输入分类器(如线性 SVM)进行分类。基于 KNR 编码和 BoVW 模型的视频行为识别框架如图 8.15 所示。

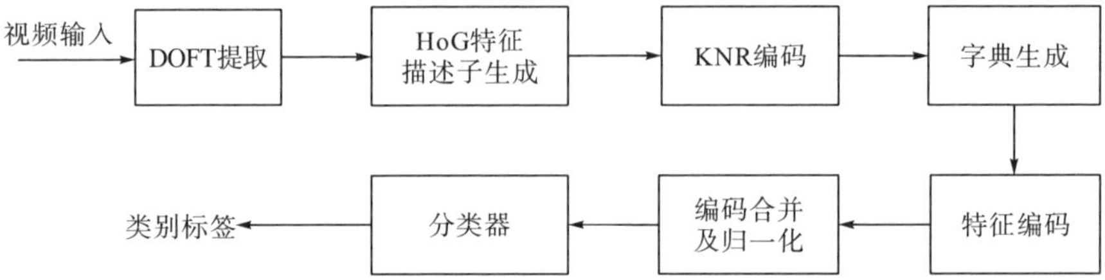

图 8.15　基于 KNR 编码和 BoVW 模型的视频行为识别框架

3) 费希尔编码

上述 KNRc 为表示型编码特征，而费希尔向量编码旨在提取鉴别性编码特征。

费希尔向量编码的核心思想是将可处理的且样本维数可变的生成式模型嵌入鉴别型分类器中。其起初用于 DNA 信息分类和蛋白质序列分析[137]，后来通过改进解决大规模图像分类问题[138]。

令集合 $\boldsymbol{X} = \{\boldsymbol{x}_i\}_{i=1}^{S}$ $(\boldsymbol{x}_i \in R^n)$ 是图像或视频的 S 个特征描述子，并假设 $u_\theta(\boldsymbol{X})$ 是描述该描述子生成过程的概率密度函数，其中 $\boldsymbol{\theta}$ 是参数向量。则 $\boldsymbol{X}$ 可被描述为梯度向量：

$$\boldsymbol{G}_\theta^X = \frac{1}{S} \nabla_\theta \log u_\theta(\boldsymbol{X}). \tag{8.40}$$

梯度反映了参数在再生成过程中的贡献程度，而梯度向量的维数仅取决于参数向量 $\boldsymbol{\theta}$ 的维数，其与特征描述子的个数 S 无关。使用梯度向量构造的核函数：

$$\kappa(\boldsymbol{X}, \boldsymbol{Y}) = (\boldsymbol{G}_\theta^X)^{\mathrm{T}} \boldsymbol{F}_\theta^{-1} \boldsymbol{G}_\theta^Y, \tag{8.41}$$

称为费希尔核，其中 F_θ 是概率密度函数 $u_\theta(\boldsymbol{X})$ 的费希尔信息矩阵，即

$$\boldsymbol{F}_\theta = \boldsymbol{E}_x\{[\nabla_\theta \log u_\theta(\boldsymbol{x})][\nabla_\theta \log u_\theta(\boldsymbol{x})]^{\mathrm{T}}\}. \tag{8.42}$$

由于 F_θ 是半正定的，所以存在楚列斯基(Cholesky)分解，即有

$$\boldsymbol{F}_\theta = \boldsymbol{L}_\theta^{\mathrm{T}} \boldsymbol{L}_\theta. \tag{8.43}$$

由式(8.41)和式(8.43)可得

$$\kappa(\boldsymbol{X}, \boldsymbol{Y}) = (\boldsymbol{g}_\theta^X)^{\mathrm{T}} \boldsymbol{g}_\theta^Y, \tag{8.44}$$

其中

$$\boldsymbol{g}_\theta^X = \boldsymbol{L}_\theta \boldsymbol{G}_\theta^X = \boldsymbol{L}_\theta \nabla_\theta \mathbf{log} u_\theta(\boldsymbol{X}), \quad \boldsymbol{g}_\theta^Y = \boldsymbol{L}_\theta \boldsymbol{G}_\theta^Y = \boldsymbol{L}_\theta \nabla_\theta \mathbf{log} u_\theta(\boldsymbol{Y}), \tag{8.45}$$

并分别称为 $\boldsymbol{X}$ 和 $\boldsymbol{Y}$ 的费希尔向量，其维数与对应的梯度向量[式(8.40)]相同。

若概率密度函数 $u_\theta(\boldsymbol{X})$ 是由 GMM 方法(参见 3.3.1 节)得到，其第 i 个高斯成分为 $u_i(\boldsymbol{X})$，则对于任意样本(描述子) $\boldsymbol{x}_m$，其来自第 i 个高斯成分的概率[参见式(3.21)]为

$$\pi_m(i)=\frac{w_i u_i(\boldsymbol{x}_m)}{\sum_{j=1}^{M} w_j u_j(\boldsymbol{x}_m)}, \tag{8.46}$$

式中，M 为 GMM 的阶数；w_i 为其中第 i 个高斯成分的权重。

对 GMM 成分的权重、均值向量和标准差向量(对于协方差矩阵为对角阵的情况)求偏导数，则有

$$\boldsymbol{g}_{w,i}^{X}=\frac{1}{S\sqrt{w_i}}\sum_{m=1}^{S}[\pi_m(i)-w_i], \tag{8.47}$$

$$\boldsymbol{g}_{\boldsymbol{\mu},i}^{X}=\frac{1}{S\sqrt{w_i}}\sum_{m=1}^{S}\pi_m(i)\left(\frac{\boldsymbol{x}_m-\boldsymbol{\mu}_i}{\boldsymbol{\sigma}_i}\right), \tag{8.48}$$

$$\boldsymbol{g}_{\boldsymbol{\sigma},i}^{X}=\frac{1}{S\sqrt{2w_i}}\sum_{m=1}^{S}\pi_m(i)\left[\frac{(\boldsymbol{x}_m-\boldsymbol{\mu}_i)^2}{\boldsymbol{\sigma}_i^2}-1\right]. \tag{8.49}$$

于是，对于特征集 $\boldsymbol{X}$，可得到其费希尔编码向量

$$\boldsymbol{g}_{\boldsymbol{\theta}}^{X}=(g_{w,i}^{X},\ g_{\boldsymbol{\mu},i}^{X},\ g_{\boldsymbol{\sigma},i}^{X}), \tag{8.50}$$

其维数为$(2n+1)M$，又由于各高斯成分权值之和为 1，所以最终费希尔编码向量的维数为$(2n+1)M-1$。

当 S=1 时，仅对一个特征描述子进行费希尔编码，并将其从 n 维映射到$(2n+1)M-1$ 维；当 S 等于整个图像或视频中所有局部特征描述子的个数时，相当于将整个图像或视频编码为一个超向量，并满足输入鉴别型分类器中特征维数一致的条件。此外，费希尔编码在原始特征向量的每一维都参与了均值和方差计算，充分包含了生成式建模过程中的结构性信息，对图像或视频的表达更加细致。

4)基于 KNR 编码和费希尔编码的视频行为识别框架

根据前文的介绍不难看出，费希尔向量和 KNR 编码都打破了核函数的内聚性，能将特征通过非线性方式映射到高维空间中，并显式地表达出来。费希尔向量编码的优势在于可以将任意个数的特征描述子进行编码输出，而 KNR 编码通常仅对单个特征描述子编码。因此，我们构建了基于 KNR 编码和费希尔编码的行为识别框架，如图 8.16 所示。其中特征描述子生成之后，送入第一层由 KNR 对单条视频轨迹特征进行编码，每个视频输出的 KNRc 向量集作为一个样本，经 GMM 建模后输入并进行费希尔编码，从而完成视频目标行为识别。

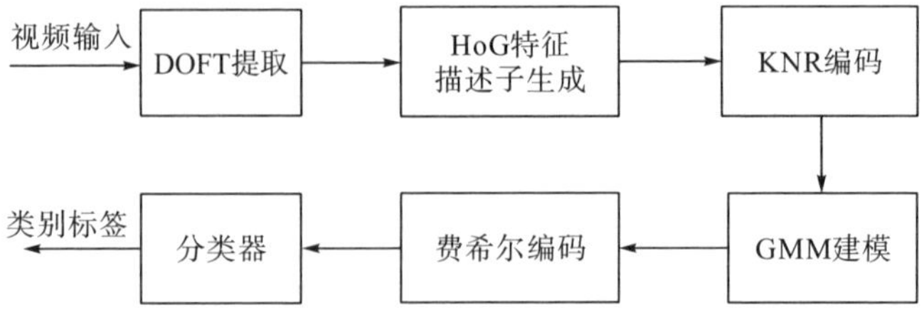

图 8.16 基于 KNR 编码和费希尔编码的视频行为识别框架

5) 实验结果及分析

影响 KNR 编码结果的因素包括核函数及其参数、聚类中心个数等，其中核函数及其参数的选取决定了映射后的特征空间是否可以恰当地表达原始数据特征，而聚类中心个数 K_1 决定了映射后的高维特征维数，K_1 过大会增加计算的复杂度，过小则达不到提取更多鉴别性信息的目的。

实验一是探究图 8.15 的性能优劣，其中重点探究有无 KNR 编码环节对识别率的影响，以及核函数参数变化和聚类中心个数不同对识别率的影响。实验中取密集轨迹采样条数 T=20000，字典生成的“视觉词汇”个数 K_2=2000，无 PCA 特征预处理，编码合并使用求和形式，归一化顺序为先进行指数归一化再进行 L2 范数归一化。

实验二则探究图 8.16 的性能优劣，其中重点探究 GMM 中分布个数 M 对识别率的影响，以及不同 KNR 核函数对识别率的影响。

(1) 实验一：基于 KNR 编码和 BoVW 模型的行为识别。首先来看无 KNR 编码和不同核函数下 KNR 编码对识别率的影响。

实验中分别将以下四种核函数用于 KNR 编码：归一化线性核 $\kappa(\boldsymbol{x}, \boldsymbol{z}) = \langle \boldsymbol{x}/\|\boldsymbol{x}\|, \boldsymbol{z}/\|\boldsymbol{z}\| \rangle$，多项式核 $\kappa(\boldsymbol{x},\boldsymbol{z}) = (\langle \boldsymbol{x},\boldsymbol{z} \rangle + c)^d$，单位圆上的高斯核 $\kappa(\boldsymbol{x},\boldsymbol{z}) = \|\boldsymbol{x}\|\,\|\boldsymbol{z}\|\exp\{-\alpha(\boldsymbol{x}/\|\boldsymbol{x}\| - \boldsymbol{z}/\|\boldsymbol{z}\|)^2\}$，以及 Arc-cosine 核：

$$
\kappa_{Id}(\boldsymbol{x},\boldsymbol{z}) = \begin{cases} 1-\dfrac{\varphi}{\pi}, & Id=0, \\ \dfrac{\|\boldsymbol{x}\|\|\boldsymbol{z}\|}{\pi}[\sin\varphi + (\pi-\varphi)\cos\varphi], & Id=1, \end{cases} \tag{8.51}
$$

式中，$\varphi = \arccos(\langle \boldsymbol{x},\boldsymbol{z} \rangle / \|\boldsymbol{x}\|\,\|\boldsymbol{z}\|)$。

取参数 c=1、d=3、α =0.6、K_1=200 进行实验，实验结果如表 8.9 所示。可以看到，使用 KNR 编码可以显著提升平均识别率；归一化线性核在 HoG、HoF 和 4-Fusion 三种特征中表现最佳，且该核函数无须核参数调节；在使用单位圆上的高斯核时，MBHy 特征相较于无 KNR 编码时其平均识别率提升了约 21.95 个百分点，融合特征 4-Fusion 提升了约 10.56 个百分点。

表 8.9　无 KNR 编码和不同核函数 KNR 编码对行为识别率的影响(%)

核函数种类	特征				
	HoG	HoF	MBHx	MBHy	4-Fusion
无 KNR 编码	71.94	65.28	67.22	59.44	68.33
归一化线性核	80.00	75.28	73.33	78.89	79.72
多项式核	65.28	65.00	63.33	64.72	68.33
单位圆上的高斯核	73.33	71.11	78.61	81.39	78.89
Arc-cosine 核(Id=0)	81.29	72.56	80.22	78.66	78.56
Arc-cosine 核(Id=1)	75.48	71.11	70.15	65.56	70.22

其次，以单位圆上的高斯核为例，考察核参数对平均识别率的影响。

单位圆上的高斯核相较于传统高斯核的优点在于其核参数动态调节范围小，通常核参数 α 值在[0.1, 1.0]。以间隔为 0.2 取不同的核参数值进行实验，结果如表 8.10 所示。可以看到，每种特征对应的最优核参数值不同：HoG 和 HoF 对应的核参数值约为 1.0，MBHx 和 MBHy 在核参数值约为 0.6 时达到最佳识别率，而融合特征的最优核参数值约为 0.8。当核参数值小于 0.4 时，由表 8.9 可知，与无 KNR 编码相比，有 KNR 编码的识别率已无明显优势。

表 8.10　核参数值(归一化高斯核)对行为识别率的影响(%)

核参数 α 值	特征				
	HoG	HoF	MBHx	MBHy	4-Fusion
0.2	66.94	61.94	67.78	60.00	63.61
0.4	71.11	66.74	70.65	70.56	68.78
0.6	73.33	71.11	78.61	81.39	78.89
0.8	76.67	75.83	74.72	78.89	80.00
1.0	76.94	75.83	68.61	75.83	75.83

最后，以单位圆上的高斯核为例，考察 KNR 编码中聚类中心个数对识别率的影响。

将单位圆上的高斯核函数(α =0.6)进行 KNR 编码，聚类中心个数以间隔为 100 在[100, 500]取值，实验结果如表 8.11 所示。可以看到，随着聚类中心个数增多，各特征对应的识别率在 K_1=200 后无明显变化。所以，在后续实验中将取 K_1=200。

表 8.11 聚类中心个数 K_1(归一化高斯核参数 α =0.6)对行为识别率的影响(%)

聚类中心个数 K_1	特征				
	HoG	HoF	MBHx	MBHy	4-Fusion
100	68.15	67.58	70.56	76.21	66.48
200	73.33	71.11	78.61	81.39	78.89
300	74.35	72.68	78.52	80.60	79.35
400	75.12	73.25	77.86	79.65	78.95
500	76.00	74.14	77.65	80.14	76.86

(2)实验二：基于 KNR 编码与费希尔编码的行为识别。首先，考察 GMM 建模中模型规模(高斯成分个数)M 对识别率的影响。

此实验不设置 KNR 编码层，而直接对原始特征描述子进行 GMM 建模和费希尔编码，GMM 建模中模型规模即参数 M 设为 16、32、64、128 和 256，实验结果如表 8.12 所示。可以看到，随着 GMM 模型规模的增加，各特征的识别率也呈上升趋势，且在 M=128 时基于 HoG、MBHy 和 4-Fusion 特征的识别率呈饱和趋势，而基于 HoF 和 MBHx 特征的识别率在 M=256 时最佳。因此，将 M=256 作为后续实验的基础参数值。

表 8.12 GMM 建模中模型规模(参数 M)对行为识别率的影响(%)

M	特征				
	HoG	HoF	MBHx	MBHy	4-Fusion
16	74.44	74.44	74.17	78.61	77.50
32	77.50	77.50	74.44	78.33	80.83
64	80.00	79.72	76.67	80.83	78.89
128	81.11	80.00	76.67	81.89	80.00
256	80.00	82.22	76.67	81.67	78.89

另外，考察不同核函数下 KNR 编码对行为识别率的影响。

实验中设置 GMM 模型规模为 M=256，并分别在无 KNR 编码和使用上述 4 个核函数(其中高斯核参数 α =0.6，多项式核参数 c=1，d=3)时进行 KNR 编码，实验结果如表 8.13 所示。可以看到，除了高斯核、多项式核以及 Arc-cosine 核在 Id=1 时表现不佳以外，归一化线性核与 Arc-cosine 核在 Id=0 时均较传统费希尔编码的行为识别率有较大提升。

表 8.13 无 KNR 编码和不同核函数下 KNR 编码对基于费希尔编码的行为识别率的影响(%)

核函数	特征				
	HoG	HoF	MBHx	MBHy	4-Fusion
无 KNR 编码	80.00	82.22	76.67	81.67	78.89
归一化线性核	80.83	80.83	80.33	84.17	83.06
多项式核	77.62	75.84	70.52	76.88	77.85
单位圆上的高斯核	56.11	55.28	58.78	53.06	66.19
Arc-cosine 核(Id=0)	83.06	83.06	80.83	84.17	81.94
Arc-cosine 核(Id=1)	58.06	56.11	55.00	56.39	58.89

在视频目标行为分析方面，除了上述改进外，还可对其他传统算法进行改进。例如，人体骨架提取算法及其优化改进[49,139-146]对于提升基于人体骨架的视频目标分析算法的性能具有重要的意义[34,36,120,146]。

8.4 本 章 小 结

视频目标行为分析是数字视频资料分析的重要内容，对于提升基于伪作检测的视频资料原始性/真实性检验水平具有重要的作用。本章在对现有的视频目标行为分析算法进行简要介绍的基础上，重点探讨了几种改进算法，包括基于传统特征融合的识别算法(如基于词袋模型的 3D-SIFT 特征与 SVD 特征融合的识别算法、基于全局特征 DOFT 和局部特征 MHI 融合的识别算法)，以及基于深度学习的识别算法(如基于 SSAE 和 CNN 特征提取的识别算法、基于 AlexNet 和 VGG16 特征融合及 LSTM 分类的识别算法、基于 KNR 编码和费希尔编码特征的识别算法)。

参 考 文 献

[1] Zhang K H，Zhong Y R，Ma L，et al. Adversarial spatio-temporal learning for video deblurring[J]. IEEE Transactions on Image Processing，2019，28(1)：291-301.

[2] Xu X，Li M，Sun W，et al. Learning spatial and spatio-temporal pixel aggregations for image and video denoising [J]. IEEE Transactions on Image Processing，2020，29：7153-7165.

[3] Anupama S，Shedligeri P，Pal A，et al. Video reconstruction by spatio-temporal fusion of blurred-coded image pair [C]// Proceedings of the 25th IEEE International Conference on Pattern Recognition，Milan，Italy，2021：7953-7960.

[4] Wang J，Jiao J，Bao L，et al. Self-supervised video representation learning by uncovering spatio-temporal statistics [J]. IEEE Transactions on Pattern Analysis and Machine Intelligence，2021，1-4.

[5] Buades A，Duran J. CFA video denoising and demosaicking chain via spatio-temporal patch-based filtering [J]. IEEE Transactions on Circuits and Systems for Video Technology，2020，30(11)：4143-4157.

[6] Yang J，Guo X，Li K，et al. Spatio-temporal reconstruction for 3D motion recovery [J]. IEEE Transactions on Circuits and Systems for Video Technology，2020，30(6)：1583-1596.

[7] Wang W H. Digital video forensics [D]. New Hampshire：PhD Dissertation of Dartmouth College，2009.

[8] Subramanyam A V，Emmanuel S. Video forgery detection using HOG features and compression properties [C]. Proceedings of 14th IEEE International Workshop on Multimedia Signal Processing，Banff，AB，Canada，2012：89-94.

[9] Su L，Li C，Lai Y，et al. A fast forgery detection algorithm based on exponential-Fourier moments for video region duplication [J]. IEEE Transactions on Multimedia，2018，20(4)：825-840.

[10] Su L，Luo H，Wang S. A novel forgery detection algorithm for video foreground removal [J]. IEEE Access，2019，(7)：109719-109728.

[11] Li L，Xia Z Q，Hadid D，et al. Replayed video attack detection based on motion blur analysis [J]. IEEE Transactions on Information Forensics and Security，2019，14(9)：2246-2261.

[12] Vatansever S，Dirik A E，Memon N. Analysis of rolling shutter effect on ENF-based video forensics [J]. IEEE Transactions on Information Forensics and Security，2019，14(9)：2262-2275.

[13] 梁瑞刚，吕培卓，赵月，等. 视听觉深度伪造检测技术研究综述[J]. 信息安全学报，2020，5(2)：1-17.

[14] Chintha A，Thai B，Sohrawardi S J，et al. Recurrent convolutional structures for audio spoof and video deepfake detection [J]. IEEE Journal of Selected Topics in Signal Processing，2020，14(5)：1024-1037.

[15] Younus M A，Hasan T M. Abbreviated view of deepfake videos detection techniques [C].Proceedings of the 6th IEEE International Engineering Conference on Sustainable Technology and Development，Banff，AB，Canada，2020：115-120.

[16] Ranjan P，Patil S，Kazi F. Improved generalizability of deep-fakes detection using transfer learning based CNN framework [C].Proceedings of the 3rd IEEE International Conference on Information and Computer Technologies，San Jose，2020：86-90.

[17] Aloraini M，Sharifzadeh M，Schonfeld D. Sequential and patch analyses for object removal video forgery detection and localization [J]. IEEE Transactions on Circuits and Systems for Video Technology，2021，31(3)：917-930.

[18] Sheng H，Zhang Y，Wu Y B，et al. Hypothesis testing based tracking with spatio-temporal joint interaction modeling [J]. IEEE Transactions on Circuits and Systems for Video Technology，2020，30(9)：2971-2983.

[19] Sakaino H. Spatio-temporal feature extraction/recognition in videos based on energy optimization [J]. IEEE Transactions on Image Processing，2019，28(7)：3395-3407.

[20] Gao X，Szep J，Satam P，et al. Spatio-temporal processing for automatic vehicle detection in wide-area aerial video [J]. IEEE Access，2020，8：199562-199572.

[21] Sahoo S，Nanda P K. Adaptive feature fusion and spatio-temporal background modeling in KDE framework for object detection and shadow removal [J]. IEEE Transactions on Circuits and Systems for Video Technology，2021，32(3)：1103-1118.

[22] Turaga P，Chellappa R，Subrahmanian V S，et al. Machine recognition of human activities：A survey [J]. IEEE Transactions on Circuits and Systems for Video Technology，2008，18(11)：1473-1488.

[23] Aggarwal J K，Ryoo M S. Human activity analysis：A review [J]. ACM Computing Surveys，2011，43(3)：16.1-16.43.

[24] Ke S R，Thuc H，Lee Y J，et al. A review on video-based human activity recognition [J]. Computers，2013，2：88-131.

[25] Ji S W，Xu W，Yang M，et al. 3D convolutional neural networks for human action recognition [J]. IEEE Transactions Pattern Analysis and Machine Intelligence，2013，35(1)：221-231.

[26] Ramanathan M，Yau W Y，Teoh E K. Human action recognition with video data：Research and evaluation challenges [J]. IEEE Transaction on Human-Machine Systems，2014，44(5)：650-663.

[27] 郑胤，陈权崎，章毓晋. 深度学习及其在目标和行为识别中的新进展[J]. 中国图象图形学报，2014，19(2)：175-184.

[28] Choudhary A，Chaudhury S. Video analytics revisited [J]. IET Computer Vision，2016，10(4)：237-247.

[29] 朱煜，赵江坤，王逸宁，等. 基于深度学习的人体行为识别算法综述[J]. 自动化学报，2016，42(6)：848-857.

[30] Koohzadi M，Charkari N M. Survey on deep learning methods in human action recognition [J]. IET Computer Vision，2017，11(8)：623-632.

[31] Jobanputra C，Bavishi J，Doshi N. Human activity recognition：A survey [J]. Procedia Computer Science，2019，(155)：698-703.

[32] Rodríguez-Moreno I，María Martínez-Otzeta J，Sierra B，et al. Video activity recognition：state-of-the-art [J]. Sensors，2019，(19)：3160.1-3160.25.

[33] Wang L，Huynh D Q，Koniusz P. A comparative review of recent Kinect-based action recognition algorithms [J]. IEEE Transactions on Image Processing，2020，(29)：15-28.

[34] Shi L，Zhang Y，Cheng J，et al. Skeleton-based action recognition with multi-stream adaptive graph convolutional networks [J]. IEEE Transactions on Image Processing，2020，(29)：9532-9545.

[35] Yang H，Yuan C，Zhang L，et al. STA-CNN：Convolutional spatial-temporal attention learning for action recognition [J]. IEEE Transactions on Image Processing，2020，29：5783-5793.

[36] Yang J，Liu W，Yuan J，et al. Hierarchical soft quantization for skeleton-based human action recognition [J]. IEEE Transactions on Multimedia，2021，23：883-898.

[37] Ji Y，Yang Y，Shen F，et al. Arbitrary-view human action recognition：A varying-view RGB-D action dataset [J]. IEEE Transactions on Circuits and Systems for Video Technology，2021，31(1)：289-300.

[38] Abdulazeem Y，Balaha H M，Bahgat W M，et al. Human action recognition based on transfer learning approach [J]. IEEE Access，2021，9：82058-82069.

[39] Lindeberg T，Laptev I. On space-time interest points [J]. International Journal of Computer Vision，2011，64(2-3)：107-123.

[40] Harris C. A combined corner and edge detector [C].Proceedings of Alvey Vision Conference，Manchester，UK，1988：147-151.

[41] Lowe D G. Distinctive image features from scale-invariant keypoints [J]. International Journal of Computer Vision, 2004, 60(2): 91-110.

[42] Scovanner P, Ali S, Shah M. A 3-dimensional SIFT descriptor and its application to action recognition [C]. Proceedings of the 15th ACM International Conference on Multimedia, Augsburg, Germany, 2007: 357-360.

[43] Wang H, Klaser A, Schmid C, et al. Action recognition by dense trajectories [C].Proceedings of IEEE Conference on Computer Vision and Pattern Recognition, Colorado Springs, CO, USA, 2011: 3169-3176.

[44] Wang H, Klaser A, Schmid C, et al. Dense trajectories and motion boundary descriptors for action recognition [J]. International Journal of Computer Vision, 2013, 103(1): 60-79.

[45] Bobick A, Davis J. Real-time recognition of activity using temporal templates [J]. Applications of Computer Vision, 1996: 39-42.

[46] Blank M, Gorelick L, Shechtman E, et al. Actions as space-time shapes [C].Proceedings of 10th IEEE International Conference on Computer Vision, Beijing, China, 2005: 1398-1420.

[47] Dalal N, Triggs B. Histograms of oriented gradients for human detection [C].Proceedings of IEEE Computer Society Conference on Computer Vision and Pattern Recognition, San Diego, CA, USA, 2005: 886-893.

[48] Dai Y, Shibata Y, Hashimoto K, et al. Facial expression recognition of person without language ability based on the optical flow histogram [C].Proceedings of the 5th International Conference on Signal Processing Proceedings and the 16th World Computer Congress, Beijing, China, 2000: 1209-1212.

[49] Yang Y, Ramanan D. Articulated pose estimation with flexible mixtures-of-parts [C].Proceedings of IEEE International Confeence on Computer Vision and Pattern Recognition, Colorado Springs, CO, USA, 2011: 1385-1392.

[50] Krizhevsky A, Sutskever I, Hinton G E. Imagenet classification with deep convolutional neural networks [J]. Advances in Neural Information Processing Systems, 2012, 25: 1097-1105.

[51] Lecun Y, Bengio Y, Hinton G E. Deep learning [J]. Nature, 2015, 521(7553): 436-444.

[52] Hinton G E, Osindero S, The Y W. A fast learning algorithm for deep belief nets [J]. Neural Computation, 1989, 18(7): 1527-1554.

[53] Baldi P, Guyon G, Dror V, et al. Autoencoders, unsupervised learning, and deep architectures [J]. Journal of Machine Learning Research, 2012, (27): 37-50.

[54] Baccouche M, Mamalet F, Wolf C, et al. Spatio-temporal convolutional sparse auto-encoder for sequence classification [C].Proceedings of British Machine Vision Conference, Surrey Guildford, UK, 2012: 124.1-124.12.

[55] Schuldt C, Laptev I, Caputo B. Recognizing human actions: a local SVM approach [C].Proceedings of the 17th IEEE International Conference on Pattern Recognition, Cambridge, UK, 2004: 32-36.

[56] Valstar M F, Jiang B, Mehu M, et al. The first facial expression recognition and analysis challenge [C].Proceedings of IEEE International Conference on Automatic Face and Gesture Recognition, Santa Barbara, CA, USA, 2011: 921-926.

[57] Taylor G W, Fergus R, Lecun Y, et al. Convolutional learning of spatio-temporal features [C].Proceedings of European Confernce on Computer Vision, Grete, Greece, 2010: 140-153.

[58] Lee H，Grosse R，Ranganath R，et al. Convolutional deep belief networks for scalable unsupervised learning of hierarchical representations [C].Proceedings of the 26th Annual International Conference on Machine Learning，Montreal，Quebec，Canada，2009：609-616.

[59] Hasan M，Roy-Chowdhury A K. A continuous learning framework for activity recognition using deep hybrid feature models [J]. IEEE Transactions on Multimedia，2015，17(11)：1909-1922.

[60] Li Y. A deep spatiotemporal perspective for understanding crowd behavior [J]. IEEE Transactions on Multimedia，2018，20(12)：3289-3297.

[61] Waltz E，Llinas J. Multisensor Data Fusion [M]. Norwood MA：Artech House，1990.

[62] Shafer G A. A mathematical theory of evidence [J]. Technometrics，1978，20(1):106-106.

[63] Dubois D，Prade H，Testemale C. Weighted fuzzy pattern matching [J]. Fuzzy Sets and Systems，1988，28(3)：313-331.

[64] Box G E P，Tiao G C. Bayesian inference in statistical analysis [J]. Economic Review，1975，26:188-190.

[65] 赵雄伟，刘本永. 基于 3D-SIFT 和 SVD 特征融合的视频行为识别[J]. 贵州大学学报(自然科学版)，2017，34(3)：71-76.

[66] 赵雄伟. 基于多特征融合的人体行为识别[D]. 贵阳：贵州大学，2017.

[67] Dalal N，Triggs B，Schmid C. Human detection using oriented histograms of flow and appearance [C].Proceedings of European Conference on Computer Vision，Graz，Austria，2006：428-441.

[68] Weinland D，Boyer E，Ronfard R. Action recognition from arbitrary views using 3D exemplars [C].Proceedings of the 11th IEEE Internatyional Conference on Computer Vision，Rio de Janeiro，Brazil，2007：1-7.

[69] Sivic J，Zisserman A. Video Google：A text retrieval approach to object matching in videos [C].Proceedings of the 9th IEEE International Conference on Computer Vision，Nice，France，2003：1470-1477.

[70] Flint A，Dick A，Hengel A. Thrift：Local 3D structure recognition [C].Proceedings of the 9th Biennial Conference of the Australian Pattern Recognition Society on Digital Image Computing Techniques and Applications，Glenelg，SA，Australia，2007：182-188.

[71] Feng P，Xiao L. Fast mode decision algorithm for intraprediction in H.264/AVC video coding [J]. IEEE Transactions on Circuits and System for Video Technology，2005，25(7)：813-822.

[72] Arthur D，Vassilvitskii S. K-means++：the advantages of careful seeding [C].Proceedings of the 18th ACM-SIAM Annual Symposium on Discrete Algorithm，New Orleans，Louisiana，USA，2007：1027-1035.

[73] 王大伟. 基于特征级图像融合的目标识别技术研究[D]. 长春：中国科学院(长春光学精密机械与物理研究所)，2010.

[74] Gorelick L，Blank M，Shechtman E，et al. Action as space-time shapes [J]. IEEE Transactions on Pattern Analysis and Machine Intelligence，2007，29(12)：2247-2253.

[75] Niebles J C，Wang H C，Li F F. Unsupervised learning of human action categories using spatial-temporal words [J]. International Journal of Computer Vision，2008，79(3)：299-318.

[76] Wang C，Blei D，Li F F. Simultaneous image classification and annotation [C].Proceedings of IEEE Conference on Computer Vision and Pattern Recognition，Miami，FL，USA，2009：1903-1910.

[77] Hu Y，Liu B Y. Action recognition combining trajectory feature with KNR [C].Proceedings of the 2nd IEEE International Conference on Advanced Information Management，Communicates，Electronic and Automation Control，Xi' an，China，2018：1138-1141.

[78] 胡杨. 融合全局与局部特征的人体行为识别研究[D]. 贵阳：贵州大学，2018.

[79] Shi J B，Tomasi. Good features to track [C].Proceedings of IEEE Conference on Computer Vision and Pattern Recognition，Seattle，WA，USA，1994：593-600.

[80] Farnebäck G. Two-frame motion estimation based on polynomial expansion [J]. Image Aanalysis，2003：363-370.

[81] Ahad M A R，Tan J K，Kim H，et al. Motion history image：Its variants and applications [J]. Machine Vision and Applications，2010，23(2)：255-281.

[82] 陶玲. 结合全局和局部特征的人体行为识别技术研究[D]. 武汉：武汉工程大学，2014.

[83] 谢金壮. 基于多特征融合的人体行为识别[D]. 西安：西安科技大学，2015.

[84] 陈曦，刘本永. 基于深度网络特征提取与核非线性分类的视频行为识别[J]. 贵州大学学报(自然科学版)，2017，34(1)：51-56.

[85] 陈曦. 基于增量深度学习的视频行为识别[D]. 贵阳：贵州大学，2017.

[86] Baldi P，Guyon G，et al. Autoencoders，unsupervised learning，and deep architectures [J]. Journal of Machine Learning Research，2012，27：37-50.

[87] Glüge S，Böck R，Wendemuth A. Auto-encoder pre-trainingof segmented-memory recurrent neural networks [C]. Proceedings of ESANN（European Symposium on Artificial Neural Networks）Confernece on Computional Intelligence and Machine Learning，Bruges，Belgium，2013：29-34.

[88] Le Q V. Building high-level features using large scale unsupervised learning [C].Proceedings of IEEE International Confence on Acoustics，Speech，and Signal Processing，Vancouver，BC，Canada，2013：8595-8598.

[89] Shin H，Orton M R，Collins D J，et al. Stacked autoencoders for unsupervised feature learning and multiple organ detection in a pilot study using 4D patient data [J]. IEEE Transactions on Pattern Analysis and Machine Intelligence，2013，35(8)： 1930-1943.

[90] Liu J，Luo J，Shah M. Recognizing realistic actions from videos [C].Proceedings of IEEE International Conference on Computer Vision and Pattern Recognition，Miami，FL，USA，2009：1996-2003.

[91] 徐鹏程. 基于多特征融合的交互行为识别[D]. 贵阳：贵州大学，2019.

[92] Marszałek M，Laptev I，Schmid C. Actions in context [C].Proceedings of IEEE International Conference on Computer Vision and Pattern Recognition，Miami，FL，USA，2009：2929-2936.

[93] Yu T H，Kim T K，Cipolla R. Real-time action recognition by spatiotemporal semantic and structural forests [C]. Proceedings of British Machine Vision Conference，Aberystwyth，UK，2010：5.1-5.6.

[94] Oliver N M，Rosario B，Pentland A P. A Bayesian computer vision system for modeling human interactions [J]. IEEE Transactions on Pattern Analysis and Machine Intelligence，2000，22(8)：831-843.

[95] Ryoo M S，Aggarwal J K. Recognition of composite human activities through context-free grammar based representation [C].Proceedings of IEEE International Conference on Computer Vision and Pattern Recognition，New York，NY，USA，2006：1709-1718.

[96] Choi W，Shahid K，Savarese S. Learning context for collective activity recognition [C]. Proceedings of IEEE International Conference on Computer Vision and Pattern Recognition，Colorado Springs，CO，USA，2011：3273-3280.

[97] Vahdat A，Gao B，Ranjbar M，et al. A discriminative key pose sequence model for recognizing human interactions [C]. Proceedings of IEEE International Conference on Computer Vision，Workshops，Barcelona，Spain，2011：1729-1736.

[98] Patron-Perez A，Marszalek M，Reid I，et al. Structured learning of human interactions in TV shows [J]. IEEE Transactions on Pattern Analysis and Machine Intelligence，2012，34(12)：2441-2453.

[99] Choi W，Savarese S. A unified framework for multi-target tracking and collective activity recognition [C]. Proceedings of European Conference on Computer Vision，Florence，Italy，2012：215-230.

[100] Yun K，Honorio J，Chattopadhyay D，et al. Two-person interaction detection using body-pose features and multiple instance learning [C].Proceedings of IEEE International Conference on Computer Vision and Pattern Recognition，Providence，RI，USA，2012：28-35.

[101] Kong Y，Jia Y，Fu Y. Interactive phrases：semantic descriptionsfor human interaction recognition [J]. IEEE Transactions on Pattern Analysis and Machine Intelligence，2014，36(9)：1775-1788.

[102] Alazrai R，Mowafi Y，Lee C S G. Atomical-plane-based representation for human-human interactions analysis [J]. Pattern Recognition，2015，48(8)：2346-2363.

[103] Li J，Mao X，Chen L，et al. Human interaction recognition fusing multiple features of depth sequences [J]. IET Computer Vision，2017，11(7)：560-566.

[104] Kuehne H，Jhuang H，Garrote E，et al. HMDB：A large video database for human motion recognition [C]. Proceedings of IEEE International Confernce on Computer Vision，Barcelona，Spain，2011：2556-2563.

[105] Soomro K，Zamir A R，Shah M. UCF101：A dataset of 101 human actions classes from videos in the wild. URL：https://dblp.uni-trier.de/db/journals/corr/corr1212.html#abs-1212-0402，2012.

[106] Karpathy A，Toderici G，Shetty S，et al. Large-scale video classification with convolutional neural networks [C]. Proceedings of IEEE International Conference on Computer Vision and Pattern Recognition，Columbius，OH，USA，2014：1725-1732.

[107] Tran D，Bourdev L，Fergus R，et al. Learning spatiotemporal features with 3d convolutional networks [C].Proceedings of IEEE International Conference on Computer Vision，Santiago，Chile，2015：4489-4497.

[108] Varol G，Laptev I，Schmid C. Long-term temporal convolutions for action recognition [J]. IEEE Transactions on Pattern Analysis and Machine Intelligence，2018，40(6)：1510-1517.

[109] Li Y，Li W，Mahadevan V，et al. Vlad3：Encoding dynamics of deep features for action recognition [C].Proceedings of IEEE International Conference on Computer Vision and Pattern Recognition，Las Vegas，NV，USA，2016：1951-1960.

[110] Simonyan K，Zisserman A. Two-stream convolutional networks for action recognition in videos [J]. Advances in Neural Information Processing Systems，2014：568-576.

[111] Wang L，Qiao Y，Tang X. Action recognition with trajectory-pooled deep-convolutional descriptors [C].Proceedings of IEEE International Conference on Computer Vision and Pattern Recognition，Boston，MA，USA，2015：

4305-4314.

[112] Girdhar R，Ramanan D，Gupta A，et al. ActionVLAD：learning spatio-temporal aggregation for action classification [C]. Proceedings of IEEE International Conference on Computer Vision and Pattern Recognition，Honolulu，HI，USA，2017：971-980.

[113] Diba A，Sharma V，Van Gool L. Deep temporal linear encoding networks [C].Proceedings of IEEE International Conference on Computer Vision and Pattern Recognition，Honolulu，HI，USA，2017：2329-2338.

[114] Feichtenhofer C，Pinz A，Zisserman A. Convolutional two-stream network fusion for video action recognition [C]. Proceedings of IEEE International Confernce on Computer Vision and Pattern Recognition，Las Vegas，NV，USA，2016：1933-1941.

[115] Baccouche M，Mamalet F，Wolf C，et al. Action classification in soccer videos with long short-term memory recurrent neural networks [C].Proceedings of International Conference on Artificial Neural Networks，Thessaloniki，Greece，2010：154-159.

[116] Grushin A，Monner D D，Reggia J A，et al. Robust human action recognition via long short-term memory [C]. Proceedings of IEEE International Joint Conference on Neural Networks，Dallas，TX，USA，2013：1-8.

[117] Veeriah V，Zhuang N，Qi G J. Differential recurrent neural networks for action recognition [C].Proceedings of IEEE International Conference on Computer Vision，Santiago，Chile，2015：4041-4049.

[118] Singh B，Marks T K，Jones M，et al. A multi-stream bi-directional recurrent neural network for fine-grained action detection [C].Proceedings of IEEE International Conference on Computer Vision and Pattern Recognition，Las Vagas，NV，USA，2016：1961-1970.

[119] Yeung S，Russakovsky O，Mori G，et al. End-to-end learning of action detection from frame glimpses in videos [C]. Proceedings of IEEE International Conference on Computer Vision and Pattern Recognition，Las Vagas，NV，USA，2016：2678-2687.

[120] Mahasseni B，Todorovic S. Regularizing long short term memory with 3D human-skeleton sequences for action recognition [C]//Proceedings of IEEE International Conference on Computer Vision and Pattern Recognition，2016：3054-3062.

[121] Shahroudy A，Liu J，Ng T T，et al. NTU RGB+D：A large scale dataset for 3D human activity analysis [C]. Proceedings of IEEE International Conference on Computer Vision and Pattern Recognition，Las Vagas，NV，USA，2016：1010-1019.

[122] 徐鹏程，刘本永. 基于图像增强和深层 CNN 学习的交互行为识别[J]. 通信技术，2019，52(3)：701-706.

[123] Simonyan K，Zisserman A. Very deep convolutional networks for large-scale image recognition [C]. Proceedings of International Conference on Learning Representations，San Diego，CA，USA，2015，5(7-9)：1-14.

[124] Goodfellow I，Bengio Y，Courville A. Deep Learning [M]. Cambridge：MIT Press，2016.

[125] Hochreiter S，Schmidhuber J. Long short-term memory [J]. Neural Cornputation，1997，9(8):1735-1780.

[126] Olah C. Understanding LSTM Networks[EB/OL]. http://colah.github.io/posts/2015-08-Understanding-LSTMs [2021-10-10].

[127] Kong Y，Jia Y，Fu Y. Learning human interaction by interactive phrases [C].Proceedings of European Conference

on Computer Vision，Florence，Italy，2012：300-313.

[128] Xiong Z，Liu B Y. Support vector machine improvement with kernel-based nonlinear representor [C].Proceedings of the 2nd IEEE Advanced Information Management，Communicates，Electronic and Automation Control Confence，Xi′an，China，2018：1119-1122.

[129] 熊壮. 视频行为分析中的深度核非线性网络[D]. 贵阳：贵州大学，2018.

[130] Sydorov V，Sakurada M，Lampert C H. Deep Fisher kernels—end to end learning of the Fisher kernel GMM parameters [C].Proceedings of IEEE International Confernece on Comuter Vision and Pattern Recognition，Columbus，OH，USA，2014：1402-1409.

[131] Gudovskiy D，Hodgkinson A，Yamaguchi T，et al. Deep active learning for biased datasets via Fisher kernel self-supervision[C]. Proceedings of IEEE/CVF Conference on Computer Vision and Pattern Recognition，Seattle，WA，USA，2020：9038-9040.

[132] Mairal J，Koniusz P，Harchaoui Z，et al. Convolutional kernel networks [C].Proceedings of the 27th International Conference on Neural Information Processing Systems，Montreal，Canada，2014：2627-2635.

[133] Sahbi H. Kernel-based graph convolutional networks [C].Proceedings of the 25th International Conference on Pattern Recognition，Milan，Italy，2021：4887-4894.

[134] Peng X，Zou C，Qiao Y，et al. Action recognition with stacked Fisher vectors [C].Proceedings of European Conference on Computer Vision，Zurich，Switzerland，2014：581-595.

[135] Dollar P，Rabaud V，Cottrell G，et al. Behavior recognition via sparse spatio-temporal features [C].Proceedings of IEEE International Joint Workshop on Visual Surveillance and Performance Evaluation of Tracking and Surveillance，Beijing，China，2005：65-72.

[136] Wang H，Ullah M，Kläser A，et al. Evaluation of local spatio-temporal features for action recognition [C]. Proceedings of British Machine Vision Conference，London，UK，2009：124.1-124.11.

[137] Jaakkola T S，Haussler D. Exploiting generative models in discriminative classifiers [J]. Advances in Neural Information Processing Systems，1999，11(11)：487-493.

[138] Perronnin F，Mensink T. Improving the Fisher kernel for large-scale image classification [C].Proceedings of European Conference on Computer Vision，Heraklion，Crete，Greece，2010：143-156.

[139] Robbins H，Monro S. A stochastic approximation method [J]. The Annals of Mathematical Statistics，1951，22(3)：400-407.

[140] Shalev-Shwartz S，Zhang T. Stochastic dual coordinate ascent methods for regularized loss minimization [J]. Jouranl of Machine Learnning Research，2012，14 (1)：567-599.

[141] Hsieh C J，Chang K W，Lin C J，et al. A dual coordinate descent method for large-scale linear SVM [C].Proceedings of International Conference on Machine Learning，Helsinki，Finland，2008，9 (3)：408-415.

[142] Shalev-Shwartz S，Zhang T. Accelerated proximal stochastic dual coordinate ascent for regularized loss minimization [J]. Mathematical Programming，2016，155 (1-2)：105-145.

[143] Lin H，Mairal J，Harchaoui Z. A universal catalyst for first-order optimization [C].Proceedings of the 28th International Conference on Neural Information Processing Systems，Montreal，Canada，2015，2：3384-3392.

[144] Yang Y，Ramanan D. Articulated pose estimation with flexible mixtures-of-parts [J]. IEEE Transactions on Pattern Analysis and Mache Intelligence，2013，35 (12)：2878-2890.

[145] Tan B B，Liu B Y. Acceleration for proximal stochastic dual coordinate ascent algorithm in solving regularized loss minimization with ℓ2 norm [J]. Electronics Letters，2018，54(5)：315-317.

[146] 谭贝贝. 基于人体骨架模型的人体行为识别[D]. 贵阳：贵州大学，2018.